고양시
공공기관 직원
통합채용

NCS + 일반상식

고양시 공공기관 직원
공공기관 직원 통합채용
NCS + 일반상식

개정 1판 1쇄 발행   2023년 6월 26일
개정 2판 1쇄 발행   2024년 5월 3일

편 저 자 | 취업적성연구소
발 행 처 | (주)서원각
등록번호 | 1999-1A-107호
주   소 | 경기도 고양시 일산서구 덕산로 88-45(가좌동)
대표번호 | 031-923-2051
팩   스 | 031-923-3815
교재문의 | 카카오톡 플러스 친구 [서원각]
홈페이지 | goseowon.com

PREFACE

우리나라 기업들은 1960년대 이후 현재까지 비약적인 발전을 이루었다. 이렇게 급속한 성장을 이룰 수 있었던 배경에는 우리나라 국민들의 근면성 및 도전정신이 있었다. 그러나 빠르게 변화하는 세계 경제의 환경에 적응하기 위해서는 근면성과 도전정신 이외에 또 다른 성장 요인이 필요하다.

최근 많은 공사·공단에서는 기존의 직무 관련성에 대한 고려 없이 인·적성, 지식 중심으로 치러지던 필기전형을 탈피하고, 산업현장에서 직무를 수행하기 위해 요구되는 능력을 산업부문별·수준별로 체계화 및 표준화한 NCS를 기반으로 하여 채용공고 단계에서 제시되는 '직무 설명자료'상의 직업기초능력과 직무수행능력을 측정하기 위한 직업기초능력평가, 직무수행능력평가 등을 도입하고 있다.

고양시 공공기관에서도 업무에 필요한 역량 및 책임감과 적응력 등을 구비한 인재를 선발하기 위하여 고유의 필기전형을 치르고 있다. 본서는 고양시 공공기관 통합채용에 대비하기 위한 필독서로 고양시 공공기관 필기전형의 출제경향을 철저히 분석하여 응시자들이 보다 쉽게 시험유형을 파악하고 효율적으로 대비할 수 있도록 구성하였다.

신념을 가지고 도전하는 사람은 반드시 그 꿈을 이룰 수 있으며, 처음에 품은 신념과 열정이 취업 성공의 그 날까지 빛바래지 않도록 (주)서원각이 수험생 여러분을 항상 응원합니다.

STRUCTURE

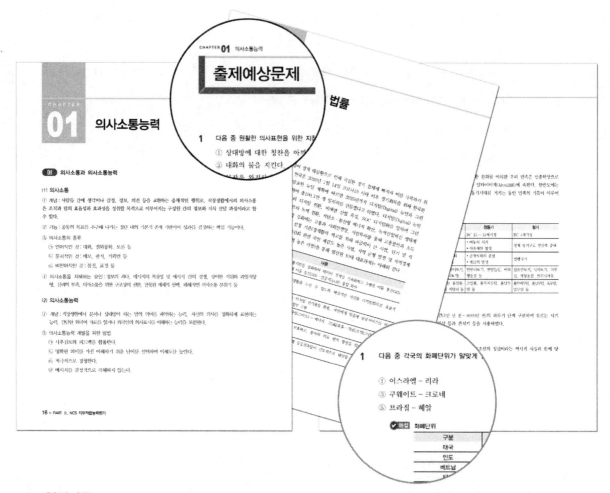

NCS 핵심이론

NCS 기반 직업기초능력평가에 대해 핵심적으로 알아야 할 이론을 체계적으로 정리하여 단기간에 학습할 수 있도록 하였습니다.

출제예상문제

적중률 높은 영역별 출제예상문제를 상세하고 꼼꼼한 해설과 함께 수록하여 학습효율을 확실하게 높였습니다.

일반상식

한국사 포함 빈출 상식 및 최신 상식을 체계적으로 정리하였고 분야별 기출예상문제를 통해 일반상식 문제에 대비할 수 있도록 하였습니다.

CONTENTS

PART 01

기관소개 및
2022년 기출복원문제

CHAPTER

01

기관소개

(1) 고양시 소개

옛 송포면 일산읍 지역에서 석기류(찍개, 끌개, 몸돌 등)가 발견되어 적어도 5만년 이전부터 고양시에 사람이 살기 시작한 것으로 본다. 일산신도시 지역(신촌초등학교 지역, 성저마을)에서 토기, 볍씨(4천4백60년 전 것으로 판정), 나무열매 등 신석기 시대 농경생활 및 자연환경을 알 수 있는 유물이 출토되었다. 1989년 4월에 일산신도시 건설계획이 발표되면서 옛 일산읍 일산리, 마두리, 장항리, 백석리, 주엽리 일대에 560여 만 평의 일산 신도시 건설이 시작되었고 이어 중산, 탄현, 성사, 화정, 능곡, 행신지구의 택지개발지구가 추가로 발표되면서 마침내 1992년 2월 고양시로 승격되었다.

(2) 기본현황

① 인구 ··· 1,074,907명(2023. 12. 31. 기준)

② 세대수 ··· 464,380세대(2023. 12. 31. 기준)

③ 위치 ··· 경기도의 북서쪽에 위치하여 남동으로 서울과 접하고, 북동으로 양주시, 북서로 파주시, 남서로는 한강을 끼고 김포시와 인접하였다. 지리적 위치를 살펴보면 동쪽 끝은 동경 126° 59'의 덕양구 효자동, 서쪽 끝은 동경 126° 40'의 일산서구 구산동, 남쪽 끝은 북위 37° 34'의 덕양구 덕은동, 북쪽 끝은 북위 37° 44'의 덕양구 벽제동이다.

④ 면적 ··· 268.08㎢

⑤ 행정구역 ··· 3개구, 44개동(1,110통 6,940반) (2023. 12. 31. 기준)

(3) 비전

① 시정방침

　㉠ 미래를 꿈꾸는 평화경제특별시

　㉡ 모두가 함께하는 사람중심도시

　㉢ 풍요로운 삶의 시민행복도시

　㉣ 조화와 균형의 지속가능발전도시

② 심볼마크(CI)

심볼마크 SYMBOL MARK 고양의 "고字와 양字"를 응용한 심벌마크로써 맑은 호수, 푸른녹지대, 아름다운 꽃이 힘차게 미래로 펼쳐지는 모습을 조화롭게 형상화했다. 역사적 자산과 문화의 토대위에 자연친화적이고 미래지향적인 색채를 더해가고 있는 고양시의 이미지를 상징하고자 했으며, 대내외적으로 고양시민의 일체감을 조성하고 푸른 환경도시로서 앞으로 더욱 더 발전해 나가는 고양시를 함축적으로 표현했다.

③ 고양브랜드

고양시 도시 브랜드의 심볼은 고양시가 추구하는 첨단지식산업과 정보교류, 환경, 문화산업의 중심적 모습을 갖추기 위해 다함께 목표를 향해 발전해나가는 모습을 표현하였다.

고양시가 추구하는 목표들의 유기적 결합으로 이상적인 도시를 만들어감으로써, 타 도시들을 이끌어가는 선도적 역할을 하고자 하는 의지를 나타낸다. 색의 의미는 블루(첨단지식산업·정보교류), 그린(환경), 오렌지+옐로우(문화의 활성화)를 나타낸다.

④ 고양슬로건

고양시가 지향하는 이미지인 평화, 행복, 미래의 중심인 고양을 집약하여 시각적으로 변환한 상징 이미지이며 심볼(Symbol)과 워드마크(Wordmark)를 합친 콤비네이션(Combination) 또는 시그니처 (Signature) 형태의 로고(Logo)로 '고양' B.I(Brand Identity)의 가장 중요한 요소이며, 모든 시각적 커뮤니케이션 활동의 핵심으로 응용 아이템에 전반적으로 적용되어 고양시의 미래 방향을 대변하는 이미지를 대, 내외적으로 알리는 역할을 한다.

(4) 고양시 상징물

① 시의 새 … 까치

친절하고 선한 시민상과 누구나 살고 싶어하는 고양시를 뜻한다.

② 시의 꽃 … 장미

관내에서 많이 가꾸어지는 것으로 고양시를 상징하며 꽃의 다양함은 무궁한 지혜를 가진 시민상을 표현하고 사계절 아름다운 전원도시를 표현한다.

③ 시의 나무 … 백송

고양시의 무궁한 발전과 시민의 애향심, 아름다운 전원도시를 표현한다. 껍질이 흰빛을 띠는 희귀종으로 천연기념물 제60호로 지정되어 있다.

(5) 주요업무계획

① 풍요로운 변화
    ㉠ 글로벌 자족도시로
    ㉡ 창조적인 도시로

② 시원한 변화
    ㉠ 빠른 도시로
    ㉡ 편리한 도시로

③ 행복한 변화
  ㉠ 소통하는 도시로
  ㉡ 살고싶은 도시로

④ 촘촘한 변화
  ㉠ 함께하는 도시로

⑤ 듬직한 변화
  ㉠ 안전한 도시로
  ㉡ 풍족한 도시로
  ㉢ 깨끗한 도시로

CHAPTER 02

2022. 6. 11. 기출복원문제

1 다음 중 파이브아이즈(FVEY)에 속하지 않은 국가는?

① 미국

② 프랑스

③ 캐나다

④ 호주

⑤ 뉴질랜드

> ✔해설 파이브 아이즈(Five Eyes, FVEY) … 영어권 5개국(미국, 영국, 캐나다, 호주, 뉴질랜드)이 맺고 있는 기밀정보 동맹체로 1956년에 결성되었다. 공산권과의 냉전에 대비하기 위해 1946년 미국과 영국의 협정을 시작으로 1956년 캐나다, 호주, 뉴질랜드가 가담하면서 결성되었다.

2 다음 보기 중 하늘의 명을 깨달았다는 뜻으로 50세의 나이를 의미하는 용어를 무엇이라고 하는가?

① 지학(志學)

② 이립(而立)

③ 불혹(不惑)

④ 지천명(知天命)

⑤ 망팔(望八)

> ✔해설 지천명(知天命) … 하늘의 명을 깨달았다는 의미로 50세의 나이를 말한다.
> ① 지학(志學) … 학문에 뜻을 가진다는 의미로 15세의 나이를 말한다.
> ② 이립(而立) … 확고한 마음에 서서 움직이지 않는다는 의미로 30세의 나이를 말한다.
> ③ 불혹(不惑) … 세상 일로 판단이 흐려지는 일이 없게 된다는 의미로 40세의 나이를 말한다.
> ⑤ 망팔(望八) … 여든을 바라본다는 의미로 71세의 나이를 말한다.

Answer 1.② 2.④

3 나쁜 일의 근원을 완전히 없애고 다시는 그런 일이 생기지 않도록 한다는 의미의 사자성어로 옳은 것은?

① 발본색원(拔本塞源)

② 권불십년(權不十年)

③ 전전반측(輾轉反側)

④ 방약무인(傍若無人)

⑤ 임중도원(任重道遠)

> ✔해설 ② 권불십년(權不十年) : 권세는 10년을 넘지 못한다는 뜻으로 권력은 오래가지 못하고 늘 변함을 이르는 표현이다.
> ③ 전전반측(輾轉反側) : 이리저리 뒤척이다는 뜻으로 사모(思慕)하여 잠을 이루지 못함을 이르는 표현이다.
> ④ 방약무인(傍若無人) : 곁에 아무도 없는 것처럼 여긴다는 뜻으로 주위에 있는 다른 사람을 의식하지 않고 제멋대로 행동하는 것을 이르는 표현이다.
> ⑤ 임중도원(任重道遠) : 맡겨진 일은 무겁고 갈 길은 멀다는 뜻으로 큰 일을 맡아 책임이 무거움을 나타내는 말이다.

4 국제 사회에서 한 국가가 외교 정책 방향을 공식적으로 표방하는 원칙이나 교리를 의미하는 정치용어를 무엇이라고 하는가?

① 아그레망

② 메리토크라시

③ 독트린

④ 로그롤링

⑤ 마타도어

> ✔해설 독트린 … 국제 사회에서 한 국가가 외교 정책 방향을 공식적으로 표방하는 원칙이나 교리를 의미하는 정치용어를 말한다.
> ① 아그레망 : 타국의 외교사절을 승인하는 절차로 새로운 대사를 파견할 때 사전에 상대국에 그 인물을 받아들일지의 여부를 조회하는 것을 말한다.
> ② 메리토크라시 : 가문이나 출신 등과 같은 조건에 의해서가 아닌 실적이나 능력에 의해 지위 및 보수가 결정된다는 체제를 말한다.
> ④ 로그롤링 : 선거를 도와주고 그 대가를 받거나 이권을 얻는 행위를 뜻한다.
> ⑤ 마타도어 : 출처를 위장하거나 밝히지 않는 선전으로 정치권에서는 흑색선전을 뜻하며 근거 없는 사실을 조작하여 상대를 중상모략하는 행위를 뜻한다.

NCS 직업기초능력평가

CHAPTER 01 의사소통능력

01 의사소통과 의사소통능력

(1) 의사소통

① 개념 : 사람들 간에 생각이나 감정, 정보, 의견 등을 교환하는 총체적인 행위로, 직장생활에서의 의사소통은 조직과 팀의 효율성과 효과성을 성취할 목적으로 이루어지는 구성원 간의 정보와 지식 전달 과정이라고 할 수 있다.

② 기능 : 공동의 목표를 추구해 나가는 집단 내의 기본적 존재 기반이며 성과를 결정하는 핵심 기능이다.

③ 의사소통의 종류

    ㉠ 언어적인 것 : 대화, 전화통화, 토론 등

    ㉡ 문서적인 것 : 메모, 편지, 기획안 등

    ㉢ 비언어적인 것 : 몸짓, 표정 등

④ 의사소통을 저해하는 요인 : 정보의 과다, 메시지의 복잡성 및 메시지 간의 경쟁, 상이한 직위와 과업지향형, 신뢰의 부족, 의사소통을 위한 구조상의 권한, 잘못된 매체의 선택, 폐쇄적인 의사소통 분위기 등

(2) 의사소통능력

① 개념 : 직장생활에서 문서나 상대방이 하는 말의 의미를 파악하는 능력, 자신의 의사를 정확하게 표현하는 능력, 간단한 외국어 자료를 읽거나 외국인의 의사표시를 이해하는 능력을 포함한다.

② 의사소통능력 개발을 위한 방법

    ㉠ 사후검토와 피드백을 활용한다.

    ㉡ 명확한 의미를 가진 이해하기 쉬운 단어를 선택하여 이해도를 높인다.

    ㉢ 적극적으로 경청한다.

    ㉣ 메시지를 감정적으로 곡해하지 않는다.

02 의사소통능력을 구성하는 하위능력

(1) 문서이해능력

① 문서와 문서이해능력

　㉠ 문서 : 제안서, 보고서, 기획서, 이메일, 팩스 등 문자로 구성된 것으로 상대방에게 의사를 전달하여 설득하는 것을 목적으로 한다.

　㉡ 문서이해능력 : 직업현장에서 자신의 업무와 관련된 문서를 읽고, 내용을 이해하고 요점을 파악할 수 있는 능력을 말한다.

예제 1

다음은 신용카드 약관의 주요내용이다. 규정 약관을 제대로 이해하지 못한 사람은?

[부가서비스]

카드사는 법령에서 정한 경우를 제외하고 상품을 새로 출시한 후 1년 이내에 부가서비스를 줄이거나 없앨 수가 없다. 또한 부가서비스를 줄이거나 없앨 경우에는 그 세부내용을 변경일 6개월 이전에 회원에게 알려주어야 한다.

[중도 해지 시 연회비 반환]

연회비 부과기간이 끝나기 이전에 카드를 중도해지하는 경우 남은 기간에 해당하는 연회비를 계산하여 10 영업일 이내에 돌려줘야 한다. 다만, 카드 발급 및 부가서비스 제공에 이미 지출된 비용은 제외된다.

[카드 이용한도]

카드 이용한도는 카드 발급을 신청할 때에 회원이 신청한 금액과 카드사의 심사기준을 종합적으로 반영하여 회원이 신청한 금액 범위 이내에서 책정되며 회원의 신용도가 변동되었을 때에는 카드사는 회원의 이용한도를 조정할 수 있다.

[부정사용 책임]

카드 위조 및 변조로 인하여 발생된 부정사용 금액에 대해서는 카드사가 책임을 진다. 다만, 회원이 비밀번호를 다른 사람에게 알려주거나 카드를 다른 사람에게 빌려주는 등의 중대한 과실로 인해 부정사용이 발생하는 경우에는 회원이 그 책임의 전부 또는 일부를 부담할 수 있다.

---

① 혜수 : 카드사는 법령에서 정한 경우를 제외하고는 1년 이내에 부가서비스를 줄일 수 없어

② 진성 : 카드 위조 및 변조로 인하여 발생된 부정사용 금액은 일괄 카드사가 책임을 지게 돼

③ 영훈 : 회원의 신용도가 변경되었을 때 카드사가 이용한도를 조정할 수 있어

④ 영호 : 연회비 부과기간이 끝나기 이전에 카드를 중도해지하는 경우에는 남은 기간에 해당하는 연회비를 카드사는 돌려줘야 해

⑤ 시우 : 중도해지시에 카드사는 부가서비스 제공에 이미 제출된 비용은 제하고 돌려주면 돼

② 문서의 종류

　　㉠ 공문서 : 정부기관에서 공무를 집행하기 위해 작성하는 문서로, 단체 또는 일반회사에서 정부기관을 상대로 사업을 진행할 때 작성하는 문서도 포함된다. 엄격한 규격과 양식이 특징이다.

　　㉡ 기획서 : 아이디어를 바탕으로 기획한 프로젝트에 대해 상대방에게 전달하여 시행하도록 설득하는 문서이다.

　　㉢ 기안서 : 업무에 대한 협조를 구하거나 의견을 전달할 때 작성하는 사내 공문서이다.

　　㉣ 보고서 : 특정한 업무에 관한 현황이나 진행 상황, 연구·검토 결과 등을 보고하고자 할 때 작성하는 문서이다.

　　㉤ 설명서 : 상품의 특성이나 작동 방법 등을 소비자에게 설명하기 위해 작성하는 문서이다.

　　㉥ 보도자료 : 정부기관이나 기업체 등이 언론을 상대로 자신들의 정보를 기사화 되도록 하기 위해 보내는 자료이다.

　　㉦ 자기소개서 : 개인이 자신의 성장과정이나, 입사 동기, 포부 등에 대해 구체적으로 기술하여 자신을 소개하는 문서이다.

　　㉧ 비즈니스 레터(E-mail) : 사업상의 이유로 고객에게 보내는 편지다.

　　㉨ 비즈니스 메모 : 업무상 확인해야 할 일을 메모형식으로 작성하여 전달하는 글이다.

③ 문서이해의 절차 : 문서의 목적 이해 → 문서 작성 배경·주제 파악 → 정보 확인 및 현안문제 파악 → 문서 작성자의 의도 파악 및 자신에게 요구되는 행동 분석 → 목적 달성을 위해 취해야 할 행동 고려 → 문서 작성자의 의도를 도표나 그림 등으로 요약·정리

(2) 문서작성능력

① 작성되는 문서에는 대상과 목적, 시기, 기대효과 등이 포함되어야 한다.

② 문서작성의 구성요소

　　㉠ 짜임새 있는 골격, 이해하기 쉬운 구조

　　㉡ 객관적이고 논리적인 내용

　　㉢ 명료하고 설득력 있는 문장

　　㉣ 세련되고 인상적인 레이아웃

다음은 들은 내용을 구조적으로 정리하는 방법이다. 순서에 맞게 배열하면?

> ⊙ 관련 있는 내용끼리 묶는다.
> ⓛ 묶은 내용에 적절한 이름을 붙인다.
> ⓒ 전체 내용을 이해하기 쉽게 구조화한다.
> ⓔ 중복된 내용이나 덜 중요한 내용을 삭제한다.

① ⊙ⓛⓒⓔ   ② ⊙ⓛⓔⓒ
③ ⓛ⊙ⓒⓔ   ④ ⓛ⊙ⓔⓒ
⑤ ⊙ⓔⓛⓒ

③ 문서의 종류에 따른 작성방법

　⊙ 공문서
- 육하원칙이 드러나도록 써야 한다.
- 날짜는 반드시 연도와 월, 일을 함께 언급하며, 날짜 다음에 괄호를 사용할 때는 마침표를 찍지 않는다.
- 대외문서이며, 장기간 보관되기 때문에 정확하게 기술해야 한다.
- 내용이 복잡할 경우 '-다음-', '-아래-'와 같은 항목을 만들어 구분한다.
- 한 장에 담아내는 것을 원칙으로 하며, 마지막엔 반드시 '끝'자로 마무리 한다.

　ⓛ 설명서
- 정확하고 간결하게 작성한다.
- 이해하기 어려운 전문용어의 사용은 삼가고, 복잡한 내용은 도표화 한다.
- 명령문보다는 평서문을 사용하고, 동어 반복보다는 다양한 표현을 구사하는 것이 바람직하다.

　ⓒ 기획서
- 상대를 설득하여 기획서가 채택되는 것이 목적이므로 상대가 요구하는 것이 무엇인지 고려하여 작성하며, 기획의 핵심을 잘 전달하였는지 확인한다.
- 분량이 많을 경우 전체 내용을 한눈에 파악할 수 있도록 목차구성을 신중히 한다.
- 효과적인 내용 전달을 위한 표나 그래프를 적절히 활용하고 산뜻한 느낌을 줄 수 있도록 한다.
- 인용한 자료의 출처 및 내용이 정확해야 하며 제출 전 충분히 검토한다.

② 보고서

- 도출하고자 하는 핵심내용을 구체적이고 간결하게 작성한다.
- 내용이 복잡할 경우 도표나 그림을 활용하고, 참고자료는 정확하게 제시한다.
- 제출하기 전에 최종점검을 하며 질의를 받을 것에 대비한다.

예제 3

다음 중 공문서 작성에 대한 설명으로 가장 적절하지 못한 것은?

① 공문서나 유가증권 등에 금액을 표시할 때에는 한글로 기재하고 그 옆에 괄호를 넣어 숫자로 표기한다.
② 날짜는 숫자로 표기하되 년, 월, 일의 글자는 생략하고 그 자리에 온점(.)을 찍어 표시한다.
③ 첨부물이 있는 경우에는 붙임 표시문 끝에 1자 띄우고 "끝."이라고 표시한다.
④ 공문서의 본문이 끝났을 경우에는 1자를 띄우고 "끝."이라고 표시한다.
⑤ 육하원칙을 사용하여 작성하여야 한다.

---

④ 문서작성의 원칙

㉠ 문장은 짧고 간결하게 작성한다.(간결체 사용)

㉡ 상대방이 이해하기 쉽게 쓴다.

㉢ 불필요한 한자의 사용을 자제한다.

㉣ 문장은 긍정문의 형식을 사용한다.

㉤ 간단한 표제를 붙인다.

㉥ 문서의 핵심내용을 먼저 쓰도록 한다.(두괄식 구성)

⑤ 문서작성 시 주의사항

㉠ 육하원칙에 의해 작성한다.

㉡ 문서 작성시기가 중요하다.

㉢ 한 사안은 한 장의 용지에 작성한다.

㉣ 반드시 필요한 자료만 첨부한다.

㉤ 금액, 수량, 일자 등은 기재에 정확성을 기한다.

㉥ 경어나 단어사용 등 표현에 신경 쓴다.

㉦ 문서작성 후 반드시 최종적으로 검토한다.

⑥ 효과적인 문서작성 요령

　　㉠ 내용이해 : 전달하고자 하는 내용과 핵심을 정확하게 이해해야 한다.

　　㉡ 목표설정 : 전달하고자 하는 목표를 분명하게 설정한다.

　　㉢ 구성 : 내용 전달 및 설득에 효과적인 구성과 형식을 고려한다.

　　㉣ 자료수집 : 목표를 뒷받침할 자료를 수집한다.

　　㉤ 핵심전달 : 단락별 핵심을 하위목차로 요약한다.

　　㉥ 대상파악 : 대상에 대한 이해와 분석을 통해 철저히 파악한다.

　　㉦ 보충설명 : 예상되는 질문을 정리하여 구체적인 답변을 준비한다.

　　㉧ 문서표현의 시각화 : 그래프, 그림, 사진 등을 적절히 사용하여 이해를 돕는다.

(3) 경청능력

① 경청의 중요성 : 경청은 다른 사람의 말을 주의 깊게 들으며 공감하는 능력으로 경청을 통해 상대방을 한 개인으로 존중하고 성실한 마음으로 대하게 되며, 상대방의 입장에 공감하고 이해하게 된다.

② 경청을 방해하는 습관 : 짐작하기, 대답할 말 준비하기, 걸러내기, 판단하기, 다른 생각하기, 조언하기, 언쟁하기, 옳아야만 하기, 슬쩍 넘어가기, 비위 맞추기 등

③ 효과적인 경청방법

　　㉠ 준비하기 : 강연이나 프레젠테이션 이전에 나누어주는 자료를 읽어 미리 주제를 파악하고 등장하는 용어를 익혀둔다.

　　㉡ 주의 집중 : 말하는 사람의 모든 것에 집중해서 적극적으로 듣는다.

　　㉢ 예측하기 : 다음에 무엇을 말할 것인가를 추측하려고 노력한다.

　　㉣ 나와 관련짓기 : 상대방이 전달하고자 하는 메시지를 나의 경험과 관련지어 생각해 본다.

　　㉤ 질문하기 : 질문은 듣는 행위를 적극적으로 하게 만들고 집중력을 높인다.

　　㉥ 요약하기 : 주기적으로 상대방이 전달하려는 내용을 요약한다.

　　㉦ 반응하기 : 피드백을 통해 의사소통을 점검한다.

다음은 면접스터디 중 일어난 대화이다. 민아의 고민을 해소하기 위한 조언으로 가장 적절한 것은?

> 지섭 : 민아씨, 어디 아파요? 표정이 안 좋아 보여요.
> 민아 : 제가 원서 넣은 공단이 내일 면접이어서요. 그동안 스터디를 통해서 면접 연습을 많이 했는데도 벌써부터 긴장이 되네요.
> 지섭 : 민아씨는 자기 의견도 명확히 피력할 줄 알고 조리 있게 설명을 잘 하시니 걱정 안하셔도 될 것 같아요. 아, 손에 꽉 쥐고 계신 건 뭔가요?
> 민아 : 아, 제가 예상 답변을 정리해서 모아둔거에요. 내용은 거의 외웠는데 이렇게 쥐고 있지 않으면 불안해서..
> 지섭 : 그 정도로 준비를 철저히 하셨으면 걱정할 이유 없을 것 같아요.
> 민아 : 그래도 압박면접이거나 예상치 못한 질문이 들어오면 어떻게 하죠?
> 지섭 : _____

① 시선을 적절히 처리하면서 부드러운 어투로 말하는 연습을 해보는 건 어때요?
② 공식적인 자리인 만큼 옷차림을 신경 쓰는 게 좋을 것 같아요.
③ 당황하지 말고 질문자의 의도를 잘 파악해서 침착하게 대답하면 되지 않을까요?
④ 예상 질문에 대한 답변을 좀 더 정확하게 외워보는 건 어떨까요?
⑤ 면접장에 미리 가보는 것은 어떨까요?

상대방이 하는 말을 듣고 질문 의도에 따라 올바르게 답하는 능력을 측정하는 문항이다.

민아는 압박질문이나 예상치 못한 질문에 대해 걱정을 하고 있으므로 침착하게 대응하라고 조언을 해주는 것이 좋다.

답 ③

(4) 의사표현능력

① 의사표현의 개념과 종류

  ㉠ 개념 : 화자가 자신의 생각과 감정을 청자에게 음성언어나 신체언어로 표현하는 행위이다.

  ㉡ 종류
  • 공식적 말하기 : 사전에 준비된 내용을 대중을 대상으로 말하는 것으로 연설, 토의, 토론 등이 있다.
  • 의례적 말하기 : 사회·문화적 행사에서와 같이 절차에 따라 하는 말하기로 식사, 주례, 회의 등이 있다.
  • 친교적 말하기 : 친근한 사람들 사이에서 자연스럽게 주고받는 대화 등을 말한다.

② 의사표현의 방해요인

  ㉠ 연단공포증 : 연단에 섰을 때 가슴이 두근거리거나 땀이 나고 얼굴이 달아오르는 등의 현상으로 충분한 분석과 준비, 더 많은 말하기 기회 등을 통해 극복할 수 있다.

  ㉡ 말 : 말의 장단, 고저, 발음, 속도, 쉼 등을 포함한다.

  ㉢ 음성 : 목소리와 관련된 것으로 음색, 고저, 명료도, 완급 등을 의미한다.

  ㉣ 몸짓 : 비언어적 요소로 화자의 외모, 표정, 동작 등이다.

  ㉤ 유머 : 말하기 상황에 따른 적절한 유머를 구사할 수 있어야 한다.

③ 상황과 대상에 따른 의사표현법

   ⊙ 잘못을 지적할 때 : 모호한 표현을 삼가고 확실하게 지적하며, 당장 꾸짖고 있는 내용에만 한정한다.

   ⓛ 칭찬할 때 : 자칫 아부로 여겨질 수 있으므로 센스 있는 칭찬이 필요하다.

   ⓒ 부탁할 때 : 먼저 상대방의 사정을 듣고 응하기 쉽게 구체적으로 부탁하며 거절을 당해도 싫은 내색을 하지 않는다.

   ⓔ 요구를 거절할 때 : 먼저 사과하고 응해줄 수 없는 이유를 설명한다.

   ⓜ 명령할 때 : 강압적인 말투보다는 '○○을 이렇게 해주는 것이 어떻겠습니까?'와 같은 식으로 부드럽게 표현하는 것이 효과적이다.

   ⓗ 설득할 때 : 일방적으로 강요하기보다는 먼저 양보해서 이익을 공유하겠다는 의지를 보여주는 것이 좋다.

   ⓢ 충고할 때 : 충고는 가장 최후의 방법이다. 반드시 충고가 필요한 상황이라면 예화를 들어 비유적으로 깨우쳐주는 것이 바람직하다.

   ⓞ 질책할 때 : 샌드위치 화법(칭찬의 말 + 질책의 말 + 격려의 말)을 사용하여 청자의 반발을 최소화 한다.

예제 5

당신은 팀장님께 업무 지시내용을 수행하고 결과물을 보고드렸다. 하지만 팀장님께서는 "최대리 업무를 이렇게 처리하면 어떡하나? 누락된 부분이 있지 않은가."라고 말하였다. 이에 대해 당신이 행할 수 있는 가장 부적절한 대처 자세는?

① "죄송합니다. 제가 잘 모르는 부분이라 이수혁 과장님께 부탁을 했는데 과장님께서 실수를 하신 것 같습니다."

② "주의를 기울이지 못해 죄송합니다. 어느 부분을 수정보완하면 될까요?"

③ "지시하신 내용을 제가 충분히 이해하지 못하였습니다. 내용을 다시 한 번 여쭤보아도 되겠습니까?"

④ "부족한 내용을 보완하는 자료를 취합하기 위해서 하루정도가 더 소요될 것 같습니다. 언제까지 재작성하여 드리면 될까요?"

출제의도

상사가 잘못을 지적하는 상황에서 어떻게 대처해야 하는지를 묻는 문항이다.

해　설

상사가 부탁한 지시사항을 다른 사람에게 부탁하는 것은 옳지 못하며 설사 그렇다고 해도 그 일의 과오에 대해 책임을 전가하는 것은 지양해야 할 자세이다.

답 ①

---

④ 원활한 의사표현을 위한 지침

   ⊙ 올바른 화법을 위해 독서를 하라.

   ⓛ 좋은 청중이 되라.

   ⓒ 칭찬을 아끼지 마라.

   ⓔ 공감하고, 긍정적으로 보이게 하라.

   ⓜ 겸손은 최고의 미덕임을 잊지 마라.

   ⓗ 과감하게 공개하라.

Ⓢ 뒷말을 숨기지 마라.

ⓞ 첫마디 말을 준비하라.

ⓩ 이성과 감성의 조화를 꾀하라.

ⓒ 대화의 룰을 지켜라.

ⓚ 문장을 완전하게 말하라.

⑤ 설득력 있는 의사표현을 위한 지침

ⓣ 'Yes'를 유도하여 미리 설득 분위기를 조성하라.

ⓛ 대비 효과로 분발심을 불러 일으켜라.

ⓒ 침묵을 지키는 사람의 참여도를 높여라.

ⓡ 여운을 남기는 말로 상대방의 감정을 누그러뜨려라.

ⓜ 하던 말을 갑자기 멈춤으로써 상대방의 주의를 끌어라.

ⓗ 호칭을 바꿔서 심리적 간격을 좁혀라.

Ⓢ 끄집어 말하여 자존심을 건드려라.

ⓞ 정보전달 공식을 이용하여 설득하라.

ⓩ 상대방의 불평이 가져올 결과를 강조하라.

ⓒ 권위 있는 사람의 말이나 작품을 인용하라.

ⓚ 약점을 보여 주어 심리적 거리를 좁혀라.

ⓔ 이상과 현실의 구체적 차이를 확인시켜라.

ⓟ 자신의 잘못도 솔직하게 인정하라.

ⓗ 집단의 요구를 거절하려면 개개인의 의견을 물어라.

ⓐ 동조 심리를 이용하여 설득하라.

ⓑ 지금까지의 노고를 치하한 뒤 새로운 요구를 하라.

ⓒ 담당자가 대변자 역할을 하도록 하여 윗사람을 설득하게 하라.

ⓓ 겉치레 양보로 기선을 제압하라.

ⓔ 변명의 여지를 만들어 주고 설득하라.

ⓕ 혼자 말하는 척하면서 상대의 잘못을 지적하라.

(5) 기초외국어능력

① 기초외국어능력의 개념과 필요성

  ㉠ 개념 : 외국어로 된 간단한 자료를 이해하거나, 외국인과의 전화응대와 간단한 대화 등 외국인의 의사표현을 이해하고, 자신의 의사를 기초외국어로 표현할 수 있는 능력이다.

  ㉡ 필요성 : 국제화·세계화 시대에 다른 나라와의 무역을 위해 우리의 언어가 아닌 국제적인 통용어를 사용하거나 그들의 언어로 의사소통을 해야 하는 경우가 생길 수 있다.

② 외국인과의 의사소통에서 피해야 할 행동

  ㉠ 상대를 볼 때 흘겨보거나, 노려보거나, 아예 보지 않는 행동

  ㉡ 팔이나 다리를 꼬는 행동

  ㉢ 표정이 없는 것

  ㉣ 다리를 흔들거나 펜을 돌리는 행동

  ㉤ 맞장구를 치지 않거나 고개를 끄덕이지 않는 행동

  ㉥ 생각 없이 메모하는 행동

  ㉦ 자료만 들여다보는 행동

  ㉧ 바르지 못한 자세로 앉는 행동

  ㉨ 한숨, 하품, 신음소리를 내는 행동

  ㉩ 다른 일을 하며 듣는 행동

  ㉪ 상대방에게 이름이나 호칭을 어떻게 부를지 묻지 않고 마음대로 부르는 행동

③ 기초외국어능력 향상을 위한 공부법

  ㉠ 외국어공부의 목적부터 정하라.

  ㉡ 매일 30분씩 눈과 손과 입에 밸 정도로 반복하라.

  ㉢ 실수를 두려워하지 말고 기회가 있을 때마다 외국어로 말하라.

  ㉣ 외국어 잡지나 원서와 친해져라.

  ㉤ 소홀해지지 않도록 라이벌을 정하고 공부하라.

  ㉥ 업무와 관련된 주요 용어의 외국어는 꼭 알아두자.

  ㉦ 출퇴근 시간에 외국어 방송을 보거나, 듣는 것만으로도 귀가 트인다.

  ㉧ 어린이가 단어를 배우듯 외국어 단어를 암기할 때 그림카드를 사용해 보라.

  ㉨ 가능하면 외국인 친구를 사귀고 대화를 자주 나눠 보라.

출제예상문제

1 다음 중 원활한 의사표현을 위한 지침으로 옳지 않은 것은?

① 상대방에 대한 칭찬을 아끼지 않는다.

② 대화의 룰을 지킨다.

③ 문장을 완전하게 말한다.

④ 자신의 주장을 강하게 내세운다.

⑤ 문장을 끝까지 말한다.

> ✔해설 원활한 의사표현을 위한 지침
> ㉠ 올바른 화법을 위해 독서를 한다.
> ㉡ 좋은 청중이 된다.
> ㉢ 칭찬을 아끼지 않는다.
> ㉣ 공감하고, 긍정적으로 보이도록 노력한다.
> ㉤ 항상 겸손하게 행동한다.
> ㉥ 과감하게 공개한다.
> ㉦ 뒷말을 숨기지 않는다.
> ㉧ 첫마디 말을 준비한다.
> ㉨ 이성과 감성의 조화를 이루도록 노력한다.
> ㉩ 대화의 룰을 지킨다.
> ㉪ 문장을 끝까지 말한다.

2 다음 중 바람직한 의사소통의 요소로 옳지 않은 것은?

① 무뚝뚝한 반응　　　　　　　　　② 시선공유

③ 자연스러운 터치　　　　　　　　④ 경청

⑤ 대화 순서 지키기

> ✔해설 ① 무뚝뚝한 반응은 오히려 원만한 의사소통을 방해하는 요소가 된다.
> ※ 바람직한 의사소통의 요소
> ㉠ 적절한 반응
> ㉡ 시선공유(eye contact)
> ㉢ 공감하기
> ㉣ 경청하기
> ㉤ (대화)순서 지키기

3 다음 글에서 형식이가 의사소통능력을 향상시키기 위해 노력한 것으로 옳지 않은 것은?

> ○○기업에 다니는 형식이는 평소 자기주장이 강하고 남의 말을 잘 듣지 않는다. 오늘도 그는 같은 팀 동료들과 새로운 프로젝트를 위한 회의에서 자신의 의견만을 고집하다가 결국 일부 팀 동료들이 자리를 박차고 나가 마무리를 짓지 못했다. 이로 인해 형식은 팀 내에서 은근히 따돌림을 당했고 자신의 행동에 잘못이 있음을 깨달았다. 그 후 그는 서점에서 다양한 의사소통과 관련된 책을 읽으면서 조금씩 자신의 단점을 고쳐나가기로 했다. 먼저 그는 자신이 너무 자기주장만을 내세운다고 생각하고 이를 절제하기 위해 꼭 하고 싶은 말만 간단명료하게 하기로 마음먹었다. 그리고 말을 할 때에도 상대방의 입장에서 먼저 생각하고 상대방을 배려하는 마음을 가지려고 노력하였다. 또한 남의 말을 잘 듣기 위해 중요한 내용은 메모하는 습관을 들이고 상대방이 말할 때 적절하게 반응을 보였다. 이렇게 6개월을 꾸준히 노력하자 등을 돌렸던 팀 동료들도 그의 노력에 감탄하며 다시 마음을 열기 시작했고 이후 그의 팀은 중요한 프로젝트를 성공적으로 해내 팀원 전원이 한 직급씩 승진을 하게 되었다.

① 메모하기
② 배려하기
③ 시선공유
④ 반응하기
⑤ 생각하기

✔**해설** 시선공유도 바람직한 의사소통을 위한 중요한 요소이지만 위 글에 나오는 형식이의 노력에서는 찾아볼 수 없다.

Answer 1.④ 2.① 3.③

4 다음 청첩장의 밑줄 친 용어를 한자로 바르게 표시하지 못한 것은?

알림

　그동안 저희를 아낌없이 돌봐주신 여러 어른들과 지금까지 옆을 든든히 지켜준 많은 벗들이 모인 자리에서 저희 두 사람이 작지만 아름다운 <u>결혼식</u>을 올리고자 합니다. 부디 바쁘신 가운데 잠시나마 <u>참석</u>하시어 자리를 빛내주시고 새로운 <u>출발</u>을 하는 저희들이 오랫동안 행복하게 지낼 수 있도록 <u>기원</u>해 주시기 바랍니다.

고○○ · 허○○ 의 <u>장남</u> 희동
박○○ · 장○○ 의 차녀 선영

다음

1. 일시 : 20xx년 10월15일 낮 12시 30분
2. 장소 : 경기도 파주시 ○○구 ○○동 좋아웨딩홀 2층 사파이어홀
3. 연락처 : 031-655-××××

첨부 : 좋아웨딩홀 장소 약도 1부

---

① 결혼식 – 結婚式　　　　② 참석 – 參席
③ 출발 – 出發　　　　　　④ 기원 – 起源
⑤ 장남 – 長男

✔ **해설**　④ 기원 – 祈願

5 다음은 토론과 토의를 비교한 표이다. 옳지 않은 것은?

	구분	토론	토의
①	정의	특정 주제에 대한 찬성과 반대의 주장을 논하는 과정	특정 문제를 해결하기 위한 다양한 해결방안을 모색하는 과정
②	목적	각자가 가지고 있는 다양한 의견을 개진하고 교환하며 검토함	각각 찬성과 반대 입장에서 자신의 주장을 받아들이도록 제3자인 청중을 설득함
③	특성	상호 대립적 · 공격적 · 경쟁적 · 논쟁적	상호 협동적 · 협조적 · 협력적
④	형식	일정한 형식과 규칙에 따라 발언함	비교적 자유롭게 발언함
⑤	효과	문제의 본질에 대한 이래를 높여줌	문제해결책을 도출함

✔ 해설

구분	토론	토의
정의	특정 주제에 대한 찬성과 반대의 주장을 논하는 과정	특정 문제를 해결하기 위한 다양한 해결방안을 모색하는 과정
목적	각각 찬성과 반대 입장에서 자신의 주장을 받아들이도록 제3자인 청중을 설득함	각자가 가지고 있는 다양한 의견을 개진하고 교환하며 검토함
특성	상호 대립적 · 공격적 · 경쟁적 · 논쟁적	상호 협동적 · 협조적 · 협력적
형식	일정한 형식과 규칙에 따라 발언함	비교적 자유롭게 발언함
효과	문제의 본질에 대한 이해를 높여줌	문제 해결책을 도출함
결과	승패	타협

┃6~8┃ 다음 글을 읽고 물음에 답하시오.

우리나라 옛 문헌에 따르면 거북 또는 남생이는 '귀'라 하고 자라는 '별'이라 칭하였다. 또한 문학작품이나 문헌에서 현의독우·현령성모·원서·청강사자·강사·동현선생·녹의여자·옥령부자·현부·현갑·장륙 등과 같은 표현이 나오는데 이는 모두 거북 또는 남생이를 일컫는다.

거북은 세계적으로 12과 240종이 알려져 있고 우리나라에서는 바다거북, 장수거북, 남생이, 자라 등 총 4종이 알려져 있는데 앞의 2종은 해산대형종이고 뒤의 2종은 담수산소형종이다. 거북목(目)의 동물들은 모두 몸이 짧고 등껍질과 배 껍질로 싸여 있으며 양턱은 부리 모양을 이루고 각질의 집으로 싸여 있다. 또한 이빨은 없고 눈꺼풀이 있으며 목은 8개의 목등뼈를 가지고 있어 보통 껍질 속을 드나들 수 있다. 다리는 기본적으로는 오지형으로 되어 있다. 서식지로는 온대·열대의 육상·민물·바다 등에서 사는데 산란은 물에서 사는 것도 육상으로 올라와 한다.

「규합총서」에서 "자라찜을 왕비탕이라 하는데 매우 맛이 좋다. 벽적(뱃속에 뭉치 같은 것이 생기는 병)에 성약이나 그 배에 王자가 있어 그냥 고기와 같지 않고 또 예전에 자라를 살려주고 보은을 받았다는 말이 전하니 먹을 것이 아니다. 비록 「맹자」에 물고기와 자라가 하도 많아 이루 다 먹을 수가 없었다는 말이 있으나 역시 먹지 않는 것이 좋다."라고 한 것으로 보아 식용되고는 있었으나 약이성 식품으로 사용된 듯하다.

거북은 오래 산다는 의미에서 십장생 중 하나에 들어갔으며 민화의 소재로도 많이 사용되었고 용이나 봉황과 함께 상서로운 동물로도 인식되었다. 그리하여 집을 짓고 상량할 때 대들보에 '하룡'·'해귀'라는 문자를 써 넣기도 했고 귀뉴라 하여 손잡이 부분에 거북 모양을 새긴 인장을 사용하기도 했으며 귀부라 하여 거북 모양으로 만든 비석의 받침돌로도 이용되었다. 또한 동작이 느린 동물로서 많은 이야기의 소재가 되기도 하였다.

대표적인 예로 「삼국유사」 가락국기에는 <구지가>라는 노래가 한역되어 수록되어 있는데 여기서 거북은 가락국의 시조인 수로왕을 드러내게 하는 동물로 등장하고 같은 책의 수로부인조(條)에도 〈해가〉라는 노래가 들어 있다. 이 노래에서도 역시 거북은 바다로 납치된 수로부인을 나오도록 하는 동물로 나타난다.

그리고 옛날 중국에서는 하나라의 우임금이 치수를 할 때 낙수에서 나온 거북의 등에 마흔다섯 점의 글씨가 있었다고 하는데 이를 '낙서'라 하여 '하도'와 함께 「주역」의 근본이 되었다는 기록도 있다. 이 외에도 중국의 초기문자인 갑골문 또한 거북의 등에 기록된 것으로 점을 칠 때 쓰였는데 오늘날에도 '거북점'이라는 것이 있어 귀갑을 불에 태워 그 갈라지는 금을 보고 길흉을 판단한다. 이처럼 거북은 신령스러운 동물로서 우리나라뿐 아니라 동양 일대에서 신성시하던 동물이었다.

6 다음 중 옳지 않은 것은?

① 우리나라에서는 예부터 거북목(目)의 한 종류인 자라를 식용 및 약용으로 사용하기도 하였다.

② 옛 문헌의 기록으로 말미암아 거북은 고대 우리 민족에게 수신이나 주술매체의 동물로서 인식되었다.

③ 거북은 세계적으로 많은 종이 있는데 바다거북·장수거북·남생이·자라 등 4종은 우리나라에서만 서식하는 고유종이다.

④ 거북은 동양 일대에서 용이나 봉황과 함께 상서로운 동물로 인식되었으며 특히 중국에서는 거북의 등을 이용하여 점을 치기도 하였다.

⑤ 오늘날에도 거북점을 통해 길흉을 판단한다.

✔ 해설 ③ 우리나라에서는 바다거북·장수거북·남생이·자라 등 4종이 알려져 있지만 이들이 우리나라에만 서식하는 고유종으로 보기는 어렵다.

7 다음 문학작품 중 거북과 관련이 없는 것은?

① 귀토지설   ② 청강사자현부전

③ 죽부인전   ④ 별주부전

⑤ 토생원전

✔ 해설 ③ 대나무를 의인화하여 절개 있는 부인을 비유한 작품이다.
③ 판소리계 소설인 토끼전의 근원설화가 되는 작품으로 거북과 토끼가 지혜를 겨루는 내용이다.
② 거북을 의인화하여 어진 사람의 행적을 기린 작품이다.
④ 판소리계 소설로 「토끼전」이라고도 한다.
⑤ 별주부전의 다른 이름이다.

8 다음 중 밑줄 친 '십장생'에 속하지 않는 것은?

① 대나무   ② 바람

③ 소나무   ④ 사슴

⑤ 거북

✔ 해설 십장생은 민간신앙 및 도교에서 불로장생을 상징하는 열 가지의 사물로 보통 '해·달·산·내·대나무·소나무·거북·학·사슴·불로초' 또는 '해·돌·물·구름·대나무·소나무·불로초·거북·학·산'을 이른다.

|9 ~ 11| 다음 글을 읽고 물음에 답하시오.

> 봉수는 횃불과 연기로써 급한 소식을 전하던 전통시대의 통신제도로 높은 산에 올라가 불을 피워 낮에는 연기로, 밤에는 불빛으로 신호하는 방식이었다. 봉수제도는 우역제와 더불어 신식우편과 전기통신이 창시되기 이전의 전근대국가에서는 가장 중요하고 보편적인 통신방법이었는데 역마나 인편보다 시간적으로 단축되었고, 신속한 효용성을 발휘하여 지방의 급변하는 민정상황이나 국경지방의 적의 동태를 상급기관인 중앙의 병조에 쉽게 연락할 수 있었기 때문이다. 보통 봉수제는 국가의 정치·군사적인 전보기능을 목적으로 설치되었는데 우리나라에서 군사적인 목적으로 설치된 봉수제가 처음 문헌기록에 나타난 시기는 고려 중기 무렵이다. 이후 조선이 건국되면서 조선의 지배층들은 고려시대 봉수제를 이어받았는데 특히 세종 때에는 종래에 계승되어 온 고려의 봉수제를 바탕으로 하고 중국의 제도를 크게 참고하여 그 면모를 새롭게 하였다. 하지만 이러한 봉수제는 시간이 지날수록 점점 유명무실하게 되었고 결국 임진왜란이 일어나자 이에 대한 대비책으로 파발제가 등장하게 되었다. 봉수는 경비가 덜 들고 신속하게 전달할 수 있는 장점이 있으나 적정을 오직 5거의 방법으로만 전하여, 그 내용을 자세히 전달할 수 없어 군령의 시달이 어렵고 또한 비와 구름·안개로 인한 판단곤란과 중도단절 등의 결점이 있었다. 반면에 파발은 경비가 많이 소모되고 봉수보다는 전달속도가 늦은 결점이 있으나 문서로써 전달되기 때문에 보안유지는 물론 적의 병력 수·장비·이동상황 그리고 아군의 피해상황 등을 상세하게 전달할 수 있는 장점이 있었다.

9 다음 중 옳지 않은 것은?

① 봉수는 전통시대의 통신제도로 높은 산에 올라가 낮에는 연기로, 밤에는 불빛으로 신호를 보냈다.

② 보통 봉수제는 국가의 정치·군사적인 전보기능을 목적으로 설치되었는데 우리나라에서는 고려 중기 무렵에 처음으로 문헌기록으로 나타난다.

③ 봉수는 역마나 인편보다 시간적으로 단축되었고, 신속한 효용성을 발휘하여 지방의 급박한 상황을 중앙에 쉽게 연락할 수 있었다.

④ 봉수제도는 조선시대 들어서 그 기틀이 확고히 자리 잡아 임진왜란 당시에는 큰 역할을 하였다.

⑤ 봉수제도는 경비가 덜 들고 신속하게 전달할 수 있다.

> ✔ 해설 ④ 봉수제도는 조선 초기에 여러 제도를 참고하여 그 면모를 새롭게 하였지만 시간이 지날수록 점점 유명무실하게 되었고 결국 임진왜란이 일어나자 이에 대한 대비책으로 파발제가 등장하게 되었다.

10 위 글에서 봉수는 적정을 5거의 방법으로 전한다고 한다. 다음은 조선시대 봉수제도의 5거의 각 단계와 오늘날 정규전에 대비해 발령하는 전투준비태세인 데프콘의 각 단계를 설명한 것이다. 오늘날의 데프콘 4는 봉수의 5거제 중 어디에 가장 가까운가?

- 봉수제 : 봉수대에서는 거수를 달리하여 정세의 완급을 나타냈는데 평상시에는 1거, 왜적이 해상에 나타나거나 적이 국경에 나타나면 2거, 왜적이 해안에 가까이 오거나 적이 변경에 가까이 오면 3거, 우리 병선과 접전하거나 국경을 침범하면 4거, 왜적이 상륙하거나 국경에 침범한 적과 접전하면 5거씩 올리도록 하였다.
- 데프콘 : 데프콘은 정보감시태세인 워치콘 상태의 분석 결과에 따라 전군에 내려지는데 데프콘 5는 적의 위협이 없는 안전한 상태일 때, 데프콘 4는 적과 대립하고 있으나 군사개입 가능성이 없는 상태일 때, 데프콘 3은 중대하고 불리한 영향을 초래할 수 있는 긴장상태가 전개되거나 군사개입 가능성이 있을 때, 데프콘 2는 적이 공격 준비태세를 강화하려는 움직임이 있을 때, 데프콘 1은 중요 전략이나 전술적 적대행위 징후가 있고 전쟁이 임박해 전쟁계획 시행을 위한 준비가 요구되는 최고준비태세일 때 발령된다.

① 1거   ② 2거
③ 3거   ④ 4거
⑤ 5거

✔해설 오늘날 데프콘 4는 조선시대 봉수의 5거제 중 2거에 가장 가깝다고 볼 수 있다. 참고로 우리나라는 1953년 정전 이래 데프콘 4가 상시 발령되어 있다.

11 다음 중 위 글의 '봉수'에 해당하는 한자로 옳은 것은?
① 烽燧   ② 逢受
③ 鳳首   ④ 封手
⑤ 峯岫

✔해설 ② 남의 돈이나 재물을 맡음
③ 봉황의 머리
④ 바둑이나 장기에서 대국이 하루 만에 끝나지 아니할 경우 그 날의 마지막 수를 종이에 써서 봉하여 놓음. 또는 그 마지막 수
⑤ 산봉우리

빗살무늬토기를 사용하던 당시에 간돌도끼는 편평하고 길쭉한 자갈돌을 다듬은 뒤 인부(날 부분)만을 갈아서 사용하였다. 빗살무늬토기문화인들에 뒤이어 한반도의 새로운 주민으로 등장한 민무늬토기문화인들은 간석기를 더욱 발전시켜 사용했는데, 이 시기에는 간돌도끼도 인부만이 아닌 돌 전체를 갈아 정교하게 만들어서 사용하였다.

또한 ㉠빗살무늬토기시대의 간돌도끼는 '도끼'(현대 도끼와 같이 날이 좌우 대칭인 것)와 '자귀'(현대의 자귀 또는 끌처럼 날이 비대칭인 것)의 구분 없이 혼용되었으나 민무늬토기시대에는 '도끼'와 '자귀'를 따로 만들어서 사용하였다.

도끼는 주로 요즈음의 도끼와 마찬가지로 벌목·절단·절개의 용도로 사용된 반면, 자귀는 요즈음의 끌이나 자귀처럼 나무껍질을 벗기거나 재목을 다듬는 가공구로 사용되었다. ㉡민무늬토기시대의 간돌도끼는 용도별로 재료·크기·무게·형태를 달리하여 제작되었으며, 전투용보다는 공구용이 압도적이었다.

종류는 크게 양인석부(양날도끼)와 단인석부(외날도끼)로 구분된다. 양인석부는 부신의 형태에 따라 편평·원통·사각석부 등으로 나뉘고, 단인석부는 길쭉한 주상석부와 납작하고 네모난 '대팻날'로 나뉜다.

㉢우리나라의 대표적인 주먹도끼문화는 전곡리의 구석기문화에서 발견되는데 1979년부터 발굴이 시작된 전곡리 유적은 경기도 연천군 전곡리의 한탄강변에 위치하고 있으며 이 유적은 야외유적으로 이곳에서 구석기인들이 석기도 제작한 흔적이 발견되었다.

충청도·전라도 지역과 같은 평야지대에서는 소형의 석부가 많이 나타나고, 도끼용보다는 자귀용의 목공구가 우세한 반면, 강원도에서는 대형의 석부가 많이 나타나고 도끼류가 우세하다. ㉣간돌도끼는 청동도끼가 들어온 뒤에도 줄지 않고 상용되었으며, 서기 전 2세기 말 무렵에 중국에서 한나라 식 철제도끼가 보급되면서 급격히 소멸되었다.

12 다음 중 옳지 않은 것은?

① 간돌도끼는 빗살무늬토기시대 때는 도끼와 자귀 구분 없이 사용되었다가 민무늬토기시대로 오면서 따로 만들어 사용하게 되었다.

② 간돌도끼는 돌을 갈아서 사용한 것으로 흔히 타제석부라고도 부른다.

③ 민무늬토기시대의 간돌도끼는 용도별로 다양하게 제작되었는데 그 중에서도 특히 공구용으로 많이 제작되었다.

④ 충청도나 전라도 지역에서 발굴된 간돌도끼 유물들은 소형으로 도끼보다 자귀용과 같은 목공구가 대부분을 차지한다.

⑤ 간돌도끼는 청동도끼가 들어온 후에도 사용되었다.

> ✔해설 ② 간돌도끼는 돌을 갈아서 사용한 것으로 흔히 마제석부라고 부른다. 타제석부는 돌을 깨트려 사용한 것으로 뗀돌도끼가 이에 해당한다.

13 위 글의 밑줄 친 ⑤ ~ ⑧ 중 내용상 흐름과 관련 없는 문장은?

① ⑤

② ⑥

③ ⑦

④ ⑧

⑤ 없음

> ✔해설 ③ 구석기시대 주먹도끼에 대한 설명이다.

14 다음 중 김 씨에게 해 줄 수 있는 조언으로 적절하지 않은 것은 무엇인가?

> 기획팀 사원 김 씨는 좋은 아이디어를 가지고 있지만, 이를 제대로 표현하지 못한다. 평상시 성격도 소심하고 내성적이라 남들 앞에서 프레젠테이션을 하는 상황만 되면 당황하여 목소리가 떨리고 말이 잘 나오지 않는다. 머릿속엔 아무런 생각도 나지 않고 어떻게 하면 빨리 이 자리를 벗어날 수 있을까 궁리하게 된다. 아무리 발표 준비를 철저하게 하더라도 윗사람이 많은 자리나 낯선 상황에 가면 김 씨는 자신도 모르게 목소리가 작아지고 중얼거리며, 시선은 아래로 떨어져 한 곳을 응시하게 된다. 이뿐만 아니라 발표 내용은 산으로 흘러가고, 간투사를 많이 사용하여 상대와의 원활한 의사소통이 이루어지지 않는다.

① 프레젠테이션 전에 심호흡 등을 통해 마음의 평정을 유지해 보세요.

② 청중을 너무 의식하지 말고, 리허설을 통해 상황에 익숙해지도록 하세요.

③ 프레젠테이션을 할 때는 긴장이 되더라도 밝고 자신감 넘치는 표정과 박력 있는 목소리로 준비한 내용을 표현하세요.

④ 목소리 톤은 좋은데 몸동작이 부자연스러워 주의가 분산되고 있으니 상황에 따른 적절한 비언어적 표현을 사용하세요.

⑤ 청중을 바라볼 때는 한 곳을 응시하거나 아래를 보기보다는 Z자를 그리며 규칙성을 가지고 골고루 시선을 분배하세요.

> ✔해설 김 씨는 연단에서 발표를 할 때 말하기 불안 증세를 보이고 있다. 이를 극복하기 위해서는 완벽한 준비, 상황에 익숙해지기, 청자 분석 등이 필요하다. 다른 내용과 달리 해당 글에서 신체 비언어적 표현에 관해 언급하는 내용은 확인할 수 없다. 따라서 '몸동작이 부자연스럽다'는 것은 알 수 없다. 또한 발표 시에 목소리가 '작아진다'고 하였으므로 '목소리 톤이 좋다'는 내용도 적절하지 않다.

Answer 12.② 13.③ 14.④

주로 군사목적이나 외교통신 수단으로 사용된 ㉠암호는 최근 들어 사업용으로도 많이 이용되고 있다. 이러한 암호는 그 작성방식에 따라 문자암호(문자암호는 전자방식과 환자방식으로 다시 나뉜다.)와 어구암호로 나뉘고 사용기구에 따라 기계암호와 서식암호, 스트립식 암호 등으로 나뉜다.

인류 역사상 가장 처음 사용된 암호는 스파르타 시대 때 사용된 스키탈레 암호로 이것은 일정한 너비의 종이테이프를 원통에 서로 겹치지 않도록 감아서 그 테이프 위에 세로쓰기로 통신문을 기입하는 방식이다. 그리하여 그 테이프를 그냥 풀어 보아서는 기록내용을 전혀 판독할 수 없으나 통신문을 기록할 때 사용했던 것과 같은 지름을 가진 원통에 감아보면 내용을 읽을 수 있게 고안된 일종의 전자방식의 암호이다.

또한 ㉡환자방식으로 사용된 암호는 로마 시대의 카이사르에 의해서 고안되었는데 이것은 전달받고자 하는 통신문의 글자를 그대로 사용하지 않고 그 글자보다 알파벳 순서로 몇 번째 뒤, 또는 앞의 글자로 바꾸어 기록하는 방식이다. 예를 들면 암호를 주고받는 사람끼리 어떤 글자를 그보다 네 번째 뒤의 글자로 환자한다는 약속이 되어 있다면, A는 E로 표시되고, B는 F로 표시하는 등이다. 이와 같은 암호는 로마 시대뿐만 아니라 영국의 알프레드 1세나 칼 대제 시대 때도 다양한 방식으로 사용되었다.

근대적인 암호는 14 ~ 15세기의 이탈리아에서 발달하여, 최초의 완전암호라고 할 수 있는 베네치아 암호가 고안되었으며 16세기의 프랑스에서는 근대적 암호의 시조(始祖)라고 불리는 비지넬이 나타나 이른바 비지넬 암호표가 고안되었다. 이 암호는 아주 교묘하게 만들어져서 해독 불능 암호라고까지 평가를 받았으며, 현재에도 환자암호의 기본형식의 하나로 쓰이고 있다.

15 다음 중 옳지 않은 것은?

① 암호는 통신문의 내용을 다른 사람이 읽을 수 없도록 하기 위해 글자나 숫자 또는 부호 등을 변경하여 작성한 것이다.

② 암호는 작성방식이나 사용기구에 따라 다양한 종류로 분류된다.

③ 베네치아 암호는 최초의 완전암호라 할 수 있으며 아주 교묘하게 만들어져 해독 불능 암호로 평가받았다.

④ 암호는 보내는 사람과 받는 사람의 일종의 약속에 의해 이루어진다.

⑤ 16세기의 프랑스에서는 비지넬 암호표가 고안되었다.

✔해설 ③ 해독 불능 암호로 평가받은 것은 16세기 프랑스의 비지넬이 고안한 비지넬 암호이다.

16 위 글의 밑줄 친 ㉠과 바꿔 쓸 수 없는 단어는?

① 암구호   ② 사인

③ 패스워드   ④ 심상

⑤ 가상

✔해설 ④ 감각에 의하여 획득한 현상이 마음 속에서 재생된 것.
① 적군과 아군을 분간할 수 없는 야간에 아군 여부를 확인하기 위하여 정하여 놓은 말
② 몸짓이나 눈짓 따위로 어떤 의사를 전달하는 일. 또는 그런 동작.
③ 특정한 시스템에 로그인을 할 때에 사용자의 신원을 확인하기 위하여 입력하는 문자열
⑤ 사실이 아니거나 사실 여부가 분명하지 않은 것을 사실이라고 가정하여 생각함

17 다음 보기는 밑줄 친 ㉡의 방식으로 구성한 암호문이다. 전달하고자 하는 본래 의미는 무엇인가?

• 약속 : 모든 암호문은 전달하고자 하는 본래 문자의 두 번째 뒤의 문자로 바꿔 기록한다.
　예시) '러랄 저벗챠머' → '나는 사람이다.'
• 암호문 : '컁차부 더두 쟉머'

---

① 집으로 가고 싶다.

② 음악을 듣고 있다.

③ 당신이 너무 좋다.

④ 과자를 많이 먹다.

⑤ 잠을 자고 싶다.

✔해설 보기의 약속을 보면 모든 암호문은 전달하고자 하는 본래 문자의 두 번째 뒤의 문자로 바꿔 기록한다고 되어 있으므로 이를 표로 나타내면 다음과 같다.

본래 문자	ㄱ	ㄴ	ㄷ	ㄹ	ㅁ	ㅂ	ㅅ	ㅇ	ㅈ	ㅊ	ㅋ	ㅌ	ㅍ	ㅎ	ㅏ	ㅑ	ㅓ	ㅕ	ㅗ	ㅛ	ㅜ	ㅠ	ㅡ	ㅣ
	↓	↓	↓	↓	↓	↓	↓	↓	↓	↓	↓	↓	↓	↓	↓	↓	↓	↓	↓	↓	↓	↓	↓	↓
기록 문자	ㄷ	ㄹ	ㅁ	ㅂ	ㅅ	ㅇ	ㅈ	ㅊ	ㅋ	ㅌ	ㅍ	ㅎ	ㄱ	ㄴ	ㅓ	ㅕ	ㅗ	ㅛ	ㅜ	ㅠ	ㅡ	ㅣ	ㅏ	ㅑ

따라서 암호문의 본래 의미는 '집으로 가고 싶다.'로 ①이 정답이다.

┃18 ~ 20 ┃ 다음 글을 읽고 물음에 답하시오.

> 일명 ㉠광견병이라고도 하는 공수병은 오래 전부터 전 세계적으로 발생되어 온 인수공통감염병으로 우리나라에서는 제3군 ㉡감염병으로 지정되어 있다. 애완동물인 개에게 물리거나 공수병에 걸린 야생동물에 물려서 발생되며 미친개에게 물린 사람의 약 10 ~ 20%가 발병하고 연중 어느 시기에나 발생한다. 이러한 공수병은 개·여우·이리·고양이 같은 동물이 그 감염원이 되며 14일 내지 수개월의 잠복기를 거친 뒤 발생한다.
>
> 증세는 목 주변의 근육에 수축 경련이 일어나서 심한 갈증에 빠지지만 물 마시는 것을 피할 수밖에 없다는 뜻에서 ㉢공수병이라고 불러 왔다. 공수병에 대한 증상이나 치료법에 대한 기록은 고려·조선시대의 대표적인 의학서적인 「향약구급방」, 「향약집성방」, 「동의보감」 등에도 나온다. 하지만 공수병의 잠복기간이 비교적 길고 미친개에게 물리고 난 뒤에도 예방접종을 실시하면 대개는 그 무서운 공수병을 예방할 수 있어 1970년대 이후 거의 발생되지 않고 있으며 또한 지금은 모든 개에게 공수병 예방접종을 실시하고 만약 미친개에게 물리더라도 7~10일 동안 가두어 관찰한 뒤에 공수병이 발생하면 곧 예방주사를 놓아 치료를 받도록 하고 있다. 특히 오늘날 우리나라에서도 사람들이 개나 고양이 같은 애완동물을 많이 기르고 야외활동을 많이 하여 뜻하지 않은 공수병에 걸릴 위험성이 있으므로 관심을 기울여야 할 ㉣전염병이다. 개에게 물려 공수병이 발병하면 거의 회생하기가 어려우므로 평소 애완동물의 단속과 공수병 예방수칙에 따라 문 개를 보호·관찰하며 필요할 경우 재빨리 면역 혈청을 주사하고 예방접종을 실시해야 한다.

18 다음 중 옳지 않은 것은?

① 공수병은 광견병이라고도 하며 개·여우·이리·고양이 같은 동물들에게서 전염되는 인수공통전염병이다.

② 대표적인 증상으로는 심한 갈증과 함께 목 주변의 근육에 수축 경련이 일어난다.

③ 공수병은 고려·조선시대에도 발생했던 병으로 우리 선조들은 이 병에 대한 증상이나 처방법을 책으로 기록하기도 하였다.

④ 오늘날 공수병은 의학이 발달하여 그 치료제가 존재하고 모든 개에게 공수병 예방접종을 실시하고 있기 때문에 우리나라에서는 1970년대 이후 완전히 사라졌다.

⑤ 공수병이 발생하면 거의 회생하기가 어렵다.

> ✔해설 ④ 의학이 발달하여 미친개에게 물리고 난 뒤에도 예방접종을 실시하면 대개는 공수병을 예방할 수 있지만 그렇다고 병이 완전히 사라진 것은 아니다.

19 다음 중 밑줄 친 ㉠ ~ ㉣의 한자표기로 옳은 것은?

① ㉠ – 狂犬病   ② ㉡ – 感染病

③ ㉢ – 蚣水病   ④ ㉣ – 傳染病

⑤ 모두 옳다.

③ 공수병은 심한 갈증에 빠지지만 물 마시는 것을 피할 수밖에 없다는 뜻에서 유래했으므로 恐水病이 옳은 한자표기이다.

20 다음은 신입 사원이 작성한 기획서이다. 귀하가 해당 기획서를 살펴보니 수정해야 할 부분이 있어서 신입사원에게 조언을 해 주고자 한다. 다음 기획서에서 수정해야 할 부분이 아닌 것은 무엇인가?

[행사 기획서]

제목 : 홍보 행사에 대한 기획

　　2007년부터 지구 온난화에 대한 경각심을 일깨우기 위해 호주에서 시작된 지구촌 불끄기 행사는 세계 최대 규모의 민간자연보호단체인 세계자연보호기금(WWF)에서 약 한 시간가량 가정과 기업이 소등을 해 기후에 어떠한 변화로 나타나는지 보여주기 위한 행사입니다. 본 부서는 현재 135개국 이상 5000여 개의 도시가 참여를 하고 있는 이 운동을 알리고, 기후변화에 대한 인식을 확산하며 탄소 배출량을 감축시키기 위해 다음과 같은 홍보 행사를 진행하려고 합니다.

－ 다음 －

1) 일정 : 2017년 4월 22일
2) 장소 : 광화문 앞 광장
3) 예상 참여인원 : ○○명

2017년 3월 2일
홍보팀 사원 김○○

---

① 행사 담당 인원과 담당자가 누구인지 밝힌다.
② 행사를 진행했을 때 거둘 수 있는 긍정적 기대효과에 대한 내용을 추가한다.
③ 구체적으로 어떤 종류의 홍보 행사를 구성하고자 하는지 목차에 그 내용을 추가한다.
④ 제목에 가두 홍보 행사라는 점을 드러내어 제목만으로도 기획서의 내용을 예상할 수 있도록 한다.
⑤ 기획서는 상대방이 채택하게 하는 것이 목적이므로 설득력을 높이기 위해 근거를 보강하고 세부 행사 기획 내용은 별첨한다.

　　✔해설 　다른 내용들은 주어진 행사 보고서를 통해 확인할 수 없다. 하지만 행사를 진행했을 때 얻을 수 있는 기대효과는 '이 운동을 알리고, 기후변화에 대한 인식을 확산하며 탄소 배출량을 감축시키기 위해'라고 본문에 제시되어 있다.

Answer　18.④　19.③　20.②

21 다음은 근로장려금 신청자격 요건에 대한 정부제출안과 국회통과안의 내용이다. 이에 근거하여 옳은 내용은?

요건	정부제출안	국회통과안
총소득	부부의 연간 총소득이 1,700만 원 미만일 것(총소득은 근로소득과 사업소득 등 다른 소득을 합산한 소득)	좌동
부양자녀	다음 항목을 모두 갖춘 자녀를 2인 이상 부양할 것 (1) 거주자의 자녀이거나 동거하는 입양자일 것 (2) 18세 미만일 것(단, 중증장애인은 연령제한을 받지 않음) (3) 연간 소득금액의 합계액이 100만 원 이하일 것	다음 항목을 모두 갖춘 자녀를 1인 이상 부양할 것 (1) ~ (3) 좌동
주택	세대원 전원이 무주택자일 것	세대원 전원이 무주택자이거나 기준시가 5천만 원 이하의 주택을 한 채 소유할 것
재산	세대원 전원이 소유하고 있는 재산 합계액이 1억 원 미만일 것	좌동
신청 제외자	(1) 3개월 이상 국민기초생활보장급여 수급자 (2) 외국인(단, 내국인과 혼인한 외국인은 신청 가능)	좌동

① 정부제출안보다 국회통과안에 의할 때 근로장려금 신청자격을 갖춘 대상자의 수가 더 줄어들 것이다.

② 두 안의 총소득요건과 부양자녀요건을 충족하고, 소유 재산이 주택(5천만 원), 토지(3천만 원), 자동차(2천만 원)인 A는 정부제출안에 따르면 근로장려금을 신청할 수 없지만 국회통과안에 따르면 신청할 수 있다.

③ 소득이 없는 20세 중증장애인 자녀 한 명만을 부양하는 B가 국회통과안에서의 다른 요건들을 모두 충족하고 있다면 B는 국회통과안에 의해 근로장려금을 신청할 수 있다.

④ 총소득, 부양자녀, 주택, 재산 요건을 모두 갖춘 한국인과 혼인한 외국인은 정부제출안에 따르면 근로장려금을 신청할 수 없지만 국회통과안에 따르면 신청할 수 있다.

⑤ 총소득, 부양자녀, 주택, 재산 요건을 모두 갖추었다면, 국민기초생활보장급여 수급 여부와 관계없이 근로장려금을 신청할 수 있다.

✔️**해설** ③ 중증장애인은 연령제한을 받지 않고, 국회통과안의 경우 부양자녀가 1인 이상이면 근로장려금을 신청할 수 있으므로, 다른 요건들을 모두 충족하고 있다면 B는 근로장려금을 신청할 수 있다.
① 정부제출안보다 국회통과안에 의할 때 근로장려금 신청자격을 갖춘 대상자의 수가 더 늘어날 것이다.
② 정부제출안과 국회통과안 모두 세대원 전원이 소유하고 있는 재산 합계액이 1억 원 미만이어야 한다. A는 소유 재산이 1억 원으로 두 안에 따라 근로장려금을 신청할 수 없다.
④ 정부제출안과 국회통과안 모두 내국인과 혼인한 외국인은 근로장려금 신청이 가능하다.
⑤ 3개월 이상 국민기초생활보장급여 수급자는 근로장려금 신청이 제외된다.

22 한국○○ ㈜의 대표이사 비서인 甲은 거래처 대표이사가 새로 취임하여 축하장 초안을 작성하고 있다. 다음 축하장에서 밑줄 친 부분의 맞춤법이 바르지 않은 것끼리 묶인 것은?

귀사의 무궁한 번영과 발전을 기원합니다.
　이번에 대표이사로 새로 취임하심을 진심으로 기쁘게 생각하며 ⓐ축하드립니다. 이는 탁월한 식견과 그동안의 부단한 노력에 따른 결과라 생각합니다. 앞으로도 저희 한국○○ ㈜와 ⓑ원할한 협력 관계를 ⓒ공고이 해 나가게 되기를 기대하며, 우선 서면으로 축하 인사를 대신합니다. ⓓ 아무쪼록 건강하시기 바랍니다.

---

① ⓐ, ⓑ
② ⓐ, ⓒ
③ ⓑ, ⓒ
④ ⓑ, ⓓ
⑤ ⓒ, ⓓ

✔️**해설** ⓑ 원할한 → 원활한
ⓒ 공고이 → 공고히

23 다음은 A공사에 근무하는 김 대리가 작성한 '보금자리주택 특별공급 사전예약 안내문'이다. 자료에 대한 내용으로 옳은 것은?

> 보금자리주택 특별공급 사전예약이 진행된다. 신청자격은 사전예약 입주자 모집 공고일 현재 미성년(만 20세 미만)인 자녀를 3명 이상 둔 서울, 인천, 경기도 등 수도권 지역에 거주하는 무주택 가구주에게 있다. 청약저축통장이 필요 없고, 당첨자는 배점기준표에 의한 점수 순에 따라 선정된다. 특히 자녀가 만 6세 미만 영유아일 경우, 2명 이상은 10점, 1명은 5점을 추가로 받게 된다. 총점은 가산점을 포함하여 90점 만점이며 배점기준은 다음 〈표〉와 같다.
>
> | 배점요소 | 배점기준 | 점수 |
> |---|---|---|
> | 미성년 자녀수 | 4명 이상 | 40 |
> | | 3명 | 35 |
> | 가구주 연령,
무주택 기간 | 가구주 연령이 만 40세 이상이고, 무주택 기간 5년 이상 | 20 |
> | | 가구주 연령이 만 40세 미만이고, 무주택 기간 5년 이상 | 15 |
> | | 무주택 기간 5년 미만 | 10 |
> | 당해 시·도
거주기간 | 10년 이상 | 20 |
> | | 5년 이상 ~ 10년 미만 | 15 |
> | | 1년 이상 ~ 5년 미만 | 10 |
> | | 1년 미만 | 5 |
>
> ※ 다만 동점자인 경우 ① 미성년 자녀수가 많은 자, ② 미성년 자녀수가 같을 경우, 가구주의 연령이 많은 자 순으로 선정한다.

① 가장 높은 점수를 받을 수 있는 배점요소는 '가구주 연령, 무주택 기간'이다.

② 사전예약 입주자 모집 공고일 현재 22세, 19세, 16세, 5세의 자녀를 둔 서울 거주 무주택 가구주 甲은 신청자격이 있다.

③ 보금자리주택 특별공급 사전예약에는 청약저축통장이 필요하다.

④ 배점기준에 따른 총점이 동일하고 미성년 자녀수가 같다면, 미성년 자녀의 평균 연령이 더 많은 자 순으로 선정한다.

⑤ 사전예약 입주자 모집 공고일 현재 9세 자녀 1명과 5세 자녀 쌍둥이를 둔 乙은 추가로 5점을 받을 수 있다.

> ✔해설 ② 미성년인 자녀가 3명 이상이므로 신청자격이 있다.
> ① 가장 높은 점수를 받을 수 있는 배점요소는 '미성년 자녀수'이다.
> ③ 보금자리주택 특별공급 사전예약에는 청약저축통장이 필요 없다.
> ④ 배점기준에 따른 총점이 동일하고 미성년 자녀수가 같다면, 가구주의 연령이 많은 자 순으로 선정한다.
> ⑤ 만 6세 미만 영유아가 2명 이상이므로 추가로 10점을 받을 수 있다.

24 다음은 광고회사에 다니는 甲이 '광고의 표현 요소에 따른 전달 효과'라는 주제로 발표한 발표문이다. 甲이 활용한 매체 자료에 대한 설명으로 적절하지 않은 것은?

> 저는 오늘 광고의 표현 요소에 따른 전달 효과에 대해 말씀드리겠습니다. 발표에 앞서 제가 텔레비전 광고 한 편을 보여 드리겠습니다. (광고를 보여 준 후) 의미가 강렬하게 다가오지 않나요? 어떻게 이렇게 짧은 광고에서 의미가 잘 전달되는 것일까요?
>
> 광고는 여러 가지 표현 요소를 활용하여 효과적으로 의미를 전달합니다.
>
> 이러한 요소에는 음향, 문구, 사진 등이 있습니다. 이 중 우리 반 학생들은 어떤 요소가 가장 전달 효과가 높다고 생각하는지 설문 조사를 해 보았는데요, 그 결과를 그래프로 보여 드리겠습니다. 3위는 음향이나 음악 같은 청각적 요소, 2위는 광고 문구, 1위는 사진이나 그림 같은 시각적 요소였습니다. 그래프로 보니 1위의 응답자 수가 3위보다 두 배가량 많다는 것을 한눈에 볼 수 있네요. 그러면 각 요소의 전달 효과에 대해 살펴볼까요?
>
> 먼저 청각적 요소의 효과를 알아보기 위해 음향을 들려 드리겠습니다. (자동차 엔진 소리와 급정거 소음, 자동차 부딪치는 소리) 어떠세요? 무엇을 전달하려는지 의미는 정확하게 알 수 없지만 상황은 생생하게 느껴지시지요?
>
> 이번에는 광고 문구의 효과에 대해 설명드리겠습니다. 화면에 '안전띠를 매는 습관, 생명을 지키는 길입니다.'라고 쓰여 있네요. 이렇게 광고 문구는 우리에게 광고의 내용과 의도를 직접적으로 전달해 줍니다.
>
> 끝으로 시각적 요소의 효과에 대해 설명드리겠습니다. 이 광고의 마지막 장면은 포스터로도 제작되었는데요. 이 포스터를 함께 보시지요. 포스터를 꽉 채운 큰 한자는 '몸 신' 자네요. 마지막 획을 안전띠 모양으로 만들어서 오른쪽 위에서 왼쪽 아래까지 '몸 신' 자 전체를 묶어 주고 있는 것이 보이시죠? 이 포스터는 안전띠가 몸을 보호해 준다는 의미를 참신하고 기발하게 표현한 것입니다. 이렇게 광고를 통해 전달하려는 의도가 시각적 이미지로 표현될 때 더 인상적으로 전달됨을 알 수 있습니다.
>
> 여러분도 인터넷에서 다른 광고들을 찾아 전달 효과를 분석해 보시기 바랍니다. 이상 발표를 마치겠습니다.

① 동영상을 활용하여 청중의 흥미를 유발하고 있다.
② 그래프를 활용하여 설문 조사 결과를 효과적으로 제시하고 있다.
③ 음향을 활용하여 광고 속 상황을 실감이 나도록 전달하고 있다.
④ 포스터를 활용하여 시각적 요소의 효과에 대해 설명하고 있다.
⑤ 인터넷을 활용하여 다양한 자료 검색 방법을 알려 주고 있다.

✔해설 인터넷을 활용하여 다양한 자료 검색 방법을 알려 주는 것은 발표문에 나타나지 않았다.

Answer 23.② 24.⑤

25 다음은 □□社에 근무하는 Mr. M. Lee의 출장일정표이다. 옳은 것은?

Monday, January 10 (Seoul to New York)

9:00a.m Leave Incheon Airport on OZ902 for JFK Airport.
9:25a.m Arrive at JFK Airport.
1:00p.m Meeting with Roger Harpers, President, ACF Corporation at Garden Grill.
7:00p.m Dinner Meeting with Joyce Pitt, Consultant, American Business System at Stewart's Restaurant.

Tuesday, January 11 (New York)

9:30a.m Presentation "The Office Environment-Networking" at the National Office Systems Conference, City Conference Center
12:00p.m Luncheon with Raymond Bernard, Vice President, Wilson Automation, Inc., at the Oakdale City Club.

---

① Mr. M. Lee is going to fly to USA on OZ902.
② Mr. M. Lee will make a presentation at the City Conference Center after lunch.
③ Mr. M. Lee will have a luncheon meeting at Garden Grill on January 11th.
④ Mr. M. Lee will meet Roger Harpers, the day after he arrives in New York.
⑤ Mr. M. Lee will arrive at JFK airport at 9:25a.m. on January 11th Seoul time.

✔ 해설

1월 10일 월요일 (서울에서 뉴욕)

오전 9:00 JFK 공항행 OZ902편으로 인천 공항에서 출발
오전 9:25 JFK 공항 도착
오후 1:00 Garden Grill에서 ACF Corporation 사장 Roger Harpers와 미팅
오후 7:00 Stewart's Restaurant에서 American Business System 고문 Joyce Pitt와 저녁식사 미팅

1월 11일 화요일 (뉴욕)

오전 9:30 City Conference Center에서 열리는 National Office Systems Conference에서 프레젠테이션 "사무환경-네트워킹"
오후 12:00 Oakdale City Club에서 Wilson Automation, Inc. 부사장 Raymond Bernard와 오찬

26 다음 밑줄 친 ㉠~㉤ 중 문맥상 의미가 나머지 넷과 다른 것은?

> 코페르니쿠스 이론은 그가 죽은 지 거의 1세기가 지나도록 소수의 ㉠전향자밖에 얻지 못했다. 뉴턴의 연구는 '프린키피아(principia)'의 출간 이후 반세기가 넘도록, 특히 대륙에서는 일반적으로 ㉡수용되지 못했다. 프리스틀리는 산소이론을 전혀 받아들이지 않았고, 켈빈 경 역시 전자기 이론을 ㉢인정하지 않았으며, 이 밖에도 그런 예는 계속된다. 다윈은 그의 '종의 기원' 마지막 부분의 유난히 깊은 통찰력이 드러나는 구절에서 이렇게 적었다. "나는 이 책에서 제시된 견해들이 진리임을 확신하지만……. 오랜 세월 동안 나의 견해와 정반대의 관점에서 보아 왔던 다수의 사실들로 머릿속이 꽉 채워진 노련한 자연사 학자들이 이것을 믿어주리 라고는 전혀 ㉣기대하지 않는다. 그러나 나는 확신을 갖고 미래를 바라본다. 편견 없이 이 문제의 양면을 모두 볼 수 있는 젊은 신진 자연사 학자들에게 기대를 건다." 그리고 플랑크는 그의 '과학적 자서전'에서 자신의 생애를 돌아보면서, 서글프게 다음과 같이 술회하고 있다. "새로운 과학적 진리는 그 반대자들을 납득시키고 그들을 이해시킴으로써 ㉤승리를 거두기보다는, 오히려 그 반대자들이 결국에 가서 죽고 그것에 익숙한 세대가 성장하기 때문에 승리하게 되는 것이다."

① ㉠

② ㉡

③ ㉢

④ ㉣

⑤ ㉤

✔해설 ㉠㉡㉢㉤은 새로운 자연과학 이론을 받아들이는 것이고, ㉣은 새로운 이론을 받아들이기를 바라는 마음이다.

27 다음 글에서 ⓐ : ⓑ의 의미 관계와 가장 유사한 것은?

> 역사적으로 볼 때 시민 혁명이나 민중 봉기 등의 배경에는 정부의 과다한 세금 징수도 하나의 요인으로 자리 잡고 있다. 현대에도 정부가 세금을 인상하여 어떤 재정 사업을 하려고 할 때, 국민들은 자신들에게 별로 혜택이 없거나 부당하다고 생각될 경우 ⓐ납세 거부 운동을 펼치거나 정치적 선택으로 조세 저항을 표출하기도 한다. 그래서 세계 대부분의 국가는 원활한 재정 활동을 위한 조세 정책에 골몰하고 있다.
>
> 경제학의 시조인 아담 스미스를 비롯한 많은 경제학자들이 제시하는 바람직한 조세 원칙 중 가장 대표적인 것이 공평과 효율의 원칙이라 할 수 있다. 공평의 원칙이란 특권 계급을 인정하지 않고 국민은 누구나 자신의 능력에 따라 세금을 부담해야 한다는 의미이고, 효율의 원칙이란 정부가 효율적인 제도로 세금을 과세해야 하며 납세자들로부터 불만을 최소화할 수 있는 방안으로 ⓑ징세해야 한다는 의미이다.

① 컴퓨터를 사용한 후에 반드시 전원을 꺼야 한다.
② 관객이 늘어남에 따라 극장이 점차 대형화되었다.
③ 자전거 타이어는 여름에 팽창하고 겨울에 수축한다.
④ 먼 바다에 나가기 위해서는 배를 먼저 수리해야 한다.
⑤ 얇게 뜬 김은 부드럽고 맛이 좋아서 높은 값에 팔린다.

✔ 해설 ⓐ와 ⓑ는 반의어 관계이다. 따라서 정답은 ③이다.

28 다음의 내용을 근거로 할 때, 단어의 쓰임이 적절하지 않은 것은?

> ○ 동조(同調)「명사」
>   남의 주장에 자기의 의견을 일치시키거나 보조를 맞춤.
> ○ 방조(幇助/幫助)「명사」「법률」
>   형법에서, 남의 범죄 수행에 편의를 주는 모든 행위.
> ○ 협조(協調)「명사」
>   「1」힘을 합하여 서로 조화를 이룸.
>   「2」생각이나 이해가 대립되는 쌍방이 평온하게 상호 간의 문제를 협력하여 해결하려 함.

① 마을 사람들은 이장의 의견에 <u>동조</u>했다.

② 회사 발전을 위해 노사가 서로 <u>방조</u>해야 한다.

③ 고개를 끄덕여 그에게 <u>동조</u>하는 태도를 보였다.

④ 그는 그 사건을 <u>방조</u>한 혐의로 전국에 수배되었다.

⑤ 업무 추진을 위해 관계 부처와 긴밀하게 <u>협조</u>해야 한다.

> ✔해설 문맥으로 보아 '방조'는 '협조'로 바꿔야 한다. 따라서 정답은 ②이다.

29 다음의 글을 고치기 위한 의견으로 적절하지 않은 것은?

사막 지방 사람들은 여름에 ㉠<u>햇빛 흡수가 용이한</u> 검은 색 계열의 옷을 입는다. 일반적으로 검은 색 옷을 입으면 ㉡<u>흰색 옷보다</u> 옷 안의 온도가 6℃ 가량 더 올라간다. 따뜻해진 옷 안의 공기는 대류 현상에 의해 옷의 윗부분으로 올라와 목으로 빠져나간다. ㉢<u>그런데</u> 바깥의 공기가 다시 옷 안으로 스며든다. 이처럼 ㉣<u>공기의 순환은</u> 옷의 안과 밖을 돌기 때문에 옷 안에는 항상 바람이 불어 시원하게 된다. 그러므로 사막에서는 여름에 검은 색 계열의 옷을 입는 것이 ㉤<u>오히려</u> 생활의 지혜가 된다.

---

① ㉠은 '햇빛이 잘 흡수되는'으로 고치면 더 쉬워지겠어.

② ㉡은 비교 대상을 분명히 하기 위해 '흰색 옷을 입을 때보다'로 고쳐야겠어.

③ ㉢은 문맥의 흐름상 자연스럽지 않으므로 '그리고'로 바꿔야겠어.

④ ㉣은 뒤에 오는 '돌기 때문에'와의 호응을 고려하여 '공기가'로 고쳐야겠어.

⑤ ㉤은 뜻을 강조하기 위해 '가급적'으로 바꾸어야겠어.

> ✔해설 ⑤의 '가급적'은 '할 수 있는 대로'의 뜻으로 문맥에 맞지 않기 때문에 '오히려'가 더 적절한 표현이다.
> ② '검은 색 옷을 입는다'와 '흰색 옷'을 비교할 수 없으므로 '흰색 옷을 입는다'와 비교하여야 한다.
> ③ '그런데'는 문맥의 흐름상 '그리고'로 수정해야 한다.
> ④ '공기의 순환은'이 주어이고 '돌다'가 서술어인데, 둘 사이의 호응이 자연스럽지 못하므로 주어를 '공기가'로 고쳐야 한다.

Answer 27.③ 28.② 29.⑤

30 다음 밑줄 친 단어와 바꿔 쓰기에 적절한 한자어가 아닌 것은?

과거는 지나가 버렸기 때문에 역사가가 과거의 사실과 직접 만나는 것은 불가능하다. 역사가는 사료를 매개로 과거와 만난다. 사료는 과거를 그대로 재현하는 것은 아니기 때문에 불완전하다. 사료의 불완전성은 역사 연구의 범위를 제한하지만, 그 불완전성 때문에 역사학이 학문이 될 수 있으며 역사는 끝없이 다시 서술된다. 매개를 거치지 않은 채 손실되지 않은 과거와 ㉠만날 수 있다면 역사학이 설 자리가 없을 것이다. 역사학은 전통적으로 문헌 사료를 주로 활용해 왔다. 그러나 유물, 그림, 구전 등 과거가 남긴 흔적은 모두 사료로 활용될 수 있다. 역사가들은 새로운 사료를 발굴하기 위해 노력한다. 알려지지 않았던 사료를 찾아내기도 하지만, 중요하지 않게 ㉡여겨졌던 자료를 새롭게 사료로 활용하거나 기존의 사료를 새로운 방향에서 파악하기도 한다. 평범한 사람들의 삶의 모습을 중점적인 주제로 다루었던 미시사 연구에서 재판 기록, 일기, 편지, 탄원서, 설화집 등의 이른바 '서사적' 자료에 주목한 것도 사료 발굴을 위한 노력의 결과이다.

시각 매체의 확장은 사료의 유형을 더욱 다양하게 했다. 이에 따라 역사학에서 영화를 통한 역사 서술에 대한 관심이 일고, 영화를 사료로 파악하는 경향도 ㉢나타났다. 역사가들이 주로 사용하는 문헌 사료의 언어는 대개 지시 대상과 물리적·논리적 연관이 없는 추상화된 상징적 기호이다. 반면 영화는 카메라 앞에 놓인 물리적 현실을 이미지화하기 때문에 그 자체로 물질성을 띤다. 즉, 영화의 이미지는 닮은꼴로 사물을 지시하는 도상적 기호가 된다. 광학적 메커니즘에 따라 피사체로부터 비롯된 영화의 이미지는 그 피사체가 있었음을 지시하는 지표적 기호이기도 하다. 예를 들어 다큐멘터리 영화는 피사체와 밀접한 연관성을 갖기 때문에 피사체의 진정성에 대한 믿음을 고양하여 언어적 서술에 비해 호소력 있는 서술로 비춰지게 된다.

그렇다면 영화는 역사와 어떻게 관계를 맺고 있을까? 역사에 대한 영화적 독해와 영화에 대한 역사적 독해는 영화와 역사의 관계에 대한 두 축을 ㉣이룬다. 역사에 대한 영화적 독해는 영화라는 매체로 자기 나름의 시선을 서사와 표현 기법으로 녹여내어 역사를 비평할 수 있다. 역사를 소재로 한 역사 영화는 역사적 고증에 충실한 개연적 역사 서술 방식을 취할 수 있다. 혹은 역사적 사실을 자원으로 삼되 상상력에 의존하여 가공의 인물과 사건을 덧대는 상상적 역사 서술 방식을 취할 수도 있다. 그러나 비단 역사 영화만이 역사를 재현하는 것은 아니다. 모든 영화는 명시적이거나 우회적인 방법으로 역사를 증언한다. 영화에 대한 역사적 독해는 영화에 담겨 있는 역사적 흔적과 맥락을 검토하는 것과 연관된다. 역사가는 영화 속에 나타난 풍속, 생활상 등을 통해 역사의 외연을 확장할 수 있다. 나아가 제작 당시 대중이 공유하던 욕망, 강박, 믿음, 좌절 등의 집단적 무의식과 더불어 이상, 지배적 이데올로기 같은 미처 파악하지 못했던 가려진 역사를 끌어내기도 한다. 영화는 주로 허구를 다루기 때문에 역사 서술과는 거리가 있다고 보는 사람도 있다. 왜냐하면 역사가들은 일차적으로 사실을 기록한 자료에 기반해서 연구를 ㉤펼치기 때문이다.

① 대면(對面)

② 간주(看做)

③ 대두(擡頭)

④ 결합(結合)

⑤ 전개(展開)

> ✔해설 ① 대면(對面) : 서로 얼굴을 마주 보고 대함
> ② 간주(看做) : 그러한 것으로 여김 또는 그렇다고 침
> ③ 대두(擡頭) : (어떤 현상이) 일어남. 고개를 듦
> ④ 결합(結合) : 둘 이상(以上)이 서로 관계(關係)를 맺고 합치어 하나가 됨
> ⑤ 전개(展開) : 열리어 벌어짐 또는 늘여서 폄

31 다음 (   )에 공통으로 들어갈 가장 적절한 단어의 기본형은?

> ㉠ 그들의 만남은 삼사 년 전부터 (   ) 시작했다.
> ㉡ 공원에서 길이 (   ) 바람에 하루 종일 만나지 못했다.
> ㉢ 형제는 부모님의 기대에 (   ) 않도록 열심히 노력했다.

① 어긋나다

② 어울리다

③ 스러지다

④ 나아가다

⑤ 부응하다

> ✔해설 공통으로 들어갈 단어의 기본형은 '어긋나다'이다. ㉠에서는 '서로 마음에 간극이 생기다', ㉡은 '오고가는 길이 서로 달라 만나지 못하다', ㉢은 '약속, 기대 따위에 틀리거나 어그러지다'라는 의미로 쓰였다.

Answer　30.④　31.①

◼ 32 ~ 33 ◼ 다음 글을 읽고 이어지는 질문에 답하시오.

국내외 사정으로 경기가 불안정할 때에 정부와 중앙은행은 경기 안정 정책을 펼친다. 정부는 정부 지출과 조세 등을 조절하는 재정정책을, 중앙은행은 통화량과 이자율을 조정하는 통화정책을 활용한다. 이 정책들은 경기 상황에 따라 달리 활용된다. 경기가 좋지 않을 때에는 총수요를 증가시키기 위해 정부 지출을 늘리거나 조세를 감면하는 확장적 재정정책이나 통화량을 늘리고 이자율을 낮추는 확장적 통화정책이 활용된다. 또 경기 과열이 우려될 때에는 정부 지출을 줄이거나 세금을 올리는 긴축적 재정정책이나 통화량을 줄이고 이자율을 올리는 긴축적 통화정책이 활용된다. 이러한 정책들의 효과 여부에 대해서는 이견들이 존재하는데 대표적으로 '통화주의'와 '케인즈주의'를 들 수 있다. 두 학파의 입장 차이를 확장적 정책을 중심으로 살펴보자.

먼저 정부의 시장 개입을 최소화해야 한다고 보는 통화주의는 화폐 수요가 소득 증가에 민감하게 반응한다고 주장했다. 여기서 화폐란 물건을 교환하기 위한 수단을 말하고, 화폐 수요는 특정한 시점에 사람들이 보유하고 싶어 하는 화폐의 총액을 의미한다. 통화주의에서는 화폐 수요의 변화에 따라 이자율 변화가 크게 나타나고 이자율이 투자 수요에 미치는 영향도 크다고 보았다. 따라서 불경기에 정부 지출을 증가시키는 재정정책을 펼치면 국민 소득이 증가함에 따라 화폐 수요가 크게 증가하고 이에 영향을 받아 이자율이 매우 높게 상승한다고 보았다. 더불어 이자율에 크게 영향을 받는 투자 수요는 높아진 이자율로 인해 예상된 투자 수요보다 급격히 감소하면서 경기를 호전시키지 못한다고 보았다. 이 때문에 확장적 재정정책의 효과가 기대보다 낮을 것이라 주장했다. 결국 불황기에는 정부 주도의 재정정책보다는 중앙은행의 통화정책을 통해 통화량을 늘리고 이자율을 낮추는 방식을 택하면 재정정책과 달리 투자 수요가 증가하여 경기를 부양시킬 수 있다고 본 것이다.

반면에 경기 안정을 위해 정부의 적극적인 개입이 필요하다고 보는 케인즈주의는 화폐를 교환 수단으로만 보지 않고 이자율과 역의 관계를 가지는 투기적 화폐 수요가 존재한다고 보았다. 투기적 화폐 수요는 통화량이 늘어나도 소비하지 않고 더 높은 이익을 얻기 위해 화폐를 소유하고자 하는 수요이다. 따라서 통화정책을 통해 통화량을 늘리고 이자율을 낮추면 투기적 화폐 수요가 늘어나 화폐가 시중에 돌지 않기 때문에 투자 수요가 거의 증가하지 않는다고 본 것이다. 즉 케인즈주의는 실제로 사람들이 화폐를 거래 등에 얼마나 자주 사용하였는지 소득의 변화보다 화폐 수요에 크게 영향을 미친다고 본 것이다. 그래서 케인즈주의는 확장적 재정정책을 시행하여 정부 지출이 증가하면 국민 소득은 증가하지만, 소득의 변화가 화폐 수요에 미치는 영향이 작기 때문에 화폐 수요도 작게 증가할 것이라 보았다. 이에 따라 이자율도 낮게 상승하기 때문에 투자 수요가 예상된 것보다 작게 감소할 것이라 보았던 것이다.

또한 확장적 재정정책의 효과는 ㉠승수 효과와 ㉡구축 효과가 나타나는 정도에 따라 달리 볼 수 있다. 승수 효과란 정부의 재정 지출이 그것의 몇 배나 되는 국민 소득의 증가로 이어지면서 소비와 투자가 촉진되는 것을 의미한다. 케인즈주의는 이러한 승수 효과를 통해 경기 부양이 가능하다고 보았다. 한편 승수 효과가 발생하기 위해서는 케인즈주의가 주장한 바와 같이 정부 지출을 늘렸을 때 이자율의 변화가 거의 없어 투자 수요가 예상 투자 수요보다 크게 감소하지 않아야 한다. 그런데 정부가 재정정책을 펼치기 위해 재정 적자를 감수하고 국가가 일종의 차용 증서인 국채를 발행해 시중의 돈을 빌리게 되는 경우가 많다. 국채 발행으로 시중의 돈이 정부로 흘러 들어가면 이자율이 오르고 이에 대한 부담으로 가계나 기업들의 소비나 투자 수요가 감소되는 상황이 발생하게 된다. 결국 세금으로 충당하기 어려운 재정정책을 펼치기 위해 국채를 활용하는 과정에서 이자율이 올라가고 이로 인해 민간의 소비나 투자를 줄어들게 하는 구축 효과가 발생하게 된다는 것이다. 통화주의에서는 구축 효과에 의해 승수 효과가 감쇄되어 확장적 재정정책의 효과가 기대보다 줄어들 것이라고 본 것이다.

이처럼 경기를 안정화시키기 위해 특정한 정책의 긍정적 효과만을 고려하여 정책을 시행하게 될 경우 예상치 못한 문제들이 발생하여 기대했던 경기 안정을 가져오지 못할 수 있다. 경제학자들은 재정정책과 통화정책의 의의를 인정하면서, 이 정책들을 적절하게 활용한다면 경기 안정이라는 목적을 달성하는 데에 중요한 열쇠가 될 수 있을 것이라 보았다.

32 다음 글을 통해 해결할 수 있는 질문으로 적절하지 못한 것은?

① 정부의 재정 적자를 해소하는 방법은 무엇인가?

② 확장적 정책과 긴축적 정책의 시행 시기는 언제인가?

③ 투기적 화폐 수요가 투자 수요에 미치는 영향은 무엇인가?

④ 정부의 지출 증가가 국민 소득에 미치는 영향은 무엇인가?

⑤ 정부와 중앙은행이 각각 활용하는 경기 안정 정책은 무엇인가?

✔ 해설   정부의 재정 적자를 해소하는 방법은 윗글에 제시되어 있지 않다.
② 확장적 정책은 경기가 좋지 않을 때, 긴축적 정책은 경기 과열이 우려될 때라고 설명하고 있다.
③ 투기적 화폐 수요가 늘어나면 투자 수요가 거의 증가하지 않음을 알 수 있다.
④ 정부 지출이 증가하면 국민 소득이 증가함을 알 수 있다.
⑤ 정부는 재정정책을, 중앙은행은 통화정책을 활용함을 알 수 있다.

33 ㉠과 ㉡에 대한 설명으로 적절하지 않은 것은?

① ㉠은 정부의 재정 지출에 비해 더 큰 소득의 증가가 나타나는 현상에 대한 설명이다.

② ㉡은 세금으로 충당하기 어려운 정부 지출을 위해 시중의 돈이 줄어드는 상황에서 나타나는 것이다.

③ ㉠과 달리 ㉡은 정부 지출이 정부의 의도만큼 효과를 거두지 못할 것이라는 주장의 근거가 된다.

④ ㉡과 달리 ㉠은 정부가 재정 지출을 늘릴 경우 투자 수요가 줄어들 것이라는 주장의 근거가 된다.

⑤ ㉠과 ㉡은 모두 정부 지출을 확대했을 때 발생할 수 있는 결과들에 대해 분석한 것이다.

> **✓ 해설** ㉠은 정부의 재정 지출이 지출의 몇 배나 되는 소득의 증가로 이어지면서 소비와 투자가 촉진되는 것을 의미한다고 하였으므로, 투자 수요가 줄어들 것이라는 주장의 근거가 된다는 설명은 적절하지 않다.
> ㉡은 정부가 재정정책을 펼치기 위해 국채를 발행하여 시중의 돈이 줄어드는 상황에서 나타나는 것임을 알 수 있다.

▌34 ~ 35 ▌ 다음 글을 읽고 이어지는 물음에 답하시오.

식물의 생장에는 물이 필수적이다. 동물과 달리 식물은 잎에서 광합성을 통해 생장에 필요한 양분을 만들어 내는데, 물은 바로 그 원료가 된다. 물은 지구 중심으로부터 중력을 받기 때문에 높은 곳에서 낮은 곳으로 흐르지만, 식물은 지구 중심과는 반대 방향으로 자란다. 따라서 식물이 줄기 끝에 달려 있는 잎에 물을 공급하려면 중력의 반대 방향으로 물을 끌어 올려야 한다. 미국의 캘리포니아 레드우드 국립공원에는 세계에서 키가 가장 큰 세쿼이아가 있다. 이 나무는 키가 무려 112m에 이르며, 뿌리는 땅속으로 약 15m까지 뻗어 있다고 한다. 따라서 물이 뿌리에서 나무의 꼭대기에 있는 잎까지 도달하려면 127m나 끌어 올려져야 한다. 펌프 같은 장치도 보이지 않는데 대체 물이 어떻게 그 높은 곳까지 올라갈 수 있는 것일까? 식물은 어떤 힘을 이용하여 뿌리에서부터 잎까지 물을 끌어 올릴까? 식물이 물을 뿌리에서 흡수하여 잎까지 보내는 데는 뿌리압, 모세관 현상, 증산 작용으로 생긴 힘이 복합적으로 작용한다.

호박이나 수세미의 잎을 모두 떼어 내고 뿌리와 줄기만 남기고 자른 후 뿌리 끝을 물에 넣어 보면, 잘린 줄기 끝에서는 물이 힘차게 솟아오르지는 않지만 계속해서 올라온다. 뿌리털을 둘러싼 세포막을 경계로 안쪽은 땅에 비해 여러 가지 유기물과 무기물들이 더 많이 섞여 있어서 뿌리 바깥보다 용액의 농도가 높다. 다시 말해 뿌리털 안은 농도가 높은 반면, 흙 속에 포함되어 있는 물은 농도가 낮다. 이때 농도의 균형을 맞추기 위해 흙 속에 있는 물 분자는 뿌리털의 세포막을 거쳐 물 분자가 상대적으로 적은 뿌리 내부로 들어온다. 이처럼 농도가 낮은 흙 속의 물을 농도가 높은 뿌리 쪽으로 이동시키는 힘이 생기는데, 이를 뿌리압이라고 한다. 즉 뿌리압이란 뿌리에서 물이 흡수될 때 밀고 들어오는 압력으로, 물을 위로 밀어 올리는 힘이다.

물이 담긴 그릇에 가는 유리관을 꽂아 보면 유리관을 따라 물이 올라가는 것을 관찰할 수 있다. 이처럼 가는 관과 같은 통로를 따라 액체가 올라가거나 내려가는 것을 모세관 현상이라고 한다. 모세관 현상은 물 분자와 모세관 벽이 결합하려는 힘이 물 분자끼리 결합하려는 힘보다 더 크기 때문에 일어난다. 따라서 관이 가늘어질수록 물이 올라가는 높이가 높아진다. 식물체 안에는 뿌리에서 줄기를 거쳐 잎까지 연결된 물관이 있다. 물관은 말 그대로 물이 지나가는 통로인데, 지름이 75μm(마이크로미터, 1μm=0.001mm)로 너무 가늘어 눈으로는 볼 수 없다. 이처럼 식물은 물관의 지름이 매우 작기 때문에 ㉠ <u>모세관 현상</u>으로 물을 밀어 올리는 힘이 생긴다.

뜨거운 햇볕이 내리쬐는 더운 여름철에는 큰 나무가 만들어 주는 그늘이 그렇게 고마울 수가 없다. 나무가 만들어 주는 그늘이 건물이 만들어 주는 그늘보다 더 시원한 이유는 무엇일까? 나무의 잎은 물을 수증기 상태로 공기 중으로 내보내는데, 이때 물이 주위의 열을 흡수하기 때문에 나무의 그늘 아래가 건물이 만드는 그늘보다 훨씬 시원한 것이다. 식물의 잎에는 기공이라는 작은 구멍이 있다. 기공을 통해 공기가 들락날락하거나 잎의 물이 공기 중으로 증발하기도 한다. 이처럼 식물체 내의 수분이 잎의 기공을 통하여 수증기 상태로 증발하는 현상을 ㉡ <u>증산 작용</u>이라고 한다. 가로 세로가 10×10cm인 잔디밭에서 1년 동안 증산하는 물의 양을 조사한 결과, 놀랍게도 55톤이나 되었다. 이는 1리터짜리 페트병 5만 5천 개 분량에 해당하는 물의 양이다. 상수리나무는 6~11월 사이에 약 9,000kg의 물을 증산하며, 키가 큰 해바라기는 맑은 여름날 하루 동안 약 1kg의 물을 증산한다.

기공의 크기는 식물의 종류에 따라 다른데 보통 폭이 8μm, 길이가 16μm 정도밖에 되지 않는다. 크기가 1cm^{2}인 잎에는 약 5만 개나 되는 기공이 있으며, 그 대부분은 잎의 뒤쪽에 있다. 이 기공을 통해 그렇게 엄청난 양의 물이 공기 중으로 증발해 버린다. 증산 작용은 물을 식물체 밖으로 내보내는 작용으로, 뿌리에서 흡수된 물이 줄기를 거쳐 잎까지 올라가는 원동력이다. 잎의 세포에서는 물이 공기 중으로 증발하면서 아래쪽의 물 분자를 끌어 올리는 현상이 일어난다. 즉, 물 분자들은 서로 잡아당기는 힘으로써 연결되는데, 이는 물 기둥을 형성하는 것과 같다. 사슬처럼 연결된 물 기둥의 한쪽 끝을 이루는 물 분자가 잎의 기공을 통해 빠져 나가면 아래쪽 물 분자가 끌어 올려지는 것이다. 증산 작용에 의한 힘은 잡아당기는 힘으로 식물이 물을 끌어 올리는 요인 중 가장 큰 힘이다.

34 윗글의 내용과 일치하지 않는 것은?

① 식물의 종류에 따라 기공의 크기가 다르다.

② 식물의 뿌리압은 중력과 동일한 방향으로 작용한다.

③ 식물이 광합성 작용을 하기 위해서는 반드시 물이 필요하다.

④ 뿌리에서 잎까지 물 분자들은 사슬처럼 서로 연결되어 있다.

⑤ 물관 내에서 물 분자와 모세관 벽이 결합하려는 힘으로 물이 위로 이동한다.

> **✔해설** 뿌리압은 물을 위로 밀어 올리는 힘이라는 것을 확인할 수 있다. 이를 통해 중력의 반대 방향으로 작용하는 것을 알 수 있다.
> ① 식물의 종류에 따라 기공의 크기가 다르다는 것을 확인할 수 있다.
> ③ 식물의 광합성에 물이 원료가 된다는 것을 확인할 수 있다.
> ④ 물 분자들이 사슬처럼 서로 연결되어 있다는 것을 확인할 수 있다.
> ⑤ 물관 안에서 모세관 현상이 일어난다는 것을 확인할 수 있다.

35 ㉠과 ㉡에 대한 설명으로 적절하지 않은 것은?

① ㉠은 관의 지름에 따라 물이 올라가는 높이가 달라진다.

② ㉡이 일어나면 물이 식물체 내에서 빠져 나와 주변의 온도를 낮춘다.

③ ㉠에 의해서는 물의 상태가 바뀌지 않고, ㉡에 의해서는 물의 상태가 바뀐다.

④ ㉠으로 물을 위로 밀어 올리는 힘이, ㉡으로 물을 위에서 잡아당기는 힘이 생긴다.

⑤ ㉠에 의해 식물이 물을 밀어 올리는 힘보다 ㉡에 의해 식물이 물을 끌어 올리는 힘이 더 작다.

> **✔해설** 증산 작용이 식물이 물을 끌어 올리는 원동력이며 가장 큰 힘이라는 것을 알 수 있다.
> ① 모세관 현상은 관이 가늘어질수록 물이 올라가는 높이가 높아진다.
> ② 증산 작용을 통해 수분이 수증기로 증발하면서 주위의 열을 흡수하기 때문에 주변의 온도가 떨어진다.
> ③ 증산 작용은 식물의 수분이 기공을 통해 빠져 나가며 수증기로 증발하는 것이므로 물의 상태가 바뀐다.
> ④ 모세관 현상은 물을 위로 밀어 올리며, 증산 작용은 위에서 잡아당기는 힘으로 결합된 물 분자를 위로 끌어 올리고 있다.

36 중의적 표현에 대한 다음 설명을 참고할 때, 구조적 중의성의 사례가 아닌 것은?

> 중의적 표현(중의성)이란 하나의 표현이 두 가지 이상의 의미로 해석되는 표현을 일컫는다. 그 특징은 해학이나 풍자 등에 활용되며, 의미의 다양성으로 문학 작품의 예술성을 높이는 데 기여한다. 하지만 의미해석의 혼동으로 인해 원활한 의사소통에 방해를 줄 수도 있다.
> 이러한 중의성은 어휘적 중의성과 구조적 중의성으로 크게 구분할 수 있다. 어휘적 중의성은 다시 세 가지 부류로 나누는 데 첫째, 다의어에 의한 중의성이다. 다의어는 의미를 복합적으로 가지고 있는데, 기본 의미를 가지고 있는 동시에 파생적 의미도 가지고 있어서 그 어휘의 기본적 의미가 내포되어 있는 상태에서 다른 의미로도 쓸 수 있다. 둘째, 어휘적 중의성으로 동음어에 의한 중의적 표현이 있다. 동음어에 의한 중의적 표현은 순수한 동음어에 의한 중의적 표현과 연음으로 인한 동음이의어 현상이 있다. 셋째, 동사의 상적 속성에 의한 중의성이 있다.
> 구조적 중의성은 문장의 구조 특성으로 인해 중의성이 일어나는 것을 말하는데, 이러한 중의성은 수식 관계, 주어의 범위, 서술어와 호응하는 논항의 범위, 수량사의 지배범위, 부정문의 지배 범주 등에 의해 일어난다.

① 나이 많은 길동이와 을순이가 결혼을 한다.
② 그 녀석은 나와 아버지를 만났다.
③ 영희는 친구들을 기다리며 장갑을 끼고 있었다.
④ 그녀가 보고 싶은 친구들이 참 많다.
⑤ 그건 오래 전부터 아끼던 그녀의 선물이다.

✔**해설** ③ 영희가 장갑을 이미 낀 상태인지, 장갑을 끼는 동작을 진행 중인지 의미가 확실치 않은 동사의 상적 속성에 의한 중의성의 사례가 된다.
① 수식어에 의한 중의성의 사례로, 길동이가 나이가 많은 것인지, 길동이와 을순이 모두가 나이가 많은 것인지가 확실치 않은 중의성을 포함하고 있다.
② 접속어에 의한 중의성의 사례로, '그 녀석'이 나와 함께 가서 아버지를 만난 건지, 나와 아버지를 각각 만난 건지, 나와 아버지 둘을 같이 만난 건지가 확실치 않은 중의성을 포함하고 있다.
④ 명사구 사이 동사에 의한 중의성의 사례로, 그녀가 친구들을 보고 싶어 하는 것인지 친구들이 그녀를 보고 싶어 하는 것인지가 확실치 않은 중의성을 포함하고 있다.
⑤ 수식어에 의한 중의성의 사례로, '아끼던'의 수식을 받는 말이 그녀인지 선물인지가 확실치 않은 중의성을 포함하고 있다.

Answer 34.② 35.⑤ 36.③

37 다음 A, B 두 사람의 논쟁에 대한 분석으로 가장 적절한 것은?

> A : 최근 인터넷으로 대표되는 정보통신기술 혁명은 과거 유례를 찾을 수 없을 정도로 세상이 돌아가는 방식을 근본적으로 바꿔놓았다. 정보통신기술 혁명은 물리적 거리의 파괴로 이어졌고, 그에 따라 국경 없는 세계가 출현하면서 국경을 넘나드는 자본, 노동, 상품에 대한 규제가 철폐될 수밖에 없는 사회가 되었다. 이제 개인이나 기업 혹은 국가는 과거보다 훨씬 더 유연한 자세를 견지해야 하고, 이를 위해서는 강력한 시장 자유화가 필요하다.
>
> B : 변화를 인식할 때 우리는 가장 최근의 것을 가장 혁신적인 것으로 생각하는 경향이 있다. 인터넷 혁명의 경제적, 사회적 영향은 최소한 지금까지는 세탁기를 비롯한 가전제품만큼 크지 않았다. 가전제품은 집안일에 들이는 노동시간을 대폭 줄여줌으로써 여성들의 경제활동을 촉진했고, 가족 내의 전통적인 역학관계를 바꾸었다. 옛 것을 과소평가해서도 안 되고 새 것을 과대평가해서도 안 된다. 그렇게 할 경우 국가의 경제정책이나 기업의 정책은 물론이고 우리 자신의 직업과 관련해서도 여러 가지 잘못된 결정을 내리게 된다.
>
> A : 인터넷이 가져온 변화는 가전제품이 초래한 변화에 비하면 전 지구적인 규모이고 동시적이라는 점에 주목해야 한다. 정보통신기술이 초래한 국경 없는 세계의 모습을 보라. 국경을 넘어 자본, 노동, 상품이 넘나들게 됨으로써 각 국가의 행정 시스템은 물론 세계 경제 시스템에도 변화가 불가피하게 되었다. 그럼 점에서 정보통신기술의 영향력은 가전제품의 영향력과 비교될 수 없다.
>
> B : 최근의 기술 변화는 100년 전에 있었던 변화만큼 혁명적이라고 할 수 없다. 100년 전의 세계는 1960~1980년에 비해 통신과 운송 부문에서의 기술은 훨씬 뒤떨어졌으나 세계화는 오히려 월등히 진전된 상태였다. 사실 1960~1980년 사이에 강대국 정부가 자본, 노동, 상품이 국경을 넘어 들어오는 것을 엄격하게 규제했기에 세계화의 정보는 그리 높지 않았다. 이처럼 세계화의 정도를 결정하는 것은 정치이지 기술력이 아니다.

① 이 논쟁의 핵심 쟁점은 정보통신기술 혁명과 가전제품을 비롯한 제조분야 혁명의 영향력 비교이다.

② A는 최근의 정보통신 혁명으로 말미암아 자본, 노동, 상품이 국경을 넘나드는 것이 현실이 되었다는 점을 근거로 삼고 있다.

③ B는 A가 제시한 근거가 다 옳다고 하더라도 A의 주장을 받아들일 수 없다고 주장하고 있다.

④ B와 A는 인터넷의 영향력에 대한 평가에는 의견을 달리 하지만 가전제품의 영향력에 대한 평가에는 의견이 일치한다.

⑤ B는 A가 원인과 결과를 뒤바꾸어 해석함으로써 현상에 대한 잘못된 진단을 한다고 비판하고 있다.

✔ **해설** ① 이 논쟁의 핵심 쟁점은 정보통신기술 혁명은 맞지만 가전제품을 비롯한 제조분야혁명의 영향력 비교
는 쟁점 사안이 아니다.
③ B는 옛것을 과소평가해서도 안 되고 새것을 과대평가해서도 안 된다는 주장으로 볼 때 전면 부정하
는 것이 아니라 부분 수용으로 볼 수 있다.
④ A의 통신기술의 영향력은 가전제품의 영향력과 비교될 수 없다는 주장을 보면 올바르지 않음을 알
수 있다.
⑤ B의 세계화의 정도를 결정하는 것은 정치이지 기술력이 아니다는 주장에서 알 수 있듯이 인과의 오
류가 아니라 A가 결과에 대한 원인을 잘못 찾고 있다는 논점 일탈을 지적하고 있다.

Answer 37.②

38 다음 글의 내용과 일치하지 않는 것은?

> 정치 철학자로 알려진 아렌트 여사는 우리가 보통 '일'이라 부르는 활동을 '작업'과 '고역'으로 구분한다. 이 두 가지 모두 인간의 노력, 땀과 인내를 수반하는 활동이며, 어떤 결과를 목적으로 하는 활동이다. 그러나 전자가 자의적인 활동인 데 반해서 후자는 타의에 의해 강요된 활동이다. 전자의 활동을 창조적이라 한다면 후자의 활동은 기계적이다. 창조적 활동의 목적이 작품 창작에 있다면, 후자의 활동 목적은 상품 생산에만 있다.
>
> 전자, 즉 '작업'이 인간적으로 수용될 수 있는 물리적 혹은 정신적 조건하에서 이루어지는 '일'이라면 '고역'은 그 정반대의 조건에서 행해진 '일'이라는 것이다. 인간은 언제 어느 곳에서든지 '일'이라고 불리는 활동에 땀을 흘리며 노력해 왔고, 현재도 그렇고, 아마도 앞으로도 영원히 그럴 것이다. 구체적으로 어떤 종류의 일이 '작업'으로 불릴 수 있고 어떤 일이 '고역'으로 분류될 수 있느냐는 그리 쉬운 문제가 아니다. 그러나 일을 작업과 고역으로 구별하고 그것들을 위와 같이 정의할 때 고역으로서 일의 가치는 부정되어야 하지만 작업으로서 일은 오히려 찬미되고, 격려되며 인간으로부터 빼앗아 가서는 안 될 귀중한 가치라고 봐야 한다.
>
> '작업'으로서의 일의 내재적 가치와 존엄성은 이런 뜻으로서 일과 인간의 인간됨과 뗄 수 없는 필연적 관계를 갖고 있다는 사실에서 생긴다. 분명히 일은 노력과 아픔을 필요로 하고, 생존을 위해 물질적으로는 물론 정신적으로도 풍요한 생활을 위한 도구적 기능을 담당한다.

① 인간은 생존을 위해서 일을 한다.
② 일은 노력, 땀과 인내를 필요로 한다.
③ 일은 어떤 결과를 목적으로 하는 활동이다.
④ 일은 물질적인 것보다 정신적 풍요를 위한 도구이다.
⑤ 작업으로서의 일은 빼앗아 가서는 안 될 귀중한 가치이다.

> ✔해설 마지막 문장에서 '일은 ~ 물질적으로는 물론 정신적으로도 풍요한 생활을 위한 도구'라고 언급하고 있다. 따라서 물질적인 것보다 정신적 풍요를 위한 도구라고 볼 수는 없다.

39 다음 글에 대한 내용으로 가장 적절하지 않은 것은?

> 지속되는 불황 속에서도 남 몰래 웃음 짓는 주식들이 있다. 판매단가는 저렴하지만 시장점유율을 늘려 돈을 버는 이른바 '박리다매', '저가 실속형' 전략을 구사하는 종목들이다. 대표적인 종목은 중저가 스마트폰 제조업체에 부품을 납품하는 업체이다. A증권에 따르면 전 세계적으로 200달러 이하 중저가 스마트폰이 전체 스마트폰 시장에서 차지하는 비중은 2023년 11월 35%에서 지난 달 46%로 급증했다. 세계 스마트폰 시장 1등인 B전자도 최근 스마트폰 판매량 가운데 40% 가량이 중저가폰으로 분류된다. 중저가용에 집중한 중국 C사와 D사의 2분기 세계 스마트폰 시장점유율은 전 분기 대비 각각 43%, 23%나 증가해 B전자나 E전자 10%대 초반 증가율보다 월등히 앞섰다. 이에 따라 국내외 스마트폰 업체에 중저가용 부품을 많이 납품하는 F사, G사, H사, I사 등이 조명받고 있다.
>
> 주가가 바닥을 모르고 내려간 대형 항공주와는 대조적으로 저가항공주 주가는 최근 가파른 상승세를 보였다. J항공을 보유한 K사는 최근 두 달 새 56% 상승세를 보였다. 같은 기간 L항공을 소유한 M사 주가도 25% 가량 올랐다. 저가항공사 점유율 상승이 주가 상승으로 이어지는 것으로 보인다. 국내선에서 저가항공사 점유율은 2020년 23.5.%에서 지난 달 31.4%까지 계속 상승해왔다. 홍길동 ○○증권 리서치센터장은 "글로벌 복합위기로 주요국에서 저성장·저투자 기조가 계속되는 데다 개인들은 부채 축소와 고령화에 대비해야 하기 때문에 소비를 늘릴 여력이 줄었다."며 "값싸면서도 멋지고 질도 좋은 제품이 계속 주목받을 것"이라고 말했다.

① '박리다매'주식은 F사, G사, H사, I사의 주식이다.
② 저가항공사 점유율은 계속 상승세를 보이고 있는 반면 대형 항공주는 주가 하락세를 보였다.
③ 글로벌 복합위기와 개인들의 부채 축소, 고령화 대비에 따라 값싸고 질 좋은 제품이 주목받을 것이다.
④ B전자가 주력으로 판매하는 스마트폰이 중저가 폰에 해당한다.
⑤ J항공과 L항공은 저가항공주이다.

✔ **해설** B전자는 세계 스마트폰 시장 1등이며, 최근 중저가폰의 판매량이 40%로 나타났지만 B전자의 주력으로 판매하는 폰이 저가폰인지는 알 수 없다.

Answer 38.④ 39.④

40 다음은 '저영향 개발(Low Impact Development, LID)'에 대하여 설명하고 있는 글이다. 글의 내용이 자연스럽게 이어지도록 ㈎ ~ ㈑ 단락의 순서를 적절히 나열한 것은?

㈎ 국내에서는 신도시 건설과 기존 도시의 재생 및 비점오염 저감 등의 목적으로 LID기법이 활발하게 적용되고 있다. LH공사의 아산탕정지구 분산형 빗물관리 도시, 환경부의 강릉 저탄소 녹색 시범도시 등이 대표적이다. 또한, 수원시는 물 자급률 향상을 위해 빗물 관리 사업인 레인시티 사업을 시행하고 있고, 서울시에서도 빗물관리 기본 계획을 수립하는 등 지방자치단체에서도 저영향 개발에 대한 관심이 매우 높아지고 있다. K-water에서는 송산 그린시티사업, 에코델타시티 사업 등 다양한 수변도시 및 친수구역 조성 사업에 LID 기술을 적용하여 진행하고 있다. 송산 그린시티 조성 사업은 시화호 주변 지역의 생태환경을 보전하는 동시에 시화 방조제 건설로 생성된 대규모 간석지를 효율적으로 활용, 자연과 환경, 인간 모두를 고려한 합리적인 도시를 조성하는 사업이다. 사업 지역 내 동측지구에 계획된 장치형 비점오염 저감시설을 식생수로, 빗물 정원 등 자연형 LID시설로 전환하는 것을 시작으로 강우발생 시 자체 발생원에서 관리가 가능한 분산식 우수배제 방식으로 설계하는 등 저영향 개발 기술을 적극적으로 활용하고 있다. 또한, 그린인프라 시설에 대한 효과를 극대화하는 시범지구를 설정, 저영향 개발 설계를 진행하고 있다.

㈏ 기후변화 대응 및 국가정책 기조에 따라 수자원 관리 및 이용의 중요성이 확대되면서, 저영향개발(Low Impact Development, LID)기반의 물순환 도시 조성 계획·설계 기술의 확보가 요구되고 있다. 국가별로 사용하는 용어는 상이하나 접근하는 방식은 유사한데, 공통적으로 발생한 강우를 그 지역 내에서 관리하는 분산형 빗물관리 기술을 적용하고 있고, 저영향 개발(LID, 미국), 자연 순응형 개발(sound water cycle on national planning, 일본), 분산식 도시계획(decentralized urban design, 독일), 지속가능한 도시계획(water sensitive urban design, 호주) 등 발생원의 빗물관리를 목표로 한다. 미국 내 많은 연방기관과 주 정부 및 지자체에서는 저영향 개발을 이용한 우수관리 기법에 관한 지침서와 매뉴얼을 제공하고, 유역의 신규 개발 또는 재개발 시 LID 기술을 활용하도록 제도화되어 있다.

㈐ 한국 그린인프라·저영향 개발 센터는 그린 인프라(Green Infrastructure, GI)·LID기술에 대한 검인증 역할 수행 및 연구를 위한 세계 최초의 다목적 실내·외 종합검증시설이며, 다양한 형태의 LID 실증시설을 실제로 구축·운영함으로써 수리·수문, 토질, 재료, 환경 분야의 실험 및 분석을 수행하고 있다. 또한, 분산형 테스트베드의 성격뿐만 아니라 설계-시공-운영-모니터링-유지관리 기술의 흐름을 통한 기술 통합적 실증단지로서의 역할을 목표로 GI·LID 실증검증사업, 교육 및 정책 지원사업, 국가 연구개발 사업, 기업체 기술개발 지원사업으로 구분하여 GI·LID 관련 정책제안, 기술개발 등의 연구, 홍보 및 교육을 수행할 계획이다.

㈑ 한편, LID기술의 국내 현장 적용 및 파급 확대를 위해서는 선진국 수준의 설계 및 요소기술의 검증 및 인증을 위한 방안 마련과 사업 후 적용평가를 위한 지침의 개발이 시급하다. 이에 국토교통부 '물관리연구사업'의 일환인 「건전한 도시물순환인프라의 저영향개발(LID) 및 구축·운영 기술」연구단 프로젝트를 2012년 12월부터 2018년까지 부산대학교, K-water, LH, 한국건설기술연구원 등 10여개의 전문기관이 컨소시엄으로 참여하여 연구수행 중이다. 「건전한 도시물순환인프라의 저영향 개발(LID) 및 구축운영기술 연구단」은 본 연구사업을 통하여 부산대학교 양산캠퍼스에 한국 그린인프라·저영향 개발 센터를 설립하였다.

① ㈎ － ㈏ － ㈑ － ㈐
② ㈏ － ㈎ － ㈑ － ㈐
③ ㈏ － ㈎ － ㈐ － ㈑
④ ㈏ － ㈑ － ㈎ － ㈐
⑤ ㈐ － ㈎ － ㈑ － ㈏

✔ 해설 LID에 대한 설명을 주 내용으로 하는 글이므로 용어의 소개와 주요 국가별 기술 적용 방식을 언급하고 있는 ㈏ 단락이 가장 먼저 놓여야 할 것이다. 국가별 간략한 소개에 이어 ㈎에서와 같이 우리나라의 LID 기법 적용 사례를 소개하는 것이 자연스러운 소개의 방식으로 볼 수 있다. ㈐와 ㈑에서는 논지가 전환되며 앞서 제시된 LID 기법에 대한 활용 방안에 대하여 소개하고 있는 바, ㈑에서 시급히 보완해야 할 문제점이 제시되며 한국 그린인프라·저영향 개발 센터를 소개하였고, 이곳에서의 활동 내역과 계획을 ㈐에서 구체적으로 제시하고 있다. 따라서 ㈏ － ㈎ － ㈑ － ㈐의 순서가 가장 자연스러운 문맥의 흐름으로 볼 수 있다.

Answer 40.②

CHAPTER 02 조직이해능력

01 조직과 개인

(1) 조직

① 조직과 기업

   ㉠ 조직 : 두 사람 이상이 공동의 목표를 달성하기 위해 의식적으로 구성된 상호작용과 조정을 행하는 행동의 집합체

   ㉡ 기업 : 노동, 자본, 물자, 기술 등을 투입하여 제품이나 서비스를 산출하는 기관

② 조직의 유형

기준	구분	예
공식성	공식조직	조직의 규모, 기능, 규정이 조직화된 조직
	비공식조직	인간관계에 따라 형성된 자발적 조직
영리성	영리조직	사기업
	비영리조직	정부조직, 병원, 대학, 시민단체
조직규모	소규모 조직	가족 소유의 상점
	대규모 조직	대기업

(2) 경영

① 경영의 의미 … 경영은 조직의 목적을 달성하기 위한 전략, 관리, 운영활동이다.

② 경영의 구성요소

   ㉠ 경영목적 : 조직의 목적을 달성하기 위한 방법이나 과정

   ㉡ 인적자원 : 조직의 구성원·인적자원의 배치와 활용

   ㉢ 자금 : 경영활동에 요구되는 돈·경영의 방향과 범위 한정

   ㉣ 경영전략 : 변화하는 환경에 적응하기 위한 경영활동 체계화

③ 경영자의 역할

대인적 역할	정보적 역할	의사결정적 역할
• 조직의 대표자	• 외부환경 모니터	• 문제 조정
• 조직의 리더	• 변화전달	• 대외적 협상 주도
• 상징자, 지도자	• 정보전달자	• 분쟁조정자, 자원배분자, 협상가

(3) 조직체제 구성요소

① 조직목표 … 전체 조직의 성과, 자원, 시장, 인력개발, 혁신과 변화, 생산성에 대한 목표

② 조직구조 … 조직 내의 부문 사이에 형성된 관계

③ 조직문화 … 조직구성원들 간에 공유하는 생활양식이나 가치

④ 규칙 및 규정 … 조직의 목표나 전략에 따라 수립되어 조직구성원들이 활동범위를 제약하고 일관성을 부여하는 기능

예제 1

주어진 글의 빈칸에 들어갈 말로 가장 적절한 것은?

> 조직이 지속되게 되면 조직구성원들 간 생활양식이나 가치를 공유하게 되는데 이를 조직의 (㉠)라고 한다. 이는 조직구성원들의 사고와 행동에 영향을 미치며 일체감과 정체성을 부여하고 조직이 (㉡)으로 유지되게 한다. 최근 이에 대한 중요성이 부각되면서 긍정적인 방향으로 조성하기 위한 경영층의 노력이 이루어지고 있다.

① ㉠ : 목표, ㉡ : 혁신적
② ㉠ : 구조, ㉡ : 단계적
③ ㉠ : 문화, ㉡ : 안정적
④ ㉠ : 규칙, ㉡ : 체계적
⑤ ㉠ : 규정, ㉡ : 일관적

출제의도

본 문항은 조직체계의 구성요소들의 개념을 묻는 문제이다.

해 설

조직문화란 조직구성원들 간에 공유하게 되는 생활양식이나 가치를 말한다. 이는 조직구성원들의 사고와 행동에 영향을 미치며 일체감과 정체성을 부여하고 조직이 안정적으로 유지되게 한다.

답 ③

---

(4) 조직변화의 과정

환경변화 인지 → 조직변화 방향 수립 → 조직변화 실행 → 변화결과 평가

(5) 조직과 개인

개인	지식, 기술, 경험 →	조직
	← 연봉, 성과급, 인정, 칭찬, 만족감	

02 **조직이해능력을 구성하는 하위능력**

(1) 경영이해능력

① 경영 … 경영은 조직의 목적을 달성하기 위한 전략, 관리, 운영활동이다.

  ㉠ 경영의 구성요소 : 경영목적, 인적자원, 자금, 전략

  ㉡ 경영의 과정

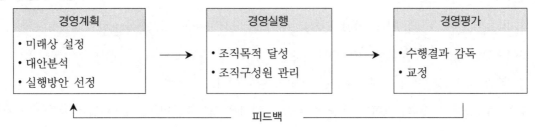

  ㉢ 경영활동 유형

  • 외부경영활동 : 조직외부에서 조직의 효과성을 높이기 위해 이루어지는 활동이다.

  • 내부경영활동 : 조직내부에서 인적, 물적 자원 및 생산기술을 관리하는 것이다.

② 의사결정과정

  ㉠ 의사결정의 과정

  • 확인 단계 : 의사결정이 필요한 문제를 인식한다.

  • 개발 단계 : 확인된 문제에 대하여 해결방안을 모색하는 단계이다.

  • 선택 단계 : 해결방안을 마련하며 실행가능한 해결안을 선택한다.

  ㉡ 집단의사결정의 특징

  • 지식과 정보가 더 많아 효과적인 결정을 할 수 있다.

  • 다양한 견해를 가지고 접근할 수 있다.

  • 결정된 사항에 대하여 의사결정에 참여한 사람들이 해결책을 수월하게 수용하고, 의사소통의 기회도 향상된다.

  • 의견이 불일치하는 경우 의사결정을 내리는데 시간이 많이 소요된다.

  • 특정 구성원에 의해 의사결정이 독점될 가능성이 있다.

③ 경영전략

㉠ 경영전략 추진과정

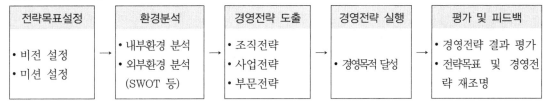

전략목표설정	환경분석	경영전략 도출	경영전략 실행	평가 및 피드백
• 비전 설정 • 미션 설정	• 내부환경 분석 • 외부환경 분석 (SWOT 등)	• 조직전략 • 사업전략 • 부문전략	• 경영목적 달성	• 경영전략 결과 평가 • 전략목표 및 경영전략 재조명

㉡ 마이클 포터의 본원적 경쟁전략

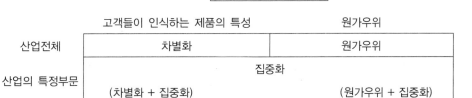

		전략적 우위 요소	
		고객들이 인식하는 제품의 특성	원가우위
전략적 목표	산업전체	차별화	원가우위
	산업의 특정부문	집중화	
		(차별화 + 집중화)	(원가우위 + 집중화)

예제 2

다음은 경영전략을 세우는 방법 중 하나인 SWOT에 따른 어느 기업의 분석결과이다. 다음 중 주어진 기업 분석 결과에 대응하는 전략은?

강점(Strength)	• 차별화된 맛과 메뉴 • 폭넓은 네트워크
약점(Weakness)	• 매출의 계절적 변동폭이 큼 • 딱딱한 기업 이미지
기회(Opportunity)	• 소비자의 수요 트랜드 변화 • 가계의 외식 횟수 증가 • 경기회복 가능성
위협(Threat)	• 새로운 경쟁자의 진입 가능성 • 과도한 가계부채

내부환경 외부환경	강점(Strength)	약점(Weakness)
기회 (Opportunity)	① 계절 메뉴 개발을 통한 분기 매출 확보	② 고객의 소비패턴을 반영한 광고를 통한 이미지 쇄신
위협 (Threat)	③ 소비 트렌드 변화를 반영한 시장 세분화 정책	④ 고급화 전략을 통한 매출 확대

④ 경영참가제도

  ㉠ 목적

   • 경영의 민주성을 제고할 수 있다.

   • 공동으로 문제를 해결하고 노사 간의 세력 균형을 이룰 수 있다.

   • 경영의 효율성을 제고할 수 있다.

   • 노사 간 상호 신뢰를 증진시킬 수 있다.

  ㉡ 유형

   • 경영참가 : 경영자의 권한인 의사결정과정에 근로자 또는 노동조합이 참여하는 것

   • 이윤참가 : 조직의 경영성과에 대하여 근로자에게 배분하는 것

   • 자본참가 : 근로자가 조직 재산의 소유에 참여하는 것

예제 3

다음은 중국의 H사에서 시행하는 경영참가제도에 대한 기사이다. 밑줄 친 이 제도는 무엇인가?

> H사는 '사람' 중심의 수평적 기업문화가 발달했다. H사는 <u>이 제도</u>의 시행을 통해 직원들이 경영에 간접적으로 참여할 수 있게 하였는데 이에 따라 자연스레 기업에 대한 직원들의 책임 의식도 강화됐다. 참여주주는 8만2471명이다. 모두 H사의 임직원이며, 이 중 창립자인 CEO R은 개인 주주로 총 주식의 1.18%의 지분과 퇴직연금으로 주식총액의 0.21%만을 보유하고 있다.

① 노사협의회제도

② 이윤분배제도

③ 종업원지주제도

④ 노동주제도

⑤ 노사공동결정제도

---

(2) 체제이해능력

① 조직목표 … 조직이 달성하려는 장래의 상태

  ㉠ 조직목표의 기능

   • 조직이 존재하는 정당성과 합법성 제공

   • 조직이 나아갈 방향 제시

   • 조직구성원 의사결정의 기준

- 조직구성원 행동수행의 동기유발
- 수행평가 기준
- 조직설계의 기준

ⓒ 조직목표의 특징
- 공식적 목표와 실제적 목표가 다를 수 있음
- 다수의 조직목표 추구 가능
- 조직목표 간 위계적 상호관계가 있음
- 가변적 속성
- 조직의 구성요소와 상호관계를 가짐

② 조직구조

㉠ 조직구조의 결정요인 : 전략, 규모, 기술, 환경

ⓒ 조직구조의 유형과 특징

유형	특징
기계적 조직	• 구성원들의 업무가 분명하게 규정 • 엄격한 상하 간 위계질서 • 다수의 규칙과 규정 존재
유기적 조직	• 비공식적인 상호의사소통 • 급변하는 환경에 적합한 조직

③ 조직문화

㉠ 조직문화 기능
- 조직구성원들에게 일체감, 정체성 부여
- 조직몰입 향상
- 조직구성원들의 행동지침 : 사회화 및 일탈행동 통제
- 조직의 안정성 유지

ⓒ 조직문화 구성요소(7S) : 공유가치(Shared Value), 리더십 스타일(Style), 구성원(Staff), 제도·절차 (System), 구조(Structure), 전략(Strategy), 스킬(Skill)

④ 조직 내 집단

㉠ 공식적 집단 : 조직에서 의식적으로 만든 집단으로 집단의 목표, 임무가 명확하게 규정되어 있다.
예 임시위원회, 작업팀 등

ⓒ 비공식적 집단 : 조직구성원들의 요구에 따라 자발적으로 형성된 집단이다.
예 스터디모임, 봉사활동 동아리, 각종 친목회 등

(3) 업무이해능력

① 업무 … 업무는 상품이나 서비스를 창출하기 위한 생산적인 활동이다.

    ㉠ 업무의 종류

부서	업무(예)
총무부	주주총회 및 이사회개최 관련 업무, 의전 및 비서업무, 집기비품 및 소모품의 구입과 관리, 사무실 임차 및 관리, 차량 및 통신시설의 운영, 국내외 출장 업무 협조, 복리후생 업무, 법률자문과 소송관리, 사내외 홍보 광고업무
인사부	조직기구의 개편 및 조정, 업무분장 및 조정, 인력수급계획 및 관리, 직무 및 정원의 조정 종합, 노사관리, 평가관리, 상벌관리, 인사발령, 교육체계 수립 및 관리, 임금제도, 복리후생제도 및 지원업무, 복무관리, 퇴직관리
기획부	경영계획 및 전략 수립, 전사기획업무 종합 및 조정, 중장기 사업계획의 종합 및 조정, 경영정보 조사 및 기획보고, 경영진단업무, 종합예산수립 및 실적관리, 단기사업계획 종합 및 조정, 사업계획, 손익추정, 실적관리 및 분석
회계부	회계제도의 유지 및 관리, 재무상태 및 경영실적 보고, 결산 관련 업무, 재무제표분석 및 보고, 법인세, 부가가치세, 국세·지방세 업무자문 및 지원, 보험가입 및 보상업무, 고정자산 관련 업무
영업부	판매 계획, 판매예산의 편성, 시장조사, 광고 선전, 견적 및 계약, 제조지시서의 발행, 외상매출금의 청구 및 회수, 제품의 재고 조절, 거래처로부터의 불만처리, 제품의 애프터서비스, 판매원가 및 판매가격의 조사 검토

예제 4

다음은 I기업의 조직도와 팀장님의 지시사항이다. H씨가 팀장님의 심부름을 수행하기 위해 연락해야 할 부서로 옳은 것은?

H씨! 내가 지금 너무 바빠서 그러는데 부탁 좀 들어줄래요? 다음 주 중에 사장님 모시고 클라이언트와 만나야 할 일이 있으니까 사장님 일정을 확인해주시구요. 이번 달에 신입사원 교육·훈련계획이 있었던 것 같은데 정확한 시간이랑 날짜를 확인해주세요.

① 총무부, 인사부　　　　② 총무부, 홍보실
③ 기획부, 총무부　　　　④ 영업부, 기획부
⑤ 기획부, 인사부

ⓒ 업무의 특성
  • 공통된 조직의 목적 지향
  • 요구되는 지식, 기술, 도구의 다양성
  • 다른 업무와의 관계, 독립성
  • 업무수행의 자율성, 재량권

② 업무수행 계획
  ㉠ 업무지침 확인 : 조직의 업무지침과 나의 업무지침을 확인한다.
  ㉡ 활용 자원 확인 : 시간, 예산, 기술, 인간관계
  ㉢ 업무수행 시트 작성
  • 간트 차트 : 단계별로 업무의 시작과 끝 시간을 바 형식으로 표현
  • 워크 플로 시트 : 일의 흐름을 동적으로 보여줌
  • 체크리스트 : 수행수준 달성을 자가점검

Point >> 간트 차트와 플로 차트

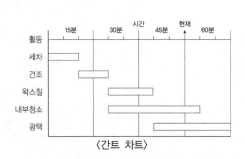

〈간트 차트〉

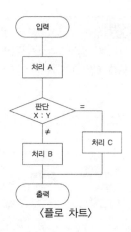

〈플로 차트〉

예제 5

다음 중 업무수행 시 단계별로 업무를 시작해서 끝나는 데까지 걸리는 시간을 바 형식으로 표시하여 전체 일정 및 단계별로 소요되는 시간과 각 업무활동 사이의 관계를 볼 수 있는 업무수행 시트는?

① 간트 차트
② 워크 플로 차트
③ 체크리스트
④ 퍼트 차트
⑤ 업무수행평가표

③ 업무 방해요소

　㉠ 다른 사람의 방문, 인터넷, 전화, 메신저 등

　㉡ 갈등관리

　㉢ 스트레스

(4) 국제감각

① 세계화와 국제경영

 ㉠ 세계화 : 3Bs(국경 ; Border, 경계 ; Boundary, 장벽 ; Barrier)가 완화되면서 활동범위가 세계로 확대되는 현상이다.

 ㉡ 국제경영 : 다국적 내지 초국적 기업이 등장하여 범지구적 시스템과 네트워크 안에서 기업 활동이 이루어지는 것이다.

② 이문화 커뮤니케이션 … 서로 상이한 문화 간 커뮤니케이션으로 직업인이 자신의 일을 수행하는 가운데 문화배경을 달리하는 사람과 커뮤니케이션을 하는 것이 이에 해당한다. 이문화 커뮤니케이션은 언어적 커뮤니케이션과 비언어적 커뮤니케이션으로 구분된다.

③ 국제 동향 파악 방법

 ㉠ 관련 분야 해외사이트를 방문해 최신 이슈를 확인한다.

 ㉡ 매일 신문의 국제면을 읽는다.

 ㉢ 업무와 관련된 국제잡지를 정기구독 한다.

 ㉣ 고용노동부, 한국산업인력공단, 산업통상자원부, 중소기업청, 상공회의소, 산업별인적자원개발협의체 등의 사이트를 방문해 국제동향을 확인한다.

 ㉤ 국제학술대회에 참석한다.

 ㉥ 업무와 관련된 주요 용어의 외국어를 알아둔다.

 ㉦ 해외서점 사이트를 방문해 최신 서적 목록과 주요 내용을 파악한다.

 ㉧ 외국인 친구를 사귀고 대화를 자주 나눈다.

④ 대표적인 국제매너

 ㉠ 미국인과 인사할 때에는 눈이나 얼굴을 보는 것이 좋으며 오른손으로 상대방의 오른손을 힘주어 잡았다가 놓아야 한다.

 ㉡ 러시아와 라틴아메리카 사람들은 인사할 때에 포옹을 하는 경우가 있는데 이는 친밀함의 표현이므로 자연스럽게 받아주는 것이 좋다.

 ㉢ 명함은 받으면 꾸기거나 계속 만지지 않고 한 번 보고나서 탁자 위에 보이는 채로 대화하거나 명함집에 넣는다.

 ㉣ 미국인들은 시간 엄수를 중요하게 생각하므로 약속시간에 늦지 않도록 주의한다.

 ㉤ 스프를 먹을 때에는 몸쪽에서 바깥쪽으로 숟가락을 사용한다.

 ㉥ 생선요리는 뒤집어 먹지 않는다.

 ㉦ 빵은 스프를 먹고 난 후부터 디저트를 먹을 때까지 먹는다.

출제예상문제

1   다음과 관련된 개념은 무엇인가?

> 조직이 지속되게 되면서 조직구성원들 간에 공유되는 생활양식이나 가치로 조직구성원들의 사고와 행동에 영향을 미치며 일체감과 정체성을 부여하고 조직이 안정적으로 유지되게 한다. 최근 조직문화에 대한 중요성이 부각되면서 긍정적인 방향으로 조성하기 위한 경영층의 노력이 이루어지고 있다.

① 조직문화   ② 조직위계
③ 조직목표   ④ 조직구조
⑤ 조직의 규칙

✔ **해설** 조직체제 구성요소

㉠ 조직목표 : 조직이 달성하려는 장래의 상태로 조직이 존재하는 정당성과 합법성을 제공한다. 전체 조직의 성과, 자원, 시장, 인력개발, 혁신과 변화, 생산성에 대한 목표가 포함된다.

㉡ 조직구조 : 조직 내의 부문 사이에 형성된 관계로 조직목표를 달성하기 위한 조직구성원들의 상호작용을 보여준다. 조직구조는 결정권의 집중정도, 명령계통, 최고경영자의 통제, 규칙과 규제의 정도에 따라 달라지며 구성원들의 업무나 권한이 분명하게 정의된 기계적 조직과 의사결정권이 하부구성원들에게 많이 위임되고 업무가 고정적이지 않은 유기적 조직으로 구분될 수 있다. 조직의 구성은 조직도를 통해 쉽게 파악할 수 있는데, 이는 구성원들의 임무, 수행하는 과업, 일하는 장소 등을 파악하는데 용이하다.

㉢ 조직문화 : 조직이 지속되게 되면서 조직구성원들 간에 공유되는 생활양식이나 가치로 조직구성원들의 사고와 행동에 영향을 미치며 일체감과 정체성을 부여하고 조직이 안정적으로 유지되게 한다. 최근 조직문화에 대한 중요성이 부각되면서 긍정적인 방향으로 조성하기 위한 경영층의 노력이 이루어지고 있다.

㉣ 조직의 규칙과 규정 : 조직의 목표나 전략에 따라 수립되어 조직구성원들의 활동범위를 제약하고 일관성을 부여하는 기능을 하는 것으로 인사규정, 총무규정, 회계규정 등이 있다. 특히 조직이 구성원들의 행동을 관리하기 위하여 규칙이나 절차에 의존하고 있는 공식화 정도에 따라 조직의 구조가 결정되기도 한다.

2 다음 글에 나타난 집단에 관한 설명으로 옳지 않은 것은?

> • ○○ 집단은 정서적인 뜻에서의 친밀한 인간관계를 겨누어 사람들의 역할관계가 개인의 특성에 따라 자연적이고 비형식적으로 분화되어 있는 집단을 말한다.
> • ○○ 집단은 호손 실험에 의하여 '제1차 집단의 재발견'으로 평가되었으며, 그 특질은 자연발생적이며 심리집단적이고 결합 자체를 목적으로 하여 감정의 논리에 따라 유동적·비제도적으로 행동하는 데 있다.
> • 관료적인 거대조직에 있어서 인간회복의 수단으로 ○○ 집단을 유효하게 이용하여 관료제의 폐단을 완화하려는 발상이 생겨났는데, 이를 인간관계적 어프로치라고 한다.

① 조직에서 오는 소외감을 감소시켜 준다.
② 조직에서 의식적으로 만든 집단으로 집단의 목표, 임무가 명확하게 규정되어 있다.
③ 조직구성원들의 요구에 따라 자발적으로 형성된 집단이다.
④ 조직구성원들의 사기(morale)와 생산력을 높여 준다.
⑤ 조직구성원들의 상호의사소통이 활발하다.

✔해설 제시된 글은 비공식 집단에 대한 설명이다.
②는 공식적 집단에 관한 설명이다.

3 다음 중 ㉠에 들어갈 경영전략 추진과정은?

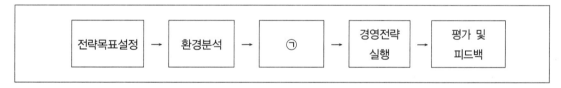

① 경영전략 구성   ② 경영전략 분석
③ 경영전략 도출   ④ 경영전략 제고
⑤ 경영전략 수정

✔해설
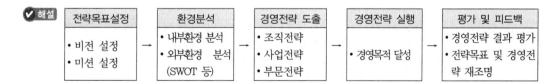

Answer   1.①   2.②   3.③

4 다음 중 조직목표의 기능이 아닌 것은?

① 조직이 존재하는 정당성과 합법성 제공

② 조직이 나아갈 방향 제시

③ 조직구성원 의사결정의 기준

④ 조직구성원 행동 억제

⑤ 조직구성원 행동수행의 동기유발

> ✔ 해설 조직목표의 기능
> - 조직이 존재하는 정당성과 합법성 제공
> - 조직이 나아갈 방향 제시
> - 조직구성원 의사결정의 기준
> - 조직구성원 행동수행의 동기유발
> - 수행평가 기준
> - 조직설계의 기준

5 다음 중 경영참가제도의 특징으로 옳지 않은 것은?

① 사측 단독으로 문제를 해결할 수 있다.

② 경영의 민주성을 제고할 수 있다.

③ 경영의 효율성을 제고할 수 있다.

④ 노사 간 상호 신뢰를 증진시킬 수 있다.

⑤ 경영참가, 이윤참가, 자본참가 유형이 있다.

> ✔ 해설 경영참가제도
> ㉠ 목적
> - 경영의 민주성을 제고할 수 있다.
> - 공동으로 문제를 해결하고 노사 간의 세력 균형을 이룰 수 있다.
> - 경영의 효율성을 제고할 수 있다.
> - 노사 간 상호 신뢰를 증진시킬 수 있다.
> ㉡ 유형
> - 경영참가 : 경영자의 권한인 의사결정과정에 근로자 또는 노동조합이 참여하는 것
> - 이윤참가 : 조직의 경영성과에 대하여 근로자에게 배분하는 것
> - 자본참가 : 근로자가 조직 재산의 소유에 참여하는 것

6 다음 중 조직의 유형으로 옳지 않은 것은?

① 비영리조직은 대표적으로 병원이나 대학이 있다.

② 영리조직은 대표적으로 친목회가 있다.

③ 소규모 조직은 대표적으로 가족 소유의 상점이 있다.

④ 대규모 조직은 대표적으로 대기업이 있다.

⑤ 비공식조직으로 동아리가 있다.

✔해설 ② 영리조직은 대표적으로 사기업을 말한다.

7 다음 글을 읽고 진성이가 소속된 부서로 알맞은 것은?

> 진성이가 소속된 부서는 매주 월요일마다 직원들이 모여 경영계획에 대한 회의를 한다. 이번 안건은 최근 문제가 된 중장기 사업계획으로, 이를 종합하여 조정을 하거나 적절하게 예산수립을 하기 위해 의견을 공유하는 자리가 되었다. 더불어 오후에는 기존의 사업의 손익을 추정하여 관리 및 분석을 통한 결과를 부장님께 보고하기로 하였다.

① 총무부 ② 인사부
③ 기획부 ④ 회계부
⑤ 영업부

✔해설 제시된 글은 기획부의 업무에 해당한다.
  ※ 업무의 종류
    ㉠ 총무부 : 주주총회 및 이사회개최 관련 업무, 의전 및 비서업무, 집기비품 및 소모품의 구입과 관리, 사무실 임차 및 관리, 차량 및 통신시설의 운영, 국내외 출장 업무 협조, 복리후생 업무, 법률자문과 소송관리, 사내외 홍보 광고업무
    ㉡ 인사부 : 조직기구의 개편 및 조정, 업무분장 및 조정, 인력수급계획 및 관리, 직무 및 정원의 조정 종합, 노사관리, 평가관리, 상벌관리, 인사발령, 교육체계 수립 및 관리, 임금제도, 복리후생제도 및 지원업무, 복무관리, 퇴직관리
    ㉢ 기획부 : 경영계획 및 전략 수립, 전사기획업무 종합 및 조정, 중장기 사업계획의 종합 및 조정, 경영정보 조사 및 기획보고, 경영진단업무, 종합예산수립 및 실적관리, 단기사업계획 종합 및 조정, 사업계획, 손익추정, 실적관리 및 분석
    ㉣ 회계부 : 회계제도의 유지 및 관리, 재무상태 및 경영실적 보고, 결산 관련 업무, 재무제표 분석 및 보고, 법인세, 부가가치세, 국세 지방세 업무자문 및 지원, 보험가입 및 보상업무, 고정자산 관련 업무
    ㉤ 영업부 : 판매 계획, 판매예산의 편성, 시장조사, 광고 선전, 견적 및 계약, 제조지시서의 발행, 외상매출금의 청구 및 회수, 제품의 재고 조절, 거래처로부터의 불만처리, 제품의 애프터서비스, 판매원가 및 판매가격의 조사 검토

Answer 4.④ 5.① 6.② 7.③

02. 조직이해능력 » 75

8 다음 중 준호가 소속되어있는 부서로 올바른 것은?

> 준호는 매일 아침 회사에 출근하여 그 날의 판매 계획·예산·시장·재고 등을 조사하여 정리한다. 또한 외상매출금이나 견적 및 계약 등의 문제를 해결하기 위해 자료를 조사·검토한다.

① 총무부　　　　　　　　　　　② 인사부
③ 기획부　　　　　　　　　　　④ 영업부
⑤ 회계부

✔해설 제시된 글은 영업부의 업무에 해당한다.
　　　　※ 영업부 : 판매 계획, 판매예산의 편성, 시장조사, 광고 선전, 견적 및 계약, 제조지시서의 발행, 외상
　　　　　　매출금의 청구 및 회수, 제품의 재고 조절, 거래처로부터의 불만처리, 제품의 애프터서비스, 판매원
　　　　　　가 및 판매가격의 조사 검토

9 다음의 빈칸에 들어갈 말을 순서대로 나열한 것은?

> 조직의 (㉠)은/는 조직 내의 부문 사이에 형성된 관계로 조직목표를 달성하기 위한 조직구성원들의 상호작용을 보여준다. 이는 결정권의 집중정도, 명령계통, 최고 경영자의 통제, 규칙과 규제의 정도에 따라 달라지며 구성원들의 업무나 권한이 분명하게 정의된 기계적 조직과 의사결정권이 하부구성원들에게 많이 위임되고 업무가 고정적이지 않은 유기적 조직으로 구분될 수 있다. (㉡)은/는 이를 쉽게 파악할 수 있다. 구성원들의 임무, 수행하는 과업, 일하는 장소 등을 파악하는데 용이하다. 한편 조직이 지속되게 되면 조직구성원들 간 생활양식이나 가치를 공유하게 되는데 이를 조직의 (㉢)라고 한다. 이는 조직구성원들의 사고와 행동에 영향을 미치며 일체감과 정체성을 부여하고 조직이 (㉣)으로 유지되게 한다. 최근 이에 대한 중요성이 부각되면서 긍정적인 방향으로 조성하기 위한 경영층의 노력이 이루어지고 있다.

	㉠	㉡	㉢	㉣
①	구조	조직도	문화	안정적
②	목표	비전	규정	체계적
③	미션	핵심가치	구조	혁신적
④	직급	규정	비전	단계적
⑤	규정	비전	직급	순차적

✔ 해설 조직은 목적과 목표를 가지고 있으며, 이를 달성하기 위해 다양한 조직구조를 사용한다. 이렇게 조직이 형성되고 발전되면 조직구성원들이 공유하는 가치관, 신념, 규범 등의 조직문화가 형성되게 된다. 또한 조직의 효율성을 높이기 위해서 규칙과 규정을 제정하고 업무를 분화한다. 본 문항은 한 조직의 구성원으로서 조직의 구조와 목적, 체제 구성요소, 규칙, 규정 등 자신이 속한 조직의 체제를 제대로 이해하고 있는지에 대해 묻는 문항이다.

※ 조직체제 구성요소
  ㉠ 조직목표 : 조직이 달성하려는 장래의 상태로 조직이 존재하는 정당성과 합법성을 제공한다. 전체 조직의 성과, 자원, 시장, 인력개발, 혁신과 변화, 생산성에 대한 목표가 포함된다.
  ㉡ 조직구조 : 조직 내의 부문 사이에 형성된 관계로 조직목표를 달성하기 위한 조직구성원들의 상호작용을 보여준다. 조직구조는 결정권의 집중정도, 명령계통, 최고경영자의 통제, 규칙과 규제의 정도에 따라 달라지며 구성원들의 업무나 권한이 분명하게 정의된 기계적 조직과 의사결정권이 하부구성원들에게 많이 위임되고 업무가 고정적이지 않은 유기적 조직으로 구분될 수 있다. 조직의 구성은 조직도를 통해 쉽게 파악할 수 있는데, 이는 구성원들의 임무, 수행하는 과업, 일하는 장소 등을 파악하는데 용이하다.
  ㉢ 조직문화 : 조직이 지속되게 되면서 조직구성원들 간에 공유되는 생활양식이나 가치로 조직구성원들의 사고와 행동에 영향을 미치며 일체감과 정체성을 부여하고 조직이 안정적으로 유지되게 한다. 최근 조직문화에 대한 중요성이 부각되면서 긍정적인 방향으로 조성하기 위한 경영층의 노력이 이루어지고 있다.
  ㉣ 조직의 규칙과 규정 : 조직의 목표나 전략에 따라 수립되어 조직구성원들의 활동범위를 제약하고 일관성을 부여하는 기능을 하는 것으로 인사규정, 총무규정, 회계규정 등이 있다. 특히 조직이 구성원들의 행동을 관리하기 위하여 규칙이나 절차에 의존하고 있는 공식화 정도에 따라 조직의 구조가 결정되기도 한다.

10 다음에서 설명하고 있는 조직은 무엇인가?

> • 구성원들의 업무가 분명하게 규정된다.
> • 엄격한 상하 간 위계질서가 있다.
> • 다수의 규칙과 규정이 존재한다.

① 정부 조직
② 기계적 조직
③ 유기적 조직
④ 환경적 조직
⑤ 전략적 조직

✔ 해설 조직구조의 유형
  ㉠ 기계적 조직
   • 구성원들의 업무가 분명하게 규정
   • 엄격한 상하 간 위계질서
   • 다수의 규칙과 규정 존재
  ㉡ 유기적 조직
   • 비공식적인 상호의사소통
   • 급변하는 환경에 적합한 조직

Answer 8.④ 9.① 10.②

11 S 전자기업의 각 부서별 직원과 업무 간의 연결이 옳지 않은 것을 고르시오.

① 영업부 김 대리 : 제품의 재고조절, 거래처로부터의 불만처리, 판매계획

② 회계부 이 과장 : 재무상태 및 경영실적 보고, 결산 관련 업무

③ 인사부 박 부장 : 인사발령 및 임금제도, 복리후생제도 및 지원업무, 퇴직관리

④ 총무부 정 사원 : 외상매출금의 청구 및 회수, 판매예산의 편성, 견적 및 계약

⑤ 기획부 오 대리 : 경영계획 및 전략수립, 경영진단업무, 단기사업계획 조정

> ✔ **해설** 총무부는 주주총회 및 이사회개최 관련 업무, 의전 및 비서업무, 법률자문과 소송관리의 업무를 하며, 영업부가 외상매출금의 청구 및 회수, 판매예산의 편성, 견적 및 계약의 업무를 다룬다.

12 A 대기업 경영전략팀은 기업의 새로운 도약을 위하여 2017 1차 경영토론회를 주최 하였다. 다음 중 토론자들의 경영시장 종류에 대한 발언으로 옳지 않은 것을 고르시오.

① 블루오션은 아직 우리가 모르고 있는 가능성의 시장 공간이라 할 수 있습니다.

② 블루오션은 기존 산업의 경계선 바깥에서 새롭게 창출되는 시장을 말합니다.

③ 레드오션은 산업 간 경계선이 명확하게 그어져 있습니다.

④ 레드오션은 어떻게 경쟁자를 앞지를 것인가에 대한 '시장경쟁전략'을 말합니다.

⑤ 블루오션은 경쟁을 목표로 하고 존재하는 소비자와 현존하는 시장에 초점을 맞췄습니다.

> ✔ **해설** 레드오션은 경쟁을 목표로 하고, 존재하는 소비자와 현존하는 시장에 초점(시장경쟁전략)을 맞춘 반면, 블루오션은 비 고객에게 초점(시장창조전략)을 맞추고 새로운 수요를 창출하고자 한다.

13 경영전략의 추진 과정으로 옳은 것은?

① 전략목표 설정 → 경영전략 도출 → 환경 분석 → 경영전략 실행 → 평가 및 피드백

② 전략목표 설정 → 환경 분석 → 경영전략 도출 → 경영전략 실행 → 평가 및 피드백

③ 전략목표 설정 → 환경 분석 → 경영전략 실행 → 경영전략 도출 → 평가 및 피드백

④ 전략목표 설정 → 경영전략 실행 → 환경 분석 → 경영전략 도출 → 평가 및 피드백

⑤ 전략목표 설정 → 경영전략 실행 → 경영전략 도출 → 환경 분석 → 평가 및 피드백

✔해설 경영전략의 추진 과정…전략목표 설정 → 환경 분석 → 경영전략 도출 → 경영전략 실행 → 평가 및 피드백

14 국제동향 파악 방법으로 옳지 않은 것은?

① 관련 분야 해외 사이트를 방문하여 최신 이슈를 확인한다.

② 해외 서점 사이트를 방문해 최신 서적 목록과 주요 내용을 파악한다.

③ 업무와 관련된 국제잡지를 정기 구독한다.

④ 일주일에 한 번씩 신문의 국제면을 읽는다.

⑤ 국제학술대회에 참여한다.

✔해설 ④ 매일 신문의 국제면을 읽는다.
※ 국제동향 파악 방법
  ㉠ 관련 분야 해외 사이트를 방문하여 최신 이슈를 확인한다.
  ㉡ 매일 신문의 국제면을 읽는다.
  ㉢ 업무와 관련된 국제잡지를 정기 구독한다.
  ㉣ 노동부, 한국산업인력공단, 산업자원부, 중소기업청, 상공회의소, 산업별인적자원개발협의체 등의 사이트를 방문해 국제동향을 확인한다.
  ㉤ 국제학술대회에 참석한다.
  ㉥ 업무와 관련된 주요 용어의 외국어를 알아둔다.
  ㉦ 해외 서점 사이트를 방문해 최신 서적 목록과 주요 내용을 파악한다.
  ㉧ 외국인 친구를 사귀고 대화를 자주 나눈다.

Answer 11.④ 12.⑤ 13.② 14.④

15 조직변화 과정의 순서로 옳은 것은?

① 조직변화 방향 수립 → 환경변화 인지 → 조직변화 실행 → 변화결과 평가

② 환경변화 인지 → 조직변화 실행 → 조직변화 방향 수립 → 변화결과 평가

③ 조직변화 실행 → 조직변화 방향 수립 → 환경변화 인지 → 변화결과 평가

④ 환경변화 인지 → 조직변화 방향 수립 → 조직변화 실행 → 변화결과 평가

⑤ 조직변화 실행 → 환경변화 인지 → 조직변화 방향 수립 → 변화결과 평가

> ✔ 해설 조직변화의 과정 … 환경변화 인지 → 조직변화 방향 수립 → 조직변화 실행 → 변화결과 평가

16 다음 중 국제 매너로 옳지 않은 것은?

① 프랑스에서 사업차 거래처 사람들과 식사를 할 때 사업에 관한 이야기는 정식 코스가 끝날 때 한다.

② 이란에서 꽃을 선물로 줄 때 노란색 꽃을 준비한다.

③ 멕시코에서 상대방에게 초대를 받았다면 나 또한 상대방을 초대하는 것이 매너이다.

④ 이탈리아에서 상대방과 대화할 때는 중간에 말을 끊지 않는다.

⑤ 생선 요리는 뒤집어먹지 않는다.

> ✔ 해설 ② 이란에서 노란색 꽃은 적대감을 표시한다.

17 한국금융그룹사(계열사 : 한국은행, 한국카드, 한국증권사)의 본사 총무 부서에 근무 중인 A는 2023년에 10년째를 맞이하는 '우수 직원 해외연수단'을 편성하기 위해 각 계열사에 공문을 보내고자 한다. 한국은행의 경우 3년차 직원, 한국카드는 5년차 직원, 한국증권사는 7년차 직원 중 희망자를 대상으로 인사부의 Y 부장은 P 과장에게 결재권한을 위임하였다. 기안문을 작성할 때, (가) ~ (마)에 들어갈 내용으로 적절한 것을 고르시오.

(가)

수신자 : 한국은행, 한국카드, 한국증권사

(경유)

제목 : (나)

---

1. 서무 1056-2431(2023. 02. 03.)과 관련입니다.
2. 2023년도 우수 직원을 대상으로 해외연수단을 편성하고자 하오니, 회사에 재직 중인 직원 중 기본적 영어회화가 가능하며 글로벌 감각이 뛰어난 사원을 다음 사항을 참고로 선별하여 2023. 03. 03.까지 통보해 주시기 바랍니다.

– 다음 –

가. 참가범위
    1) 한국은행 : 3년차 직원 중 희망자
    2) 한국카드 : (다)
    3) 한국증권사 : (라)
나. 아울러 지난해에 참가했던 책임자와 직원은 제외시켜 주시기 바라며, 지난해 참가 직원 명단을 첨부하니 참고하시기 바랍니다.
첨부 : 2022년도 참가 직원 명단 1부. 끝.

한 국 금 융 그 룹 사 장

사원 A   계장 B   과장 (마) P
협조자
시행 총무부-27(1.19)
접수 우13456 주소 서울 강남구 오공로75 5F / www.hkland.co.kr
전화 (02-256-3456) 팩스(02-257-3456) / webmaster@hkland.com / 완전공개

---

① (가) 한국은행그룹사
② (나) 2022년도 우수 직원 해외연수단 편성
③ (다) 4년차 직원 중 희망자
④ (라) 7년차 직원 중 희망자
⑤ (마) 대결

✔해설 (가) 한국금융그룹사, (나) 2023년도 우수 직원 해외연수단 편성, (다) 5년차 직원 중 희망자, (마) 전결이다.

Answer   15.④   16.②   17.④

18 김 대리는 여성의류 인터넷쇼핑몰 서비스팀에 근무 중으로 최근 불만 및 반품 접수가 증가하고 있어 이와 관련하여 회의를 진행하였다. 아래의 회의록을 보고 알 수 있는 내용인 것을 고르시오.

회의록

❑ 회의일시 : 2023년 2월 13일
❑ 회의장소 : 웰니스빌딩 3층 303호 소회의장
❑ 부　　서 : 물류팀, 개발팀, 서비스팀
❑ 참 석 자 : 물류팀 팀장, 과장, 개발팀 팀장, 과장, 서비스팀 팀장, 과장
❑ 회의 안건
　　제품 의류에 염료 얼룩으로 인한 고객 불만반품에 따른 원인조사 및 대책방안
❑ 회의 내용
　　주문폭주로 인한 물량증가로 염료가 덜 마른 부직포 포장지를 사용하여 제품인 의류에 염색
　　얼룩이 묻은 것으로 추측
❑ 의결 사항
　　[물류팀]
　　컬러 부직포로 제품포장 하였던 기존방식에서 내부비닐포장 및 염료를 사용하지 않는 부직
　　포로 2중 포장, 외부 종이상자 포장으로 교체
　　[서비스팀]
　　- 주문물량이 급격히 증가했던 일주일 동안 포장된 제품 전격 회수
　　- 제품을 구매한 고객에 사과문 발송 및 100% 환불 보상 공지
　　[개발팀]
　　포장 재질 및 부직포 염료 유해성분 조사

---

① 마케팅팀은 해당 브랜드의 전 제품을 회수 및 100% 환불 보상할 것을 공지한다.
② 주문량이 증가한 날짜는 2023년 02월 13일부터 일주일간이다.
③ 주문량이 많아 염료가 덜 마른 부직포 포장지를 사용한 것이 문제 발생의 원인으로 추측된다.
④ 개발팀에서 제품을 전격 회수해 포장재 및 인쇄된 잉크의 유해성분을 조사하기로 했다.
⑤ 개발팀에서 염료를 사용하지 않는 포장재를 개발할 것으로 추측된다.

✔ **해설** ③은 회의에서 알 수 있는 내용이다.
　　① 서비스팀은 주문폭주 일주일 동안 포장된 제품을 전격 회수와 제품을 구매한 고객에 사과문 발송 및 100% 환불 보상을 공지한다.
　　② 주문량이 증가한 날짜는 회의록만으로 알 수 없다.
　　④ 서비스팀에서 제품을 전격 회수하고, 개발팀에서 유해성분을 조사하기로 했다.
　　⑤ 염료를 사용하지 않는 포장재 개발은 회의에서 알 수 없는 내용이다.

다음 결재규정을 보고 주어진 상황에 알맞게 작성된 양식을 고르시오.

〈결재규정〉

- 결재를 받으려면 업무에 대해서는 최고결재권자(대표이사)를 포함한 이하 직책자의 결재를 받아야 한다.
- '전결'이라 함은 회사의 경영활동이나 관리활동을 수행함에 있어 의사결정이나 판단을 요하는 일에 대하여 최고결재권자의 결재를 생략하고, 자신의 책임 하에 최종적으로 의사결정이나 판단을 하는 행위를 말한다.
- 전결사항에 대해서도 위임 받은 자를 포함한 이하 직책자의 결재를 받아야 한다.
- 표시내용 : 결재를 올리는 자는 최고결재권자로부터 전결사항을 위임 받은 자가 있는 경우 결재란에 전결이라고 표시하고 최종 결재권자에 위임 받은 자를 표시한다. 다만, 결재가 불필요한 직책자의 결재란은 상황대각선으로 표시한다.
- 최고결재권자의 결재사항 및 최고결재권자로부터 위임된 전결사항은 다음의 표에 따른다.

구분	내용	금액기준	결재서류	팀장	본부장	대표이사
접대비	거래처 식대, 경조사비 등	20만 원 이하	접대비지출품의서 지출결의서	● ■		
		30만 원 이하			● ■	
		30만 원 초과				● ■
교통비	국내 출장비	30만 원 이하	출장계획서 출장비신청서	● ■		
		50만 원 이하		●	■	
		50만 원 초과		●		■
	해외 출장비			●		■
소모품비	사무용품		지출결의서	■		
	문서, 전산소모품					■
	기타 소모품	20만 원 이하		■		
		30만 원 이하			■	
		30만 원 초과				■
교육 훈련비	사내외 교육		기안서 지출결의서	●		■
법인카드	법인카드 사용	50만 원 이하	법인카드신청서	■		
		100만 원 이하			■	
		100만 원 초과				■

● : 기안서, 출장계획서, 접대비지출품의서

■ : 지출결의서, 세금계산서, 발행요청서, 각종 신청서

19 영업부 사원 L씨는 편집부 K씨의 부친상에 부조금 50만 원을 회사 명의로 지급하기로 하였다. L씨가 작성한 결재 방식은?

①
접대비지출품의서			
결재 담당	팀장	본부장	최종 결재
L			팀장

②
접대비지출품의서			
결재 담당	팀장	본부장	최종 결재
L		전결	본부장

③
지출결의서			
결재 담당	팀장	본부장	최종 결재
L	전결		대표이사

④
지출결의서			
결재 담당	팀장	본부장	최종 결재
L			대표이사

⑤
지출결의서			
결재 담당	팀장	본부장	최종 결재
	L		대표이사

✅ **해설** 경조사비는 접대비에 해당하므로 접대비지출품의서나 지출결의서를 작성하고 30만 원을 초과하였으므로 결재권자는 대표이사에게 있다. 또한 누구에게도 전결되지 않았다.

20 영업부 사원 I씨는 거래업체 직원들과 저녁 식사를 위해 270,000원을 지불하였다. I씨가 작성해야 하는 결재 방식으로 옳은 것은?

①

접대비지출품의서			
결재	담당	팀장	본부장	최종 결재
	I			전결

②

접대비지출품의서			
결재	담당	팀장	본부장	최종 결재
	I	전결		본부장

③

지출결의서			
결재	담당	팀장	본부장	최종 결재
	I	전결		본부장

④

접대비지출품의서			
결재	담당	팀장	본부장	최종 결재
	I		전결	본부장

⑤

지출결의서			
결재	담당	팀장	본부장	최종 결재
	I			팀장

✔해설 거래처 식대이므로 접대비지출품의서나 지출결의서를 작성하고 30만 원 이하이므로 최종 결재는 본부장이 한다. 본부장이 최종 결재를 하고 본부장 란에는 전결을 표시한다.

Answer 19.④ 20.④

21 D그룹 홍보실에서 근무하는 사원 민경씨는 2023년부터 적용되는 새로운 조직 개편 기준에 따라 홈페이지에 올릴 조직도를 만들려고 한다. 다음 조직도의 빈칸에 들어갈 것으로 옳지 않은 것은?

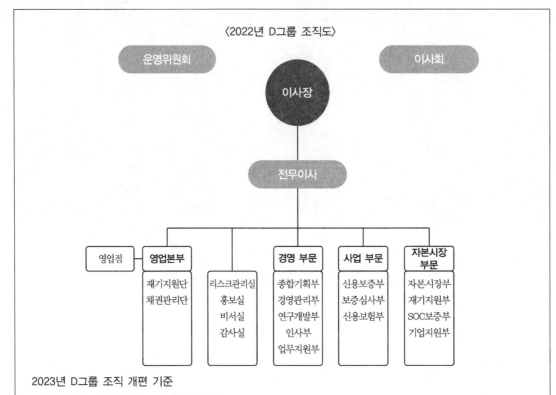

〈2022년 D그룹 조직도〉

2023년 D그룹 조직 개편 기준

- 명칭변경 : 사업부문 → 신용사업부문
- 감사위원회를 신설하고 감사실을 감사위원회 소속으로 이동한다.
- 경영부문을 경영기획부문과 경영지원부문으로 분리한다.
- 경영부문의 종합기획부, 경영관리부, 연구개발부는 경영기획부문으로 인사부, 업무지원부는 경영지원부문으로 각각 소속된다.
- 업무지원부의 IT 관련 팀을 분리하여 IT전략부를 신설한다.

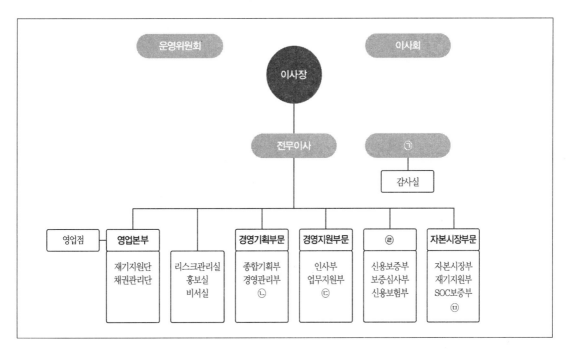

① ㉠ : 감사위원회
② ㉡ : 연구개발부
③ ㉢ : IT전략부
④ ㉣ : 사업부문
⑤ ㉤ : 기업지원부

> ✔ **해설** ④ 사업부문은 신용사업부문으로 명칭이 변경되어야 한다.

22 21세기의 많은 기업 조직들은 불투명한 경영환경을 이겨내기 위해 많은 방법들을 활용하곤 한다. 이 중 브레인스토밍은 일정한 테마에 관하여 회의형식을 채택하고, 구성원의 자유발언을 통한 아이디어의 제시를 요구해 발상의 전환을 이루고 해법을 찾아내려는 방법인데 아래의 글을 참고하여 브레인스토밍에 관련한 것으로 보기 가장 어려운 것을 고르면?

> 전라남도는 지역 중소·벤처기업, 소상공인들이 튼튼한 지역경제의 버팀목으로 성장하도록 지원하는 정책 아이디어를 발굴하기 위해 27일 전문가 브레인스토밍 회의를 개최했다. 이날 회의는 정부의 경제성장 패러다임이 대기업 중심에서 중소·벤처기업 중심으로 전환됨에 따라 지역 차원에서 기업 지원 관련 기관, 교수, 상공인연합회, 중소기업 대표 등 관련 전문가들을 초청해 이뤄졌다. 회의에서는 중소·벤처기업, 소상공인 육성·지원과 청년창업 활성화를 위한 70여 건의 다양한 제안이 쏟아졌으며, 제안된 내용에 대해 구체적 실행 방안도 토론했다. 회의에 참석한 전문가들은 "중소·벤처기업이 변화를 주도하고, 혁신적 아이디어로 창업해 튼튼한 기업으로 성장하도록 정부와 지자체가 충분한 환경을 구축해주는 시스템의 변화가 필요하다."라고 입을 모았다.

① 쉽게 실행할 수 있고, 다양한 주제를 가지고 실행할 수 있다.
② 이러한 기법의 경우 아이디어의 양보다 질에 초점을 맞춘 것으로 볼 수 있다.
③ 집단의 작은 의사결정부터 큰 의사결정까지 복잡하지 않은 절차를 통해 팀의 구성원들과 아이디어를 공유가 가능하다.
④ 비판 및 비난을 자제하는 것을 원칙으로 한다.
⑤ 집단의 구성원들이 비교적 부담 없이 의견을 표출할 수 있다는 이점이 있다.

✔ **해설** 브레인스토밍 기법은 아이디어의 질보다 양에 초점을 맞춘 것으로서 집단 구성원들은 즉각적으로 생각나는 아이디어를 제시할 수 있으며, 그로 인해 브레인스토밍은 다량의 아이디어를 도출해낼 수 있다. 또한, 구성원들은 자신이 가지고 있던 기존 아이디어를 개선해 더욱 더 발전된 형태의 아이디어를 창출할 수 있는데, 이는 다른 사람의 의견을 참고해서 창의적으로 조합할 수 있기 때문이다.

23 다음은 A기업의 조직도이다. 다음 중 총무부의 역할로 가장 적절한 것은?

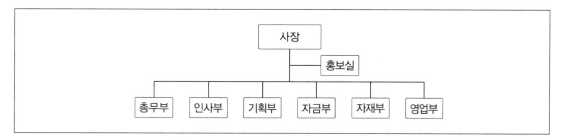

① 경영계획 및 전략 수집·조정 업무

② 의전 및 비서업무

③ 보험금융업무

④ 인력 확보를 위한 산학협동업무

⑤ 시장조사

✔ 해설 ① 기획부 ③ 자금부 ④ 인사부 ⑤ 영업부
※ 총무부의 주요 업무
  ㉠ 문서 및 직인관리
  ㉡ 주주총회 및 이사회개최 관련 업무
  ㉢ 의전 및 비서업무
  ㉣ 사무실 임차 및 관리
  ㉤ 차량 및 통신시설의 운영
  ㉥ 국내외 출장 업무 협조
  ㉦ 사내외 행사 관련 업무(경조사 포함)
  ㉧ 기타 타부서에 속하지 않는 업무 등

24 다음은 기업용 소프트웨어를 개발·판매하는 A기업의 조직도와 사내 업무협조전이다. 주어진 업무협조전의 발신부서와 수신부서로 가장 적절한 것은?

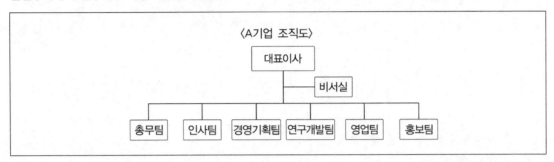

〈A기업 조직도〉

대표이사
비서실
총무팀 | 인사팀 | 경영기획팀 | 연구개발팀 | 영업팀 | 홍보팀

업무협조전

제목 : 콘텐츠 개발에 따른 적극적 영업 마케팅 협조
내용 : 2023년 경영기획팀의 요청으로 저희 팀에서 제작하기 시작한 업무매니저 "한방에" 소프트
　　　웨어가 모두 제작 완료되었습니다. 하여 해당 소프트웨어 5종에 관한 적극적인 마케팅을
　　　부탁드립니다.
　　　"한방에"는 거래처관리 소프트웨어, 직원/급여관리 소프트웨어, 매입/매출관리 소프트웨
　　　어, 증명서 발급관리 소프트웨어, 거래/견적/세금관리 소프트웨어로 각 분야별 영업을 진
　　　행하시면 될 것 같습니다.
　　　특히나 직원/급여관리 소프트웨어는 회사 직원과 급여를 통합적으로 관리할 수 있는 프
　　　로그램으로 중소기업에서도 보편적으로 이용할 수 있도록 설계되어 있기 때문에 적극적
　　　인 영업 마케팅이 더해졌을 때 큰 이익을 낼 수 있을 거라 예상됩니다.
　　　해당 5개의 프로그램의 이용 매뉴얼과 설명서를 첨부해드리오니 담당자분들께서는 이를
　　　숙지하시고 영업에 효율성을 가지시기 바랍니다.
첨부 : 업무매니저 "한방에" 매뉴얼 및 설명서

	발신	수신
①	경영기획팀	홍보팀
②	연구개발팀	영업팀
③	총무팀	인사팀
④	영업팀	연구개발팀
⑤	인사팀	경영기획팀

✔해설 발신부서는 소프트웨어를 제작하는 팀이므로 연구개발팀이고, 발신부서는 수신부서에게 신제품 개발
에 대한 대략적인 내용과 함께 영업 마케팅에 대한 당부를 하고 있으므로 수신부서는 영업팀이 가장
적절하다.

25 다음 중 아래의 조직도를 올바르게 이해한 것은?

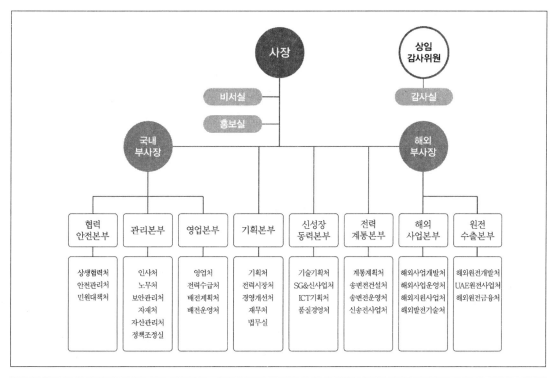

⊙ 사장직속으로는 3개 본부, 13개 처, 2개 실로 구성되어 있다.
ⓒ 국내·해외부사장은 각 3개의 본부를 이끌고 있다.
ⓒ 감사실은 다른 부서들과는 별도로 상임 감사위원 산하에 따로 소속되어 있다.
ⓔ 노무처와 재무처는 서로 업무협동이 있어야 하므로 같은 본부에 소속되어 있다.

① ⊙
② ⓒ
③ ⓒⓒ
④ ⓒⓔ
⑤ ⓒⓔ

✔ 해설　⊙ 사장직속으로는 3개 본부, 12개 처, 3개 실로 구성되어 있다.
　　　　ⓒ 해외부사장은 2개의 본부를 이끌고 있다.
　　　　ⓔ 노무처는 관리본부에, 재무처는 기획본부에 소속되어 있다.

Answer　24.②　25.②

26 다음은 각 지역에 사무소를 운영하고 있는 A사의 임직원 행동강령의 일부이다. 다음 내용에 부합되지 않는 설명은?

제5조【이해관계직무의 회피】

① 임직원은 자신이 수행하는 직무가 다음 각 호의 어느 하나에 해당하는 경우에는 그 직무의 회피 여부 등에 관하여 지역관할 행동강령책임관과 상담한 후 처리하여야 한다. 다만, 사무소장이 공정한 직무수행에 영향을 받지 아니한다고 판단하여 정하는 단순 민원업무의 경우에는 그러하지 아니한다.

　1. 자신, 자신의 직계 존속·비속, 배우자 및 배우자의 직계 존속·비속의 금전적 이해와 직접적인 관련이 있는 경우

　2. 4촌 이내의 친족이 직무관련자인 경우

　3. 자신이 2년 이내에 재직하였던 단체 또는 그 단체의 대리인이 직무관련자이거나 혈연, 학연, 지연, 종교 등으로 지속적인 친분관계에 있어 공정한 직무수행이 어렵다고 판단되는 자가 직무관련자인 경우

　4. 그 밖에 지역관할 행동강령책임관이 공정한 직무수행이 어려운 관계에 있다고 정한 자가 직무관련자인 경우

② 제1항에 따라 상담요청을 받은 지역관할 행동강령책임관은 해당 임직원이 그 직무를 계속 수행하는 것이 적절하지 아니하다고 판단되면 본사 행동강령책임관에게 보고하여야 한다. 다만, 지역관할 행동강령책임관이 그 권한의 범위에서 그 임직원의 직무를 일시적으로 재배정할 수 있는 경우에는 그 직무를 재배정하고 본사 행동강령책임관에게 보고하지 아니할 수 있다.

③ 제2항에 따라 보고를 받은 본사 행동강령책임관은 직무가 공정하게 처리될 수 있도록 인력을 재배치하는 등 필요한 조치를 하여야 한다.

제6조【특혜의 배제】 임직원은 직무를 수행함에 있어 지연·혈연·학연·종교 등을 이유로 특정인에게 특혜를 주거나 특정인을 차별하여서는 아니 된다.

제6조의2【직무관련자와의 사적인 접촉 제한】

① 임직원은 소관업무와 관련하여 우월적 지위에 있는 경우 그 상대방인 직무관련자(직무관련자인 퇴직자를 포함한다)와 당해 직무 개시시점부터 종결시점까지 사적인 접촉을 하여서는 아니 된다. 다만, 부득이한 사유로 접촉할 경우에는 사전에 소속 사무소장에게 보고(부재 시 등 사후보고) 하여야 하고, 이 경우에도 내부정보 누설 등의 행위를 하여서는 아니 된다.

② 제1항의"사적인 접촉"이란 다음 각 호의 어느 하나에 해당하는 것을 말한다.

　1. 직무관련자와 사적으로 여행을 함께하는 경우

　2. 직무관련자와 함께 사행성 오락(마작, 화투, 카드 등)을 하는 경우

③ 제1항의"부득이한 사유"는 다음 각 호의 어느 하나에 해당하는 경우를 말한다.(제2항 제2호 제외)

　1. 직무관련자인 친족과 가족 모임을 함께하는 경우

　2. 동창회 등 친목단체에 직무관련자가 있어 부득이하게 함께하는 경우

3. 사업추진을 위한 협의 등을 사유로 계열사 임직원과 함께하는 경우
4. 사전에 직무관련자가 참석한 사실을 알지 못한 상태에서 그가 참석한 행사 등에서 접촉한 경우

① 이전 직장의 퇴직이 2년이 경과하지 않은 시점에서 이전 직장의 이해관계와 연관 있는 업무는 회피하여야 한다.
② 이해관계 직무를 회피하기 위해 임직원의 업무가 재배정된 경우 이것이 반드시 본사 행동강령책임관에게 보고되는 것은 아니다.
③ 임직원이 직무 관련 우월적 지위에 있는 경우, 소속 사무소장에게 보고하지 않는(사후보고 제외) 직무 상대방과의 '사적인 접촉'은 어떠한 경우에도 허용되지 않는다.
④ 지역관할 행동강령책임관은 공정한 직무수행이 가능한 직무관련자인지의 여부를 본인의 판단으로 결정할 수 없다.
⑤ 직무관련성이 있는 대학 동창이 포함된 동창회에서 여행을 가게 될 경우 사무소장에게 보고 후 참여할 수 있다.

✔ 해설 임직원행동강령에서는 '그 밖에 지역관할 행동강령책임관이 공정한 직무수행이 어려운 관계에 있다고 정한 자가 직무관련자인 경우'라고 규정하고 있으므로 지역관할 행동강령책임관의 판단으로 결정할 수 있다.
① 이전 직장 퇴직 후 2년이 경과하지 않으면 직무관련성이 남아 있는 것으로 간주한다.
② '지역관할 행동강령책임관이 그 권한의 범위에서 그 임직원의 직무를 일시적으로 재배정할 수 있는 경우에는 그 직무를 재배정하고 본사 행동강령책임관에게 보고하지 아니할 수 있다.'고 규정하고 있다.
③ 규정되어 있는 '사적인 접촉'은 어떠한 경우에도 사전에 보고되어야 하며, 보고받는 자가 부재 시에는 사후에 반드시 보고하도록 규정하고 있다.
⑤ 여행을 가는 경우는 사적인 접촉에 해당되며, 직무관련자가 대학 동창인 것은 부득이한 사유에 해당한다. 따라서 이 경우 사무소장에게 보고를 한 후 여행에 참여할 수 있으며 정보 누설 등의 금지 원칙을 준수하여야 한다.

Answer 26.④

27 어느 날 진수는 직장선배로부터 '직장 내에서 서열과 직위를 고려한 소개의 순서'를 정리하라는 요청을 받았다. 진수는 다음의 내용처럼 정리하고 직장선배에게 보여 주었다. 하지만 직장선배는 세 가지 항목이 틀렸다고 지적하였다. 지적을 받은 세 가지 항목은 무엇인가?

> ㉠ 연소자를 연장자보다 먼저 소개한다.
> ㉡ 같은 회사 관계자를 타 회사 관계자에게 먼저 소개한다.
> ㉢ 상급자를 하급자에게 먼저 소개한다.
> ㉣ 동료임원을 고객, 방문객에게 먼저 소개한다.
> ㉤ 임원을 비임원에게 먼저 소개한다.
> ㉥ 되도록 성과 이름을 동시에 말한다.
> ㉦ 상대방이 항상 사용하는 경우라면 Dr, 등의 칭호를 함께 언급한다.
> ㉧ 과거 정부 고관일지라도, 전직인 경우 호칭사용은 결례이다.

① ㉠㉡㉥　　　　　　　　　　　② ㉢㉤㉧
③ ㉣㉤㉥　　　　　　　　　　　④ ㉣㉤㉧
⑤ ㉣㉦㉧

✔**해설** 하급자를 상급자에게 먼저 소개해 주는 것이 일반적이며, 비임원을 임원에게 먼저 소개하여야 한다. 또한 정부 고관의 직급명은 퇴직한 경우라고 사용하는 것이 관례이다.

28 경영전략의 유형으로 흔히 차별화, 원가 우위, 집중화 전략을 꼽을 수 있다. 다음에 제시된 내용들 중, 차별화 전략의 특징으로 볼 수 없는 설명을 모두 고른 것은?

> ㉠ 브랜드 강화를 위한 광고비용이 증가할 수 있다.
> ㉡ 견고한 유통망은 제품 차별화와 관계가 없다.
> ㉢ 차별화로 인한 규모의 경제 활용에 제약이 있을 수 있다.
> ㉣ 신규기업 진입에 대한 효과적인 억제가 어렵다.
> ㉤ 제품에 대한 소비자의 선호체계가 확연히 구분될 경우 효과적인 차별화가 가능하다.

① ㉠㉡　　　　　　　　　　　　② ㉡㉣
③ ㉡㉢　　　　　　　　　　　　④ ㉣㉤
⑤ ㉢㉣

✔해설　ⓒ → 강력하고 견고한 유통망이 있을 경우, 고객을 세분화하여 제품 차별화 전략을 활용할 수 있다.

　　　ⓔ → 차별화를 이루게 되면 경험과 노하우에 따른 더욱 특화된 제품이나 서비스가 제공되므로 신규기업 진입에 대한 효과적인 억제가 가능하게 된다.

　　　ⓒⓒ → 차별화에는 많은 비용이 소요되므로 반드시 비용측면을 고려해야 하며 일정 부분의 경영상 제약이 생길 수 있다.

　　　ⓜ → 지역별, 연령별, 성별 특성 등의 선호체계 구분이 뚜렷할 경우 맞춤형 전략 수립이 용이하다.

29　'경영참가제도'는 노사협의제, 이윤분배제, 종업원지주제 등의 형태로 나타난다. 다음에 제시된 항목 중, 이러한 경영참가제도가 발전하게 된 배경으로 보기 어려운 두 가지가 알맞게 짝지어진 것은?

ⓐ 근로자들의 경영참가 욕구 증대

ⓑ 노동조합을 적대적 존재로서가 아니라 파트너로서 역할을 인정하게 된 사용자 측의 변화

ⓒ 노동조합의 다양한 기능의 점진적 축소

ⓓ 기술혁신과 생산성 향상

ⓔ 근로자의 자발적, 능동적 참여가 사기와 만족도를 높이고 생산성 향상에 기여하게 된다는 의식이 확산됨

ⓕ 노사 양측의 조직규모가 축소됨에 따라 기업의 사회적 책임의식이 약해짐

---

① ⓐⓒ　　　　　　　　　　　　② ⓑⓕ

③ ⓑⓓ　　　　　　　　　　　　④ ⓓⓕ

⑤ ⓒⓕ

✔해설　ⓒ 노동조합의 기능이 다양하게 확대됨에 따라 근로자의 경영참가를 자연스럽게 받아들일 수밖에 없는 사회 전반적인 분위기 확산도 경영참가제도의 발전 배경으로 볼 수 있다.

　　　ⓕ 노사 양측의 조직규모는 지속적으로 거대화 되었으며, 이에 따른 사회적 책임이 증대되었고 노사관계가 국민경제에 미치는 영향이 커짐으로 인해 분쟁을 가능한 한 회피하고 평화적으로 해결하기 위한 필요성도 경영참가제도를 발전시킨 배경으로 볼 수 있다.

　　　ⓓ 기술혁신은 인력의 절감효과를 가져와 격렬한 노사분쟁을 유발하고 생산성 향상에 오히려 역효과를 초래하게 되어, 결국 이러한 문제 해결을 위해 노사 간의 충분한 대화가 필요해지며 이런 대화의 장을 마련하기 위한 방안으로 경영참가제도가 발전하였다고 볼 수 있다.

30 다음과 같은 B사의 국내 출장 관련 규정의 일부를 보고 올바른 판단을 하지 못한 것은?

제2장 국내출장

제12조(국내출장신청) 국내출장 시에는 출장신청서를 작성하여 출장승인권자의 승인을 얻은 후 부득이한 경우를 제외하고는 출발 24시간 전까지 출장담당부서에 제출하여야 한다.

제13조(국내여비)

① 철도여행에는 철도운임, 수로여행에는 선박운임, 항로여행에는 항공운임, 철도 이외의 육로여행에는 자동차운임을 지급하며, 운임의 지급은 별도 규정에 의한다. 다만, 전철구간에 있어서 철도운임 외에 전철요금이 따로 책정되어 있는 때에는 철도운임에 갈음하여 전철요금을 지급할 수 있다.

② 공단 소유의 교통수단을 이용하거나 요금지불이 필요 없는 경우에는 교통비를 지급하지 아니한다. 이 경우 유류대, 도로사용료, 주차료 등은 귀임 후 정산할 수 있다.

③ 직원의 항공여행은 일정 등을 고려하여 필요하다고 인정되는 경우로 부득이 항공편을 이용하여야 할 경우에는 출장신청 시 항공여행 사유를 명시하고 출장결과 보고서에 영수증을 첨부하여야 하며, 기상악화 등으로 항공편 이용이 불가한 경우 사후 그 사유를 명시하여야 한다.

④ 국내출장자의 일비 및 식비는 별도 규정에서 정하는 바에 따라 정액 지급하고(사후 실비 정산 가능) 숙박비는 상한액 범위 내에서 실비로 지급한다. 다만, 업무형편, 그 밖에 부득이한 사유로 인하여 숙박비를 초과하여 지출한 때에는 숙박비 상한액의 10분의 3을 넘지 아니하는 범위에서 추가로 지급할 수 있다.

⑤ 일비는 출장일수에 따라 지급하되, 공용차량 또는 공용차량에 준하는 별도의 차량을 이용하거나 차량을 임차하여 사용하는 경우에는 일비의 2분의 1을 지급한다.

⑥ 친지 집 등에 숙박하거나 2인 이상이 공동으로 숙박하는 경우 출장자가 출장 이행 후 숙박비에 대한 정산을 신청하면 회계담당자는 숙박비를 지출하지 않은 인원에 대해 1일 숙박 당 20,000원을 지급 할 수 있다. 단, 출장자의 출장에 대한 증빙은 첨부하여야 한다.

---

① 특정 이동 구간에 철도운임보다 비싼 전철요금이 책정되어 있을 경우, 전철요금을 여비로 지급받을 수 있다.

② 회사 차량을 이용하여 출장을 다녀온 경우, 연료비, 톨게이트 비용, 주차비용 등은 모두 사후에 지급받을 수 있다.

③ 숙박비 상한액이 5만 원인 경우, 부득이한 사유로 10만 원을 지불하고 호텔에서 숙박하였다면 결국 자비로 3만 5천 원을 지불한 것이 된다.

④ 일비가 7만 원인 출장자가 3일은 대중교통을, 2일은 공용차량을 이용할 예정인 경우, 총 지급받을 일비는 28만 원이다.

⑤ 1일 숙박비 4만 원씩을 지급받은 갑과 을이 출장 시 공동 숙박에 의해 갑의 비용으로 숙박료 3만 원만 지출하였다면, 을은 사후 미사용 숙박비 중 1만 원을 회사에 반납하게 된다.

✔해설 공동 숙박에 의해 숙박비를 지출하지 않은 인원에 대해서는 1일 숙박 당 20,000원을 지급 할 수 있다고 규정하고 있으므로 처음 지급된 4만 원의 숙박비에서 2만 원을 제외한 나머지 2만 원을 회사에 반납하여야 한다.

① '철도운임에 갈음하여 전철요금을 지급할 수 있다.'고 규정하고 있으므로 전철요금이 더 비싸도 철도 운임 대신 전철요금이 지급된다.

② 유류대, 도로사용료, 주차료에 해당되는 지출이므로 모두 귀임 후 정산이 된다.

③ 부득이한 경우에도 숙박비 상한액의 10분의 3을 넘지 아니하는 범위에서 추가로 지급할 수 있다고 규정하고 있으므로 숙박비 상한액 5만 원의 10분의 3인 1만 5천 원이 추가되어 6만 5천 원만 지급하는 것이므로 3만 5천 원은 자비로 지불한 것이 된다.

④ 공용차량을 이용한 출장일수는 일비의 2분의 1이 지급되므로 70,000 × 3 + 35,000 × 2 = 28만 원이 일비로 지급된다.

31 다음과 같은 팀장의 지시를 받은 오 대리가 업무를 처리하기 위해 들려야 하는 조직의 명칭이 순서대로 올바르게 나열된 것은?

> "오 대리, 갑자기 본부장님의 급한 지시 사항을 처리해야 하는데, 나 좀 도와줄 수 있겠나? 어제 사장님께 보고 드릴 자료를 완성했는데, 자네가 혹시 오류나 수정 사항이 있는지를 좀 확인해 주고 남 비서에게 전달을 좀 해 주게. 그리고 모레 있을 바이어 미팅은 대형 계약 성사를 위해 매우 중요한 일이 될 테니 계약서 초안 검토 작업이 어느 정도 되고 있는지도 한 번 알아봐 주게. 오는 길에 바이어 픽업 관련 배차 현황도 다시 한 번 확인해 주고, 다음 주 선적해야 할 물량 통관 작업에는 문제없는 지 확인해서 박 과장에게 알려줘야 하네. 실수 없도록 잘 좀 부탁하네."

① 총무팀, 회계팀, 인사팀, 법무팀

② 자금팀, 기획팀, 인사팀, 회계팀

③ 기획팀, 총무팀, 홍보팀, 물류팀

④ 기획팀, 비서실, 회계팀, 물류팀

⑤ 비서실, 법무팀, 총무팀, 물류팀

✔해설 오 대리가 들려야 하는 조직과 업무 내용은 다음과 같이 정리할 수 있다.
보고 서류 전달 – 비서실
계약서 검토 확인 – 법무팀
배차 현황 확인 – 총무팀
통관 작업 확인 – 물류팀

Answer 30.⑤ 31.⑤

32 다음은 경영전략의 추진과정을 도식화하여 나타낸 표이다. 표의 빈칸 ㈎~㈐에 대한 설명으로 적절하지 않은 것은?

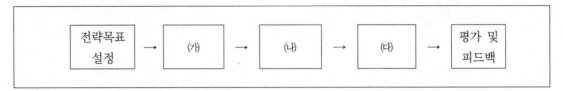

① ㈎에서는 SWOT 분석을 통해 기업이 처한 환경을 분석해 본다.
② ㈏에서는 조직과 사업부문의 전략을 수립한다.
③ ㈐에서는 경영전략을 실행한다.
④ ㈏에서는 경영전략을 도출하여 실행에 대한 모든 준비를 갖춘다.
⑤ ㈐에서는 경영 목표와 전략을 재조정할 수 있는 기회를 갖는다.

> ✔해설 ㈎는 환경분석 단계로 내부와 외부의 환경을 SWOT 분석을 통하여 파악해 본다.
> ㈏는 경영전략 도출 단계로 조직, 사업이나 부분 등의 전략을 수립한다.
> ㈐는 경영전략 실행 단계로 경영목적을 달성하는 단계이다.

33 다음에 열거된 국제 비즈니스 상의 테이블 매너 중 적절하지 않은 설명을 모두 고른 것은?

> ㉠ 상석(上席)을 정함에 있어 나이는 많은데 직위가 낮으면 나이가 직위를 우선한다.
> ㉡ 최상석에 앉은 사람과 가까운 자리일수록 순차적으로 상석이 되며, 멀리 떨어진 자리가 말석이 된다.
> ㉢ 주빈(主賓)이 있는 남자만의 모임 시 주빈은 초청자의 맞은편에 앉는다.
> ㉣ 장갑, 부채와 같은 소형 휴대품은 테이블 위에 두어도 된다.
> ㉤ 식사 중에 냅킨을 테이블 위에 올려놓는 것은 금기다. 냅킨을 올려놓는 때는 커피를 마시고 난 다음이다.
> ㉥ 여성은 냅킨에 립스틱이 묻지 않도록 식전에 립스틱을 살짝 닦아낸 후 사용한다.
> ㉦ 메뉴 판을 이해하기 어려울 때 웨이터에게 물어보는 것은 금기이며, 그날의 스페셜 요리를 주문하는 것이 좋다.
> ㉧ 옆 사람이 먹는 것을 손가락으로 가리키며 주문하지 않는다.

① ㉡㉢㉤
② ㉢㉥㉧
③ ㉠㉣㉦
④ ㉣㉤㉦
⑤ ㉤㉥㉧

㉠ 상석(上席)을 정함에 있어 나이는 많은데 직위가 낮으면 나이가 직위를 우선한다.

→ 이 경우, 나이보다 직위가 높은 사람이 상석에 앉게 된다.

㉣ 장갑, 부채와 같은 소형 휴대품은 테이블 위에 두어도 된다.

→ 핸드백이나 기타 휴대품은 식탁 위에 올려놓는 것은 금물이다. 핸드백은 의자의 등받이와 자신의 등 사이에 놓는 것이 원칙이다. 장갑, 부채와 같은 소형 휴대품은 어떤 경우에도 테이블 위에 두어서는 안 되며, 귀중품이 들어 있지 않은 비교적 큰 핸드백 종류는 바닥에 내려놓아도 된다.

㉥ 메뉴 판을 이해하기 어려울 때 웨이터에게 물어보는 것은 금기이며, 그날의 스페셜 요리를 주문하는 것이 좋다.

→ 메뉴 판을 이해하기 어려울 때는 웨이터에게 물어보거나, 그날의 스페셜 요리를 주문하는 것이 좋다.

---

34 조직의 경영전략과 관련된 다음의 신문 기사에서 밑줄 친 '이 제도'가 말하는 것은?

중국 민성증권 보고서에 따르면 이미 올 6월 현재 상장국유기업 39곳이 실시 중인 것으로 나타났다. 이 가운데 종업원의 우리사주 보유 비율이 전체 지분의 2%를 넘는 곳은 14곳이었다. 아직까지는 도입 속도가 느린 편이지만 향후 제도 확대와 기업 참여가 가속화되고 종업원의 지분보유 비율도 높아질 것으로 예상된다. 분야도 일반 경쟁 산업에서 통신 · 철도교통 · 비철금속 등 비경쟁산업으로 확대될 것으로 전망된다.

중국 정부는 종업원이 주식을 보유함으로써 경영 효율을 높이고 기업혁신에 기여할 수 있을 것으로 내다보고 있다. 남수중 공주대 교수는 이와 관련된 리포트에서 "중국에서 이 제도의 시행은 국유기업 개혁의 성공과 밀접하게 관련돼 있다"면서 "국유기업의 지배구조 개선에도 유리한 작용을 할 것으로 기대되며 국유기업 개혁 과정에서 발생할 가능성이 높은 경영층과 노동자들의 대립도 완화할 수 있을 것"이라고 분석했다.

① 스톡옵션제   ② 노동주제

③ 노사협의회제   ④ 종업원지주제

⑤ 이익배분제

조직의 구성원들이 경영에 참여하는 것을 경영참가제도라 한다. 경영참가제도는 조직의 경영에 참가하는 공동의사결정제도와 노사협의회제도, 이윤에 참가하는 이윤분배제도, 자본에 참가하는 종업원지주제도 및 노동주제도 등이 있다.

종업원지주제란 회사의 경영방침과 관계법령을 통해 특별한 편의를 제공, 종업원들이 자기회사 주식을 취득하고 보유하는 제도를 말한다.

Answer   32.⑤   33.③   34.④

▌35 ~ 36 ▌ 수당과 관련한 다음 글을 보고 이어지는 물음에 답하시오.

<**수당 지급**>

◆ **자녀학비보조수당**
○ 지급 대상 : 초등학교·중학교 또는 고등학교에 취학하는 자녀가 있는 직원(부부가 함께 근무하는 경우 한 쪽에만 지급)
○ 지급범위 및 지급액
(범위) 수업료와 학교운영지원비(입학금은 제외)
(지급액) 상한액 범위 내에서 공납금 납입영수증 또는 공납금 납입고지서에 기재된 학비 전액 지급하며 상한액은 자녀 1명당 월 60만 원.

◆ **육아휴직수당**
○ 지급 대상 : 만 8세 이하의 자녀를 양육하기 위하여 필요하거나 여직원이 임신 또는 출산하게 된 때로 30일 이상 휴직한 남·녀 직원
○ 지급액 : 휴직 개시일 현재 호봉 기준 월 봉급액의 40퍼센트
(휴직 중) 총 지급액에서 15퍼센트에 해당하는 금액을 뺀 나머지 금액
※ 월 봉급액의 40퍼센트에 해당하는 금액이 100만 원을 초과하는 경우에는 100만 원을, 50만 원미만일 경우에는 50만 원을 지급
(복직 후) 총 지급액의 15퍼센트에 해당하는 금액
※ 복직하여 6개월 이상 계속하여 근무한 경우 7개월 째 보수지급일에 지급함. 다만, 복직 후 6개월 경과 이전에 퇴직하는 경우에는 지급하지 않음
○ 지급기간 : 휴직일로부터 최초 1년 이내

◆ **위험근무수당**
○ 지급 대상 : 위험한 직무에 상시 종사하는 직원
○ 지급 기준
1) 직무의 위험성은 각 부문과 등급별에서 정한 내용에 따름.
2) 상시 종사란 공무원이 위험한 직무를 일정기간 또는 계속 수행하는 것을 의미. 따라서 일시적·간헐적으로 위험한 직무에 종사하는 경우는 지급대상에 포함될 수 없음.
3) 직접 종사란 해당 부서 내에서도 업무 분장 상에 있는 위험한 작업 환경과 장소에 직접 노출되어 위험한 업무를 직접 수행하는 것을 의미.
○ 지급방법 : 실제 위험한 직무에 종사한 기간에 대하여 일할 계산하여 지급함.

35 다음 중 위의 수당 관련 설명을 잘못 이해한 내용은?

① 위험한 직무에 3일간 근무한 것은 위험근무수당 지급 대상이 되지 않는다.

② 자녀학비보조수당은 수업료와 입학금 등 정상적인 학업에 관한 일체의 비용이 포함된다.

③ 육아휴직수당은 휴직일로부터 최초 1년이 경과하면 지급받을 수 없다.

④ 부부가 함께 근무해도 자녀학비보조수당은 부부 중 한 쪽에게만 지급된다.

⑤ 초등학교 고학년에 재학 중인 자녀가 있는 부모에게는 육아휴직수당이 지급되지 않는다.

> ✔️해설 자녀학비보조수당은 수업료와 학교운영지원비를 포함하며 입학금은 제외된다고 명시되어 있다.
> ① 위험근무수당은 위험한 직무에 상시 종사한 직원에게 지급된다.
> ③ 육아휴직수당은 휴직일로부터 최초 1년 이내에만 지급된다.
> ⑤ 육아휴직수당은 만 8세 이하의 자녀를 양육하기 위하여 필요한 경우 지급된다.

36 월 급여액 200만 원인 C대리가 육아휴직을 받게 되었다. 이에 대한 다음의 설명 중 올바른 것은?

① 3월 1일부로 복직을 하였다면, 8월에 육아휴직수당 잔여분을 지급받게 된다.

② 육아휴직수당의 총 지급액은 100만 원이다.

③ 복직 후 3개월째에 퇴직을 할 경우, 휴가 중 지급받은 육아휴직수당을 회사에 반환해야 한다.

④ 복직 후에 육아휴직수당 총 지급액 중 12만 원을 지급받을 수 있다.

⑤ 육아휴직일수가 한 달이 되지 않는 경우는 일할 계산하여 지급한다.

> ✔️해설 월 급여액이 200만 원이므로 총 지급액은 200만 원의 40퍼센트인 80만 원이며, 이는 50 ~ 100만 원 사이의 금액이므로 80만 원의 15퍼센트에 해당하는 금액인 12만 원이 복직 후에 지급된다.
> ① 3월 1일부로 복직을 하였다면, 6개월을 근무하고 7개월째인 9월에 육아휴직수당 잔여분을 지급받게 된다.
> ② 육아휴직수당의 총 지급액은 80만 원이다.
> ③ 복직 후 3개월째에 퇴직을 할 경우, 복직 후 지급받을 15퍼센트가 지급되지 않으며 휴가 중 지급받은 육아휴직수당을 회사에 반환할 의무 규정은 없다.
> ⑤ 육아휴직수당의 지급대상은 30일 이상 휴직한 남·녀 직원이다.

Answer 35.② 36.④

37 H사의 생산 제품은 다음과 같은 특징을 가지고 있다. 이 경우 H사가 취할 수 있는 경영전략으로 가장 적절한 것은?

> • 제품 생산 노하우가 공개되어 있다.
> • 특별한 기술력이 요구되지 않는다.
> • 대중들에게 널리 보급되어 있다.
> • 지속적으로 사용해야 하는 소모품이다.
> • 생산 방식과 공정이 심플하다.
> • 특정 계층의 구분없이 동일한 제품이 쓰인다.
> • 다수의 소규모 업체들이 경쟁하며 브랜드의 중요성이 거의 없다.

① 집중화 전략
② 원가우위 전략
③ 모방 전략
④ 차별화 전략
⑤ SNS 전략

✔해설 제품의 생산 기술력이 공개되어 있고 특별한 노하우가 필요하지 않다는 점, 브랜드 이미지나 생산업체의 우수성 등이 중요한 마케팅 요소로 작용되지 않는다는 점 등으로 인해 기술적 차별화를 이루기 어려우며, 모든 대중들에게 계층 구분 없이 같은 제품이 보급되어 쓰이고 있는 소모품이라는 점 등으로 인해 일부 특정 시장을 겨냥한 집중화 전략도 적절하다고 볼 수 없다. 이 경우, 원자재 구매력 향상이나 유통 단계 효율화 등을 통한 원가우위 전략이 효과적이라고 볼 수 있다.

팀	주요 업무	필요 자질
영업관리	영업전략 수립, 단위조직 손익관리, 영업 인력 관리 및 지원	마케팅/유통/회계지식, 대외 섭외력, 분석력
생산관리	원가/재고/외주 관리, 생산계획 수립	제조공정/회계/통계/제품 지식, 분석력, 계산력
생산기술	공정/시설 관리, 품질 안정화, 생산 검증, 생산력 향상	기계/전기 지식, 창의력, 논리력, 분석력
연구개발	신제품 개발, 제품 개선, 원재료 분석 및 기초 연구	연구 분야 전문지식, 외국어 능력, 기획력, 시장분석력, 창의/집중력
기획	중장기 경영전략 수립, 경영정보 수집 및 분석, 투자사 관리, 손익 분석	재무/회계/경제/경영 지식, 창의력, 분석력, 전략적 사고
영업 (국내/해외)	신시장 및 신규고객 발굴, 네트워크 구축, 거래선 관리	제품지식, 협상력, 프리젠테이션 능력, 정보력, 도전정신
마케팅	시장조사, 마케팅 전략수립, 성과 관리, 브랜드 관리	마케팅/제품/통계지식, 분석력, 통찰력, 의사결정력
총무	자산관리, 문서관리, 의전 및 비서, 행사 업무, 환경 등 위생관리	책임감, 협조성, 대외 섭외력, 부동산 및 보험 등 일반지식
인사/교육	채용, 승진, 평가, 보상, 교육, 인재개발	조직구성 및 노사 이해력, 교육학 지식, 객관성, 사회성
홍보/광고	홍보, 광고, 언론/사내 PR, 커뮤니케이션	창의력, 문장력, 기획력, 매체의 이해

Answer 37.②

38 위의 업무분장표를 참고할 때, 창의력과 분석력을 겸비한 경영학도인 신입사원이 배치되기에 가장 적합한 팀은?

① 연구개발팀

② 홍보/광고팀

③ 마케팅팀

④ 영업관리팀

⑤ 기획팀

> ✔해설 경영전략을 수립하고 각종 경영정보를 수집/분석하는 업무를 하는 기획팀에서 요구되는 자질은 재무/회계/경제/경영 지식, 창의력, 분석력, 전략적 사고 등이다.

39 다음 중 해당 팀 자체의 업무보다 타 팀 및 전사적인 업무 활동에 도움을 주는 업무가 주된 역할인 팀으로 묶인 것은?

① 총무팀, 마케팅팀

② 생산기술팀, 영업팀

③ 홍보/광고팀, 연구개발팀

④ 인사/교육팀, 생산관리팀

⑤ 홍보/광고팀, 총무팀

> ✔해설 지원본부의 역할은 생산이나 영업 등 자체의 활동보다 출장이나 교육 등 타 팀이나 전사 공통의 업무 활동에 있어 해당 조직 자체적인 역량으로 해결하기 어렵거나 곤란한 업무를 원활히 지원해 주는 일이 주된 업무 내용이 된다.
> 제시된 팀은 지원본부(기획, 총무, 인사/교육, 홍보/광고), 사업본부(마케팅, 영업, 영업관리), 생산본부(생산관리, 생산기술, 연구개발) 등으로 구분하여 볼 수 있다.

40 다음 설명의 빈칸에 들어갈 말이 순서대로 바르게 짝지어진 것은?

> (　　　)은(는) 상대 기업의 경영권을 획득하는 것이고, (　　　)은(는) 두 개 이상의 기업이 결합하여 법률적으로 하나의 기업이 되는 것이다. 최근에는 금융적 관련을 맺거나 또는 전략적인 관계까지 포함시켜 보다 넓은 개념으로 사용되고 있다. 기업은 이를 통해서 시장 지배력을 확대하고 경영을 다각화시킬 수 있으며 사업 간 시너지 효과 등을 거둘 수 있다. 이러한 개념이 발전하게 된 배경은 기업가 정신에 입각한 사회 공헌 실현 등 경영 전략적 측면에서 찾을 수 있다. 그러나 대상 기업의 대주주와 협상 · 협의를 통해 지분을 넘겨받는 형태를 취하는 우호적인 방식이 있는 반면 기존 대주주와의 협의 없이 기업 지배권을 탈취하는 적대적인 방식도 있다.

① 인수, 제휴
② 인수, 합작
③ 인수, 합병
④ 합병, 인수
⑤ 합병, 제휴

✔ **해설** 제시문은 기업 인수와 합병 즉, M&A의 의미와 기업에게 주는 의미를 간략하게 설명하는 글이다. 기업 입장에서 M&A는 기업의 외적 성장을 위한 발전전략으로 이해된다. 따라서 M&A는 외부적인 경영자원을 활용하여 기업의 성장을 도모하는 가장 적절한 방안으로 볼 수 있는 것이다. '인수'는 상대 기업을 인수받아 인수하는 기업의 일부로 예속하게 되는 것이며, '합병'은 두 기업을 하나로 합친다는 의미를 갖는다. 두 가지 모두 기업 경영권의 변화가 있는 것으로, 제휴나 합작 등과는 다른 개념이다.

---

01 직장생활과 수리능력

(1) 기초직업능력으로서의 수리능력

① 개념 : 직장생활에서 요구되는 사칙연산과 기초적인 통계를 이해하고 도표의 의미를 파악하거나 도표를 이용해서 결과를 효과적으로 제시하는 능력을 말한다.

② 수리능력은 크게 기초연산능력, 기초통계능력, 도표분석능력, 도표작성능력으로 구성된다.

  ㉠ 기초연산능력 : 직장생활에서 필요한 기초적인 사칙연산과 계산방법을 이해하고 활용할 수 있는 능력

  ㉡ 기초통계능력 : 평균, 합계, 빈도 등 직장생활에서 자주 사용되는 기초적인 통계기법을 활용하여 자료의 특성과 경향성을 파악하는 능력

  ㉢ 도표분석능력 : 그래프, 그림 등 도표의 의미를 파악하고 필요한 정보를 해석하는 능력

  ㉣ 도표작성능력 : 도표를 이용하여 결과를 효과적으로 제시하는 능력

(2) 업무수행에서 수리능력이 활용되는 경우

① 업무상 계산을 수행하고 결과를 정리하는 경우

② 업무비용을 측정하는 경우

③ 고객과 소비자의 정보를 조사하고 결과를 종합하는 경우

④ 조직의 예산안을 작성하는 경우

⑤ 업무수행 경비를 제시해야 하는 경우

⑥ 다른 상품과 가격비교를 하는 경우

⑦ 연간 상품 판매실적을 제시하는 경우

⑧ 업무비용을 다른 조직과 비교해야 하는 경우

⑨ 상품판매를 위한 지역조사를 실시해야 하는 경우

⑩ 업무수행과정에서 도표로 주어진 자료를 해석하는 경우

⑪ 도표로 제시된 업무비용을 측정하는 경우

다음 자료를 보고 주어진 상황에 대한 물음에 답하시오.

〈근로소득에 대한 간이 세액표〉

월 급여액(천 원) [비과세 및 학자금 제외]		공제대상 가족 수				
이상	미만	1	2	3	4	5
2,500	2,520	38,960	29,280	16,940	13,570	10,190
2,520	2,540	40,670	29,960	17,360	13,990	10,610
2,540	2,560	42,380	30,640	17,790	14,410	11,040
2,560	2,580	44,090	31,330	18,210	14,840	11,460
2,580	2,600	45,800	32,680	18,640	15,260	11,890
2,600	2,620	47,520	34,390	19,240	15,680	12,310
2,620	2,640	49,230	36,100	19,900	16,110	12,730
2,640	2,660	50,940	37,810	20,560	16,530	13,160
2,660	2,680	52,650	39,530	21,220	16,960	13,580
2,680	2,700	54,360	41,240	21,880	17,380	14,010
2,700	2,720	56,070	42,950	22,540	17,800	14,430
2,720	2,740	57,780	44,660	23,200	18,230	14,850
2,740	2,760	59,500	46,370	23,860	18,650	15,280

※ 갑근세는 제시되어 있는 간이 세액표에 따름
※ 주민세=갑근세의 10%
※ 국민연금=급여액의 4.50%
※ 고용보험=국민연금의 10%
※ 건강보험=급여액의 2.90%
※ 교육지원금=분기별 100,000원(매 분기별 첫 달에 지급)

박○○ 사원의 5월 급여내역이 다음과 같고 전월과 동일하게 근무하였으나, 특별수당은 없고 차량지원금으로 100,000원을 받게 된다면, 6월에 받게 되는 급여는 얼마인가? (단, 원 단위 절삭)

(주) 서원플랜테크 5월 급여내역			
성명	박○○	지급일	5월 12일
기본급여	2,240,000	갑근세	39,530
직무수당	400,000	주민세	3,950
명절 상여금		고용보험	11,970
특별수당	20,000	국민연금	119,700
차량지원금		건강보험	77,140
교육지원		기타	
급여계	2,660,000	공제합계	252,290
		지급총액	2,407,710

① 2,443,910
② 2,453,910
③ 2,463,910
④ 2,473,910
⑤ 2,483,910

업무상 계산을 수행하거나 결과를 정리하고 업무비용을 측정하는 능력을 평가하기 위한 문제로서, 주어진 자료에서 문제를 해결하는 데에 필요한 부분을 빠르고 정확하게 찾아내는 것이 중요하다.

기본급여	2,240,000	갑근세	46,370
직무수당	400,000	주민세	4,630
명절상여금		고용보험	12,330
특별수당		국민연금	123,300
차량지원금	100,000	건강보험	79,460
교육지원		기타	
급여계	2,740,000	공제합계	266,090
		지급총액	2,473,910

답 ④

(3) 수리능력의 중요성

① 수학적 사고를 통한 문제해결

② 직업세계의 변화에의 적응

③ 실용적 가치의 구현

(4) 단위환산표

구분	단위환산
길이	1cm = 10mm, 1m = 100cm, 1km = 1,000m
넓이	1cm² = 100mm², 1m² = 10,000cm², 1km² = 1,000,000m²
부피	1cm³ = 1,000mm³, 1m³ = 1,000,000cm³, 1km³ = 1,000,000,000m³
들이	1ml = 1cm³, 1dl = 100cm³, 1L = 1,000cm³ = 10dl
무게	1kg = 1,000g, 1t = 1,000kg = 1,000,000g
시간	1분 = 60초, 1시간 = 60분 = 3,600초
할푼리	1푼 = 0.1할, 1리 = 0.01할, 1모 = 0.001할

예제 2

둘레의 길이가 4.4km인 정사각형 모양의 공원이 있다. 이 공원의 넓이는 몇 a 인가?

① 12,100a
② 1,210a
③ 121a
④ 12.1a
⑤ 1.21a

출제의도

길이, 넓이, 부피, 들이, 무게, 시간, 속도 등 단위에 대한 기본적인 환산 능력을 평가하는 문제로서, 소수점 계산이 필요하며, 자릿수를 읽고 구분할 줄 알아야 한다.

해 설

공원의 한 변의 길이는
$4.4 \div 4 = 1.1(km)$이고
$1km^2 = 10000a$이므로
공원의 넓이는
$1.1km \times 1.1km = 1.21km^2 = 12,100a$

답 ①

02 수리능력을 구성하는 하위능력

(1) 기초연산능력

① 사칙연산 : 수에 관한 덧셈, 뺄셈, 곱셈, 나눗셈의 네 종류의 계산법으로 업무를 원활하게 수행하기 위해서는 기본적인 사칙연산뿐만 아니라 다단계의 복잡한 사칙연산까지도 수행할 수 있어야 한다.

② 검산 : 연산의 결과를 확인하는 과정으로 대표적인 검산방법으로 역연산과 구거법이 있다.

　　㉠ 역연산 : 덧셈은 뺄셈으로, 뺄셈은 덧셈으로, 곱셈은 나눗셈으로, 나눗셈은 곱셈으로 확인하는 방법이다.

　　㉡ 구거법 : 원래의 수와 각 자리 수의 합이 9로 나눈 나머지가 같다는 원리를 이용한 것으로 9를 버리고 남은 수로 계산하는 것이다.

예제 3

다음 식을 바르게 계산한 것은?

$$1 + \frac{2}{3} + \frac{1}{2} - \frac{3}{4}$$

① $\dfrac{11}{12}$ 　　　　② $\dfrac{13}{12}$

③ $\dfrac{15}{12}$ 　　　　④ $\dfrac{17}{12}$

⑤ $\dfrac{19}{12}$

출제의도

직장생활에서 필요한 기초적인 사칙연산과 계산방법을 이해하고 활용할 수 있는 능력을 평가하는 문제로서, 분수의 계산과 통분에 대한 기본적인 이해가 필요하다.

해 설

$$\frac{12}{12} + \frac{8}{12} + \frac{6}{12} - \frac{9}{12} = \frac{17}{12}$$

답 ④

---

(2) 기초통계능력

① 업무수행과 통계

　　㉠ 통계의 의미 : 통계란 집단현상에 대한 구체적인 양적 기술을 반영하는 숫자이다.

　　㉡ 업무수행에 통계를 활용함으로써 얻을 수 있는 이점

　　　• 많은 수량적 자료를 처리가능하고 쉽게 이해할 수 있는 형태로 축소

　　　• 표본을 통해 연구대상 집단의 특성을 유추

　　　• 의사결정의 보조수단

　　　• 관찰 가능한 자료를 통해 논리적으로 결론을 추출 · 검증

ⓒ 기본적인 통계치
- 빈도와 빈도분포 : 빈도란 어떤 사건이 일어나거나 증상이 나타나는 정도를 의미하며, 빈도분포란 빈도를 표나 그래프로 종합적으로 표시하는 것이다.
- 평균 : 모든 사례의 수치를 합한 후 총 사례 수로 나눈 값이다.
- 백분율 : 전체의 수량을 100으로 하여 생각하는 수량이 그중 몇이 되는가를 퍼센트로 나타낸 것이다.

② 통계기법
㉠ 범위와 평균
- 범위 : 분포의 흩어진 정도를 가장 간단히 알아보는 방법으로 최곳값에서 최젓값을 뺀 값을 의미한다.
- 평균 : 집단의 특성을 요약하기 위해 가장 자주 활용하는 값으로 모든 사례의 수치를 합한 후 총 사례 수로 나눈 값이다.
- 관찰값이 1, 3, 5, 7, 9일 경우 범위는 $9 - 1 = 8$이 되고, 평균은 $\dfrac{1 + 3 + 5 + 7 + 9}{5} = 5$가 된다.

㉡ 분산과 표준편차
- 분산 : 관찰값의 흩어진 정도로, 각 관찰값과 평균값의 차의 제곱의 평균이다.
- 표준편차 : 평균으로부터 얼마나 떨어져 있는가를 나타내는 개념으로 분산값의 제곱근 값이다.
- 관찰값이 1, 2, 3이고 평균이 2인 집단의 분산은 $\dfrac{(1-2)^2 + (2-2)^2 + (3-2)^2}{3} = \dfrac{2}{3}$이고 표준편차는 분산값의 제곱근 값인 $\sqrt{\dfrac{2}{3}}$이다.

③ 통계자료의 해석
㉠ 다섯숫자요약
- 최솟값 : 원자료 중 값의 크기가 가장 작은 값
- 최댓값 : 원자료 중 값의 크기가 가장 큰 값
- 중앙값 : 최솟값부터 최댓값까지 크기에 의하여 배열했을 때 중앙에 위치하는 사례의 값
- 하위 25%값 · 상위 25%값 : 원자료를 크기 순으로 배열하여 4등분한 값
㉡ 평균값과 중앙값 : 평균값과 중앙값은 그 개념이 다르기 때문에 명확하게 제시해야 한다.

인터넷 쇼핑몰에서 회원가입을 하고 디지털캠코더를 구매하려고 한다. 다음은 구입하고자 하는 모델에 대하여 인터넷 쇼핑몰 세 곳의 가격과 조건을 제시한 표이다. 표에 있는 모든 혜택을 적용하였을 때 디지털캠코더의 배송비를 포함한 실제 구매가격을 바르게 비교한 것은?

구분	A 쇼핑몰	B 쇼핑몰	C 쇼핑몰
정상가격	129,000원	131,000원	130,000원
회원혜택	7,000원 할인	3,500원 할인	7% 할인
할인쿠폰	5% 쿠폰	3% 쿠폰	5,000원
중복할인여부	불가	가능	불가
배송비	2,000원	무료	2,500원

① A<B<C
② B<C<A
③ C<A<B
④ C<B<A
⑤ B<A<C

출제의도

직장생활에서 자주 사용되는 기초적인 통계기법을 활용하여 자료의 특성과 경향성을 파악하는 능력이 요구되는 문제이다.

해 설

㉠ A 쇼핑몰
 • 회원혜택을 선택한 경우 : 129,000 −7,000+2,000=124,000(원)
 • 5% 할인쿠폰을 선택한 경우 : 129,000×0.95+2,000=124,550
㉡ B 쇼핑몰 :
 131,000×0.97−3,500=123,570
㉢ C 쇼핑몰
 • 회원혜택을 선택한 경우 : 130,000×0.93+2,500=123,400
 • 5,000원 할인쿠폰을 선택한 경우 : 130,000−5,000+2,500 =127,500
∴ C<B<A

답 ④

(3) 도표분석능력

① 도표의 종류

 ㉠ 목적별 : 관리(계획 및 통제), 해설(분석), 보고

 ㉡ 용도별 : 경과 그래프, 내역 그래프, 비교 그래프, 분포 그래프, 상관 그래프, 계산 그래프

 ㉢ 형상별 : 선 그래프, 막대 그래프, 원 그래프, 점 그래프, 층별 그래프, 레이더 차트

② 도표의 활용

　㉠ 선 그래프

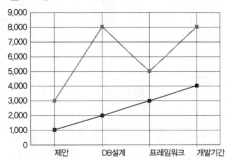

• 주로 시간의 경과에 따라 수량에 의한 변화 상황(시계열 변화)을 절선의 기울기로 나타내는 그래프이다.
• 경과, 비교, 분포를 비롯하여 상관관계 등을 나타낼 때 쓰인다.

　㉡ 막대 그래프

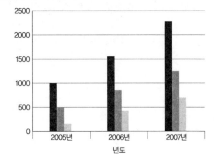

• 비교하고자 하는 수량을 막대 길이로 표시하고 그 길이를 통해 수량 간의 대소관계를 나타내는 그래프이다.
• 내역, 비교, 경과, 도수 등을 표시하는 용도로 쓰인다.

　㉢ 원 그래프

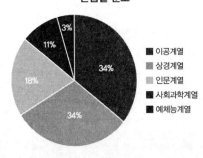

• 내역이나 내용의 구성비를 원을 분할하여 나타낸 그래프이다.
• 전체에 대해 부분이 차지하는 비율을 표시하는 용도로 쓰인다.

ⓔ 점 그래프

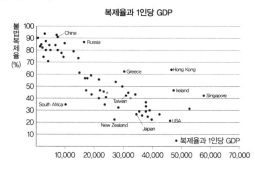

- 종축과 횡축에 2요소를 두고 보고자 하는 것이 어떤 위치에 있는가를 나타내는 그래프이다.
- 지역분포를 비롯하여 도시, 기방, 기업, 상품 등의 평가나 위치 · 성격을 표시하는데 쓰인다.

ⓜ 층별 그래프

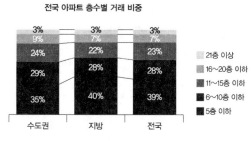

- 선 그래프의 변형으로 연속내역 봉 그래프라고 할 수 있다. 선과 선 사이의 크기로 데이터 변화를 나타낸다.
- 합계와 부분의 크기를 백분율로 나타내고 시간적 변화를 보고자 할 때나 합계와 각 부분의 크기를 실수로 나타내고 시간적 변화를 보고자 할 때 쓰인다.

ⓗ 레이더 차트(거미줄 그래프)

- 원 그래프의 일종으로 비교하는 수량을 직경, 또는 반경으로 나누어 원의 중심에서의 거리에 따라 각 수량의 관계를 나타내는 그래프이다.
- 비교하거나 경과를 나타내는 용도로 쓰인다.

③ 도표 해석상의 유의사항

  ㉠ 요구되는 지식의 수준을 넓힌다.

  ㉡ 도표에 제시된 자료의 의미를 정확히 숙지한다.

  ㉢ 도표로부터 알 수 있는 것과 없는 것을 구별한다.

  ㉣ 총량의 증가와 비율의 증가를 구분한다.

  ㉤ 백분위수와 사분위수를 정확히 이해하고 있어야 한다.

예제 5

다음 표는 2020 ~ 2021년 지역별 직장인들의 자기개발에 관해 조사한 내용을 정리한 것이다. 이에 대한 분석으로 옳은 것은?

(단위 : %)

연도 / 지역 / 구분	2020				2021			
	자기개발 하고 있음	자기개발 비용 부담 주체			자기개발 하고 있음	자기개발 비용 부담 주체		
		직장 100%	본인 100%	직장50% + 본인50%		직장 100%	본인 100%	직장50% + 본인50%
충청도	36.8	8.5	88.5	3.1	45.9	9.0	65.5	24.5
제주도	57.4	8.3	89.1	2.9	68.5	7.9	68.3	23.8
경기도	58.2	12	86.3	2.6	71.0	7.5	74.0	18.5
서울시	60.6	13.4	84.2	2.4	72.7	11.0	73.7	15.3
경상도	40.5	10.7	86.1	3.2	51.0	13.6	74.9	11.6

① 2020년과 2021년 모두 자기개발 비용을 본인이 100% 부담하는 사람의 수는 응답자의 절반 이상이다.

② 자기개발을 하고 있다고 응답한 사람의 수는 2020년과 2021년 모두 서울시가 가장 많다.

③ 자기개발 비용을 직장과 본인이 각각 절반씩 부담하는 사람의 비율은 2020년과 2021년 모두 서울시가 가장 높다.

④ 2020년과 2021년 모두 자기개발을 하고 있다고 응답한 비율이 가장 높은 지역에서 자기개발비용을 직장이 100% 부담한다고 응답한 사람의 비율이 가장 높다.

⑤ 2020년과 2021년 모두 자기개발을 하고 있다고 응답한 비율이 가장 낮은 지역에서는 자기개발비용 부담 주체에 상관없이 모든 부담률이 낮다.

출제의도

그래프, 그림, 도표 등 주어진 자료를 이해하고 의미를 파악하여 필요한 정보를 해석하는 능력을 평가하는 문제이다.

해 설

② 지역별 인원수가 제시되어 있지 않으므로, 각 지역별 응답자 수는 알 수 없다.

③ 2020년에는 경상도에서, 2021년에는 충청도에서 가장 높은 비율을 보인다.

④ 2020년과 2021년 모두 '자기 개발을 하고 있다'고 응답한 비율이 가장 높은 지역은 서울시이며, 2021년의 경우 자기개발 비용을 직장이 100% 부담한다고 응답한 사람의 비율이 가장 높은 지역은 경상도이다.

⑤ 2020년과 2021년 모두 '자기 개발을 하고 있다'고 응답한 비율이 가장 낮은 지역은 충청도이지만 모든 비용 부담률이 가장 낮은 것은 아니다.

답 ①

(4) 도표작성능력

① 도표작성 절차

    ㉠ 어떠한 도표로 작성할 것인지를 결정

    ㉡ 가로축과 세로축에 나타낼 것을 결정

    ㉢ 한 눈금의 크기를 결정

    ㉣ 자료의 내용을 가로축과 세로축이 만나는 곳에 표현

    ㉤ 표현한 점들을 선분으로 연결

    ㉥ 도표의 제목을 표기

② 도표작성 시 유의사항

    ㉠ 선 그래프 작성 시 유의점

- 세로축에 수량, 가로축에 명칭구분을 제시한다.
- 선의 높이에 따라 수치를 파악하는 경우가 많으므로 세로축의 눈금을 가로축보다 크게 하는 것이 효과적이다.
- 선이 두 종류 이상일 경우 반드시 그 명칭을 기입한다.

    ㉡ 막대 그래프 작성 시 유의점

- 막대 수가 많을 경우에는 눈금선을 기입하는 것이 알아보기 쉽다.
- 막대의 폭은 모두 같게 하여야 한다.

    ㉢ 원 그래프 작성 시 유의점

- 정각 12시의 선을 기점으로 오른쪽으로 그리는 것이 보통이다.
- 분할선은 구성비율이 큰 순서로 그린다.

    ㉣ 층별 그래프 작성 시 유의점

- 눈금은 선 그래프나 막대 그래프보다 적게 하고 눈금선은 넣지 않는다.
- 층별로 색이나 모양이 완전히 다른 것이어야 한다.
- 같은 항목은 옆에 있는 층과 선으로 연결하여 보기 쉽도록 한다.

출제예상문제

| 1~2 | 다음은 방화, 뺑소니 발생현황에 대한 표이다. 물음에 답하시오.

구분	2015년	2016년	2017년	2018년	2019년	2020년	2021년
방화	6,580	6,627	6,978	7,359	7,855	7,751	7,119
뺑소니	2,446	2,440	2,868	3,206	2,920	3,750	4,325
계	9,026	9,067	9,846	10,565	10,775	11,501	11,444

1 방화 및 뺑소니의 발생빈도의 합이 10,000건 이상인 해의 발생 건수를 모두 더하면?

① 44,255

② 44,265

③ 44,275

④ 44,285

⑤ 44,295

> ✔ **해설** 방화와 뺑소니의 발생빈도 합계가 10,000건 이상인 해는 2018년, 2019년, 2020년, 2021년이다.
> 10,565 + 10,775 + 11,501 + 11,444 = 44,285

2 위 표를 통해 알 수 있는 내용은?

① 방화범죄는 2019년에 정점을 찍은 후 조금씩 감소하고 있다.

② 뺑소니범죄는 2016년부터 매년 꾸준히 증가하고 있다.

③ 뺑소니범의 대부분은 10대 청소년들이다.

④ 방화범들은 주로 새벽시간대를 노린다.

⑤ 2013년부터 뺑소니 발생은 꾸준히 증가하였다.

> ✔ **해설** ② 뺑소니범죄는 2019년에 한 번 감소했다.
> ③ 뺑소니범의 연령대는 알 수 없다.
> ④ 방화범죄가 일어나는 시간대는 알 수 없다.
> ⑤ 2013년, 2014년 뺑소니 발생현황은 알 수 없다.

3 다음은 국내 온실가스 배출현황을 나타낸 표이다. 2020년 폐기물로 인한 온실가스 배출량은? (단, 총배출량＝에너지＋산업공정＋농업＋폐기물)

(단위 : 백만 톤 CO_2 eq.)

구분	2015년	2016년	2017년	2018년	2019년	2020년	2021년
에너지	467.5	473.9	494.4	508.8	515.1	568.9	597.9
산업공정	64.5	63.8	60.8	60.6	57.8	62.6	63.4
농업	22.0	21.8	21.8	21.8	22.1	22.1	22.0
폐기물	15.4	15.8	14.4	14.3	14.1	x	14.4
LULUCF	−36.3	−36.8	−40.1	−42.7	−43.6	−43.7	−43.0
순배출량	533.2	538.4	551.3	562.7	565.6	624.0	654.7
총배출량	569.4	575.3	591.4	605.5	609.1	667.6	697.7

① 14.0

② 14.1

③ 14.2

④ 14.3

⑤ 14.4

✔ 해설 $x = 667.6 - (568.9 + 62.6 + 22.1) = 14.0$

4 다음은 수도권의 일부 도로에 대한 자료이다. 외각순환도로 7km의 건설비는 얼마인가?

분류	도로수	총길이	건설비
고속화도로	7	80km	50억
외각순환도로	9	160km	300억
자동차전용도로	11	120km	200억
합계	27	360km	550억

① 약 13.3억 원

② 약 14.6억 원

③ 약 15.9억 원

④ 약 16.2억 원

⑤ 약 17.4억 원

✔ 해설 300 ÷ 160 = 1.875 ≒ 1.9(억 원)이고 7km이므로 1.9 × 7 ≒ 13.3(억 원)

Answer 1.④ 2.① 3.① 4.①

|5~7| 다음은 골프장 네 곳에 등록된 회원들의 지역별 구성 비율을 조사한 자료이다. 물음에 답하시오.
(단, 가장 오른쪽은 각 골프장에 등록된 전체 회원 수가 네 골프장의 회원 총수에서 차지하는 비율이다.)

구분	서울	경기	충청	강원	각 지점/전 지점
A	20%	30%	40%	10%	30%
B	30%	20%	10%	40%	40%
C	10%	40%	30%	20%	10%
D	40%	10%	20%	30%	20%
전 지점	30%	( )	( )	10%	100%

5 각 골프장에서 경기 지역 회원의 수는 회원 총수의 몇 %인가?

① 21% ② 22%

③ 23% ④ 24%

⑤ 25%

✔️**해설** A : 0.3 × 0.3 = 0.09 = 9(%)
B : 0.4 × 0.2 = 0.08 = 8(%)
C : 0.1 × 0.4 = 0.04 = 4(%)
D : 0.2 × 0.1 = 0.02 = 2(%)
∴ A + B + C + D = 23(%)

6 A 골프장의 회원 수를 5년 전과 비교했을 때 강원 지역의 회원 수는 절반으로 감소했고 경기와 충청 지역의 회원 수는 2배로 증가했으며 그 외는 변동이 없었다. 그렇다면 5년 전 서울 지역 회원 수의 비율은? (단, A 골프장의 올해 회원의 수는 300명이다.)

① 약 23.1% ② 약 26.6%

③ 약 29.4% ④ 약 31.2%

⑤ 약 33.4%

✔️**해설** 올해 A 골프장의 회원 수는 서울 60명, 경기 90명, 충청 120명, 강원 30명이다.
따라서 5년 전의 회원 수는 서울 60명, 경기 45명, 충청 60명, 강원 60명이 된다.
이 중 5년 전 서울 지역 회원의 비율은 $\frac{60}{225} \times 100 ≒ 26.6\%$가 된다.

7 D 골프장의 강원 지역 회원 수가 200명일 때 A 골프장의 강원 지역 회원 수는?

① 100명

② 200명

③ 300명

④ 400명

⑤ 500명

> ✔해설 D 골프장의 강원 지역 회원이 차지하는 비율 : $0.2 \times 0.3 = 0.06 = 6(\%)$
> A 골프장의 강원 지역 회원이 차지하는 비율 : $0.3 \times 0.1 = 0.03 = 3(\%)$
> D 골프장의 강원 지역 회원 수가 200명이므로 $6 : 3 = 200 : x$
> $\therefore \ x = 100$(명)

| 8~9 | 다음은 어느 기업의 해외 수출 상담실적에 관한 자료이다. 물음에 답하시오.

(단위 : 건)

구분	2018년	2019년	2020년
칠레	265	271	362
타이완	358	369	394
인도	503	548	566
호주	633	661	689
영국	481	496	518
미국	962	985	1,186
중국	897	968	1,098

8 이 회사의 대 칠레 수출 상담실적의 2020년 증감률은? (단, 소수 둘째자리에서 반올림하시오.)

① 33.2%

② 33.4%

③ 33.6%

④ 33.8%

⑤ 34.2%

> ✔해설 증감률 구하는 공식은 $\dfrac{\text{올해 매출} - \text{전년도 매출}}{\text{전년도 매출}} \times 100$이다.
>
> 따라서 $\dfrac{362 - 271}{271} \times 100 ≒ 33.6(\%)$

Answer 5.③ 6.② 7.① 8.③

9 2019년 이 회사의 아시아 국가 수출 상담실적은 아메리카(남·북 모두 포함) 국가의 몇 배인가? (단, 소수 둘째자리에서 반올림하시오.)

① 1.1배

② 1.3배

③ 1.5배

④ 1.7배

⑤ 2.1배

✔해설 2019년 아메리카 국가 수출 상담실적은 271(칠레) + 985(미국) = 1,256이고,

아시아 국가 수출 상담실적은 369(타이완) + 548(인도) + 968(중국) = 1,885이므로

$\frac{1,885}{1,256}$ ≒ 1.5배다.

▌10 ~ 11▐ 다음은 인천공항, 김포공항, 양양공항, 김해공항, 제주공항을 이용한 승객을 연령별로 분류해 놓은 표이다. 물음에 답하시오.

구분	10대	20대	30대	40대	50대	총 인원수
인천공항	13%	36%	20%	15%	16%	5,000명
김포공항	8%	21%	33%	24%	14%	3,000명
양양공항	–	17%	37%	39%	7%	1,500명
김해공항	–	11%	42%	30%	17%	1,000명
제주공항	18%	23%	15%	28%	16%	4,500명

10 인천공항의 이용승객 중 20대 승객은 모두 몇 명인가?

① 1,500명

② 1,600명

③ 1,700명

④ 1,800명

⑤ 1,900명

✔해설 5,000 × 0.36=1,800명

11 김포공항 이용승객 중 30대 이상 승객은 김해공항 30대 이상 승객의 약 몇 배인가? (소수점 둘째 자리에서 반올림 하시오.)

① 2.3배 　　　　　　　　　　　② 2.4배

③ 2.5배 　　　　　　　　　　　④ 2.6배

④ 2.7배

> ✔해설 김포공항의 30대 이상 승객 : 33% + 24% + 14% = 71%이므로 3,000 × 0.71 = 2,130명
> 김해공항의 30대 이상 승객 : 42% + 30% + 17% = 89%이므로 1,000 × 0.89 = 890명
> ∴ 2,130 ÷ 890 ≒ 2.4배

12 인터넷 통신 한 달 요금이 다음과 같은 A, B 두 회사가 있다. 한샘이는 B 회사를 선택하려고 한다. 월 사용시간이 최소 몇 시간 이상일 때, B 회사를 선택하는 것이 유리한가?

A 회사		B 회사	
기본요금	추가요금	기본요금	추가요금
4,300원	시간당 900원	20,000원	없음

① 15시간 　　　　　　　　　　② 16시간

③ 17시간 　　　　　　　　　　④ 18시간

⑤ 19시간

> ✔해설 월 사용시간을 x라 하면
> $4,300 + 900x \geq 20,000 \Rightarrow 900x \geq 15,700 \Rightarrow x \geq 17.444\cdots$
> 따라서 매월 최소 18시간 이상 사용할 때 B회사를 선택하는 것이 유리하다.

▌13~15▌ 다음은 연도별 최저임금 현황을 나타낸 표이다. 물음에 답하시오.

(단위 : 원, %, 천 명)

구분	2015년	2016년	2017년	2018년	2019년	2020년	2021년
시간급 최저임금	3,770	4,000	4,110	4,320	4,580	4,860	5,210
전년대비 인상률(%)	8.30	6.10	2.75	5.10	6.00	6.10	7.20
영향률(%)	13.8	13.1	15.9	14.2	13.7	14.7	x
적용대상 근로자수	15,351	15,882	16,103	16,479	17,048	17,510	17,734
수혜 근로자수	2,124	2,085	2,566	2,336	2,343	y	2,565

* 영향률＝수혜 근로자수 / 적용대상 근로자수 × 100

13 2021년 영향률은 몇 %인가?

① 14.1%

② 14.3%

③ 14.5%

④ 14.7%

⑤ 14.9%

✔**해설** 2021년 영향률 : $\dfrac{2,565}{17,734} \times 100 ≒ 14.5(\%)$

14 2020년 수혜 근로자수는 몇 명인가?

① 약 255만 3천 명

② 약 256만 5천 명

③ 약 257만 4천 명

④ 약 258만 2천 명

⑤ 약 260만 2천 명

✔**해설** 2020년 수혜 근로자수 : 0.147 × 17,510 ≒ 2,574(＝약 257만 4천 명)

15 표에 대한 설명으로 옳지 않은 것은?

① 시간급 최저임금은 매해 조금씩 증가하고 있다.

② 전년대비 인상률은 2017년까지 감소하다가 이후 증가하고 있다.

③ 영향률은 불규칙적인 증감의 추세를 보이고 있다.

④ 2022년의 전년대비 인상률이 2021년과 같을 경우 2022년 시간급 최저임금은 약 5,380원이다.

⑤ 2018년 이후 전년대비 인상률은 꾸준히 증가하였다.

✔ 해설 ④ 2021년 시간급 최저임금은 5,210원이고 전년대비 인상률은 7.20%이므로, 2022년의 전년대비 인상률이 2021년과 같을 경우 시간급 최저임금은 $\frac{107.2}{100} \times 5,210 = 5,585.12(=약\ 5,585원)$가 되어야 한다.

16 다음은 2016년부터 2020년까지의 전국 국립고등학교 앞에 설치된 CCTV(수동식, 조종식, 자동식)와 청소년 쉼터에 관한 표이다. 2015년의 CCTV의 수가 3,100개였다. 2016년에서 2020년까지의 전년대비 CCTV의 수가 가장 많이 증가한 해를 고르시오.

(단위 : 대, 소)

연도 구분	2016	2017	2018	2019	2020
CCTV(수동)	10	9	9	8	3
CCTV(조종)	1538	1410	1392	1125	1009
CCTV(자동)	1562	1541	1670	1850	1981
청소년 쉼터	557	577	537	510	610

① 2016년   ② 2017년
③ 2018년   ④ 2019년
⑤ 2020년

✔ 해설 청소년 쉼터는 자료에는 주어져 있지만 CCTV의 수가 가장 많이 늘어난 해를 고르는 문제이기 때문에 더해야 하는 항목에서 제외가 된다.

연도 구분	2016	2017	2018	2019	2020
CCTV	3,110	2,960	3,071	2,983	2,993

2016년 : 2015년 대비 10대 증가
2017년 : 2016년 대비 150대 감소
2018년 : 2017년 대비 111대 증가
2019년 : 2018년 대비 88대 감소
2020년 : 2019년 대비 10대 증가

| 17 ～ 18 | 아래의 표는 2020년 교통사고로 인하여 발생한 사망자 수에 대한 자료이다. 다음 물음에 답하시오.

지역	성별	2020년	
		사망자 수(명)	십만 명 당 사망자 수(명)
서울	남	20,955	424.1
	여	16,941	330.2
대전	남	6,501	505.2
	여	5,095	423.0
대구	남	3,249	452.1
	여	2,904	390.2
광주	남	2,167	385.1
	여	1,948	352.5
부산	남	11,025	599.5
	여	8,387	470.2
전국	남	125,654	492.6
	여	115,450	421.8

17 다음 중 위 표에 대한 내용으로 옳지 않은 것은?

① 위의 표에서 남자의 십만 명 당 사망자 수가 많은 순서는 부산, 대전, 대구, 서울, 광주이다.

② 위의 표에서 여자의 십만 명 당 사망자 수가 가장 많은 곳은 서울이다.

③ 위의 표에서 남자의 사망자 수가 가장 적은 곳은 광주이다.

④ 십만 명 당 사망자 수가 가장 많은 지역은 부산 이다.

⑤ 위 표에 나와 있는 지역에서 사망자 수는 남자가 더 많다.

> ✔ 해설 여자의 십만 명 당 사망자 수가 가장 많은 곳은 470.2인 부산이다.
> 남자의 십만 명 당 사망자 수가 많은 지역은 부산>대전>대구>서울>광주 순이다.
> 여자의 십만 명 당 사망자 수가 많은 지역은 부산>대전>대구>광주>서울 순이다.

18 위 표를 이용하여 2020년의 서울시의 인구를 추정하면? (단, 천의 자리에서 반올림 한다.)

① 9,620,000명

② 9,810,000명

③ 10,070,000명

④ 10,320,000명

⑤ 10,650,000명

> ✔ 해설 남자의 수 $= x$, $x : 100,000 = 20,955 : 424.1$
> $424.1x = 20,955 \times 100,000$이고, $x = \dfrac{2,095,500,000}{424.1} \fallingdotseq 4,940,000$ 이다.
> 여자의 수 $= y$, $y : 100,000 = 16,941 : 330.2$
> $330.2y = 16,941 \times 100,000$이고, $y = \dfrac{1,694,100,000}{330.2} = 5,130,000$이다.
> 따라서 $4,941,000 + 5,130,000 = 10,070,000$명이다.

19 다음 〈표〉는 ○○공사의 사업별 투자액 및 투자전망에 대한 자료이다. 이에 대한 설명으로 옳은 것을 고르시오.

〈○○공사 사업별 투자액 및 투자전망〉

(단위 : 억 원)

부서 \ 연도	2019	2020	2021	2030(예상)	2040(예상)
운송정보부	10.9	13.1	14.5	22.0	40.5
연구혁신처	21.0	24.0	27.7	41.4	83.2
전기운용부	5.6	6.5	7.3	9.9	18.2
휴먼안전센터	2.4	2.8	3.2	4.8	9.9
전체	39.9	46.4	52.7	78.1	151.8

① 2020년 증가율이 가장 큰 부서는 연구혁신처이다.

② 2030년 전체 위 부서의 사업별 투자액 및 투자전망에서 '운송정보부' 유형이 차지하는 비중은 30% 이하일 것으로 전망된다.

③ 2030 ~ 2040년 동안 '휴먼안전센터'의 투자전망은 매년 30% 이상 증가할 것으로 전망된다.

④ 2019년 대비 2040년 사업별 투자액 및 투자전망에서 증가율이 가장 높을 것으로 전망되는 시설유형은 '연구혁신처'이다.

⑤ 2019 ~ 2021년 동안 '전기운용부'의 사업별 투자액은 매년 15% 이상 증가하였다.

 해설 ② 2030년 운송정보부가 전체에서 차지하는 비중은 $\frac{22.0}{78.1} \times 100 ≒ 28.2\%$

① 운송정보부의 2020년 전년대비 투자액의 증가율은 $\frac{13.1 - 10.9}{10.9} \times 100 ≒ 20.2\%$로 가장 크다.

③ 2030년부터 2040년까지 매년 30%씩 증가하면, 즉 10년간 전년대비 1.3배가 된다면 $1.3^{10} =$ 약 13.8배가 된다. 휴먼안전센터의 경우 2040년에 2030년에 비해 약 2배의 금액으로 투자전망이 되었다.

④ 휴먼안전센터의 경우 2019년 대비 2040년에 3배 넘게 증가하여 다른 부서보다 높은 증가율을 보인다.
※ 100%(1배) 증가 = 2배, 200%(2배) 증가 = 3배, 50%(0.5배) 증가 = 1.5배

⑤ 전기운용부의 전년대비 증가율은 다음과 같다.

2020년 : $\frac{6.5 - 5.6}{5.6} \times 100 ≒ 16.1\%$

2021년 : $\frac{7.3 - 6.5}{6.5} \times 100 ≒ 12.3\%$

20 어느 인기 그룹의 공연을 준비하고 있는 기획사는 다음과 같은 조건으로 총 1,500장의 티켓을 판매하려고 한다. 티켓 1,500장을 모두 판매한 금액이 6,000만 원이 되도록 하기 위해 판매해야 할 S석 티켓의 수를 구하면?

> (가) 티켓의 종류는 R석, S석, A석 세 가지이다.
>
> (나) R석, S석, A석 티켓의 가격은 각각 10만 원, 5만 원, 2만 원이고, A석 티켓의 수는 R석과 S석 티켓의 수의 합과 같다.

① 450장   ② 600장

③ 750장   ④ 900장

⑤ 1,050장

✔ **해설** 조건 (가)에서 R석의 티켓의 수를 a, S석의 티켓의 수를 b, A석의 티켓의 수를 c라 놓으면

$a+b+c=1,500$ …… ㉠

조건 (나)에서 R석, S석, A석 티켓의 가격은 각각 10만 원, 5만 원, 2만 원이므로

$10a+5b+2c=6,000$ …… ㉡

A석의 티켓의 수는 R석과 S석 티켓의 수의 합과 같으므로

$a+b=c$ …… ㉢

세 방정식 ㉠, ㉡, ㉢을 연립하여 풀면

㉠, ㉢에서 $2c=1,500$ 이므로 $c=750$

㉠, ㉡에서 연립방정식

$\begin{cases} a+b=750 \\ 2a+b=900 \end{cases}$

을 풀면 $a=150$, $b=600$ 이다.

따라서 구하는 S석의 티켓의 수는 600장이다.

21 3개월의 인턴기간 동안 업무평가 점수가 가장 높았던 甲, 乙, 丙, 丁 네 명의 인턴에게 성과급을 지급했다. 제시된 조건에 따라 성과급은 甲 인턴부터 丁 인턴까지 차례로 지급되었다고 할 때, 네 인턴에게 지급된 성과급 총액은 얼마인가?

> • 甲 인턴은 성과급 총액의 1/3보다 20만 원 더 받았다.
> • 乙 인턴은 甲 인턴이 받고 남은 성과급의 1/2보다 10만 원을 더 받았다.
> • 丙 인턴은 乙 인턴이 받고 남은 성과급의 1/3보다 60만 원을 더 받았다.
> • 丁 인턴은 丙 인턴이 받고 남은 성과급의 1/2보다 70만 원을 더 받았다.

① 860만 원　　　　　　　　　　② 900만 원

③ 940만 원　　　　　　　　　　④ 960만 원

⑤ 1,020만 원

✔해설 丁 인턴은 甲, 乙, 丙 인턴에게 주고 남은 성과급의 1/2보다 70만 원을 더 받았다고 하였으므로, 전체 성과급에서 甲, 乙, 丙 인턴에게 주고 남은 성과급을 x라고 하면 丁 인턴이 받은 성과급은 $\frac{1}{2}x + 70 = x$

(∵ 마지막에 받은 丁 인턴에게 남은 성과급을 모두 주는 것이 되므로), ∴ $x = 140$이다.

丙 인턴은 甲, 乙 인턴에게 주고 남은 성과급의 1/3보다 60만 원을 더 받았다고 하였는데, 여기서 甲, 乙 인턴에게 주고 남은 성과급의 2/3는 丁 인턴이 받은 140만 원 + 丙 인턴이 더 받을 60만 원이 되므로, 丙 인턴이 받은 성과급은 160만 원이다.

乙 인턴은 甲 인턴에게 주고 남은 성과급의 1/2보다 10만 원을 더 받았다고 하였는데, 여기서 甲 인턴에게 주고 남은 성과급의 1/2은 丙, 丁 인턴이 받은 300만 원 + 乙 인턴이 더 받을 10만 원이 되므로, 乙 인턴이 받은 성과급은 320만 원이다.

甲 인턴은 성과급 총액의 1/3보다 20만 원 더 받았다고 하였는데, 여기서 성과급 총액의2/3은 乙, 丙, 丁 인턴이 받은 620만 원 + 甲 인턴이 더 받을 20만 원이 되므로, 甲 인턴이 받은 성과급은 340만 원이다.

따라서 네 인턴에게 지급된 성과급 총액은 340 + 320 + 160 + 140 = 960만 원이다.

22 다음은 X공기업의 팀별 성과급 지급 기준이다. Y팀의 성과평가 결과가 〈보기〉와 같다면 3/4 분기에 지급되는 성과급은?

- 성과급 지급은 성과평가 결과와 연계함
- 성과평가는 유용성, 안전성, 서비스 만족도의 총합으로 평가함. 단, 유용성, 안전성, 서비스 만족도의 가중치를 각각 0.4, 0.4, 0.2로 부여함
- 성과평가 결과를 활용한 성과급 지급 기준

성과평가 점수	성과평가 등급	분기별 성과급 지급액	비고
9.0 이상	A	100만 원	성과평가 등급이 A이면 직전 분기 차감액의 50%를 가산하여 지급
8.0 이상 9.0 미만	B	90만 원(10만 원 차감)	
7.0 이상 8.0 미만	C	80만 원(20만 원 차감)	
7.0 미만	D	40만 원(60만 원 차감)	

〈보기〉				
구분	1/4 분기	2/4 분기	3/4 분기	4/4 분기
유용성	8	8	10	8
안전성	8	6	8	8
서비스 만족도	6	8	10	8

① 130만 원
② 120만 원
③ 110만 원
④ 100만 원
⑤ 90만 원

✔ 해설 3/4 분기 성과평가 점수는 $(10 \times 0.4) + (8 \times 0.4) + (10 \times 0.2) = 9.2$로, 성과평가 등급은 A이다. 성과평가 등급이 A이면 직전 분기 차감액의 50%를 가산하여 지급하므로, 2/4 분기 차감액인 20만 원(∵ 2/4 분기 성과평가 등급 C)의 50%를 가산한 110만 원이 성과급으로 지급된다.

23 다음은 우리나라의 경제활동 참가율 및 실업률에 대한 자료이다. 바르게 해석하지 못한 사람은?

(단위 : %)

연도	전체		여성		남성	
	경제활동 참가율	실업률	경제활동 참가율	실업률	경제활동 참가율	실업률
1988	57.6	4.4	39.3	2.8	77.9	5.3
2013	61.9	2.1	48.4	1.7	76.4	2.3
2014	62.1	2.0	48.9	1.6	76.2	2.4
2015	62.5	2.6	49.8	2.3	76.1	2.8
2016	60.6	7.0	47.1	5.7	75.1	7.8
2017	60.6	6.3	47.6	5.1	74.4	7.2
2018	61.0	4.1	48.6	3.3	74.2	4.7
2019	61.3	3.8	49.2	3.1	74.2	4.3
2020	61.9	3.1	49.7	2.5	74.8	3.5
2021	61.4	3.4	49.9	3.1	74.6	3.6

① 2016년의 남성 실업률은 7.8%로 전년대비 5%p 증가했는데, 이는 기간 중 가장 큰 폭의 변화이다.

② 전체 실업률이 가장 높은 해에 여성 실업률도 가장 높다.

③ 전체 경제활동참가율은 1988년 이후 증감을 거듭하고 있다.

④ 여성 실업률과 남성 실업률 증감의 추이는 동일하다.

⑤ 1988년 대비 2013년의 여성 경제활동참가율은 같은 기간 남성 경제활동참가율에 비해 큰 폭의 변화를 보였다.

✔해설 ④ 2014년 여성 실업률은 전년대비 감소하였으나, 남성 실업률은 전년대비 증가하였다.

24 새로운 철로건설 계획에 따라 A, B, C의 세 가지 노선이 제시되었다. 철로 완공 후 연간 평균 기차 통행량은 2만 대로 추산될 때, 건설비용과 사회적 손실비용이 가장 큰 철로를 바르게 짝지은 것은?

- 각 노선의 총 길이는 터널구간 길이와 교량구간 길이 그리고 일반구간 길이로 구성된다.
- 건설비용은 터널구간, 교량구간, 일반구간 각각 1km당 1,000억 원, 200억 원, 100억 원이 소요된다.
- 운행에 따른 사회적 손실비용은 기차 한 대가 10km를 운행할 경우 1,000원이다.
- 다음 표는 각 노선의 구성을 보여 주고 있다.

노선	터널구간 길이	교량구간 길이	총 길이
A	1.2km	0.5km	10km
B	0	0	20km
C	0.8km	1.5km	15km

	건설비용이 가장 큰 철로	사회적 손실비용이 가장 큰 철로
①	A	B
②	B	C
③	C	A
④	A	C
⑤	C	B

✔ **해설** 각 노선의 건설비용과 사회적 손실비용을 구하면 다음과 같다.

노선	구분	비용
A	건설비용	$(1.2 \times 1,000) + (0.5 \times 200) + (8.3 \times 100) = 2,130$억 원
	사회적 손실비용	$20,000 \times 1,000 = 20,000,000$원
B	건설비용	$20 \times 100 = 2,000$억 원
	사회적 손실비용	$20,000 \times 1,000 \times 2 = 40,000,000$원
C	건설비용	$(0.8 \times 1,000) + (1.5 \times 200) + (12.7 \times 100) = 2,370$억 원
	사회적 손실비용	$20,000 \times 1,000 \times 1.5 = 30,000,000$원

Answer 23.④ 24.⑤

25 생산라인 A만으로 먼저 32시간 가동해서 제품을 생산한 후, 다시 생산라인 B를 가동하여 두 생산라인으로 10,000개의 정상제품을 생산하였다. 생산성과 불량품 비율이 다음과 같을 때, 10,000개의 정상제품을 생산하기 위해 생산라인을 가동한 총 시간을 구하면?

> ㉠ 불량품 체크 전 단계의 시제품 100개를 만드는 데, 생산라인 A는 4시간이 걸리고, 생산라인 B로는 2시간이 걸린다.
> ㉡ 두 라인을 동시에 가동하면 시간당 정상제품 생산량이 각각 20%씩 상승한다.
> ㉢ 생산라인 A의 불량률은 20%이고, B의 불량률은 10%이다.

① 132시간
② 142시간
③ 152시간
④ 162시간
⑤ 172시간

✔해설 불량품 체크 전 생산라인 A의 일률 = $\frac{100}{4}$ = 25개/시간, B의 일률은 $\frac{100}{2}$ = 50개/시간

불량률을 감안한 생산일률 A = 25×0.8 = 20개/시간, B = 50×0.9 = 45개/사간

A, B를 동시에 가동하면 생산량이 20% 상승한다고 하였으므로 이 때의 일률을 구하면

(20+45)×1.2 = 78개/시간

A를 먼저 32시간 가동하면 생산량 = 20×32 = 640

A, B를 동시에 가동했을 때 10,000 − 640 = 9,360개의 정상제품이 만들어 지므로 일률이 78을 넣어 시간을 구하면

$\frac{9,360}{78}$ = 120시간

처음 32시간과 120시간을 더하면 총 가동시간인 152시간을 구할 수 있다.

26 서원각은 전일 온라인으로 주문받은 제품의 케이스와 전자 제품을 별개로 포장하여 택배로 배송하였다. 제품 케이스 하나의 무게는 1.8kg으로 택배 비용은 총 46,000원이고, 전자 제품은 무게가 개당 2.5kg으로 총 56,000원의 택배 비용이 들었다. 배송처는 서울과 지방에 산재해 있으며, 각 배송처로 전자 제품과 제품 케이스가 각각 하나씩 배송되었다. 이 제품이 배달된 배송처는 모두 몇 곳인가? (단, 각 배송처에는 제품과 제품 케이스가 하나씩 배달되었고 택배 요금은 다음 표와 같다)

구분	2kg 이하	4kg 이하	6kg 이하	8kg 이하
서울	4,000원	5,000원	7,000원	9,000원
지방	5,000원	6,000원	8,000원	11,000원

① 4곳

② 8곳

③ 10곳

④ 12곳

⑤ 14곳

✔ 해설 제품 케이스의 경우 2kg 이하이므로 서울은 4,000원, 지방은 5,000원
서울만 12곳이라고 하면 48,000원이므로 성립 안 된다.
총 비용이 46,000원 들었으므로 서울만 본다면 최대 11곳인 44,000원이 성립되나 2,000원이 부족하게 되므로 서울 9곳, 지방 2곳으로 하면 36,000원, 10,000원이 되면 46,000원이 성립된다.
그러나 서울에 5개 보내는 비용과 지방에 4개 보내는 비용이 동일하므로 서울 4곳(16,000원), 지방 6곳(30,000원)이라는 경우도 성립한다.
전자 제품의 경우를 위의 두 경우에 대입하면
서울 4곳(20,000원), 지방 6곳(36,000원)으로 총 56,000원이 성립된다.
서울 9곳(45,000원), 지방 2곳(12,000원)으로 총 57,000원으로 성립되지 않는다.
그러므로 총 10곳이 된다.

Answer 25.③ 26.③

27 10km를 달리는 시합에서 출발 후 1시간 이내에 결승선을 통과해야 기념품을 받을 수 있다. 출발 후 처음 12분을 시속 8km로 달렸다면, 남은 거리를 적어도 얼마의 평균 속력으로 달려야 기념품을 받을 수 있는가?

① 시속 10.5km

② 시속 11.0km

③ 시속 11.5km

④ 시속 12.0km

⑤ 시속 12.5km

> ✔해설 거리=속력×시간
>
> $$\frac{1}{5} \times 8 = \frac{16}{10} = 1.6$$
>
> 12분간 1.6km를 달렸고, 48분 이내에 8.4km를 달려야 하므로
> 평균 속력을 a라 하면,
>
> $$a \times \frac{48}{60} = \frac{84}{10}$$
>
> $$a = \frac{84}{8} = \frac{21}{2} = \frac{105}{10} = 10.5(\text{km})$$

28 5% 설탕물 300g에서 일정량의 물을 증발시켰더니 10% 설탕물이 되었다. 증발된 물의 양은?

① 50g

② 100g

③ 150g

④ 200g

⑤ 250g

> ✔해설 300g ×0.05 =15g 즉, 300g의 설탕물 안에 15g의 설탕이 녹아 있다는 말이 되므로 10%의 설탕물이 되기 위해서는 $\frac{15}{300-x} = 0.1$이 되어야 한다.
>
> 각 항에 $(300-x)$곱하면 $15 = 30 - 0.1x$, $15 = 0.1x$이므로
> $x = 150(\text{g})$

29 다음은 세 골프 선수 갑, 을, 병의 9개 홀에 대한 경기결과를 나타낸 표이다. 이에 대한 설명으로 옳은 것을 모두 고른 것은?

홀번호	1	2	3	4	5	6	7	8	9	타수 합계
기준 타수	3	4	5	3	4	4	4	5	4	36
갑	0	x	0	0	0	0	x	0	0	34
을	x	0	0	0	y	0	0	y	0	( )
병	0	0	0	x	0	0	0	y	0	36

※ 기준 타수 : 홀마다 정해져 있는 타수를 말함
※ x, y는 개인 타수 – 기준 타수의 값
　0은 기준 타수와 개인 타수가 동일함을 의미

┌───┐
│ ㉠ x는 기준 타수보다 1타를 적게 친 것을 의미한다. │
│ ㉡ 9개 홀의 타수의 합은 갑와 을이 동일하다. │
│ ㉢ 세 선수 중에서 타수의 합이 가장 적은 선수는 갑이다. │
└───┘

① ㉠

② ㉠㉡

③ ㉠㉢

④ ㉡㉢

⑤ ㉠㉡㉢

✔해설 기준 타수가 36개이므로
갑은 기준 타수보다 2개 적으므로
$34-36=-2x$가 두 개 있으므로
$x=-1$
병은 타수 합계가 36이고 x가 1개, y도 1개 있으므로
$x=-1$이므로 $y=1$이 되어 기준 타수 = 개인 타수
을은 x가 1개, y가 2개이므로 기준타수에 +1을 해야 하므로 37타가 된다.
㉠ $x=-1$이므로 1타 적게 친 것을 의미한다.
㉡ 9개 홀의 타수의 합은 갑은 34, 을은 37이므로 다르다.
㉢ 세 선수 중에서 타수의 합이 가장 적은 선수는 갑이 맞다.

Answer　27.①　28.③　29.③

30 다음은 2012 ~ 2021년 5개 자연재해 유형별 피해금액에 관한 자료이다. 이에 대한 설명으로 옳은 것만을 모두 고른 것은?

〈5개 자연재해 유형별 피해금액〉

(단위 : 억 원)

유형＼연도	2012	2013	2014	2015	2016	2017	2018	2019	2020	2021
태풍	3,416	1,385	118	1,609	9	0	1,725	2,183	8,765	17
호우	2,150	3,520	19,063	435	581	2,549	1,808	5,276	384	1,581
대설	6,739	5,500	52	74	36	128	663	480	204	113
강풍	0	93	140	69	11	70	2	0	267	9
풍랑	0	0	57	331	0	241	70	3	0	0
전체	12,305	10,498	19,430	2,518	637	2,988	4,268	7,942	9,620	1,720

㉠ 2012 ~ 2021년 강풍 피해금액 합계는 풍랑 피해금액 합계보다 적다.

㉡ 2020년 태풍 피해금액은 2020년 5개 자연재해 유형 전체 피해금액의 90% 이상이다.

㉢ 피해금액이 매년 10억 원보다 큰 자연재해 유형은 호우뿐이다.

㉣ 피해금액이 큰 자연재해 유형부터 순서대로 나열하면 2018년과 2019년의 순서는 동일하다.

① ㉠㉡
② ㉠㉢
③ ㉢㉣
④ ㉠㉡㉣
⑤ ㉡㉢㉣

✔해설 ㉠ 주어진 기간 동안 강풍 피해금액과 풍랑 피해금액의 합계를 각각 계산하여 비교하기 보다는 소거법을 이용하여 비교하는 것이 좋다. 비슷한 크기의 값들을 서로 비교하여 소거한 뒤 남은 값들의 크기를 비교해주는 것으로 2017년 강풍과 2018년 풍랑 피해금액이 70억 원으로 동일하고 2013, 2014, 2016년 강풍 피해금액의 합 244억 원과 2017년 풍랑 피해금액 241억 원이 비슷하다. 또한 2015, 2020년 강풍 피해금액의 합 336억 원과 2015년 풍랑 피해금액 331억 원이 비슷하다. 이 값들을 소거한 뒤 남은 값들을 비교해보면 강풍 피해금액의 합계가 풍랑 피해금액의 합계보다 더 작다는 것을 알 수 있다.

㉡ 2020년 태풍 피해금액이 2020년 5개 자연재해 유형 전체 피해금액의 90% 이상이라는 것은 즉, 태풍을 제외한 나머지 4개 유형 피해금액의 합이 전체 피해금액의 10% 미만이라는 것을 의미한다. 2020년 태풍을 제외한 나머지 4개 유형 피해금액의 합을 계산하면 전체 피해금액의 10% 밖에 미치지 못함을 알 수 있다.

㉢ 피해금액이 매년 10억 원보다 큰 자연재해 유형은 호우, 대설이 있다.

㉣ 피해금액이 큰 자연재해 유형부터 순서대로 나열하면 2018년 호우, 태풍, 대설, 풍랑, 강풍이며 이순서는 2019년의 순서와 동일하다.

31 다음 표는 국내 학술단체가 발간하는 학술지를 대상으로 2011 ~ 2020년 동안 발간한 논문의 정보를 분석한 통계자료이다. 아래 보기에서 언급하고 있는 주제 분야를 모두 바르게 나열한 것은?

〈국내 학술지 분야별 발간 현황〉

주제 분야	학술지 수	총 논문 수	총 저자 수	총 참고문헌 수
인문학	513권	108,973편	115,703명	1,251,003권
사회과학	676권	139,277편	216,282명	1,942,674권
자연과학	126권	74,457편	241,436명	668,564권
공학	256권	145,311편	450,782명	916,807권
의약학	241권	102,952편	489,842명	1,133,622권
농수해양	76권	35,491편	145,127명	351,794권
예술체육	112권	39,001편	69,446명	450,126권
복합학	100권	16,986편	30,608명	213,072권
합계	2,100권	662,448편	1,759,226명	6,927,662권

〈보기〉
㉠ 이 분야는 논문당 평균 저자 수가 가장 많다.
㉡ 이 분야는 학술지당 평균 저자 수가 인문학, 복합학 다음으로 적다.
㉢ 이 분야는 논문당 평균 저자 수가 4명보다 많으며, 논문당 평균 참고문헌 수는 10권을 넘지 않는다.
㉣ 이 분야는 논문당 평균 저자 수가 2명보다 적으며, 논문당 평균 참고문헌 수가 12권 이상으로 사회과학 다음으로 많다.

	㉠	㉡	㉢	㉣
①	의약학	사회과학	농수해양	복합학
②	인문학	사회과학	의약학	농수해양
③	인문학	사회과학	의약학	복합학
④	사회과학	의약학	농수해양	예술체육
⑤	인문학	의약학	농수해양	예술체육

✔해설 ㉠ 논문당 평균 저자 수가 가장 많은 것은 의약학이다.
㉡ 학술지당 평균 저자 수는 인문학 < 복합학< 사회과학 순이다.
㉢ 논문당 평균 저자 수가 4명보다 많고, 논문당 평균 참고문헌 수가 10권을 넘지 않는 것은 농수해양이다.
㉣ 논문당 평균 저자 수가 2명보다 적으며, 논문당 평균 참고문헌 수가 12권 이상으로 사회과학 다음으로 많은 것은 복합학이다.

Answer 30.④ 31.①

32 다음 표는 타이타닉 승선자의 생존율에 관한 자료이다. 이에 대한 설명으로 옳지 않은 것은?

| | 어린이 | | | | 어른 | | | | 생존율 |
| | 남자 | | 여자 | | 남자 | | 여자 | | |
	생존	사망	생존	사망	생존	사망	생존	사망	
1등실	5명	0명	1명	0명	57명	118명	140명	4명	62.2%
2등실	11명	0명	13명	0명	14명	154명	80명	13명	41.4%
3등실	13명	35명	14명	17명	75명	387명	76명	89명	25.2%
승무원	0명	0명	0명	0명	192명	670명	20명	3명	24.0%

① 3등실 어린이의 생존율이 3등실 어른의 생존율보다 높다.
② 남자 승무원의 생존율은 2등실 남자의 생존율보다 높다.
③ 남자 승무원과 여자 승무원의 생존율은 각각 3등실 남자와 3등실 여자의 생존율보다 높다.
④ 승선자 가운데 여성의 비율은 1등실에서 가장 높고 3등실, 2등실 그리고 승무원의 순서이다.
⑤ 전체 승선자의 생존율은 35% 이하이다.

✔ 해설 여성의 비율은 $\frac{여성}{남성}$ 이므로 1등실이 가장 높고 2등실, 3등실 그리고 승무원의 순으로 낮아진다.

33 다음 표는 A지역의 유형별 토지면적 현황을 나타낸 것이다. 이를 바탕으로 설명한 내용으로 옳은 것은?

(단위 : m²)

연도 \ 토지유형	삼림	초지	습지	나지	경작지	훼손지	전체면적
2017	539,691	820,680	22,516	898,566	480,645	1	2,762,099
2018	997,114	553,499	204	677,654	555,334	1	2,783,806
2019	1,119,360	187,479	94,199	797,075	487,767	1	2,685,881
2020	1,596,409	680,760	20,678	182,424	378,634	4,825	2,862,730
2021	1,668,011	692,018	50,316	50,086	311,086	129,581	2,901,098

① A지역의 전체 면적은 2017년에 약 2.76km²였으나 이후 지속적으로 증가하여 2021년에는 약 2.90km²로 되었다.

② 삼림 면적은 2017년에 A지역 전체 면적의 25% 미만에서 2021년에는 55% 이상으로 증가하여 토지유형 중 증가율이 가장 높았다.

③ 삼림 면적은 2019년에서 2020년 사이에 가장 큰 폭을 증가하였다.

④ 2017년 나지 면적은 전체 면적의 30% 이상을 차지하였으나 지속적으로 감소하여 2021년에는 5% 이하에 불과하였다.

⑤ 나지의 연도별 면적 변화폭은 다른 토지유형의 연도별 면적 변화폭에 비해 가장 작은 것으로 나타났다.

✔ 해설 ① A지역의 전체 면적은 2017년부터 2021년까지 지속적으로 증가한 것이 아니라 2019년 2.78km²에서 약 2.69km²로 감소하였다.

② 삼림 면적은 2017년에 A지역 전체 면적의 25% 미만에서 2021년에는 55% 이상으로 증가하였지만 토지유형 중 증가율이 가장 높은 것은 훼손지이다.

④ 2017년 나지 면적은 전체 면적의 30% 이상을 차지하였고 점차 감소하는 경향을 보이나 2019년에는 증가하였다.

⑤ 2017년 ~ 2019년 훼손지의 변화는 없으므로 나지의 연도별 면적 변화폭이 다른 토지유형의 연도별 면적 변화폭에 비해 가장 작은 것으로 볼 수는 없다.

Answer 32.④ 33.③

34 다음 자료를 참고할 때, H사의 차량을 2년 사용 했을 때와 같은 경비는 F사의 차량을 사용한 지 몇 개월째에 발생하는가? (단, 매달 주행거리는 동일하다고 가정한다)

〈자동차 종류별 특성〉

제조사	차량 가격(만 원)	연료 용량(L)	연비(km/L)	연료 종류
H사	2,000	55	13	LPG
F사	2,100	60	10	휘발유
S사	2,050	60	12	경유

〈종류별 연료가격/L〉

LPG	800원
휘발유	1,500원
경유	1,200원

※ 자동차 이용에 따른 총 경비는 구매가격과 연료비의 합으로 산정하고, 5년 간 연료비 변동은 없다고 가정함.

① 4개월

② 5개월

③ 6개월

④ 7개월

⑤ 8개월

✔해설 우선 H사의 차량을 2년 사용 했을 때의 경비를 구해 보면 다음과 같다.

$40,000 \div 13 \times 800 =$ 약 246만 원

구매가격 2,000만 원

총 2,246만 원

따라서 F사의 경비를 구하는 공식에서 2,246만 원이 되는 시점의 주행 거리를 알아보면 정답을 구할 수 있다.

차량 구매 가격이 2,100만 원이므로 주행 거리가 x일 때, $x \div 10 \times 1,500$이 146만 원이 되는 값을 구하면 된다. 계산해 보면 $x =$ 약 9,733km가 되므로 1년에 20,000km를 주행할 경우 1개월에 약 1,667km이므로 $9,733 \div 1,667 =$ 약 5.8개월이 된다.

따라서 F사 차량을 5개월 째 이용하는 시점이 정답이 된다.

35 다음 자료를 올바르게 판단한 의견을 〈보기〉에서 모두 고른 것은?

종사자 규모별	사업체수				종사자수			
	2020년	2021년	증감률	기여율	2020년	2021년	증감률	기여율
합계	3,950,192 (100.0)	4,020,477 (100.0)	1.8	100.0	21,259,243 (100.0)	21,591,398 (100.0)	1.6	100.0
1~4인	3,173,203 (80.3)	3,224,683 (80.2)	1.6 (-0.1)	73.2	5,705,551 (26.8)	5,834,290 (27.0)	2.3 (0.2)	38.8
5~99인	758,333 (19.2)	776,922 (19.3)	2.5 (0.1)	26.4	10,211,699 (48.0)	10,281,826 (47.6)	0.7 (-0.4)	21.1
00~299인	14,710 (0.4)	14,846 (0.4)	0.9 (0.0)	0.2	2,292,599 (10.8)	2,318,203 (10.7)	1.1 (-0.1)	7.7
300인 이상	3,946 (0.1)	4,026 (0.1)	2.0 (0.0)	0.1	3,049,394 (14.3)	3,157,079 (14.6)	3.5 (0.3)	32.4

〈보기〉

(개) "종사자 규모 변동에 따른 사업체수와 종사자수의 증감 내역이 연도별로 다르네."

(내) "기여율은 '구성비'와 같은 개념의 수치로군."

(대) "사업체 1개당 평균 종사자수는 사업체 규모가 커질수록 더 많네."

(래) "2020년보다 종사자수가 더 적어진 사업체는 없군."

① (대), (래)
② (개), (대)
③ (내), (래)
④ (개), (내), (대)
⑤ (내), (대), (래)

✔해설 (개) 종사자 규모 변동에 따른 사업체수의 증감은 두 해 모두 규모가 커질수록 적어지는 동일한 추이를 보이고 있으며, 종사자수 역시 사업체의 규모가 커짐에 따라 증가 → 감소 → 증가의 동일한 패턴을 보이고 있음을 알 수 있다. (×)

(내) 구성비는 해당 수치를 전체 수치로 나누어 백분율로 나타낸 값을 의미하는데 주어진 기여율은 그러한 백분율 산식에 의한 수치와 다르다. 기여율은 '해당 항목의 전년대비 증감분÷전체 수치의 전년대비 증감분×100'의 산식에 의해 계산된 수치이다. (×)

(대) 종사자수를 사업체수로 나누어 보면 두 해 모두 종사자 규모가 큰 사업체일수록 평균 종사자주사 커지는 것을 확인할 수 있다. (O)

(래) 모든 규모의 사업체에서 전년보다 종사자수가 더 많아졌음을 확인할 수 있다. (O)

Answer 34.② 35.①

36 다음 표는 A ~ E 리조트의 1박 기준 일반요금 및 회원할인율에 관한 자료이다. 이에 대한 〈보기〉의 설명 중 옳은 것만 모두 고른 것은?

〈표 1〉 비수기 및 성수기 일반요금(1박 기준)

(단위 : 천 원)

구분 \ 리조트	A	B	C	D	E
비수기 일반요금	300	250	200	150	100
성수기 일반요금	500	350	300	250	200

〈표 2〉 비수기 및 성수기 회원할인율(1박 기준)

(단위 : %)

구분	회원유형 \ 리조트	A	B	C	D	E
비수기	기명	50	45	40	30	20
회원할인율	무기명	35	40	25	20	15
성수기	기명	35	30	30	25	15
회원할인율	무기명	30	25	20	15	10

※ 회원할인율(%) = $\dfrac{\text{일반요금} - \text{회원요금}}{\text{일반요금}} \times 100$

〈보기〉

㉠ 리조트 1박 기준, 성수기 일반요금이 낮은 리조트일수록 성수기 무기명 회원요금이 낮다.

㉡ 리조트 1박 기준, B 리조트의 회원요금 중 가장 높은 값과 가장 낮은 값의 차이는 125,000 원이다.

㉢ 리조트 1박 기준, 각 리조트의 기명 회원요금은 성수기가 비수기의 2배를 넘지 않는다.

㉣ 리조트 1박 기준, 비수기 기명 회원요금과 비수기 무기명 회원요금 차이가 가장 작은 리조트는 성수기 기명 회원요금과 성수기 무기명 회원요금 차이도 가장 작다.

① ㉠㉡
② ㉠㉢
③ ㉢㉣
④ ㉠㉡㉣
⑤ ㉡㉢㉣

㉠ 성수기 일반요금이 500, 350, 300, 250, 200인데 성수기 무기명 할인율이 각각 30, 25, 20, 15, 10%이다.

증가율이 가장 작은 300에서 350도 15%가 넘는데 할인율 차이는 각각 5%p에 불과하므로 할인 후 요금 순위는 변하지 않는다.

㉡ B 리조트 회원요금 중 가장 높은 값 : $350 - 350 \times 0.25 = 262,500$

회원요금 중 가장 낮은 값 : $250 - 250 \times 0.45 = 137,500$

$262,500 - 137,500 = 125,000$

㉢ 일반요금의 차이가 가장 큰 A 리조트의 경우를 보면

비수기 요금 : $300 - 300 \times 0.5 = 150$

성수기 요금 : $500 - 500 \times 0.35 = 325$

두 배 이상이 차이가 난다.

㉣ 리조트 A~E를 볼 때 비수기 기명 할인율과 무기명 할인율의 차이는 5%p와 10%p가 존재하는데 비수기 일반요금이 가장 싼 E가 5%p 차이이다.

E 리조트는 성수기 일반요금이 가장 싸고 성수기 기명 할인율과 무기명 할인율의 차이도 5%p로 가장 작은 편에 속하므로 성수기 기명 회원요금과 무기명 회원요금의 차이도 가장 작다.

37 다음 제시된 숫자의 배열을 보고 규칙을 찾아 빈칸에 들어갈 알맞은 숫자를 고르면?

| 5 2 10 4 20 ( ) 40 8 |

① 30

② 8

③ 40

④ 6

⑤ 50

1, 3, 5, 7항은 ×2의 규칙을, 2, 4, 6, 8항은 +2의 규칙을 가진다. 따라서 빈칸에 들어갈 숫자는 4 + 2 = 6이다.

CHAPTER 04 문제해결능력

01 문제와 문제해결

(1) 문제의 정의와 분류

① 정의 : 업무를 수행함에 있어서 답을 요구하는 질문이나 의논하여 해결해야 되는 사항이다.

② 문제의 분류

구분	창의적 문제	분석적 문제
문제제시 방법	현재 문제가 없더라도 보다 나은 방법을 찾기 위한 문제 탐구 → 문제 자체가 명확하지 않음	현재의 문제점이나 미래의 문제로 예견될 것에 대한 문제 탐구 → 문제 자체가 명확함
해결방법	창의력에 의한 많은 아이디어의 작성을 통해 해결	분석, 논리, 귀납과 같은 논리적 방법을 통해 해결
해답 수	해답의 수가 많으며, 많은 답 가운데 보다 나은 것을 선택	답의 수가 적으며 한정되어 있음
주요특징	주관적, 직관적, 감각적, 정성적, 개별적, 특수성	객관적, 논리적, 정량적, 이성적, 일반적, 공통성

(2) 업무수행과정에서 발생하는 문제 유형

① 발생형 문제(보이는 문제) : 현재 직면하여 해결하기 위해 고민하는 문제이다. 원인이 내재되어 있기 때문에 원인지향적인 문제라고도 한다.

    ㉠ 일탈문제 : 어떤 기준을 일탈함으로써 생기는 문제

    ㉡ 미달문제 : 어떤 기준에 미달하여 생기는 문제

② 탐색형 문제(찾는 문제) : 현재의 상황을 개선하거나 효율을 높이기 위한 문제이다. 방치할 경우 큰 손실이 따르거나 해결할 수 없는 문제로 나타나게 된다.

    ㉠ 잠재문제 : 문제가 잠재되어 있어 인식하지 못하다가 확대되어 해결이 어려운 문제

    ㉡ 예측문제 : 현재로는 문제가 없으나 현 상태의 진행 상황을 예측하여 찾아야 앞으로 일어날 수 있는 문제가 보이는 문제

   ⓒ 발견문제 : 현재로서는 담당 업무에 문제가 없으나 선진기업의 업무 방법 등 보다 좋은 제도나 기법을 발견하여 개선시킬 수 있는 문제

③ 설정형 문제(미래 문제) : 장래의 경영전략을 생각하는 것으로 앞으로 어떻게 할 것인가 하는 문제이다. 문제해결에 창조적인 노력이 요구되어 창조적 문제라고도 한다.

예제 1

D회사 신입사원으로 입사한 귀하는 신입사원 교육에서 업무수행과정에서 발생하는 문제 유형 중 설정형 문제를 하나씩 찾아오라는 지시를 받았다. 이에 대해 귀하는 교육받은 내용을 다시 복습하려고 한다. 설정형 문제에 해당하는 것은?

① 현재 직면하여 해결하기 위해 고민하는 문제
② 현재의 상황을 개선하거나 효율을 높이기 위한 문제
③ 앞으로 어떻게 할 것인가 하는 문제
④ 원인이 내재되어 있는 원인지향적인 문제
⑤ 어떤 기준에 미달하여 생기는 문제

출제의도

업무수행 중 문제가 발생하였을 때 문제 유형을 구분하는 능력을 측정하는 문항이다.

해 설

업무수행과정에서 발생하는 문제 유형으로는 발생형 문제, 탐색형 문제, 설정형 문제가 있으며 ①④⑤는 발생형 문제이며 ②는 탐색형 문제, ③이 설정형 문제이다.

답 ③

---

(3) 문제해결

① 정의 : 목표와 현상을 분석하고 이 결과를 토대로 과제를 도출하여 최적의 해결책을 찾아 실행·평가해 가는 활동이다.

② 문제해결에 필요한 기본적 사고

   ㉠ 전략적 사고 : 문제와 해결방안이 상위 시스템과 어떻게 연결되어 있는지를 생각한다.

   ㉡ 분석적 사고 : 전체를 각각의 요소로 나누어 그 의미를 도출하고 우선순위를 부여하여 구체적인 문제해결방법을 실행한다.

   ㉢ 발상의 전환 : 인식의 틀을 전환하여 새로운 관점으로 바라보는 사고를 지향한다.

   ㉣ 내·외부자원의 활용 : 기술, 재료, 사람 등 필요한 자원을 효과적으로 활용한다.

③ 문제해결의 장애요소

   ㉠ 문제를 철저하게 분석하지 않는 경우

   ㉡ 고정관념에 얽매이는 경우

   ㉢ 쉽게 떠오르는 단순한 정보에 의지하는 경우

   ㉣ 너무 많은 자료를 수집하려고 노력하는 경우

④ 문제해결방법

　㉠ 소프트 어프로치 : 문제해결을 위해서 직접적인 표현보다는 무언가를 시사하거나 암시를 통하여 의사를 전달하여 문제해결을 도모하고자 한다.

　㉡ 하드 어프로치 : 상이한 문화적 토양을 가지고 있는 구성원을 가정하고, 서로의 생각을 직설적으로 주장하고 논쟁이나 협상을 통해 서로의 의견을 조정해 가는 방법이다.

　㉢ 퍼실리테이션(facilitation) : 촉진을 의미하며 어떤 그룹이나 집단이 의사결정을 잘 하도록 도와주는 일을 의미한다.

02　문제해결능력을 구성하는 하위능력

(1) 사고력

① 창의적 사고 : 개인이 가지고 있는 경험과 지식을 통해 새로운 가치 있는 아이디어를 산출하는 사고능력이다.

　㉠ 창의적 사고의 특징
　　• 정보와 정보의 조합
　　• 사회나 개인에게 새로운 가치 창출
　　• 창조적인 가능성

예제 2

M사 홍보팀에서 근무하고 있는 귀하는 입사 5년차로 창의적인 기획안을 제출하기로 유명하다. S부장은 이번 신입사원 교육 때 귀하에게 창의적인 사고란 무엇인지 교육을 맡아달라고 부탁하였다. 창의적인 사고에 대한 귀하의 설명으로 옳지 않은 것은?

① 창의적인 사고는 새롭고 유용한 아이디어를 생산해 내는 정신적인 과정이다.
② 창의적인 사고는 특별한 사람들만이 할 수 있는 대단한 능력이다.
③ 창의적인 사고는 기존의 정보들을 특정한 요구조건에 맞거나 유용하도록 새롭게 조합시킨 것이다.
④ 창의적인 사고는 통상적인 것이 아니라 기발하거나, 신기하며 독창적인 것이다.
⑤ 창의적인 사고는 가지고 있는 경험을 통해 새로운 아이디어를 내는 과정이다.

출제의도

창의적 사고에 대한 개념을 정확히 파악하고 있는지를 묻는 문항이다.

해　설

흔히 사람들은 창의적인 사고에 대해 특별한 사람들만이 할 수 있는 대단한 능력이라고 생각하지만 그리 대단한 능력이 아니며 이미 알고 있는 경험과 지식을 해체하여 다시 새로운 정보로 결합하여 가치 있는 아이디어를 산출하는 사고라고 할 수 있다.

답 ②

ⓛ 발산적 사고 : 창의적 사고를 위해 필요한 것으로 자유연상법, 강제연상법, 비교발상법 등을 통해 개발할 수 있다.

구분	내용
자유연상법	생각나는 대로 자유롭게 발상 ex) 브레인스토밍
강제연상법	각종 힌트에 강제적으로 연결 지어 발상 ex) 체크리스트
비교발상법	주제의 본질과 닮은 것을 힌트로 발상 ex) NM법, Synectics

Point >> 브레인스토밍
- ⊙ 진행방법
  - 주제를 구체적이고 명확하게 정한다.
  - 구성원의 얼굴을 볼 수 있는 좌석 배치와 큰 용지를 준비한다.
  - 구성원들의 다양한 의견을 도출할 수 있는 사람을 리더로 선출한다.
  - 구성원은 다양한 분야의 사람들로 5~8명 정도로 구성한다.
  - 발언은 누구나 자유롭게 할 수 있도록 하며, 모든 발언 내용을 기록한다.
  - 아이디어에 대한 평가는 비판해서는 안 된다.
- ⓛ 4대 원칙
  - 비판엄금(Support) : 평가 단계 이전에 결코 비판이나 판단을 해서는 안 되며 평가는 나중까지 유보한다.
  - 자유분방(Silly) : 무엇이든 자유롭게 말하고 이런 바보 같은 소리를 해서는 안 된다는 등의 생각은 하지 않아야 한다.
  - 질보다 양(Speed) : 질에는 관계없이 가능한 많은 아이디어들을 생성해내도록 격려한다.
  - 결합과 개선(Synergy) : 다른 사람의 아이디어에 자극되어 보다 좋은 생각이 떠오르고, 서로 조합하면 재미있는 아이디어가 될 것 같은 생각이 들면 즉시 조합시킨다.

② 논리적 사고 : 사고의 전개에 있어 전후의 관계가 일치하고 있는가를 살피고 아이디어를 평가하는 사고능력이다.

ⓞ 논리적 사고를 위한 5가지 요소 : 생각하는 습관, 상대 논리의 구조화, 구체적인 생각, 타인에 대한 이해, 설득

ⓛ 논리적 사고 개발 방법
- 피라미드 구조 : 하위의 사실이나 현상부터 사고하여 상위의 주장을 만들어가는 방법
- so what기법 : '그래서 무엇이지?'하고 자문자답하여 주어진 정보로부터 가치 있는 정보를 이끌어 내는 사고 기법

③ 비판적 사고 : 어떤 주제나 주장에 대해서 적극적으로 분석하고 종합하며 평가하는 능동적인 사고이다.

ⓞ 비판적 사고 개발 태도 : 비판적 사고를 개발하기 위해서는 지적 호기심, 객관성, 개방성, 융통성, 지적 회의성, 지적 정직성, 체계성, 지속성, 결단성, 다른 관점에 대한 존중과 같은 태도가 요구된다.

ⓛ 비판적 사고를 위한 태도
- 문제의식 : 비판적인 사고를 위해서 가장 먼저 필요한 것은 바로 문제의식이다. 자신이 지니고 있는 문제와 목적을 확실하고 정확하게 파악하는 것이 비판적인 사고의 시작이다.
- 고정관념 타파 : 지각의 폭을 넓히는 일은 정보에 대한 개방성을 가지고 편견을 갖지 않는 것으로 고정관념을 타파하는 일이 중요하다.

(2) 문제처리능력과 문제해결절차

① 문제처리능력 : 목표와 현상을 분석하고 이를 토대로 문제를 도출하여 최적의 해결책을 찾아 실행·평가하는 능력이다.

② 문제해결절차 : 문제 인식 → 문제 도출 → 원인 분석 → 해결안 개발 → 실행 및 평가

    ㉠ 문제 인식 : 문제해결과정 중 'what'을 결정하는 단계로 환경 분석 → 주요 과제 도출 → 과제 선정의 절차를 통해 수행된다.

      • 3C 분석 : 환경 분석 방법의 하나로 사업환경을 구성하고 있는 요소인 자사(Company), 경쟁사(Competitor), 고객(Customer)을 분석하는 것이다.

예제 3

L사에서 주력 상품으로 밀고 있는 TV의 판매 이익이 감소하고 있는 상황에서 귀하는 B부장으로부터 3C분석을 통해 해결방안을 강구해 오라는 지시를 받았다. 다음 중 3C에 해당하지 않는 것은?

① Customer   ② Company
③ Competitor   ④ Content

출제의도

3C의 개념과 구성요소를 정확히 숙지하고 있는지를 측정하는 문항이다.

해 설

3C 분석에서 사업 환경을 구성하고 있는 요소인 자사(Company), 경쟁사(Competitor), 고객을 3C(Customer)라고 한다. 3C 분석에서 고객 분석에서는 '고객은 자사의 상품·서비스에 만족하고 있는지를, 자사 분석에서는 '자사가 세운 달성목표와 현상 간에 차이가 없는지를 경쟁사 분석에서는 '경쟁 기업의 우수한 점과 자사의 현상과 차이가 없는지에 대한 질문을 통해서 환경을 분석하게 된다.

답 ④

      • SWOT 분석 : 기업내부의 강점과 약점, 외부환경의 기회와 위협요인을 분석·평가하여 문제해결 방안을 개발하는 방법이다.

		내부환경요인	
		강점(Strengths)	약점(Weaknesses)
외부환경요인	기회 (Opportunities)	SO 내부강점과 외부기회 요인을 극대화	WO 외부기회를 이용하여 내부약점을 강점으로 전환
	위협 (Threat)	ST 외부위협을 최소화하기 위해 내부강점을 극대화	WT 내부약점과 외부위협을 최소화

ⓛ 문제 도출 : 선정된 문제를 분석하여 해결해야 할 것이 무엇인지를 명확히 하는 단계로, 문제 구조 파악 → 핵심 문제 선정 단계를 거쳐 수행된다.

- Logic Tree : 문제의 원인을 파고들거나 해결책을 구체화할 때 제한된 시간 안에서 넓이와 깊이를 추구하는데 도움이 되는 기술로 주요 과제를 나무모양으로 분해·정리하는 기술이다.

ⓒ 원인 분석 : 문제 도출 후 파악된 핵심 문제에 대한 분석을 통해 근본 원인을 찾는 단계로 Issue 분석 → Data 분석 → 원인 파악의 절차로 진행된다.

ⓔ 해결안 개발 : 원인이 밝혀지면 이를 효과적으로 해결할 수 있는 다양한 해결안을 개발하고 최선의 해결안을 선택하는 것이 필요하다.

ⓜ 실행 및 평가 : 해결안 개발을 통해 만들어진 실행계획을 실제 상황에 적용하는 활동으로 실행계획 수립 → 실행 → Follow-up의 절차로 진행된다.

예제 4

C사는 최근 국내 매출이 지속적으로 하락하고 있어 사내 분위기가 심상치 않다. 이에 대해 Y부장은 이 문제를 극복하고자 문제처리 팀을 구성하여 해결방안을 모색하도록 지시하였다. 문제처리 팀의 문제해결 절차를 올바른 순서로 나열한 것은?

① 문제 인식 → 원인 분석 → 해결안 개발 → 문제 도출 → 실행 및 평가
② 문제 도출 → 문제 인식 → 해결안 개발 → 원인 분석 → 실행 및 평가
③ 문제 인식 → 원인 분석 → 문제 도출 → 해결안 개발 → 실행 및 평가
④ 문제 인식 → 문제 도출 → 원인 분석 → 해결안 개발 → 실행 및 평가
⑤ 문제 도출 → 문제 인식 → 원인 분석 → 해결안 개발 → 실행 및 평가

출제의도

실제 업무 상황에서 문제가 일어났을 때 해결 절차를 알고 있는지를 측정하는 문항이다.

해 설

일반적인 문제해결절차는 '문제 인식 → 문제 도출 → 원인 분석 → 해결안 개발 → 실행 및 평가'로 이루어진다.

답 ④

출제예상문제

┃1~2┃ 다음은 비상 시 대처요령이다. 물음에 답하시오.

상황	대처요령
1. 호흡과 맥박이 정지했어요.	4분 후부터 뇌가 직접 손상되므로 4분 이내에 심폐소생술을 실시한다.
2. 숨은 쉬는데 심장이 뛰지 않아요.	가슴압박(심장마사지)을 실시한다. 가슴압박은 양쪽 젖꼭지 정중앙, 분당 100회 속도, 4~5㎝ 깊이로 압박한다.
3. 숨도 안 쉬고 심장도 뛰지 않아요.	가슴압박과 인공호흡을 동시에 실시한다. 인공호흡은 입 속 이물질 제거, 턱과 귓불이 수직이 되도록 기도 확보, 코 막기, 가슴압박 30회→인공호흡 2회(이후 계속 반복, 10초 이내 가슴압박 재개)
4. 응급처치자가 2명이에요.	가슴압박과 인공호흡으로 분담하여 동시에 실시한다.
5. 평소에 심폐소생술을 알아 두고 싶어요.	소방방재청 홈페이지에서 심폐소생술 동영상을 다운받아 핸드폰에 저장한다.

1 당신은 신입사원으로 아침 일찍 회사에 출근하기 위해 지하철을 기다리고 있다가 갑자기 한쪽에서 한 남자가 쓰러져 있는 것을 발견하였다. 그 남자는 현재 숨은 쉬는데 심장이 뛰지 않은 상황이다. 당신은 어떻게 하겠는가?

① 양쪽 젖꼭지 정중앙에 손을 얹고 분당 100회의 속도와 4~5㎝ 깊이로 가슴압박을 실시한다.

② 다른 사람이 올 때까지 기다렸다가 가슴압박과 인공호흡으로 분담하여 동시에 심폐소생술을 실시한다.

③ 소방방재청 홈페이지에 들어가 심폐소생술 동영상을 다운받아 핸드폰에 저장시킨다.

④ 4분이 지나면 뇌에 직접적으로 손상이 오므로 4분 이내에 심폐소생술을 실시한다.

⑤ 4분 이내에 응급처치를 한 다른 사람을 데려온다.

> ✔**해설** 현재 남자는 숨은 쉬는데 심장이 뛰지 않는 상황이므로 ①이 가장 적절한 대처요령이다.

2 핸드폰을 제조하고 있는 P기업에서는 기존에 있던 핸드폰 갑, 을 외에 이번에 새로이 핸드폰 병을 만들었다. 핸드폰 각각의 가격이나 기능, 모양은 아래에 있는 표와 같으며 P기업에서는 이번에 만든 병을 이용해 기존에 만들었던 갑을 팔려고 한다. 이 때 필요한 핸드폰 병의 기준으로 알맞은 조건을 고르시오.

〈핸드폰 갑·을·병의 비교〉

	갑	을	병
가격	A	B	C
기능	D	E	F
디자인	G	H	I
서비스 기간	J	K	L
사은품	M	N	O

〈조건〉

- 가격 : A가 B보다 값이 싸다.
- 기능 : D와 E의 기능은 같다.
- 디자인 : G는 H보다 모양이 좋다.
- 서비스 기간 : J는 K와 같다.

① C는 A보다 값이 싸야 한다.

② F는 E보다 기능이 좋아야 한다.

③ I는 G보다 디자인이 나빠야 한다.

④ L은 K보다 서비스 기간이 길어야 한다.

⑤ O는 N보다 사은품이 많아야 한다.

✔ 해설 새로 만든 병을 이용하여 기존의 있던 갑을 팔려면 병은 모든 면에서 갑보다 좋아서는 안 된다. 따라서 가격 면에서 C는 A보다 비싸야 하고 기능 면에서 F는 E보다 기능이 나빠야 한다. 그리고 디자인 면에서 I는 G보다 디자인이 나빠야 한다. 또한 L은 K보다 서비스 기간이 짧아야 한다.

Answer 1.① 2.③

|3~4| 다음 지문과 자료를 읽고 물음에 답하시오.

신입사원 P씨는 중요한 회의의 자료를 출력하여 인원수에 맞춰 복사를 해두라는 팀장님의 지시를 받았는데 아무리 인쇄를 눌러봐도 프린터에서는 서류가 나오지 않았다. 이 때 서랍 속에서 프린터기의 사용설명서를 찾았다.

〈프린터 인쇄 문제 해결사〉

항목	문제	점검사항	조치
A	인쇄 출력 품질이 떨어집니다.	올바른 용지를 사용하고 있습니까?	• 프린터 권장 용지를 사용하면 인쇄 출력 품질이 향상됩니다. • 본 프린터는 ○○용지 또는 △△용지의 사용을 권장합니다.
		프린터기의 상태메뉴에 빨간 불이 들어와 있습니까?	• 프린터기의 잉크 노즐이 오염된 신호입니다. • 잉크 노즐을 청소하십시오.
B	문서가 인쇄되지 않습니다.	인쇄 대기열에 오류 문서가 있습니까?	인쇄 대기열의 오류 문서를 취소하십시오.
		네트워크가 제대로 연결되어 있습니까?	컴퓨터와 프린터의 네트워크 연결을 확인하고 연결하십시오.
		프린터기에 용지 또는 토너가 공급되어 있습니까?	프린터기에 용지 또는 토너를 공급하십시오.
C	프린터의 기능이 일부 작동하지 않습니다.	본사에서 제공하는 드라이버를 사용하고 있습니까?	본사의 홈페이지에서 제공하는 프린터 드라이버를 받아 설치하십시오.
D	인쇄 속도가 느립니다.	인쇄 대기열에 오류 문서가 있습니까?	인쇄 대기열의 오류 문서를 취소하십시오.
		인쇄하려는 파일에 많은 메모리가 필요합니까?	하드 디스크의 사용 가능한 공간의 양을 늘려보십시오.

3 신입사원 P씨가 확인해야 할 항목은 무엇인가?

① A   ② B

③ C   ④ D

⑤ 없다.

> ✔해설 현재 인쇄가 전혀 되지 않으므로 B항목 "문서가 인쇄되지 않습니다."를 확인해야 한다.

4 다음 중 신입사원 P씨가 확인하지 않아도 되는 것은?

① 인쇄 대기열에 오류 문서가 있는지 확인한다.

② 네트워크가 제대로 연결되어 있는지 확인한다.

③ 프린터기에 토너가 공급되어 있는지 확인한다.

④ 올바른 용지를 사용하고 있는지 확인한다.

⑤ 프린터기에 용지가 공급되어 있는지 확인한다.

> ✔해설 B항목의 점검사항만 확인하면 되므로 용지의 종류는 확인하지 않아도 된다.

5 다음 중 문제해결을 위한 장애요소가 아닌 것은?

① 쉽게 떠오르는 단순한 정보

② 개인적인 편견이나 고정관념

③ 많은 자료를 수집하려는 노력

④ 문제의식

⑤ 즉흥적으로 일을 하는 습관

> ✔해설 ④ 문제의식은 현재에 만족하지 않고 전향적인 자세로 상황을 개선하거나 바꾸고자하는 마음가짐으로 문제해결을 위한 장애요소가 아닌 꼭 갖추어야 할 자세이다.

Answer 3.② 4.④ 5.④

6 빨간색, 파란색, 노란색 구슬이 각각 한 개씩 있다. 이 세 개의 구슬을 A, B, C 세 사람에게 하나씩 나누어 주고, 세 사람 중 한 사람만 진실을 말하도록 하였더니 구슬을 받고 난 세 사람이 다음과 같이 말하였다.

> A : 나는 파란색 구슬을 가지고 있다.
>
> B : 나는 파란색 구슬을 가지고 있지 않다.
>
> C : 나는 노란색 구슬을 가지고 있지 않다.

빨간색, 파란색, 노란색의 구슬을 받은 사람을 차례대로 나열한 것은?

① A, B, C

② A, C, B

③ B, A, C

④ C, B, A

⑤ C, A, B

✔ 해설 1) A가 진실을 말할 때,

A : 파란색 구슬, B : 파란색 구슬, C : 노란색 구슬

이 경우, 빨간색 구슬을 가진 사람이 없어서 모순이다.

2) B가 진실을 말할 때,

A : 빨간색 또는 노란색 구슬, B : 빨간색 또는 노란색 구슬, C : 노란색 구슬

이 경우, 파란색 구슬을 가진 사람이 없어서 모순이다.

3) C가 진실을 말할 때,

A : 빨간색 또는 노란색 구슬, B : 파란색 구슬, C : 빨간색 또는 파란색 구슬

이로부터, A는 노란색 구슬, B는 파란색 구슬, C는 빨간색 구슬을 가지고 있다.

1), 2), 3)에 의하여 빨간색, 파란색, 노란색 구슬을 받은 사람을 차례로 나열하면 C, B, A이다.

7 언어영역 3문항, 수리영역 4문항, 외국어영역 3문항, 사회탐구영역 2문항이 있다. A, B, C, D 네 사람에게 3문항씩 각각 다른 영역의 문항을 서로 중복되지 않게 나누어 풀게 하였다. 다음은 네 사람이 푼 문항을 조사한 결과 일부이다. 항상 옳은 것은?

- A는 언어영역 1문항을 풀었다.
- B는 외국어영역 1문항을 풀었다.
- C는 사회탐구영역 1문항을 풀었다.
- D는 외국어영역 1문항을 풀었다.

---

① A가 외국어영역 문항을 풀었다면 D는 언어영역 문항을 풀었다.

② A가 외국어영역 문항을 풀었다면 C는 언어영역 문항을 풀었다.

③ A가 외국어영역 문항을 풀었다면 B는 언어영역 문항을 풀었다.

④ A가 사회탐구영역 문항을 풀었다면 D는 언어영역 문항을 풀지 않았다.

⑤ 알 수 없다.

✔해설 각각 경우의 표를 만들면

	언어	수리	외국어	사회탐구
A	○	○		
B		○	○	
C		○		○
D		○	○	
계	3	4	3	2

이중 A가 외국어 문제를 풀었다면 B, 또는 D가 사회탐구 문제를 풀었으므로 C는 반드시 언어영역 문제를 풀어야 한다.

만약 A가 사회탐구 문제를 풀었다면 B와 D는 사회탐구 문제를 풀 수 없으므로 반드시 언어영역 문제를 풀어야 하고 C 외국어영역 문제를 풀어야 한다.

8 우리 학교 교내 마라톤 코스에 대한 다음 명제 중 세 개는 참이고 나머지 하나는 거짓이다. 이때 항상 옳은 것은?

> Ⅰ. 우리 학교 교내 마라톤 코스는 5km이다.
> Ⅱ. 우리 학교 교내 마라톤 코스는 6km이다.
> Ⅲ. 우리 학교 교내 마라톤 코스는 7km가 아니다.
> Ⅳ. 우리 학교 교내 마라톤 코스는 8km가 아니다.

① Ⅰ은 참이다.
② Ⅰ은 거짓이다.
③ Ⅱ은 참이다.
④ Ⅲ은 참이다.
⑤ Ⅳ은 거짓이다.

✔해설 네 문장 중 하나만 거짓이므로
　　　Ⅲ이 거짓이면 교내 마라톤 코스는 7km이고 Ⅰ, Ⅱ는 거짓이다.
　　　Ⅳ이 거짓이면 교내 마라톤 코스는 8km이고 Ⅰ, Ⅱ는 거짓이다.
　　　따라서 Ⅲ, Ⅳ는 항상 참이다.
　　　또 Ⅰ 또는 Ⅱ가 참이면 둘 중 하나는 거짓이므로 Ⅲ, Ⅳ는 참이다.
　　　따라서 항상 옳은 것은 ④이다.

9 서초고 체육 대회에서 찬수, 민경, 석진, 린 네 명이 달리기를 하였는데 네 사람의 성은 가나다라 순으로 "강", "김", "박", "이"이다. 다음을 보고 성과 이름이 맞게 연결된 것을 고르면?

> • 강 양은 "내가 넘어지지만 않았어도…"라며 아쉬워했다.
> • 석진이는 성이 "이"인 사람보다 빠르지만, 민경이 보다는 늦다.
> • 자기 딸이 1등을 했다고 아버지 "김"씨는 매우 기뻐했다.
> • 찬수는 꼴찌가 아니다.
> • 민경이와 린이만 여자이다.

① 이찬수, 김민경, 박석진, 강린
② 김찬수, 이민경, 강석진, 박린
③ 박찬수, 강민경, 이석진, 김린
④ 김찬수, 박민경, 강석진, 이린
⑤ 강찬수, 김민경, 이석진, 박린

✔해설 민경이와 린이만 여자이고 김 씨와 강 씨는 여자이다.
　　　또 석진이는 박 씨 또는 이 씨 인데, 두 번째 문장에 의해 석진이 성은 박 씨이다. 따라서 찬수의 성은 이 씨이고, 찬수는 꼴찌가 아니다. 석진이는 찬수보다 빠르고 민경이보다 늦었다고 했으므로 1등이 민경이, 2등이 석진이, 3등이 찬수이다. 따라서 1등을 한 민경이의 성이 김 씨이고 린이는 강 씨이다.

10 다음의 기사는 기자와 어느 국회의원과의 일문일답 중 한 부분을 발췌한 것이다. 인터뷰 내용을 읽고 이와 연관지어 볼 때 밑줄 친 부분으로 인해 예상되는 결과(해결방안)로서 적절한 내용을 고르면?

기자 : 역대 대통령들은 지역 기반이 확고했습니다. A 의원님처럼 수도권이 기반이고, 지역 색이 옅은 정치인은 대권에 도전하기 쉽지 않다는 지적이 있습니다. 이에 대해 어떻게 생각하시는지요

A 의원 : 여러 가지 면에서 수도권 후보는 새로운 시대정신에 부합한다고 생각합니다."

기자 : 통일은 언제쯤 가능하다고 보십니까. 남북이 대치한 상황에서 남북 간 관계는 어떻게 운용해야 한다고 생각하십니까?

A 의원 : "누가 알겠습니까? 통일이 언제 갑자기 올지…. 다만 언제가 될지 모르는 통일에 대한 준비와 함께, 통일을 앞당기려는 노력이 필요하다고 생각합니다.

기자 : 최근 읽으신 책 가운데 인상적인 책이 있다면 두 권만 꼽아주십시오.

A 의원 : "댄 세노르, 사울 싱어의 '창업국가'와 최재천 교수의 '손잡지 않고 살아남은 생명은 없다' 입니다. '창업국가'는 박근혜 정부의 창조경제 프로젝트 덕분에 이미 많은 분들이 접하셨을 것이라 생각하는데요. 이 책에는 정부 관료와 기업인들은 물론 혁신적인 리더십이 필요한 사람들이 참고할만한 내용들이 풍부하게 담겨져 있습니다. 특히 인텔 이스라엘 설립자 도브 프로먼의 "리더의 목적은 저항을 극대화 시키는 일이다. 그래야 의견차이나 반대를 자연스럽게 드러낼 수 있기 때문이다"라는 말에서, 서로의 의견 차이를 존중하면서도 끊임없는 토론을 자극하는 이스라엘 문화의 특징이 인상 깊었습니다. 뒤집어 생각해보면, 다양한 사람들의 반대 의견까지 청취하고 받아들이는 리더의 자세가, 제가 중요하게 여기는 '경청의 리더십, <u>서번트 리더십</u>'과도 연결되지 않나 싶습니다.

(후략)

---

① 탁월한 리더가 되기 위해서는 차가운 지성만이 아닌 뜨거운 가슴도 함께 가지고 있어야 한다.

② 리더 자신의 특성에서 나오는 힘과 부하들이 리더와 동일시하려는 심리적 과정을 통해서 영향력을 행사하며, 부하들에게 미래에 대한 비전을 제시하거나 공감할 수 있는 가치체계를 구축하여 리더십을 발휘하게 하는 것이다.

③ 리더가 직원을 보상 및 처벌 등으로 촉진시키는 것이다.

④ 자신에게 실행하는 리더십을 말하는 것으로 자신이 스스로에게 영향을 미치는 지속적인 과정이다.

⑤ 기업 조직에 적용했을 경우 기업에서는 팀원들이 목표달성뿐만이 아닌 업무와 관련하여 개인이 서로 성장할 수 있도록 지원하고 배려하는 것이라고 할 수 있다.

11 다음 제시된 조건을 보고, 만일 영호와 옥숙을 같은 날 보낼 수 없다면, 목요일에 보내야 하는 남녀사원은 누구인가?

> 영업부의 박 부장은 월요일부터 목요일까지 매일 남녀 각 한 명씩 두 사람을 회사 홍보 행사 담당자로 보내야 한다. 영업부에는 현재 남자 사원 4명(길호, 철호, 영호, 치호)과 여자 사원 4명(영숙, 옥숙, 지숙, 미숙)이 근무하고 있으며, 다음과 같은 제약 사항이 있다.
>
> ㉠ 매일 다른 사람을 보내야 한다.
> ㉡ 치호는 철호 이전에 보내야 한다.
> ㉢ 옥숙은 수요일에 보낼 수 없다.
> ㉣ 철호와 영숙은 같이 보낼 수 없다.
> ㉤ 영숙은 지숙과 미숙 이후에 보내야 한다.
> ㉥ 치호는 영호보다 앞서 보내야 한다.
> ㉦ 옥숙은 지숙 이후에 보내야 한다.
> ㉧ 길호는 철호를 보낸 바로 다음 날 보내야 한다.

① 길호와 영숙　　　　　　　　　② 영호와 영숙
③ 치호와 옥숙　　　　　　　　　④ 길호와 옥숙
⑤ 영호와 미숙

✔ 해설 남자사원의 경우 ㉡, ㉥, ㉧에 의해 다음과 같은 두 가지 경우가 가능하다.

	월요일	화요일	수요일	목요일
경우 1	치호	영호	철호	길호
경우 2	치호	철호	길호	영호

[경우 1]

옥숙은 수요일에 보낼 수 없고, 철호와 영숙은 같이 보낼 수 없으므로 옥숙과 영숙은 수요일에 보낼 수 없다. 또한 영숙은 지숙과 미숙 이후에 보내야 하고, 옥숙은 지숙 이후에 보내야 하므로 조건에 따르면 다음과 같다.

	월요일	화요일	수요일	목요일
남	치호	영호	철호	길호
여	지숙	옥숙	미숙	영숙

[경우 2]

		월요일	화요일	수요일	목요일
	남	치호	철호	길호	영호
경우 2-1	여	미숙	지숙	영숙	옥숙
경우 2-2	여	지숙	미숙	영숙	옥숙
경우 2-3	여	지숙	옥숙	미숙	영숙

문제에서 영호와 옥숙을 같이 보낼 수 없다고 했으므로, [경우 1], [경우 2-1], [경우 2-2]는 해당하지 않는다. 따라서 [경우 2-3]에 의해 목요일에 보내야 하는 남녀사원은 영호와 영숙이다.

12 '가, 나, 다, 라, 마'가 일렬로 서 있다. 아래와 같은 조건을 만족할 때, '가'가 맨 왼쪽에 서 있을 경우, '나'는 몇 번째에 서 있는가?

- '가'는 '다' 바로 옆에 서있다.
- '나'는 '라'와 '마' 사이에 서있다.

---

① 첫 번째   ② 두 번째

③ 세 번째   ④ 네 번째

⑤ 다섯 번째

해설 문제 지문과 조건으로 보아 가, 다의 자리는 정해져 있다.

가	다			

나는 라와 마 사이에 있으므로 다음과 같이 두 가지 경우가 있을 수 있다.

라	나	마

마	나	라

따라서 가가 맨 왼쪽에 서 있을 때, 나는 네 번째에 서 있게 된다.

13 지하철 10호선은 총 6개의 주요 정거장을 경유한다. 주어진 조건이 다음과 같을 경우, C가 4번째 정거장일 때, E 바로 전의 정거장이 될 수 있는 것은?

- 지하철 10호선은 순환한다.
- 주요 정거장을 각각 A, B, C, D, E, F라고 한다.
- E는 3번째 정거장이다.
- B는 6번째 정거장이다.
- D는 F의 바로 전 정거장이다.
- C는 A의 바로 전 정거장이다.

① F
② E
③ D
④ B
⑤ A

✔해설 C가 4번째 정거장이므로 표를 완성하면 다음과 같다.

순서	1	2	3	4	5	6
정거장	D	F	E	C	A	B

따라서 E 바로 전의 정거장은 F이다.

14 다음은 유진이가 학교에 가는 요일에 대한 설명이다. 이들 명제가 모두 참이라고 가정할 때, 유진이가 학교에 가는 요일은?

- ㉠ 목요일에 학교에 가면 월요일엔 학교에 가지 않는다.
- ㉡ 금요일에 학교에 가면 수요일에 학교에 간다.
- ㉢ 화요일에 학교에 가면 수요일에 학교에 가지 않는다.
- ㉣ 금요일에 학교에 가지 않으면 월요일에 학교에 간다.
- ㉤ 유진이는 화요일에 학교에 가지 않는다.

① 월, 수
② 월, 수, 금
③ 수, 목, 금
④ 수, 금
⑤ 목, 금

✔해설 ㉤에서 유진이는 화요일에 학교에 가지 않으므로 ㉢에 의해 수요일에는 학교에 간다.
수요일에는 학교에 가므로 ㉡에 의해 금요일에는 학교에 간다.
금요일에는 학교에 가므로 ㉣에 의해 월요일에는 학교를 가지 않는다.
월요일에는 학교에 가지 않으므로 ㉠에 의해 목요일에는 학교에 간다.
따라서 유진이가 학교에 가는 요일은 수, 목, 금이다.

15 민수, 영희, 인영, 경수 네 명이 원탁에 둘러앉았다. 민수는 영희의 오른쪽에 있고, 영희와 인영은 마주보고 있다. 경수의 오른쪽과 왼쪽에 앉은 사람을 차례로 짝지은 것은?

① 영희 – 민수

② 영희 – 인영

③ 인영 – 영희

④ 민수 – 인영

⑤ 민수 – 영희

✔해설 조건에 따라 4명을 원탁에 앉히면 시계방향으로 경수, 인영, 민수, 영희의 순으로 되므로 경수의 오른쪽과 왼쪽에 앉은 사람은 영희 – 인영이 된다.

16 다음 조건이 참이라고 할 때 항상 참인 것을 고르면?

> • 민수는 A기업에 다닌다.
> • 영어를 잘하면 업무능력이 뛰어난 것이다.
> • 영어를 잘하지 못하면 A기업에 다닐 수 없다.
> • A기업은 우리나라 대표 기업이다.

① 민수는 업무능력이 뛰어나다.

② A기업에 다니는 사람들은 업무능력이 뛰어나지 못하다.

③ 민수는 영어를 잘하지 못한다.

④ 민수는 수학을 매우 잘한다.

⑤ 업무능력이 뛰어난 사람은 A기업에 다니는 사람이 아니다.

✔해설 주어진 조건을 잘 풀어보면 민수는 A기업에 다닌다, 영어를 잘하면 업무능력이 뛰어나다, 업무능력이 뛰어나지 못하면 영어를 못한다, 영어를 못하는 사람은 A기업에 다니지 않는다, A기업 사람은 영어를 잘한다. 전체적으로 연결시켜 보면 '민수→A기업에 다닌다. →영어를 잘한다. →업무능력이 뛰어나다.' 이므로 '민수는 업무능력이 뛰어나다.'는 결론을 도출할 수 있다.

Answer 13.① 14.③ 15.② 16.①

17 다음은 세계 최대 규모의 종합·패션·의류기업인 I사의 대표 의류 브랜드의 SWOT분석이다. 다음 보기의 설명 중 옳지 않은 것은?

강점(STRENGH)	약점(WEAKNESS)
• 디자인과 생산과정의 수직 계열화 • 제품의 빠른 회전율 • 세련된 디자인과 저렴한 생산 비용	• 디자인에 대비되는 다소 낮은 품질 • 광고를 하지 않는 전략으로 인한 낮은 인지도
기회(OPPORTUNITY)	위협(THREAT)
• SPA 브랜드 의류 시장 성장 • 진출 가능한 다수의 국가	• 후발 경쟁 브랜드의 등장 • 목표 세그먼트에 위협이 되는 경제 침체

① SO 전략 – 경쟁이 치열한 지역보다는 빠른 생산력을 이용하여 신흥시장을 개척하여 점유율을 높힌다.

② ST 전략 – 시장에서 높은 점유율을 유지하기 위하여 광고비에 투자한다.

③ WO 전략 – 신흥 시장에서의 광고비 지출을 늘린다.

④ WT 전략 – 경제침체로 인한 소비가 줄어들기 때문에 디자인 비용을 낮춘다.

⑤ ST 전략 – 가격 경쟁력을 통하여 후발 경쟁회사들이 진입하지 못하도록 한다.

✔해설 이 의류 브랜드의 강점은 세련된 디자인으로 디자인 자체가 강점인 브랜드에서 경기침체를 이유로 디자인 비용을 낮추게 된다면 브랜드의 강점이 사라지므로 올바른 전략은 아니다.
① 디자인과 생산과정이 수직화되어 있으므로 빠른 생산력을 가지고 있다. 따라서 신흥시장 즉 진출 가능한 국가에서 빠른 생산력을 가지고 점유율을 높일 수 있다.
② 후발 주자에게 자리를 내주지 않기 위해서는 저렴한 생산비용인 대신 광고를 늘려 점유율을 유지하여야 한다.
③ 신흥시장에서 점유율을 높이기 위해 광고를 하여 낮은 인지도를 탈피하여야 한다.
⑤ 저렴한 생산비용을 통해 가격 경쟁력에서 우위를 점할 수 있기 때문에 후발 경쟁 브랜드를 따돌릴 수 있다.

18 다음은 대한민국의 대표 커피 브랜드 중 하나인 C 브랜드의 SWOT분석이다. 다음 보기의 설명 중 옳은 것은?

강점(STRENGH)	약점(WEAKNESS)
• 세련된 유럽풍 인테리어, 고급스러운 느낌 • 공격적인 매장 확장 • 성공적인 스타마케팅	• 스타이미지에 치중 • 명확한 BI 부재 • 품질에 대한 만족도가 낮음
기회(OPPORTUNITY)	위협(THREAT)
• 고급 커피시장의 확대 • 소득 수준의 향상 • 커뮤니케이션 매체의 다각화	• 경쟁 업체의 증가 • 원두가격의 불안정성

① SO 전략 – 커피의 가격이 조금 올라가더라도 최고의 스타로 마케팅을 하여 브랜드 가치를 높인다.

② ST 전략 – 매장 수를 더욱 늘려 시장 점유율을 높인다.

③ WO 전략 – 「C 커피」는 맛있다.」 공모전을 열어 소비자 인식을 긍정적으로 바꾼다.

④ WT 전략 – 원두가격이 변할 때마다 능동적으로 커피가격에 변화를 주어 C 커피는 능동적이다라는 이미지를 소비자에게 심어준다.

⑤ SO 전략 – 소득수준이 향상되었기 때문에 커피가격을 올려 더 유명한 스타를 영입한다.

> ✔️**해설** 품질에 대한 만족도가 낮기 때문에 다양한 커뮤니케이션 매체를 동원하여 만족도를 높일 수 있는 방법을 찾아야 한다.
> ① C 커피는 성공적인 스타마케팅이 강점이기는 하지만 그만큼 스타이미지에 치중된 약점도 가지고 있으므로 스타이미지에 더욱 치중하는 것을 올바르지 않다.
> ② 매장 확장이 경쟁업체가 늘어나는 것을 막을 수 있는 것은 아니다.
> ④ 매번 가격이 달라진다면 소비자의 혼란만 가중시키는 결과를 초래할 것이다.
> ⑤ 소득수준의 향상과 커피가격의 상승 간에는 연관성이 결여되어 있다.

Answer 17.④ 18.③

19 다음은 폐기물관리법의 일부이다. 제시된 내용을 참고할 때 옳은 것은?

제00조 이 법에서 말하는 폐기물이란 쓰레기, 연소재, 폐유, 폐알칼리 및 동물의 사체 등으로 사람의 생활이나 사업활동에 필요하지 않게 된 물질을 말한다.

제00조

① 도지사는 관할 구역의 폐기물을 적정하게 처리하기 위하여 환경부장관이 정하는 지침에 따라 10년마다 '폐기물 처리에 관한 기본계획'(이하 '기본계획'이라 한다)을 세워 환경부장관의 승인을 받아야 한다. 승인사항을 변경하려 할 때에도 또한 같다. 이 경우 환경부장관은 기본계획을 승인하거나 변경승인하려면 관계 중앙행정기관의 장과 협의하여야 한다.

② 시장·군수·구청장은 10년마다 관할 구역의 기본계획을 세워 도지사에게 제출하여야 한다.

③ 제1항과 제2항에 따른 기본계획에는 다음 각 호의 사항이 포함되어야 한다.

　1. 관할 구역의 지리적 환경 등에 관한 개황

　2. 폐기물의 종류별 발생량과 장래의 발생 예상량

　3. 폐기물의 처리 현황과 향후 처리 계획

　4. 폐기물의 감량화와 재활용 등 자원화에 관한 사항

　5. 폐기물처리시설의 설치 현황과 향후 설치 계획

　6. 폐기물 처리의 개선에 관한 사항

　7. 재원의 확보계획

제00조

① 환경부장관은 국가 폐기물을 적정하게 관리하기 위하여 전조 제1항에 따른 기본계획을 기초로 '국가 폐기물관리 종합계획'(이하 '종합계획'이라 한다)을 10년마다 세워야 한다.

② 환경부장관은 종합계획을 세운 날부터 5년이 지나면 그 타당성을 재검토하여 변경할 수 있다.

---

① 재원의 확보계획은 기본계획에 포함되지 않아도 된다.

② A도 도지사가 제출한 기본계획을 승인하려면, 환경부장관은 관계 중앙행정기관의 장과 협의를 거쳐야 한다.

③ 환경부장관은 국가 폐기물을 적정하게 관리하기 위하여 10년마다 기본계획을 수립하여야 한다.

④ B군 군수는 5년마다 종합계획을 세워 환경부장관에게 제출하여야 한다.

⑤ 기본계획 수립 이후 5년이 경과하였다면, 환경부장관은 계획의 타당성을 재검토하여 계획을 변경하여야 한다.

✔해설 ① 재원의 확보계획은 기본계획에 포함되어야 한다.
　　　③ 환경부장관은 국가 폐기물을 적정하게 관리하기 위하여 10년마다 종합계획을 수립하여야 한다.
　　　④ 시장·군수·구청장은 10년마다 관할 구역의 기본계획을 세워 도지사에게 제출하여야 한다.
　　　⑤ 환경부장관은 종합계획을 세운 날부터 5년이 지나면 그 타당성을 재검토하여 변경할 수 있다.

20 다음은 □□전자의 스마트폰 사용에 관한 조사 설계의 일부분이다. 본 설문조사의 목적으로 가장 적합하지 않은 것은?

---

1. 조사 목적

2. 과업 범위
① 조사 대상 : 서울과 수도권에 거주하고 있으며 최근 5년 이내에 스마트폰 변경 이력이 있고, 향후 1년 이내에 스마트폰 변경 의향이 있는 만 20 ~ 30세의 성인 남녀
② 조사 방법 : 구조화된 질문지를 이용한 온라인 조사
③ 표본 규모 : 총 1,000명

3. 조사 내용
① 시장 환경 파악 : 스마트폰 시장 동향(사용기기 브랜드 및 가격, 기기사용 기간 등)
② 과거 스마트폰 변경 현황 파악 : 변경 횟수, 변경 사유 등
③ 향후 스마트폰 변경 잠재 수요 파악 : 변경 사유, 선호 브랜드, 변경 예산 등
④ 스마트폰 구매자를 위한 개선 사항 파악 : 스마트폰 구매자를 위한 요금할인, 사은품 제공 등 개선 사항 적용 시 스마트폰 변경 의향
⑤ 배경정보 파악 : 인구사회학적 특성(연령, 성별, 거주 지역 등)

4. 결론 및 기대효과

---

① 스마트폰 구매자를 위한 요금할인 프로모션 시행의 근거 마련
② 평균 스마트폰 기기사용 기간 및 주요 변경 사유 파악
③ 광고 매체 선정에 참고할 자료 구축
④ 스마트폰 구매 시 사은품 제공 유무가 구입 결정에 미치는 영향 파악
⑤ 향후 출시할 스마트폰 가격 책정에 활용할 자료 구축

✔ **해설** 제시된 설문조사에는 광고 매체 선정에 참고할 만한 조사 내용이 포함되어 있지 않다. 따라서 ③은 이 설문조사의 목적으로 적합하지 않다.

21 다음은 법령 등 공포에 관한 법률의 일부이다. 제시된 자료를 참고할 때, 옳게 판단한 사람은? (단, 법령은 법률, 조약, 대통령령, 총리령, 부령을 의미한다)

제00조 이 법은 법령의 공포절차 등에 관하여 규정함을 목적으로 한다.

제00조

① 법률 공포문의 전문에는 국회의 의결을 받은 사실을 적고, 대통령이 서명한 후 대통령인을 찍고 그 공포일을 명기하여 국무총리와 관계 국무위원이 서명한다.

② 확정된 법률을 대통령이 공포하지 아니할 때에는 국회의장이 이를 공포한다. 국회의장이 공포하는 법률의 공포문 전문에는 국회의 의결을 받은 사실을 적고, 국회의장이 서명한 후 국회의장인을 찍고 그 공포일을 명기하여야 한다.

제00조 조약 공포문의 전문에는 국회의 동의 또는 국무회의의 심의를 거친 사실을 적고, 대통령이 서명한 후 대통령인을 찍고 그 공포일을 명기하여 국무총리와 관계 국무위원이 서명한다.

제00조 대통령령 공포문의 전문에는 국무회의의 심의를 거친 사실을 적고, 대통령이 서명한 후 대통령인을 찍고 그 공포일을 명기하여 국무총리와 관계 국무위원이 서명한다.

제00조

① 총리령을 공포할 때에는 그 일자를 명기하고, 국무총리가 서명한 후 총리인을 찍는다.

② 부령을 공포할 때에는 그 일자를 명기하고, 해당 부의 장관이 서명한 후 그 장관인을 찍는다.

제00조

① 법령의 공포는 관보에 게재함으로써 한다.

② 관보의 내용 및 적용 시기 등은 종이관보를 우선으로 하며, 전자관보는 부차적인 효력을 가진다.

---

① 모든 법률의 공포문 전문에는 국회의장인이 찍혀 있다.

② 핵무기비확산조약의 공포문 전문에는 총리인이 찍혀 있다.

③ 지역문화발전기본법의 공포문 전문에는 대법원장인이 찍혀 있다.

④ 대통령인이 찍혀 있는 법령의 공포문 전문에는 국무총리의 서명이 들어 있다.

⑤ 종이관보에 기재된 법인세법의 세율과 전자관보에 기재된 그 세율이 다른 경우 전자관보를 기준으로 판단하여야 한다.

> **✔ 해설** ①③ 법률의 공포문 전문에는 대통령인이 찍혀 있다. 확정된 법률을 대통령이 공포하지 아니할 때에는 국회의장이 공포하며, 이 경우 국회의장인이 찍혀 있다.
> ② 조약 공포문의 전문에는 대통령인이 찍혀 있다.
> ⑤ 종이관보를 우선으로 하며, 전자관보는 부차적인 효력을 가진다.

22 다음 글과 표를 근거로 판단할 때 세 사람 사이의 관계가 모호한 경우는?

- 조직 내에서 두 사람 사이의 관계는 '동갑'과 '위아래' 두 가지 경우로 나뉜다.
- 두 사람이 태어난 연도가 같은 경우 입사년도에 상관없이 '동갑' 관계가 된다.
- 두 사람이 태어난 연도가 다른 경우 '위아래' 관계가 된다. 이때 생년이 더 빠른 사람이 '윗사람', 더 늦은 사람이 '아랫사람'이 된다.
- 두 사람이 태어난 연도가 다르더라도 입사년도가 같고 생년월일의 차이가 1년 미만이라면 '동갑' 관계가 된다.
- 두 사람 사이의 관계를 바탕으로 임의의 세 사람(A ~ C) 사이의 관계는 '명확'과 '모호' 두 가지 경우로 나뉜다.
- A와 B, A와 C가 '동갑' 관계이고 B와 C 또한 '동갑' 관계인 경우 세 사람 사이의 관계는 '명확'하다.
- A와 B가 '동갑' 관계이고 A가 C의 '윗사람', B가 C의 '윗사람'인 경우 세 사람 사이의 관계는 '명확'하다.
- A와 B, A와 C가 '동갑' 관계이고 B와 C가 '위아래' 관계인 경우 세 사람 사이의 관계는 '모호'하다.

이름	생년월일	입사년도
甲	1992. 4. 11.	2017
乙	1991. 10. 3.	2017
丙	1991. 3. 1.	2017
丁	1992. 2. 14.	2017
戊	1993. 1 7.	2018

① 甲, 乙, 丙
② 甲, 乙, 丁
③ 甲, 丁, 戊
④ 乙, 丁, 戊
⑤ 丙, 丁, 戊

✔해설 ① 乙과 甲, 乙과 丙이 '동갑' 관계이고 甲과 丙이 '위아래' 관계이므로 甲, 乙, 丙의 관계는 '모호'하다.

23 사내 체육대회에서 8개의 종목을 구성해 각 종목에서 우승 시 얻는 승점을 합하여 각 팀의 최종 순위를 매기고자 한다. 각 종목은 순서대로 진행하고, 3번째 종목부터는 각 종목 우승 시 받는 승점이 그 이전 종목들의 승점을 모두 합한 점수보다 10점 더 많도록 구성하였다. 다음 중 옳은 것을 모두 고르면? (단, 승점은 각 종목의 우승 시에만 얻을 수 있으며, 모든 종목의 승점은 자연수이다.)

㉠ 1번째 종목과 2번째 종목의 승점이 각각 10점, 20점이라면 8번째 종목의 승점은 1,000점을 넘게 된다.

㉡ 1번째 종목과 2번째 종목의 승점이 각각 100점, 200점이라면 8번째 종목의 승점은 10,000점을 넘게 된다.

㉢ 1번째 종목과 2번째 종목의 승점에 상관없이 8번째 종목의 승점은 6번째 종목 승점의 네 배이다.

㉣ 만약 3번째 종목부터 각 종목 우승 시 받는 승점이 그 이전 종목들의 승점을 모두 합한 점수보다 10점 더 적도록 구성한다면, 1번째 종목과 2번째 종목의 승점에 상관없이 8번째 종목의 승점은 6번째 종목 승점의 네 배보다 적다.

---

① ㉠㉢
② ㉠㉣
③ ㉡㉢
④ ㉠㉡㉣
⑤ ㉡㉢㉣

✔해설 ㉠ 1번째 종목과 2번째 종목의 승점이 각각 10점, 20점이라면 8번째 종목까지의 승점은 다음과 같다.

종목	1	2	3	4	5	6	7	8
승점	10	20	40	80	160	320	640	1,280

㉡ 1번째 종목과 2번째 종목의 승점이 각각 100점, 200점이라면 8번째 종목의 승점은 다음과 같다.

종목	1	2	3	4	5	6	7	8
승점	100	200	310	620	1,240	2,480	4,960	9,920

㉢ ㉠㉡을 참고하면 1번째 종목과 2번째 종목의 승점에 상관없이 8번째 종목의 승점은 6번째 종목 승점의 네 배이다.

㉣ 만약 3번째 종목부터 각 종목 우승 시 받는 승점이 그 이전 종목들의 승점을 모두 합한 점수보다 10점 더 적도록 구성한다면, 8번째 종목까지의 승점은 다음과 같다.

종목	1	2	3	4	5	6	7	8
승점	10	20	20	40	80	160	320	640

종목	1	2	3	4	5	6	7	8
승점	100	200	290	580	1,160	2,320	4,640	9,280

24 반지 상자 A, B, C 안에는 각각 금반지와 은반지 하나씩 들어있고, 나머지 상자는 비어있다. 각각의 상자 앞에는 다음과 같은 말이 씌어있다. 그런데 이 말들 중 하나의 말만이 참이며, 은반지를 담은 상자 앞 말은 거짓이다. 다음 중 항상 맞는 것은?

> A 상자 앞 : 상자 B에는 은반지가 있다.
> B 상자 앞 : 이 상자는 비어있다.
> C 상자 앞 : 이 상자에는 금반지가 있다.

① 상자 A에는 은반지가 있다.
② 상자 A에는 금반지가 있다.
③ 상자 B에는 은반지가 있다.
④ 상자 B에는 금반지가 있다.
⑤ 상자 B는 비어있다.

✔ **해설** A가 참이면 A=금, B=은, C=X
B가 참이면 A=금, B=X, C=은
C가 참이면 모순이 된다.
그러므로 항상 옳은 것은 '상자 A에는 금반지가 있다'가 된다.

25 A, B, C, D, E는 형제들이다. 다음의 〈보기〉를 보고 첫째부터 막내까지 올바르게 추론한 것은?

> 〈보기〉
> ㉠ A는 B보다 나이가 적다.   ㉡ D는 C보다 나이가 적다.
> ㉢ E는 B보다 나이가 많다.   ㉣ A는 C보다 나이가 많다.

① E > B > D > A > C
② E > B > A > C > D
③ E > B > C > D > A
④ D > C > A > B > E
⑤ D > C > A > E > B

✔ **해설** ㉠과 ㉢, ㉣에 의해 E > B > A > C이다.
㉡에서 D는 C보다 나이가 적으므로 E > B > A > C > D이다.

26 다음의 사전 정보를 활용하여 제품 A, B, C 중 하나를 사려고 한다. 다음 중 생각할 수 없는 상황은?

- 성능이 좋을수록 가격이 비싸다.
- 성능이 떨어지는 두 종류의 제품 가격의 합은 성능이 가장 좋은 다른 하나의 제품 가격보다 낮다.
- B는 성능이 떨어지는 제품이다.

---

① A제품이 가장 저렴하다.

② A제품과 B제품의 가격이 같다.

③ A제품과 C제품은 성능이 같다.

④ A제품보다 성능이 좋은 제품도 있다.

⑤ A제품이 가장 비싸다.

> ✔ 해설 B가 성능이 떨어지는 제품이므로, 다음과 같은 네 가지 경우가 가능하다.
> ㉠ A > B ≥ C
> ㉡ A > C ≥ B
> ㉢ C > A ≥ B
> ㉣ C > B ≥ A
> 성능이 가장 좋은 제품은 성능이 떨어지는 두 종류의 제품 가격의 합보다 높으므로, 가격이 같을 수가 없지만, 성능이 떨어지는 두 종류의 제품 가격은 서로 같을 수 있다.
> ① ㉣의 경우 가능하다.
> ② ㉢의 경우 가능하다.
> ④ ㉢, ㉣의 경우 가능하다.
> ⑤ ㉠, ㉡의 경우 가능하다.

27 다음을 읽고 네 사람의 직업이 중복되지 않을 때 C의 직업은 무엇인지 고르면?

> ㉠ A가 국회의원이라면 D는 영화배우이다.
> ㉡ B가 승무원이라면 D는 치과의사이다.
> ㉢ C가 영화배우면 B는 승무원이다.
> ㉣ C가 치과의사가 아니라면 D는 국회의원이다.
> ㉤ D가 치과의사가 아니라면 B는 영화배우가 아니다.
> ㉥ B는 국회의원이 아니다.

① 국회의원

② 영화배우

③ 승무원

④ 치과의사

⑤ 알 수 없다.

✔해설 D가 치과의사라면 ㉣에 의해 C는 치과의사가 되지만 그렇게 될 경우 C와 D 둘 다 치과의사가 되기 때문에 모순이 된다. 이를 통해 D는 치과의사가 아님을 알 수 있다. ㉡과 ㉤때문에 B는 승무원, 영화배우가 될 수 없다. ㉥을 통해서는 B가 국회의원이 아니라 치과의사라는 사실을 알 수 있다. ㉣에 의해 C는 치과의사가 아니므로 D는 국회의원이라는 결론을 내릴 수 있다. 또한 ㉢에 의해 C는 영화배우가 아님을 알 수 있다. C는 치과의사도, 국회의원도, 영화배우도 아니므로 승무원이란 사실을 추론할 수 있다. 나머지 A는 영화배우가 될 수밖에 없다.

28 다음은 2019 ~ 2021년 A국 10대 수출품목의 수출액에 관한 내용이다. 제시된 표에 대한 〈보기〉의 설명 중 옳은 것만 모두 고른 것은?

〈표 1〉 A국 10대 수출품목의 수출액 비중과 품목별 세계수출시장 점유율(금액기준)

(단위 : %)

품목 \ 구분 \ 연도	A국의 전체 수출액에서 차지하는 비중			품목별 세계수출시장에서 A국의 점유율		
	2019	2020	2021	2019	2020	2021
백색가전	13.0	12.0	11.0	2.0	2.5	3.0
TV	14.0	14.0	13.0	10.0	20.0	25.0
반도체	10.0	10.0	15.0	30.0	33.0	34.0
휴대폰	16.0	15.0	13.0	17.0	16.0	13.0
2,000cc 이하 승용차	8.0	7.0	8.0	2.0	2.0	2.3
2,000cc 초과 승용차	6.0	6.0	5.0	0.8	0.7	0.8
자동차용 배터리	3.0	4.0	6.0	5.0	6.0	7.0
선박	5.0	4.0	3.0	1.0	1.0	1.0
항공기	1.0	2.0	3.0	0.1	0.1	0.1
전자부품	7.0	8.0	9.0	2.0	1.8	1.7
계	83.0	82.0	86.0	-	-	-

※ A국의 전체 수출액은 매년 변동 없음

〈표 2〉 A국 백색가전의 세부 품목별 수출액 비중

(단위 : %)

세부품목 \ 연도	2019	2020	2021
일반세탁기	13.0	10.0	8.0
드럼세탁기	18.0	18.0	18.0
일반냉장고	17.0	12.0	11.0
양문형 냉장고	22.0	26.0	28.0
에어컨	23.0	25.0	26.0
공기청정기	7.0	9.0	9.0
계	100.0	100.0	100.0

ⓘ 2019년과 2021년 선박이 세계수출시장 규모는 같다.

ⓒ 2020년과 2021년 A국의 전체 수출액에서 드럼세탁기가 차지하는 비중은 전년대비 매년 감소한다.

ⓓ 2020년과 2021년 A국의 10대 수출품목 모두 품목별 세계수출시장에서 A국의 점유율은 전년대비 매년 증가한다.

ⓔ 2021년 항공기 세계수출시장 규모는 A국 전체 수출액의 15배 이상이다.

① ⓘⓒ
② ⓘⓓ
③ ⓒⓓ
④ ⓒⓔ
⑤ ⓒⓓⓔ

✔해설 ⓘ 선박을 보면 A국 전체 수출액에서 차지하는 비중은 5.0 → 4.0 → 3.0으로 매년 줄어드는 데 세계수출시장에서 A국의 점유율은 매번 1.0으로 동일하다. 이는 세계수출시장 규모가 A국 선박비중의 감소율만큼 매년 감소한다는 것을 나타낸다.

ⓒ 백색가전의 세부 품목별 수출액 비중에서 드럼세탁기의 비중은 매년 18.0으로 동일하나, 전체 수출액에서 차지하는 백색가전의 비중은 13.0 → 12.0 → 11.0로 점점 감소한다.

ⓓ 점유율이 전년대비 매년 증가하지 않고 변화가 없거나 감소하는 품목도 있다.

ⓔ A국의 전체 수출액을 100으로 보면 항공기의 경우 2021년에는 3이다. 3이 세계수출시장에서 차지하는 비중은 0.1%이므로 A국 항공기 수출액의 1,000배라 볼 수 있다. 항공기 세계수출시장의 규모는 3×1,000＝3,000이므로 A국 전체 수출액의 30배가 된다.

Answer 28.④

▌29 ~ 30 ▌ 다음 〈표〉는 동일한 산업에 속한 기업 중 A, B, C, D, E의 경영현황과 소유구조에 관한 자료이고, 〈정보〉는 기업 A, B, C, D, E의 경영현황에 대한 설명이다. 이를 보고 이어지는 질문에 답하시오.

〈표 1〉 경영현황

(단위 : 억 원)

기업	자기자본	자산	매출액	순이익
ⓐ	500	1,200	1,200	48
ⓑ	400	600	800	80
ⓒ	1,200	2,400	1,800	72
ⓓ	600	1,200	1,000	36
ⓔ	200	800	1,400	28
산업 평균	650	1,500	1,100	60

〈표 2〉 소유구조

(단위 : %, 명, 천주, 억 원)

구분 / 기업	대주주 지분율	대주주 주주수	소액주주 지분율	소액주주 주주수	기타주주 지분율	기타주주 주주수	총발행 주식수	시가 총액
ⓐ	40	3	40	2,000	20	20	3,000	900
ⓑ	20	1	50	2,500	30	30	2,000	500
ⓒ	50	2	20	4,000	30	10	10,000	500
ⓓ	30	2	30	3,000	40	10	1,000	600
ⓔ	15	5	40	8,000	45	90	5,000	600

※ 해당 주주의 지분율(%) = $\dfrac{\text{해당 주주의 보유주식수}}{\text{총발행주식수}} \times 100$

시가총액 = 1주당 가격 × 총발행주식수

해당 주주의 주식시가평가액 = 1주당 가격 × 해당 주주의 보유주식수

전체 주주는 대주주, 소액주주, 기타주주로 구성함

〈정보〉

- C의 매출액은 산업 평균 매출액보다 크다.
- A의 자산은 E의 자산의 70% 미만이다.
- D는 매출액 순위와 순이익 순위가 동일하다.
- 자기자본과 산업 평균 자기자본의 차이가 가장 작은 기업은 B이다.

29 위의 〈표〉와 〈정보〉의 내용을 근거로 자산대비 매출액 비율이 가장 작은 기업과 가장 큰 기업은 바르게 나열한 것은?

	가장 작은 기업	가장 큰 기업
①	B	C
②	D	A
③	D	C
④	E	B
⑤	E	C

✔해설 〈표〉와 〈정보〉를 통해 ⓐ, ⓑ, ⓒ, ⓓ, ⓔ기업이 A, B, C, D, E기업 중 어느 기업에 해당하는지를 파악해야 한다.

• 자기자본과 산업 평균 자기자본의 차이가 가장 작은 기업이 'B'라고 되어 있으므로, 〈표 1〉을 통해 ⓓ가 'B'임을 알 수 있다.

• 'D'는 매출액 순위와 순이익 순위가 동일하다고 했는데, 매출액 순위와 순이익 순위가 동일한 것은 ⓐ와 ⓓ이므로 ⓐ가 'D'임을 알 수 있다.

• 'A'의 자산은 'E'의 자산의 70% 미만이라고 하고 있으므로, 자산이 제일 작은 ⓑ는 'E'가 될 수 없으며, ⓔ의 자산의 70%보다 ⓑ의 자산이 더 크므로, ⓔ도 'E'가 될 수 없다. 따라서 ⓒ가 'E'가 된다.

• 'C'의 매출액은 산업 평균 매출액보다 크다고 하고 있으므로 산업 평균 매출액보다 매출액이 큰 ⓐ, ⓒ, ⓔ 중 하나가 'C'가 되는데, ⓐ가 'D'이고, ⓒ가 'E'이므로 ⓔ가 'C'가 되며, ⓑ는 자동적으로 'A'가 된다.

∴ A-ⓑ, B-ⓓ, C-ⓔ, D-ⓐ, E-ⓒ

이에 따라 A ~ E기업의 자산 대비 매출액 비율을 구하면 다음과 같다.

A-ⓑ= $\frac{800}{600} \times 100 = 133.33\%$

B-ⓓ= $\frac{1,000}{1,200} \times 100 = 83.33\%$

C-ⓔ= $\frac{1,400}{800} \times 100 = 175\%$

D-ⓐ= $\frac{1,200}{1,200} \times 100 = 100\%$

E-ⓒ= $\frac{1,800}{2,400} \times 100 = 75\%$

∴ 자산 대비 매출액 비율이 가장 작은 기업은 'E'이고, 자산 대비 매출액 비율이 가장 큰 기업은 'C'이 된다.

Answer 29.⑤

30 위 〈표〉의 내용을 근거로 〈보기〉의 설명 중 옳은 것만을 모두 고른 것은?

〈보기〉

㉠ 소액주주수가 가장 작은 기업에서 기타주주의 1인당 보유주식수는 30,000주이다.

㉡ 전체 주주수는 ⓔ가 ⓒ보다 적다.

㉢ ⓑ의 대주주의 보유주식수는 400,000주이다.

㉣ 기타주주 주식시가평가액의 합은 ⓐ가 ⓓ보다 크다.

① ㉠㉡

② ㉠㉢

③ ㉠㉣

④ ㉡㉣

⑤ ㉢㉣

✔해설 ㉠ 소액주주수가 가장 적은 기업은 ⓐ로, 기타주주의 지분율이 20%이므로 총발행주식수 3,000,000주 중 600,000주를 보유하며, 1인당 보유주식수는 주주수가 20명이므로 30,000주가 된다.

㉢ ⓑ의 대주주의 수는 1명으로 20%의 지분율을 보유하고 있으므로, 총발행주식수 2,000,000주 중 20%인 400,000주가 된다.

㉡ ⓔ의 전체 주주수는 대주주 5명, 소액주주 8,000명, 기타주주 90명으로 8,095명이고, ⓒ의 전체 주주수는 대주주 2명, 소액주주 4,000명, 기타주주 10명으로 4,012명이다. 따라서 전체 주주수는 ⓔ가 ⓒ보다 많다.

㉣ 1주당 가격을 구하면 다음과 같다.

- ⓐ의 1주당 가격 $= \dfrac{\text{시가총액}}{\text{총발행주식수}} = \dfrac{90,000,000,000}{3,000,000} = 30,000$

- ⓓ의 1주당 가격 $= \dfrac{60,000,000,000}{1,000,000} = 60,000$

- ⓐ의 기타주주의 주식시가평가액 = 1주당 가격 × 총발행주식수 × 해당 주주의 지분율
  $= 30,000 \times 3,000,000 \times 0.2 = 180$억 원

- ⓓ의 기타주주의 주식시가평가액 = 1주당 가격 × 총발행주식수 × 해당 주주의 지분율
  $= 60,000 \times 1,000,000 \times 0.4 = 240$억 원

31 다음에 제시된 명제들이 모두 참일 경우, 이 조건들에 따라 내릴 수 있는 결론으로 적절한 것은?

> a. 인사팀을 좋아하지 않는 사람은 생산팀을 좋아한다.
> b. 기술팀을 좋아하지 않는 사람은 홍보팀을 좋아하지 않는다.
> c. 인사팀을 좋아하는 사람은 비서실을 좋아하지 않는다.
> d. 비서실을 좋아하지 않는 사람은 홍보팀을 좋아한다.

① 홍보팀을 싫어하는 사람은 인사팀을 좋아한다.
② 비서실을 싫어하는 사람은 생산팀도 싫어한다.
③ 기술팀을 싫어하는 사람은 생산팀도 싫어한다.
④ 생산팀을 좋아하는 사람은 기술팀을 싫어한다.
⑤ 생산팀을 좋아하지 않는 사람은 기술팀을 좋아한다.

✔해설 보기의 명제를 대우 명제로 바꾸어 정리하면 다음과 같다.
　　a. ~인사팀 → 생산팀(~생산팀 → 인사팀)
　　b. ~기술팀 → ~홍보팀(홍보팀 → 기술팀)
　　c. 인사팀 → ~비서실(비서실 → ~인사팀)
　　d. ~비서실 → 홍보팀(~홍보팀 → 비서실)
이를 정리하면 '~생산팀 → 인사팀 → ~비서실 → 홍보팀 → 기술팀'이 성립하고 이것의 대우 명제인 '~기술팀 → ~홍보팀 → 비서실 → ~인사팀 → 생산팀'도 성립하게 된다. 따라서 이에 맞는 결론은 보기 ⑤의 '생산팀을 좋아하지 않는 사람은 기술팀을 좋아한다.' 뿐이다.

32 M사의 총무팀에서는 A 부장, B 차장, C 과장, D 대리, E 대리, F 사원이 각각 매 주말마다 한 명씩 사회
봉사활동에 참여하기로 하였다. 이들이 다음에 따라 사회봉사활동에 참여할 경우, 두 번째 주말에 참여할
수 있는 사람으로 짝지어진 것은?

> 1. B 차장은 A 부장보다 먼저 봉사활동에 참여한다.
> 2. C 과장은 D 대리보다 먼저 봉사활동에 참여한다.
> 3. B 차장은 첫 번째 주 또는 세 번째 주에 봉사활동에 참여한다.
> 4. E 대리는 C 과장보다 먼저 봉사활동에 참여하며, E 대리와 C 과장이 참여하는 주말 사이에
>   는 두 번의 주말이 있다.

① A 부장, B 차장
② D 대리, E 대리
③ E 대리, F 사원
④ B 차장, C 과장, D 대리
⑤ E 대리

✔해설 조건대로 고정된 순서를 정리하면 다음과 같다.
　•B 차장→A 부장
　•C 과장 → D 대리
　•E 대리→?→?→C 과장
　따라서 E 대리→?→?→C 과장→D 대리의 순서가 성립되며, 이 상태에서 경우의 수를 따져보면 다
　음과 같다.
　㉠ B 차장이 첫 번째인 경우라면, 세 번째와 네 번째는 A 부장과 F 사원(또는 F 사원과 A 부장)가 된다.
　㉡ B 차장이 세 번째인 경우는 E 대리의 바로 다음인 경우와 C 과장의 바로 앞인 두 가지의 경우가
　　있을 수 있다.
　　－E 대리의 바로 다음인 경우 : A 부장－E 대리－B 차장－F 사원－C 과장－D 대리의 순이 된다.
　　－C 과장의 바로 앞인 경우 : E 대리－F 사원－B 차장－C 과장－D 대리－A 부장의 순이 된다.
　따라서 위에서 정리된 바와 같이 가능한 세 가지의 경우에서 두 번째로 사회봉사활동을 갈 수 있는 사
　람은 E 대리와 F 사원 밖에 없다.

33 다음 자료를 참고할 때 올바르지 않은 설명은?

〈국가별 물 사용량 계산구조〉

(단위 : 억m³/년)

국가명	일반적 물 사용량	Internal water footprint	External water footprint	water footprint
쿠웨이트	3	3	19	22
일본	544	519	942	1,461
한국	231	210	342	552
프랑스	1,165	691	411	1,102
미국	7,495	5,658	1,302	6,960
중국	8,932	8,259	574	8,834
인도	10,127	9,714	160	9,874

*Water footprint=Internal water footprint+External water footprint

*물 자급률=Internal water footprint÷Water footprint×100

*물 수입률=External water footprint÷Water footprint×100

*국내 자급기준 물 증가량=Water footprint−일반적 물 사용량

① 물 자급률은 쿠웨이트가 일본보다 낮다.

② 인도는 물 사용량이 가장 많아 물 수입률이 가장 높다.

③ 물 자급률은 인도가 미국보다 높다.

④ 국내 자급기준 물 증가량은 일본이 가장 높다.

⑤ 국내 자급기준 물 증가량이 마이너스인 국가는 네 개다.

> **✔해설** 인도는 물 사용량이 가장 많으나 water footprint 대비 internal water footprint의 비율이 매우 높아 물 수입률이 2%로 가장 낮은 국가임을 알 수 있다.
> ① 물 자급률은 쿠웨이트가 3÷22×100=약 13.6%, 일본이 519÷1,461×100=약 35.5%로 쿠웨이트가 일본보다 낮다.
> ③ 물 자급률은 인도가 9,714÷9,874×100=약 98.4%, 미국이 5,658÷6,960×100=약 81.3%로 인도가 미국보다 높다.
> ④ 국내 자급기준 물 증가량은 1,461−544=917로 일본이 가장 높음을 어림값으로도 확인할 수 있다.
> ⑤ 국내 자급기준 물 증가량이 마이너스인 국가는 프랑스, 미국, 인도, 중국으로 모두 네 개다.

34 다음에서 설명하고 있는 실업크레딧 제도를 올바르게 이해한 설명은?

실업크레딧 제도

〈지원대상〉

구직급여 수급자가 연금보험료 납부를 희망하는 경우 보험료의 75%를 지원하고 그 기간을 가입기간으로 추가 산입하는 제도

* 구직급여 수급자 – 고용보험에 가입되었던 사람이 이직 후 일정수급요건을 갖춘 경우 재취업활동을 하는 기간에 지급하는 급여
* 실업기간에 대하여 일정요건을 갖춘 사람이 신청하는 경우에 가입기간으로 추가 산입하는 제도이므로 국민연금 제도의 가입은 별도로 확인 처리해야 함

〈제도안내〉

(1) (지원대상) 국민연금 가입자 또는 가입자였던 사람 중 18세 이상 60세 미만의 구직급여 수급자
 • 다만 재산세 과세금액이 6억 원을 초과하거나 종합소득(사업 · 근로소득 제외)이 1,680만 원을 초과하는 자는 지원 제외
(2) (지원방법) 인정소득 기준으로 산정한 연금보험료의 25%를 본인이 납부하는 경우에 나머지 보험료인 75%를 지원
 • 인정소득은 실직 전 3개월 평균소득의 50%로 하되 최대 70만 원을 넘지 않음
(3) (지원기간) 구직급여 수급기간으로 하되, 최대 1년(12개월)까지 지원
 • 구직급여를 지급받을 수 있는 기간은 90 ~ 240일(월로 환산 시 3 ~ 8개월)
(4) (신청 장소 및 신청기한) 전국 국민연금공단 지사 또는 고용센터
 • 고용센터에 실업신고 하는 경우 또는 실업인정신청 시 실업크레딧도 함께 신청 가능하며, 구직급여 수급인정을 받은 사람은 국민연금공단 지사에 구직급여를 지급받을 수 있는 날이 속한 달의 다음달 15일까지 신청할 수 있음

---

① 실직 중이라도 실업크레딧 제도의 혜택을 받은 사람은 자동적으로 국민연금에 가입된 것이 된다.

② 국민연금을 한 번도 거르지 않고 납부해 온 62세의 구직급여 수급자는 실업크레딧의 지원 대상이 된다.

③ 실업 중이며 조그만 자동차와 별도의 사업소득으로 약 1,800만 원의 구직급여 수급자인 A씨는 실업크레딧 지원 대상이다.

④ 인정소득 70만 원, 연금보험료는 63,000원인 구직급여 수급자가 15,750원을 납부하면 나머지 47,250원을 지원해 주는 제도이다.

⑤ 회사 사정으로 급여의 변동이 심하여 실직 전 3개월 간 각각 300만 원, 80만 원, 60만 원의 급여를 받았고 재산세와 종합소득 기준이 부합되는 자는 실업크레딧 지원 대상이다.

63,000원의 25%인 15,750원을 납부하면 나머지 75%인 47,250원을 지원해 주는 제도이다.

① 국민연금 제도의 가입은 별도로 확인 처리해야 한다고 언급되어 있다.

② 18세 이상 60세 미만의 구직급여 수급자로 제한되어 있다.

③ 종합소득(사업·근로소득 제외)이 1,680만 원을 초과하는 자는 지원 제외 대상이다.

⑤ 300＋80＋60＝440만 원이므로 평균소득이 약 147만 원이며, 이의 50%는 70만 원을 넘게 되므로 인정소득 한도를 넘게 된다.

35 다음은 신용 상태가 좋지 않은 일반인들을 상대로 운용되고 있는 국민행복기금의 일종인 '바꿔드림론'의 지원대상자에 관한 내용이다. 다음 내용을 참고할 때, 바꿔드림론의 대상이 되지 않는 사람은 누구인가? (단, 보기에서 언급되지 않은 사항은 자격요건을 충족하는 것으로 가정한다)

구분		자격요건	비고
신용등급		6 ~ 10등급	연소득 3.5천만 원 이하인 분 또는 특수채무자는 신용등급 제한 없음
연소득	급여소득자 등	4천만 원 이하	부양가족 2인 이상인 경우에는 5천만 원 이하
	자영업자	4.5천만 원 이하	사업자등록 된 자영업자
지원대상 고금리 채무 (연 20% 이상 금융채무)	채무총액 1천만 원↑	6개월 이상 정상상환	보증채무, 담보대출, 할부금융, 신용카드 사용액(신용구매, 현금서비스, 리볼빙 등)은 제외
	채무총액 1천만 원↓	3개월 이상 정상상환	*상환기간은 신용보증신청일 기준으로 산정됩니다.

※ 제외대상

• 연 20% 이상 금융채무 총액이 3천만 원을 초과하는 분

• 소득에 비해 채무액이 과다한 분(연소득 대비 채무상환액 비율이 40%를 초과하는 분)

• 현재 연체중이거나 과거 연체기록 보유자, 금융채무 불이행 자 등

① 법정 최고 이자를 내고 있으며 금융채무액이 2.5천만 원인 A씨

② 2명의 자녀와 아내를 부양가족으로 두고 연 근로소득이 4.3천만 원인 B씨

③ 신용등급이 4등급으로 연체 이력이 없는 C씨

④ 저축은행으로부터 받은 신용대출금에 대해 연 18%의 이자를 내며 8개월 째 매달 원리금을 상환하고 있는 D씨

⑤ 연 급여소득 3.8천만 원이며 채무액이 1천만 원인 E씨

바꿔드림론은 신용 상태가 좋지 않은 채무자를 대상으로 하기 때문에 신용 등급이 6 ~ 10등급 이내이어야 한다.

① 법정 최고 이자는 20%를 넘어가므로 금융채무 총액이 3천만 원을 초과하지 않는 지원 대상이 된다.

② 부양가족이 3명이며 급여소득이 4.5천만 원 이하이므로 지원 대상이 된다.

④ 신용대출금에 대한 연 18%는 고금리 채무이자이며 6개월 이상 상환 중이므로 지원 대상이 된다.

⑤ 연 급여소득 3.8천만 원이며 채무 총액이 40%를 넘지 않으므로 지원 대상이 된다.

❚36 ~ 37❚ 다음은 N지역의 도시 열 요금표이다. 이를 보고 이어지는 물음에 답하시오.

구분	계약종별	용도	기본요금	사용요금	
온수	주택용	난방용	계약면적 m²당 52.40원	단일요금 : Mcal당 64.35원 계절별 차등요금 • 춘추절기 : Mcal당 63.05원 • 하절기 : Mcal당 56.74원 • 동절기 : Mcal당 66.23원	
		냉방용		5 ~ 9월	Mcal당 25.11원
				1 ~ 4월 10 ~ 12월	난방용 사용요금 적용
	업무용	난방용	계약용량 Mcal/h당 396.79원	단일요금 : Mcal당 64.35원 계절별 차등요금 • 수요관리 시간대 : Mcal당 96.10원 • 수요관리 이외의 시간대 : Mcal당 79.38원	
		냉방용		5 ~ 9월	• 1단 냉동기 Mcal당 34.20원 • 2단 냉동기 Mcal당 25.11원
				1 ~ 4월 10 ~ 12월	난방용 사용요금 적용
냉수	냉방용		계약용량 Mcal/h당 • 0부터 1,000Mcal/h까지 3,822원 • 다음 2,000Mcal/h까지 2,124원 • 다음 3,000Mcal/h까지 1,754원 • 3,000Mcal/h 초과 1,550원	Mcal당 • 첨두부하시간 : 135.41원 • 중간부하시간 : 104.16원 • 경부하시간 : 62.49원	

*계약면적 산정

건축물관리대장 등 공부상의 세대별 전용면적의 합계와 세대별 발코니 확장면적의 합계 및 공용면적 중 해당 지역의 난방열을 사용하는 관리사무소, 노인정, 경비실 등의 건축연면적 합계로 함.

*춘추절기 : 3 ~ 5월, 9 ~ 11월, 하절기 : 6 ~ 8월, 동절기 : 12 ~ 익년 2월

*수요관리 시간대 : 07 : 00 ~ 10 : 00

*냉수의 부하시간대 구분

• 첨두부하시간 : 7월 1일부터 8월 31일까지의 오후 2시 정각부터 오후 4시 정각까지

• 중간부하시간 : 7월 1일부터 8월 31일까지의 오후 2시 정각부터 오후 4시 정각 이외의 시간

• 경부하시간 : 7월 1일부터 8월 31일까지를 제외한 1월 1일부터 12월 31일까지의 시간

*기본요금 : 감가상각비, 수선유지비 등 고정적으로 발생하는 경비를 사용량에 관계없이 (계약면적 또는 계약 용량에 따라) 매월정액을 부과하는 것

*사용요금 : 각 세대별 사용 난방 및 온수 사용량을 난방(온수) 계량기를 검침하여 부과하는 금액

*공동난방비 : 관리사무소, 노인정, 경비실 등 공동열사용량을 세대별 실사용량 비례 배분 등으로 각 세대에 배분(아파트 자체 결정사항) 합니다.

36 다음 중 위의 열 요금표를 올바르게 이해하지 못한 것은?

① 주택별 난방 사용요금은 계절마다 적용 단위요금이 다르다.

② 업무 난방 기본요금은 계약용량을 기준으로 책정된다.

③ 냉수의 냉방용 기본요금은 1,000Mcal/h 마다 책정 요금이 다르다.

④ 관리사무소, 노인정, 경비실 등의 열사용량은 세대별로 배분하여 청구한다.

⑤ 냉수의 부하시간대는 춘추절기, 동절기, 하절기로 구분되어 차등 요금을 적용한다.

✔ 해설 냉수의 부하시간대는 7월 1일부터 8월 31일까지에 속한 기간과 속하지 않은 기간으로 구분되며 속한 기간은 다시 정해진 시간대로 양분되어 차등 요금이 적용된다. 따라서 사계절로 구분되는 것은 아니다.

Answer 36.⑤

37 다음에 제시된 A씨와 B씨에게 적용되는 월별 열 요금의 합은 얼마인가? (단, 공동난방비는 고려하지 않는다.)

〈계약면적 100m²인 A씨〉

-12월 주택용 난방 계량기 사용량 500Mcal

〈계약용량 900Mcal/h인 B씨〉

-7월 : 냉수를 이용한 냉방 계량기 사용량 오후 3시 ~ 4시 200Mcal, 오후 7 ~ 8시 200Mcal

① 90,091원   ② 90,000원
③ 89,850원   ④ 89,342원
⑤ 89,107원

✔ **해설** 공동난방비를 고려하지 않으므로 기본요금과 사용요금을 계산하면 다음과 같다.
A씨
기본요금 : $52.40 \times 100 = 5,240$ 원
사용요금 : 66.23(동절기)$\times 500 = 33,115$ 원
합계 : $38,355$ 원
B씨
기본요금 : $3,822$ 원$(0 \sim 1,000\text{Mcal/h})$
사용요금 : 135.41×200(첨두부하시간)$+ 104.16 \times 200$(중간부하시간)$= 47,914$ 원
합계 : $51,736$ 원
따라서 A씨 요금 합계와 B씨의 요금 합계를 합하면 $90,091$ 원이 된다.

38 다음 조건을 바탕으로 할 때 정 대리가 이번 달 중국 출장 출발일로 정하기에 가장 적절한 날은 언제인가? (단, 전체 일정은 모두 이번 달 안에 속해 있다)

- 이번 달은 1일이 월요일인 달이다.
- 3박 4일 일정이며 출발일과 도착일이 모두 휴일이 아니어야 한다.
- 현지에서 복귀하는 비행편은 매주 화, 목요일에만 있다.
- 이번 달 셋째 주 화요일에 있을 부서의 중요한 회의에 반드시 참석해야 하며, 회의 후에 출장을 가려 한다.

① 12일
② 15일
③ 17일
④ 22일
⑤ 23일

✔ 해설 날짜를 따져 보아야 하는 유형의 문제는 아래와 같이 달력을 그려서 살펴보면 어렵지 않게 정답을 구할 수 있다.

일	월	화	수	목	금	토
	1	2	3	4	5	6
7	8	9	10	11	12	13
14	15	16	17	18	19	20
21	22	23	24	25	26	27
28	29	30	31			

1일이 월요일이므로 정 대리는 위와 같은 달력에 해당하는 기간 중에 출장을 가려고 한다. 3박 4일 일정 중 출발과 도착일 모두 휴일이 아니어야 한다면 월 ~ 목요일, 화 ~ 금요일, 금 ~ 월요일 세 가지의 경우의 수가 생기는데, 현지에서 복귀하는 비행편이 화요일과 목요일이므로 월 ~ 목요일의 일정을 선택해야 한다. 회의가 셋째 주 화요일이라면 16일이므로 그 이후 가능한 월 ~ 목요일은 두 번이 있으나, 마지막 주의 경우 도착일이 다음 달로 넘어가게 되므로 조건에 부합되지 않는다. 따라서 출장 출발일로 적절한 날은 22일이며 일정은 22 ~ 25일이 된다.

일반상식

정치 · 법률

01 정치 · 행정 · 외교

✱ 한국판 뉴딜 ✱

뉴딜 정책은 미국 루스벨트 대통령이 경제 대공황으로 인해 극심한 경기 침체에 빠지자 이를 극복하기 위해 추진한 경제 정책을 일컫는다. 한국은 2020년 7월 14일 코로나19 사태 이후 경기회복을 위해 한국판 뉴딜 정책을 발표하였다. 정부가 발표한 뉴딜 계획에 따르면 2025년까지 디지털(Digital) 뉴딜과 그린(Green) 뉴딜 두 개의 축으로 추진하여 총190.1만 개 일자리를 만들겠다고 하였다. 디지털(Digital) 뉴딜은 D.N.A. 생태계 강화, 교육 인프라 디지털 전환, 비대면 산업 육성, SOC 디지털화를 말하며 그린(Green) 뉴딜은 도시 · 공간 · 생활 인프라 녹색 전환, 저탄소 · 분산형 에너지 확산, 녹색산업혁신 생태계 구축 등 그린경제를 가속화한다. 안전망 강화에는 고용과 사회안전망, 사람투자를 통해 고용불안과 소득 격차를 완화 · 지원하는 계획이다. 한편, 선정 기준(경제활력 제고를 위해 파급력이 큰 사업, 단기 및 지속 가능한 일자리 창출 사업, 디지털화 그린화 관련 국민 체감도 높은 사업, 지역 균형 발전 및 지역경제 활성화 기여 사업, 민간투자 확산 및 파급력 높은 사업)을 통해 엄선된 10대 대표과제는 아래와 같다

구분	내용
데이터댐	데이터 수집 · 가공 · 거래 · 활용기반을 강화하여 데이터 경제를 가속화하고 5세대 이동 통신(5G) 전국망을 통한 전(全)산업 5세대 이동 통신(5G) · 인공지능(AI) 융합 확산
국민안전 사회간접자본(SOC) 디지털화	국민이 보다 안전하고 편리한 생활을 누릴 수 있도록 핵심기반 시설을 디지털화하고 효율적 재난 예방 및 대응시스템 마련
지능형(AI) 정부	5세대 이동 통신(5G) · 블록체인 등 디지털 신기술을 활용, 국민에게 맞춤형 공공서비스를 미리 알려주고 신속히 처리해주는 똑똑한 정부 구현
스마트 그린 산업단지	산업단지를 디지털 기반 고(高)생산성(스마트) + 에너지 고(高)효율 · 저(低)오염(그린) 등 스마트 · 친환경 제조공간으로 전환
스마트 의료 인프라	감염병 위험으로부터 의료진과 환자를 보호하고, 환자의 의료 편의 향상을 위해 디지털 기반 스마트 의료 인프라 구축
그린 리모델링	민간건물의 에너지 효율 향상 유도를 위해 공공건축물이 선도적으로 태양광 설치 · 친환경 단열재 교체 등 에너지 성능 강화

그린 스마트 스쿨	안전하고 쾌적한 녹색환경과 온·오프 융합 학습 공간 구현을 위해 전국 초·중·고등학교에 에너지 절감시설 설치 및 디지털 교육환경 조성 ※ (그린) 태양광, 친환경 단열재 설치 + (디지털) 교실 와이파이(WiFi), 교육용 태블릿 피시(PC)보급 등
그린 에너지	태양광·풍력(육상, 해상) 등 신재생에너지 산업 생태계 육성을 위해 대규모 연구개발(R&D)·실증 사업 및 설비 보급 확대
디지털 트윈 (Digital Twin)	자율차, 드론 등 신(新)산업 기반 마련, 안전한 국토·시설관리를 위해 도로·지하 공간·항만·댐 대상 「디지털 트윈」 구축 ※ 가상공간에 현실공간·사물의 쌍둥이(Twin) 구현 → 시뮬레이션을 통해 현실 분석 및 예측
친환경 미래 모빌리티	온실가스·미세먼지 감축 및 글로벌 미래차 시장 선점을 위해 전기·수소차 보급 및 노후경유차· 선박의 친환경 전환 가속화

✱ 특례시 *

도시 행정의 특수성을 고려해 위상을 높이고 별도 구분하기 위해 편의상 적용하는 행정 명칭이다. 인구 100만 이상 대도시가 기초자치단체 지위를 유지하면서 일반시와 차별화되는 '특례시'라는 법적지위와 '광역시'에 걸맞는 행·재정적 자치권한 및 재량권을 부여받는 새로운 형태의 지방자치단체 유형이다. 특례시로 지정되더라도 권한이 달라지는 것은 없고, 도시 이름도 특별시나 광역시와 달리 기존과 동일하게 유지된다. 개정된 지방자치법이 시행되면서 수원·고양·용인·창원은 특례시의회로 거듭났다.

더 알아보기

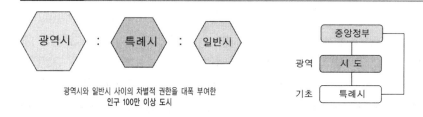

광역시와 일반시 사이의 차별적 권한을 대폭 부여한
인구 100만 이상 도시

✱ 한일청구권협정 ***

1965년 한일기본조약 중 청구권에 관한 협정으로 일본은 한국에 대해 조선에 투자한 자본과 일본인의 개별 재산 모두를 포기하고, 3억 달러의 무상 자금과 2억 달러의 차관을 지원하고, 한국은 대일 청구권을 포기하는 것에 합의했다. 일본은 이 조약을 체결하면서 이중적인 자세를 보였는데, 한국에 대해서는 이로써 전쟁 전의 역사를 청산하는 배상금의 성격임을 주장하면서 동시에 대내적으로는 경제협력의 일환이라는 입장을 취했다. 한국은 일본의 개인 보상을 인프라 투자에 유용한 것을 국민에게 공개하지 않았기 때문에 나중에 배상 청구의 견해 차이 등으로 한일 관계에 화근을 남겼다.

✱ 비둘기파 **

정치에서 비둘기파란 정치·사상·언론 또는 행동 따위가 과격하지 않고 온건한 방법을 취하려는 사람을 뜻하는 말이다. 비둘기파는 온순한 비둘기의 비유적인 표현으로, 베트남전쟁의 확대·강화를 주장했던 매파에 대립하여 이들은 전쟁을 더 이상 확대시키지 않고 한정된 범위 안에서 해결할 것을 주장하였다.

✱ 패스트트랙 ***

상임위에서 재적 위원 5분의 3이 찬성하면 법안을 지정하고 총 330일이 지나면 합의가 되지 않아도 법안을 통과시킬 수 있는 제도를 말한다. 국회법 제85조의 2에 규정된 내용으로 발의된 국회의 법안 처리가 무한정 표류하는 것을 막고 법안의 신속처리를 위해 마련되었다. 패스트트랙의 지정 사례로 사회적 참사 특별법, 유치원 3법, 2019년 패스트트랙 지정 4개 법안(선거제 개혁안, 2개의 공수처 설치법안, 형사소송법·검찰청법 개정안)등 이 있다.

✱ 의무투표제(義務投票制, compulsory voting) ***

의무적으로 유권자에게 투표에 참여하거나 선거일에 투표장에 오도록 하는 제도이다. 의무투표제에서는 유권자들에게 투표가 권리일 뿐 아니라 의무이기도 하다는 취지에서 투표 불참자에게 일정한 벌칙이나 불이익을 부과한다. 벌칙으로는 과태료 또는 투표권 박탈이 있고, 불이익으로는 공공서비스 이용을 제한하는 나라들이 있다.

✱ 양출제입(量出制入) *

국가의 재정계획 작성 시 지출 규모를 사전에 정하고 수입을 맞추는 원칙이다. 정부가 한 회계연도의 지출을 먼저 결정한 후 이에 맞게 세금을 거두는 방식이다. 반면 수입을 먼저 계산한 후 지출 규모를 맞추는 원칙은 양입제출(量入制出)이라고 한다. 우리나라는 국가재정 편성 원칙으로 양출제입을 적용하고 있으나 2012년 이후 계속되는 세금 부족 현상에 대한 대응책으로 2015년 예산안부터는 양출제입에서 양입제출로 변환되었다.

✱ 사보임 **

사보임은 사임(맡고 있던 자리에서 물러남)과 보임(어떤 직책에 임명함)을 합친 말로, 국회 상임위원회나 특별위원회 위원을 교체하는 절차를 말한다. 이는 원내대표의 고유 권한으로, 소속 의원들을 상임위원회에 배치, 상임위에서 물러나게 하는 권한도 있다. 사보임을 국회의장에 신청하고, 국회의장이 이를 승인하면 위원의 사보임이 완료된다.

✱ 레퍼랜덤(Referendum) *

일반적으로 헌법의 규정에 따라 국민이 입법 과정에 직접 참여하는 경우를 말한다.

✱ 특별재난지역 ✱✱✱

특별재난지역은 크게 인적재난과 자연재난이 있다. 태풍·홍수 등의 자연재해나 화재·붕괴 등의 대형 사고와 같은 인적재난, 에너지·통신·금융·의료·수도 등 국가기반체계의 마비와 전염병 확산 등으로 인해 극심한 피해를 입었을 때 수습 및 복구를 위해 특별한 조치와 지원이 필요가 인정되는 지역이다. 특별한 조치가 필요하다고 인정되는 경우, 중앙사고대책본부장은 중앙안전대책위원회의 심의를 거쳐 특별재난지역으로 선포할 것을 대통령에게 건의할 수 있다(재난 및 안전관리기본법). 특별재난지역의 선포를 건의 받은 대통령은 당해 지역을 특별재난지역으로 선포할 수 있다. 특별재난지역으로 선포된 지역은 대통령령이 정하는 응급대책 및 재해구호와 복구에 필요한 행정·재정·금융·세제 등의 특별지원을 받을 수 있다.

더 알아보기

국내 특별재난지역 선포 사례(2023년 기준)

1995년 7월 삼풍백화점 붕괴사고 지역

2000년 4월 동해안의 고성·삼척·강릉·동해·울진 등에 발생한 사상 최대의 산불피해지역

2002년 8월 태풍 루사 피해지역

2003년 2월 대구지하철 화재참사를 겪은 대구 지역

2003년 9월 발생한 태풍 매미 피해지역

2007년 12월 유조선과 해상크레인 충돌로 인한 원유유출사고 피해를 입은 충남 태안군 일대

2008년 7월 태풍 및 집중호우 피해를 입은 경북 봉화군 등 67개 시·군·구 등

2012년 태풍 산바 피해지역

2016년 9월 지진 피해지역인 경북 경주(2016)

2016년 10월 태풍 차바 피해지역

2017년 7월 집중호우 피해가 속출한 충북 청주·괴산, 충남 천안지역

2017년 11월 규모 5.4의 지진이 발생한 경북 포항(2017)

2019년 4월 강원 대형 산불로 강원 고성군·속초시·강릉시·동해시·인제군 등 5개 시·군

2020년 3월 코로나19 사태와 관련해 대구 및 경북의 일부 지역(경산, 청도, 봉화), 자연재해가 아닌 감염병으로 인한 첫 선포 사례이다.

2020년 8월 집중호우로 큰 피해를 본 경기 안성시, 강원 철원군, 충북 충주시·제천시, 음성군, 충남 천안시·아산시 등과 추가로
2020년 8월 전북 남원시와 전남 나주시, 구례·곡성·담양·화순·함평·영광·장성군, 경남 하동·합천군, 경기 이천시, 강원 화천군, 충북 단양군 등 20개 시·군·구와 충북 진천군 진천읍·백곡면, 전남 광양시 진월면·다압면 등 36개 읍·면·동 등
9월 태풍 마이삭 및 하이선 피해지역

2021년 7월 집중호우로 인한 피해지역인 전남 장흥군·강진군·해남군, 진도군 진도읍·군내면·고군면·지산면
9월 태풍 오마이스 피해지역인 경북 포항시

2022년 3월 대형 산불로 인한 경북 울진군, 강원 삼척시·강릉시·동해시

2022년 8월 서울·경기·강원·충남 10개 지자체 홍수피해로 인한 특별재난지역 우선 선포

2022년 9월 태풍 힌남노 영향으로 포항, 경주시에 특별재난지역 우선 선포

2022년 10월 이태원 압사 사고 피해 수습을 위해 용산구 일대를 특별재난지역 선포

2023년 4월 강릉시 산불 피해로 특별재난지역 선포

2023년 7월 집중호우로 인한 세종시, 충북 청주시·괴산군, 충남 논산시·공주시·청양군·부여군, 전북 익산시·김제시 죽산면, 경북 예천군·봉화군·영주시·문경시 등 특별재난지역 선포

✱ 컨벤션 효과(convention effect) ✱✱✱

전당대회나 경선대회 같은 정치 이벤트에서 승리한 대선후보 또는 해당 정당의 지지율이 전에 비해 큰 폭으로 상승하는 효과를 의미하는 것으로, 전당대회 효과라고도 한다.

✱ 캄파니야(캄파, Kampaniya) ✱

정치단체가 선거운동·평화운동·재정모금운동 등에 대중을 참여하게 하는 특수한 조직 활동으로, 당원에 국한하여 실시하는 교육 캄파니야도 있으나 흔히 당 외의 대중을 대상으로 한다.

✱ 뉴 거버넌스(new governance) ✱✱

일반 시민사회를 정부의 영역에 포함시켜 파트너로 인정해줌으로써 정부조직, 기업, 시민사회, 세계체제 등 이들 전부가 공공서비스와 관련해 신뢰를 통한 네트워크 구축을 강조하는 개념으로 협력 체제에 중점을 두는 것이다. 정부부문과 민간부문 및 비영리부문 간 협력적 네트워크를 통한 공공서비스 전달 과정에 있어서의 효율성을 목표로 한다.

✱ 국정감사 ✱✱

국정감사는 국회가 국정 전반에 대한 조사를 행하는 것을 말한다. 이는 국회가 입법 기능뿐만 아니라 정부를 감시하고 비판하는 기능을 가지고 있는 것에서 인정된 것이다. 헌법과 국정 감사 및 조사에 관한 법률에서 정하고 있는 '국정'의 개념은 의회의 입법 작용뿐만 아니라 행정·사법을 포함하는 국가 작용 전반을 의미한다. 여기서 개인의 사생활이나 신앙 같은 사적사항은 제외된다. '국정'은 국정감사, 국정조사의 대상이 되며 국정감사는 국정의 전반, 국정조사는 국정의 특정사안을 대상으로 하게 된다. 현재 국정감사는 소관 상임위원회별로 매년 정기국회 집회일 이전의 감사 시작일 부터 30일 이내의 기간을 정하여 감사를 시행한다. 본회의 의결에 의해 정기회 기간 중에 감사를 실시 할 수 있다. 감사, 조사의 대상기관은 국가기관, 특별시, 광역시, 도, 정부투자기관, 한국은행 등, 그리고 본회의가 특히 필요하다고 의결한 감사원의 감사 대상기관이다.

✱ 국민연금 ✱✱✱

보험원리에 따라 운영되는 대표적인 사회보험제도로, 즉 가입자, 사용자로부터 정률의 보험료를 받고, 이를 재원으로 사회적 위험에 노출되어 소득이 중단되거나 상실될 가능성이 있는 사람들이 다양한 급여를 받을 수 있는 제도이다. 노령으로 인한 근로소득 상실을 보전하기 위한 노령연금, 주소득자의 사망에 따른 소득상실을 보전하기 위한 유족연금, 질병 또는 사고로 인한 장기근로능력 상실에 따른 소득상실을 보전하기 위한 장애연금 등이 있다. 공무원, 군인, 사립학교 교직원을 제외한 18세 이상 60세 미만 국내 거주국민은 강제가입을 채택하고 있다.

더 알아보기

사회보장제도 … 다양한 사회적 위험으로부터 모든 국민을 보호하여 빈곤을 해소하고 국민생활의 질을 향상시키기 위해 국가가 마련한 제도적 장치를 사회보장제도라고 한다. 우리나라에서 시행되고 있는 대표적인 사회보장제도는 국민연금, 건강보험, 산재보험, 고용보험, 노인장기요양보험 등과 같은 사회보험제도, 기초생활보장과 의료보장을 주목적으로 하는 공공부조제도인 국민기초생활보장제도, 그리고 노인·부녀자·아동·장애인 등을 대상으로 제공되는 다양한 사회복지서비스 등이 있다.

✳ 고노담화 *

1993년 8월 당시 관방장관이던 고노 요헤이가 일본군 위안부에 대해 사죄한 담화를 일컫는다. 그 주요 내용은 일본군 위안부 동원의 강제성을 인정한 것으로 1년 8개월 동안의 조사에 걸쳐 발표하였다. 한편, 아베 신조 일본 총리는 "위안부 문제는 필설로 다할 수 없을 만큼 가슴 아픈 일이며 고노담화를 부정하지 않고 계승하겠다."고 말한 바 있으나 책임 있는 사과나 보상 문제에 착수하겠다는 후속 발언은 끝내 나오지 않았다.

✳ 책임총리제 **

한국은 대통령제를 채택하면서도 부통령 대신 국무총리라는 직책을 두고 있다. 헌법상 국무총리는 국정의 2인자로 행정부를 통괄하고, 국무회의 부의장으로서 국무위원의 임명·제청권, 해임 건의권 등을 행사할 수 있다. 책임총리제는 이러한 현실을 지양하고 대통령과 총리가 업무를 구체적으로 명료히 분담해 수행하는 분권형 국정운영체제의 일환이다.

✳ 레임덕 현상 **

정치 지도자의 집권 말기에 나타나는 지도력 공백 현상을 말한다. 레임(Lame)은 다리를 저는, 절름발이의라는 뜻으로, 임기 만료를 앞둔 공직자의 통치력 저하를 기우뚱 걷는 절름발이 오리에 비유해 일컫는 것이다. 우리나라에서는 '권력누수현상'이라고 표현하기도 한다. 레임덕은 주요 현안에 대한 정책 결정이 늦어질 뿐만 아니라 공조직 업무능률을 저하시켜 국정 공백을 일으키는 등 나라 전체에 나쁜 영향을 끼칠 수 있는 위험한 현상이다.

더 알아보기

데드덕 현상 … 레임덕보다 더 심각한 권력 공백 현상을 나타내는 말로, '정치 생명이 끝난 사람', '가망 없는 인사', '실패했거나 실패할 것이 틀림없는 정책'을 의미한다.

✽ 백서 ***

정부가 정치·외교·경제 등 각 분야에 대해 분석하고 전망하여 그 내용을 국민에게 알리기 위한 보고서이다. 1920년대에 영국 정부가 외교 정책을 알리는 보고서 표지 색에서 비롯되었다.

✽ 당 3역(黨三役) ***

한 정당의 중추적인 실력자, 즉 사무총장, 원내대표, 정책심의회의장을 가리킨다.

✽ 중우정치(衆愚政治) *

다수의 민중에 의해 지배되는 민주정치가 그 조직이 민주적일지라도 반드시 선정이 베풀어지는 것은 아니라는 뜻으로, 아리스토텔레스(Aristoteles)가 민주정치의 결함을 비꼬아서 한 말이다.

✽ 재팬 패싱 **

일본 소외, 일본 배제라는 뜻으로 최근 한반도를 둘러싼 국제 정세에서 일본이 빠진 채 논의하는 현상을 뜻하는 용어이다. 일본은 김정은 위원장의 2018년 1월 1일 신년사를 통해 한반도에 극적인 대화 국면이 시작된 뒤에도 한동안 "북한의 미소 외교에 넘어가선 안 된다."라고 주장하며 한－미－일이 강하게 연대해 북한에 대한 압박을 강화해야 한다는 '강경 노선'을 유지해 왔다. 그러나 도널드 트럼프 대통령이 2018년 3월 8일 김 위원장의 정상회담 제안을 받아들인 뒤, 부랴부랴 미－일 정상회담을 추진하고 문재인 대통령과 수차례 전화회담을 하는 등 '재팬 패싱'을 막기 위해 안간힘을 써왔다.

✽ 민주정치 *

자유와 평등을 기반으로 한 국민에 의한 통치형태를 말한다. 기본적 인권 또는 다수결원칙, 법치주의 등을 그 속성으로 하며 국민이 직접 정치에 참가하는 직접민주제와 국민의 대표에 의해 통치하는 간접민주제가 있으나, 모두 의회제와 권력분립 등을 수반하는 국민의 정치참여를 뜻한다.

더 알아보기

민주정치의 유형
- 직접민주정치 : 순수민주정치라고도 하며, 국민이 대표자를 통하지 않고 직접 국가의사를 결정하는 제도를 말한다. 이 제도는 국민발안(initiative)·국민투표(referendum)·국민소환(recall) 등의 형태로 나타나며, 현재 미국의 일부 주와 스위스의 Coaton에 있어서의 인민집회를 제외하고는 그 예가 드물다.
- 간접민주정치 : 대표민주정치라고도 하며, 대표자를 통해 국민의 의사가 간접적으로 정치에 반영되는 제도로서 내각책임제와 대통령중심제의 두 가지 형태가 있다.

✱ 국정조사권(國政調査權) ***

국회가 특정한 국정사안에 관한 조사를 할 수 있는 권한이다. 국회의원의 4분의 1 이상이 요구할 경우 국회는 조사 사안에 대한 특별위원회를 구성하거나 해당 상임위에서 조사위원회를 구성하며, 조사위 의결로 국회폐회 중에도 활동할 수 있다. 그 범위는 안건의 심의와 직접 관련된 보고, 서류의 제출 요구, 참고인의 출석요구 등에 국한된다.

✱ 투키디데스 함정 *

투키디데스 함정이란 기존 패권국가와 빠르게 부상하는 신흥 강대국이 결국 부딪칠 수밖에 없는 상황을 의미한다. 원래 아테네와 스파르타의 전쟁에서 유래한 말이며 최근 미국과 중국의 상황을 설명하는 데 쓰여 주목받고 있다.

✱ 일대일로 *

중국에서 출발하여 아시아와 유럽 대륙을 연결하는 거대 프로젝트로, 2013년 시진핑 중국 국가 주석이 중앙·동남아시아 순방에서 제시한 '신(新) 실크로드 전략'을 지칭한다. 이 프로젝트는 중국에서 중앙아시아, 동남아, 중동 등 지역을 거쳐 유럽에 이르는 지역을 육로와 해로로 연결해 관련국과 경제협력을 강화하는 사업이다. 중앙아시아와 유럽을 잇는 육상 실크로드(일대)와 동남아시아와 유럽, 아프리카를 연결하는 해상 실크로드(일로)를 말한다.

✱ 대선거구제(大選擧區制) **

한 선거구에서 다수(보통 5인 이상)의 대표를 선출하는 제도이다. 이 제도는 전국적으로 큰 인물이 당선되기 쉬운 장점이 있으나, 선거구가 너무 넓어서 후보자의 인물·식견을 판단하기 어렵고 비용이 많이 드는 단점이 있다.

더 알아보기

- 중선거구제(中選擧區制) : 한 선거구에서 2 ~ 4명의 대표자를 선출하는 제도이다. 우리나라는 자치구·시·군의원 선거에서 채택하고 있다.
- 소선거구제(小選擧區制) : 한 선거구에서 한 사람의 대표를 선출하는 제도이다. 선거구가 작기 때문에 선거관리와 투표가 간단하고 비용이 비교적 덜 들며, 선거인이 후보자를 잘 알 수 있는 동시에 정국이 안정되기 쉬운 장점이 있다. 우리나라는 지역구 국회의원 및 시·도의원 선거에서 채택하고 있다.

✱ 사전투표 *

사전투표(事前投票) 또는 조기투표(早期投票)라고도 하며, 유권자가 지정된 선거일 이전에 투표를 할 수 있도록 하는 제도를 말한다. 우편을 통하거나, 사전투표를 위해 지정된 투표소에서 실시하며, 실시 방법과 기간은 관할 기관과 선거의 종류에 따라 다르다. 사전투표는 통상적으로 투표 참여율을 높이고, 선거 당일의 투표소 혼잡을 막기 위해 시행한다. 사전투표는 선거 기간 동안 투표 장소를 벗어난 곳에 있다거나, 투표 업무 종사자, 선거 운동원, 의료 일정 등의 사유로 인하여 선거일에 선거를 할 수 없는 유권자의 선거를 위해 도입되었다. 사전투표는 기존의 부재자투표의 편의성을 높이기 위해 수정 도입된 것이다. 사전투표는 사전신고를 하지 않아도 되고, 투표소는 관할 구역 안의 읍·면·동마다 설치된다. 선거일 전 5일부터 2일간 선거가 진행되며 투표용지는 사전투표소에서 인쇄로 교부한다. 투표시간은 기존 부재자 투표와 동일한 오전 6시부터 오후 6시까지다.

✱ 보궐선거 ***

대통령이나 국회의원, 지역구 의원 등이 그 임기 중에 사직·사망·실격함으로 인해 궐석(闕席)이 생길 경우, 그 자리를 보충하기 위하여 그 구역에 한해 실시하는 선거이다. 당선자는 전임자의 잔임기간만 재임하며, 보결선거(補缺選擧)라고도 한다. 서울·부산시장 등 광역단체장 2곳과 울산 남구청장, 경남 의령군수 등 기초단체장 2곳, 광역의원 8곳, 기초의원 9곳 등 21곳은 2021년 4월 7일에 재보궐선거를 치른 바 있다.

더 알아보기

- **재선거** : 선거 자체에 문제가 있는 경우, 당선자가 없는 경우 다시 한 번 치르는 선거를 말한다.
- **총선거** : 의회를 처음으로 구성하거나 전원을 경신하기 위해 실시하는 선거를 말한다.
- **지방선거** : 지방 자치법에 따라 지방의회 의원 및 장을 뽑는 선거이다.

✱ 게리맨더링(gerrymandering) ***

선거구를 특정 정당이나 후보자에게 유리하게 인위적으로 획정하는 것을 말한다. 이것은 1812년 미국의 게리(Gerry)라는 매사추세츠 주지사가 자기의 소속 정당에 유리하게 선거구를 획정한 결과 샐러맨더(salamander : 희랍신화 속의 도롱뇽)와 비슷한 기형의 선거구가 된 데서 유래되었다.

✱ 로그롤링(logrolling) **

선거를 도와주고 그 대가를 받거나 이권을 얻는 행위를 의미한다. 원래는 '통나무 굴리기'라는 뜻으로, 서로 협력하여 통나무를 모은다든가 강물에 굴려 넣는 놀이에서 연유된 것이다.

✱ 선거권(選擧權) **

국가기관으로서의 국민이 각종 공무원을 선임하는 권리로서 선거에 참여할 수 있는 지위 또는 자격을 말한다. 우리나라의 경우 선거권을 갖는 요건으로는 대한민국 국민이어야 하고, 선거일 현재 18세 이상이어야 한다.

✱ 외교행낭 ***

본국과 재외공관 사이에 문서 및 공용물품을 주고받기 위해 사용되는 문서 발송 가방으로 영어로는 파우치(pouch)라고 하며, 행낭 안의 내용물에 관해서는 재외공관 주재국 정부나 제3국이 열어볼 수 없도록 외교관계에 관한 비엔나 협약 27조로 국제법상 각국의 권리로 인정되었다. 최근에는 우리 정부가 인도 현지 한인회의 요청에 따라 산소발생기대를 외교 행낭으로 보낸 바 있다.

✱ 매니페스토(manifesto) **

선거 시에 목표와 이행 가능성, 예산 확보의 근거를 구체적으로 제시한 유권자에 대한 공약을 말하며, 어원은 라틴어 마니페스투(manifestus : 증거)이다. 공약의 달성 가능성(achievable), 검증 가능성(measurable), 구체성(specific), 타당성(relevant), 기한 명시(timed)의 다섯 가지를 평가 기준으로 삼는다. 또 공약의 지속성(sustainability), 자치력 강화(empowerment), 지역성(locality), 후속조치(following)의 첫 글자를 딴 SELF지수도 평가 기준으로 삼는다. 이 지표는 대체로 유권자와 밀접한 지방선거에서 의의를 둔다.

✱ 플레비사이트(plebiscite) *

직접민주주의의 한 형태로 국민이 국가의 의사결정에 참여하는 제도로 일종의 국민투표이다. 최고통치자가 권력의 계속유지와 관련해 신임을 물을 경우 채택하는 등 주로 항구적인 정치상태를 창출하는 데 쓰인다. 특정인의 통치나 영토의 변경에 대하여 임의적으로 국민의 표결에 부치는 것이다.

✱ 출구조사(exit poll) **

투표를 마치고 나오는 유권자를 대상으로 면접 조사하여 투표자 분포 및 정당·후보자별 지지율 등의 정보를 얻는 선거여론조사를 말한다. 우리나라는 텔레비전, 라디오, 일간신문사에 한하여 투표소 50m 밖에서 출구조사를 허용하고 있다. 투표 마감 후 결과가 공표되어 선거 결과를 가장 빠르게 예측할 수 있다.

✱ 캐스팅보트(casting vote) **

의회의 표결에 있어서 가부동수(可否同數)인 경우 의장이 던지는 결정권 투표나, 2대 정당의 세력이 거의 같을 때 그 승패를 결정하는 제3당의 투표를 말한다. 우리나라는 가부동수일 때 부결로 간주한다.

✱ 대사 ***

국가를 대표하여 외교교섭을 행하기 위하여 외국에 파견되는 외교사절의 제1계급으로, 특명전권대사의 약칭이며, 전권대사라고도 한다. 대사는 경력직 공무원인데 그 중 특정직 공무원으로서 국가의 원수로부터 다른 국가의 원수에게 파견된다.

더 알아보기

- 공사 : 국가를 대표하여 외교교섭을 하기 위해 외국에 파견되는 제2급 외교사절로, 특명전권공사의 약칭이다. 그 아래에 변리공사 · 대리공사가 있다.
- 영사 : 자국의 통상과 국민보호를 위해 외국에 파견하는 공무원을 말한다. 본국에서 파견되는 파견영사와 다른 나라에 거주하는 사람 중에서 선임되는 명예영사(선임영사)가 있다.

✱ 초치 **

상대국 때문에 문제가 발생한 경우 상대국 외교관을 외교 당국 사무실로 불러내어 항의하는 것을 말한다.

더 알아보기

- 아그레망 : 외교 사절을 파견할 때 상대국에게 얻는 사전 동의를 말한다.
- 페르소나 그라타 : 외교 사절을 받아들이는 국가에서 호의를 가지고 받아들이는 사람을 말한다.
- 페르소나 논 그라타 : 외교 사절을 받아들이는 국가에서 받아들이기를 기피하는 사람을 말한다.

✱ 마타도어(matador) **

출처를 위장하거나 밝히지 않는 선전으로 흑색선전의 의미로 정치권에서 널리 쓰인다. 근거 없는 사실을 조작하여 상대를 중상모략하는 행위를 뜻한다. 스페인어 'matador(마따도르)'에서 유래하였으며, 붉은 천으로 투우를 유인하여 마지막에 정수리를 찌르는 '투우사(bullfighter)'를 지칭한다.

✱ 쿼드 플러스 **

미국, 인도, 일본, 호주 4개국이 참여하는 비공식 안보회의체 쿼드에 한국과 베트남, 뉴질랜드 3개국을 더한 구상을 말한다.

✱ 메리토크라시 **

출신이나 가문 등이 아닌 실적과 능력에 따라 지위 및 보수가 결정되는 체제를 말한다. 능력주의, 실력주의라고도 하며 1958년 영국의 정치가이자 사회학자 마이클 영이 「능력주의 사회의 부상」에서 아리스토크라시(aristocracy)에 상응하는 개념으로 만든 말이다.

2 법률

✱ 공무담임권 ***

공직에 임명될 수 있는 공직취임권과 피선거권을 포함한 권리이다. 즉 임명직 공무원에서는 피임용될 권리를 말하며 선거직 공무원에서는 피선거권을 의미한다. 헌법은 모든 국민에게 법률이 정하는 바에 의하여 주권자가 국가기관이 될 수 있도록 한다. 따라서 공무담임권은 입법·사법·행정·지방자치단체·공공단체 등 일체의 직무를 담당할 수 있는 국민의 기본권으로, 피선거권보다 넓은 범위의 개념이다.

✱ 공수처법 ***

정식 명칭은 고위공직자비리수사처 설치 및 운영에 관한 법률안으로 2020년 8월 4일 국회 본회의를 통과했다. 이 법안은 공수처장 인사청문 근거 규정 마련을 위한 인사청문회법, 국회법 개정안, 공수처장 후보추천위원회 운영규칙 제정안 등 공수처 후속 3법을 말한다. 고위공직자 등의 범죄행위를 상시적으로 수사·기소할 수 있는 고위공직자비리수사처를 설치하여 고위공직자 등의 부정부패와 권력남용을 방지함을 목적으로 한다. 이 법안에서 규정하고 있는 고위공직자란 차관급 이상의 공무원 및 국가공무원법에 따른 고위공무원단에 속하는 공무원, 국회의원, 지방자치단체의 장, 법관 및 검사, 교육감, 준장급 이상의 장교, 경무관급 이상의 경찰공무원 등으로 해당 직에서 퇴임한 날로부터 3년이 지나지 아니한 자를 포함한다.

✱ 국민참여재판(國民參與裁判) **

2008년 1월 1일부터 시행된 한국형 배심원 재판제도를 말한다. 배심원은 만 20세 이상의 대한민국 국민으로 해당 지방법원 관할구역에 거주하는 주민 중 무작위로 선정돼 법적 구속력이 없는 평결을 내리고, 선고 형벌에 대해 토의하는 등의 재판 참여의 기회를 갖는다. 2008년 2월 12일 대구지방법원에서 처음 열렸다. 국민참여재판은 형사재판으로 특수공무집행방해치사, 뇌물, 배임수재, 특수강도강간의 사건들에 적용되며, 배제결정이 있거나 피고인이 원하지 않을 경우 해당하지 않는다. 법정형이 사형·무기징역 등에 해당할 경우 9명, 그밖의 사건은 7명, 피고인·변호인이 공소사실의 주요 내용 인정 시엔 5명으로 하며, 5명 이내의 예비 배심원을 둔다. 판사가 배심원과 다른 선고를 할 경우, 판사가 피고인에게 배심원의 평결 결과를 알리고, 다른 선고를 한 이유를 판결문에 밝힌다.

✱ 국민소환제 *

부적격한 국회의원을 임기 전 파면할 수 있도록 하는 제도를 의미한다. 일정 기준 이상의 유권자가 지역구·비례대표 국회의원에 대한 국민소환투표에 찬성하면, 투표가 진행되고 그 결과에 따라 해임이 가능하다. 국민의 손으로 선출된 대표를 다시 국민의 손으로 내칠 수 있다는 것으로 '국민파면' 혹은 '국민해직'이라고도 한다.

✳ 헌법 ***

헌법은 국가의 통치조직과 통치의 기본원리 그리고 국민의 기본권을 보장하는 법이다. 형식적 의미의 헌법은 성문헌법으로서 규정되어 있는 내용과 관계없이 헌법이라는 이름을 가진 규범을 말하며, 영국과 같은 불문헌법 국가에서는 형식적 의미의 헌법이 존재하지 않는다. 우리나라는 성문헌법 · 민정헌법 · 경성헌법으로서 국민주권주의, 자유민주주의, 복지국가의 원리, 국제평화주의, 조국의 평화적 통일의 지향 등을 기본으로 한다.

✳ 헌법재판소(憲法裁判所) ***

헌법에 관한 분쟁 또는 의의(疑義)를 사법적으로 풀어나가는 재판소로, 1960년 제2공화국 헌법에 헌법재판소 설치가 규정되었으나 무산되고, 1987년 10월 말 공포된 개정 헌법에서 헌법위원회가 헌법재판소로 바뀌어 1988년 최초로 구성되었다. 헌법재판소는 대통령 · 국회 · 대법원장이 각각 3명의 위원을 선임해 9인의 재판관으로 구성되고 대통령이 국회의 동의를 얻어 재판관 중에서 위원장을 임명한다. 헌법재판소는 법원의 제청에 의한 법률의 위헌여부 심판, 탄핵의 심판, 정당의 해산 심판, 국가기관 상호 간과 국가기관과 지방자치단체 간 및 지방자치단체 상호 간의 권한쟁의에 관한 심판, 법률이 정하는 헌법소원에 관한 심판을 담당한다.

✳ 위헌제청(違憲提請) **

소송을 진행 중인 소송당사자가 당해 사건에 적용될 법률이 헌법에 위반된다고 주장하거나 법원의 직권에 의해 헌법재판소에 위헌법률심판을 제청하는 제도이다. 위헌제청의 대상은 대한민국의 모든 법률 · 긴급명령 · 조약 등이고, 대상이 되지 않는 것은 명령 · 규칙 · 조례 · 관습법 등이다. 법원이 위헌법률심판을 제청한 때에는 당해 소송사건은 정지되나 법원이 긴급하다고 인정하는 경우, 종국재판 외의 소송절차 진행이 가능하다. 위헌제청신청을 기각하는 결정에 대하여는 민사소송에 의한 항고나 재항고를 할 수 없다. 헌법재판소의 결정이 내려지면 제청법원은 그 결정에 따라 중단된 소송절차를 속개한다.

✳ 헌법소원(憲法訴願) **

공권력의 행사 또는 불행사에 의해 헌법상 보장된 기본권을 침해당했다고 생각되는 개인이나 법인이 권리를 되찾기 위해 헌법재판소에 그 심판을 요구하는 것을 말한다. 이때의 공권력에는 입법 · 사법 · 행정이 모두 포함되는 것이 원칙이지만, 현행 「헌법재판소법」 법원의 판결을 대상에서 제외하고 있어 법원의 판결을 뒤엎는 헌법소원을 낼 수는 없다.

✱ 집단소송제 *

기업의 허위공시·분식결산 등으로 피해를 입은 투자자가 손해배상청구소송을 제기해 승소하면 같은 피해를 입은 다른 사람들도 별도의 재판절차 없이 동일한 배상을 받을 수 있도록 하는 제도이다. 원래 집단소송제는 파산·제조물책임·환경·시민권·소비자취업차별 등 광범위한 사안에 대해 적용되는 것이지만, 우리 정부는 증권거래와 관련된 사안에 대해서만 도입하였다. 구체적으로는 유가증권신고서와 공개매수신고서의 허위·부실기재, 사업보고서 및 반기·분기보고서의 허위·부실기재, 수시공시와 조회공시사항의 허위·부실공시 등이다. 대표소송제와 혼동되는 경우가 많은데 대표소송제는 회사를 대표해 경영진을 대상으로 제기하는 소송으로 승소 시 보상금도 회사로 돌아가는 반면, 집단소송제는 피해를 본 투자자들이 직접 보상받는다.

✱ 죄형법정주의(罪刑法定主義) ***

어떤 행위가 범죄가 되고 또 그 범죄에 대해 어떠한 처벌을 할 것인가를 미리 법률로써 명문화시켜야 한다는 원칙이다. 이 원칙은 현대형벌제도의 기초이며, 국가권력의 남용을 방지하여 국민의 자유와 인권을 보장하려는 데에 그 목적이 있다. 관습형법금지의 원칙, 소급효금지의 원칙, 명확성의 원칙, 유추해석금지의 원칙, 적정성의 원칙을 내용으로 한다.

✱ 블레임 룩(blame look) **

비난하다의 블레임(blame)과 외모, 스타일을 뜻하는 룩(look)의 합성어로, 사회적 물의를 일으킨 자들의 옷이나 액세서리 등 패션이 이슈가 되고 유명해지는 것을 말한다. 블레임 룩은 탈옥수 신창원이 검거될 당시 그의 옷이 주목 받고 이슈를 끌면서 시작되었다. 블레임 룩의 사례로 n번방 사건의 조주빈의 티셔츠, 최순실 게이트 당시의 구두, 정유라의 패딩 등이 있으며 최근에는 조두순의 패딩이 모자이크 처리 없이 그대로 노출되어 포털사이트 실시간 검색어에 오르는 등 주목을 받았다. 고의적인 구설수를 이용하는 노이즈 마케팅과는 다르게 블레임 룩의 경우는 부정적인 모습이 소비자들에게 노출 되어 매출은 감소하고 브랜드 이미지에 악영향을 미치기 때문에 브랜드의 호재로 적용되지 않는다.

✱ 사면(赦免) ***

대통령의 고유권한으로, 형의 집행을 면제해주거나 형 선고의 효력을 없애주는 조치를 말한다. 특정 죄목에 대해 일괄적으로 처벌을 면해주는 일반사면과 사면의 대상을 일일이 정해 취해지는 특별사면의 두 가지가 있다. 특별사면은 다시 가석방 또는 복역 중인 피고인의 남은 형 집행을 면제해주는 조치인 잔형집행면제, 집행유예를 받은 사람에게 형의 선고를 없었던 일로 해주는 형선고실효 두 가지 방법이 있다. 또 행정처분취소는 경찰청 등 행정기관의 처분을 면제해주는 조치이며, 징계사면은 말 그대로 징계받은 사실을 없던 일로 하는 것이다. 파면이나 해임을 뺀 정직, 견책, 감봉을 받은 전·현직 공무원들의 징계기록이 없어지고 호봉승급 등 인사상 불이익을 받지 않게 된다.

✱ 법조브로커 *

변호사, 법무사의 법률 서비스 업무에 대해 중개를 해 주는 알선업자를 말한다. 호주와 뉴질랜드에서는 비법률가의 법조브로커가 합법이다. 한국에서는 변호사와 법무사만이 법률사무에 대한 알선, 중개를 유료로 할 수 있고, 비법률가의 알선 중개는 변호사법 위반으로 형사 처분된다.

✱ 경제활성화법안 **

경제 관련 2개 법률안, 노동 관련 5개 법률안 등의 7개 법안에 고용노동부 지침 2개를 포함하여 포괄적으로 이르는 용어이다. 경제 관련 법률안은 기업활력제고특별법(원샷법)과 서비스산업발전기본법이며, 노동 관련 5개 법률안은 근로기준법·고용보험법·산업재해보험법·기간제 및 단시간근로자 보호 등에 관한 법률·파견근로자보호 등에 관한 법률의 일부 개정안을 이른다.

✱ 원샷법 ***

기업들이 인수합병(M&A) 등 사업 재편을 쉽게 할 수 있도록 상법·세법·공정거래법 등의 관련 규제를 특별법으로 한 번에 풀어주는 법이다. 정식 명칭은 '기업활력제고를 위한 특별법'이다. 2015년 7월 9일 국회 산업통상자원위원회 소속 이헌재 새누리당 의원이 '기업활력제고를 위한 특별법' 제정안을 대표 발의했다. 발의된 제정안은 그동안 지주회사의 선제적 구조조정을 가로막았던 계열사 출자 제한 규정 등을 완화하는 내용을 담고 있다. 원샷법 지원 대상은 과잉공급 업종으로 제한된다.

✱ 특별검사제(特別檢事制) **

정치적 중립성을 지키기 위하여 고위 공직자의 위법 혐의나 비리가 발견되었을 때 수사와 기소를 행정부로부터 독립된 변호사가 담당하게 하는 제도이다. 미국에서 먼저 정착되었으며, 우리나라의 경우 1999년 옷로비 사건에 특별검사제를 처음 도입하였고, 대북 송금에 관한 조사를 조사하기 위하여 실시하였다.

✱ 복권(復權) *

상실된 특정 권리·자격을 회복시키는 것으로 헌법 및 사면법상 대통령의 명에 의해, 형법에 의한 형의 선고, 파산법에 의한 파산선고로 상실 또는 정지된 자격을 회복시키는 것이다. 복권은 형의 집행을 종료하거나 집행면제를 받은 자에 한해서만 행해지는 것인데, 형의 선고에 의한 기성의 효과는 복권이 되어도 변경되지 않는다. 일반복권은 대통령령으로 하고, 특정한 자에 대한 복권은 대통령이 행하되 법무장관의 상신과 국무회의의 심의를 거쳐야 한다. 특별복권은 검찰총장의 신청으로, 형의 집행종료일 또는 집행이 면제된 날로부터 3년이 경과된 자에 대해 법무부장관의 상신을 거쳐 대통령이 행한다.

✱ 감청영장(監聽令狀) *

수사기관에서 공공연하게 이루어졌던 도청을 엄격히 금지하고 수사상 필요할 때에만 제한적으로 피의자 등의 통화내용을 엿들을 수 있게 한, 일종의 '합법화된 도청'을 말한다. 1993년 12월 제정된 「통신비밀보호법」에 도입해 1994년 6월부터 시행되었다.

✱ 소멸시효(消滅時效) *

권리를 행사할 수 있음에도 불구하고 권리를 행사하지 않는 상태가 일정 기간 계속된 경우 권리소멸의 효과를 인정하는 제도를 말한다. 시효제도(時效制度)는 사회질서의 안정, 채증(採證)의 곤란 등의 이유로 인정되고 있으나 점유권, 일정한 법률관계에 필연적으로 수반되는 상린권, 담보물권 등은 소멸시효에 걸리지 않는다.

✱ 플리 바겐(plea bargain) **

사전형량조정제도를 말한다. 유죄를 인정하는 대신 형량을 경감받는 것으로 '플리 길티(plea guilty)'라고도 한다. 우리나라의 경우 플리 바겐에 대한 법적 근거는 없으나 기소에 대한 검사의 재량을 폭넓게 인정하는 기소편의주의와 기소독점주의를 채택하고 있어 수사의 형태가 암묵적으로 플리 바겐과 비슷하게 이루어지고 있다. 뇌물사건이나 마약범죄 등의 수사에 주로 활용된다.

✱ 유추해석(類推解釋) *

어떠한 사항을 직접 규정한 법규가 없을 때 그와 비슷한 사항을 규정한 법규를 적용하는 법의 해석을 말한다. 형법에서는 죄형법정주의의 원칙상 금지된다.

✱ 알선수재죄 **

돈이나 물건의 대가를 받고 다른 사람의 업무처리에 관한 것을 잘 처리해 주도록 중간에서 알선한 경우 성립하는 죄. 처벌규정은 형법상 알선수뢰죄, 특정범죄가중처벌법상 알선수재죄, 특정경제범죄가중처벌법상 알선수재죄 등 3가지 규정이 있다. 형법상 알선수뢰죄는 공무원이 지위를 이용, 다른 공무원의 직무처리에 직·간접 영향을 미쳤을 때 적용된다. 이는 다른 공무원의 직무처리에 영향을 미친다는 점에서 공무원 자신의 직무에 관한 청탁을 받는 뇌물죄와 다르다. 또 특정범죄가중처벌법상 알선수재죄는 공무원이 아니더라도 공무원처럼 영향력을 행사할 수 있는 사람이 공무원의 직무에 대해 알선하고 돈을 받았을 경우에 적용되며, 특정경제범죄가중처벌법상 알선수재죄는 알선대상이 공무원이 아니라 금융기관일 경우 적용된다.

✱ 위임명령(委任命令) *

법률 또는 상위명령에 의하여 위임된 사항을 규정하는 법규명령을 말하는 것으로, 수탁된 범위 내에서는 새로이 개인의 권리 · 의무에 관한 사항, 즉 법률사항에 관하여 규정할 수 있다.

✱ 초상권(肖像權) ***

자기의 얼굴이나 모습이 함부로 그림으로 그려지거나 사진으로 촬영당하지 아니할 권리, 또는 자기의 그림이나 사진이 함부로 신문 · 잡지 및 서적 등에 게재당하지 아니할 권리를 말한다.

✱ 심급제도(審級制度) *

심급을 달리하는 법원에서 두 번 또는 세 번까지 재판을 받을 수 있게 하는 제도로서, 국민의 자유와 권리보호에 신중을 기하고 공정하고 정확한 재판을 받게 하기 위한 목적에서 만들어진 제도이다. 우리나라에서도 다른 민주국가와 마찬가지로 4계급 3심제이며, 제1심과 제2심은 사실심을 원칙으로 하고 제3심은 법률심이다.

✱ 상소(上訴) **

소송법상 법원의 판결 또는 결정에 대하여 억울하다고 생각하는 당사자가 그 재판의 확정 전에 상급법원에 대하여 다시 심판해 줄 것을 요구하는 소송행위를 말하며, 항소 · 상고 · 항고가 있다.

✱ 항소(抗訴) *

지방법원이나 그 지원(支院)에서 받은 제1심 판결에 대하여 억울하다고 생각하는 당사자가 그 재판이 확정되기 전에 고등법원이나 또는 지방법원 본원 합의부에 다시 재판을 청구하는 것을 말한다. 항소기간은 민사소송의 경우에는 2주일, 형사소송은 7일 이내이며, 항소기일이 지나면 선고는 확정된다. 또한 보통 군법회의 판결에 대한 고등군법회의에서의 상소도 항소라 한다.

✱ 상고(上告) *

고등법원이나 지방법원 합의부의 제2심 판결에 대하여 억울하게 생각하는 당사자가 그 재판의 확정 전에 대법원에 다시 재판을 청구하는 것을 말한다. 상고심에서는 법심판의 법령위반만을 심사대상으로 하기 때문에 당사자는 법적 평가의 면에 한하여 불복을 신청할 수 있으므로 보통 상고심을 법률심이라고 한다. 상고를 할 수 있는 재판은 원칙적으로 항소심의 종국판결에 한하지만 불항소합의가 있을 때의 비약적 상고(민사소송법), 또는 특수한 사건에서 고등법원이 제1심이 되는 때(행정소송법)에는 예외가 인정되고 있다. 상고를 할 수 있는 자는 원판결의 파기로 이익이 있는 자에 한하며, 상고제소기간은 항소의 경우와 같은 제한이 있다.

더 알아보기

비상상고와 비약상고
- **비상상고(非常上告)** : 형사소송에서 판결이 확정된 후에 그 사건의 심리가 법령에 위반된 것을 발견한 경우에 한해 검찰총장이 대법원에 불복신청을 하는 제도이다. 이때 피고인의 구제를 주된 목적으로 하지 않으며, 다만 법령의 해석·적용의 시정이 주목적이다.
- **비약상고(飛躍上告)** : 형사 또는 민사소송에 있어서 제1심 판결에 대한 항소를 제기하지 않고 직접 상고법원인 대법원에 상소하는 것을 말한다.

✱ 항고(抗告) ✱

지방법원의 결정이나 명령에 대하여 불복(不服)이 있는 당사자 또는 제3자가 상급법원에 상소하는 것을 말한다. 불복을 신청할 수 없는 결정·명령이라도 헌법해석의 착오, 기타 헌법위반이 있음을 이유로 할 때는 대법원에 특별항고를 할 수도 있다.

✱ 법률행위(法律行爲) ✱

사법상 법률요건의 하나로, 법에 의하여 행위자가 마음먹은 그대로의 법률효과가 인정되는 행위를 말한다. 법률행위가 성립하기 위해서는 당사자·내용·의사표시의 3개 요건을 필요로 하며, 이 성립요건이 갖추어져 있지 않으면 법률행위는 성립하지 않는다. 법률행위의 형태는 단독행위·계약·합동행위 등의 세 가지로 나뉜다.

✱ 체포영장제 ✱

임의동행과 보호유치 등 탈법적 수사관행을 막기 위한 제도를 말한다. 체포영장제는 피의자가 죄를 범했다고 의심할 만한 상당한 이유가 있을 때 사전에 판사로부터 체포영장을 발부받아 체포하고 48시간 내에 구속영장을 청구하지 않을 경우 즉시 석방하는 제도로, 기존 긴급구속제도는 긴급체포제로 대체된다.

더 알아보기

- **영장실질심사제** : 법관이 구속영장을 발부하기 전 피의자를 직접 불러 심문한 뒤 영장발부 여부를 결정하는 제도이다.
- **피의자석방제** : 구속적부심 청구 시 보증금 납입을 조건으로 하는 것으로 보석제도를 기소전단계까지 확대하고 피고인에게 소송 계류중인 증거서류 등에 대한 열람청구권을 인정해 피고인의 방어권을 강화한 것이다.

✱ 청원권(請願權) ✱

국가기관이나 지방자치단체에 대하여 국민이 희망을 진술할 수 있는 권리를 말한다. 공무원의 비위 시정에 대한 징계나 처벌의 요구, 손해의 구제, 법령 또는 규칙의 제정·폐지·개정 등에 관하여 그 희망을 문서로써 진정할 수 있다. 청원을 접수한 국가기관은 공정 신속히 심사·처리하여 청원인에게 그 결과를 회답해 줄 의무가 있다. 그러나 반드시 청원의 내용대로 실행할 의무는 없다.

✱ 인정사망제도(認定死亡制度) ✱

수재나 화재 등 사망확률이 높은 사고의 경우, 시신이 발견되지 않더라도 이를 조사한 관공서 등이 사망으로 인정하면 별도의 재판을 거치지 않고 사망신고를 할 수 있도록 하는 제도이다.

✱ 속인주의(屬人主義) ✱✱

국민을 기준으로 하여 법을 적용하는 주의를 말한다. 즉, 한 나라 국민은 자기 나라에 있든지 외국에 있든지 그가 소속한 나라의 법에 적용을 받는다는 것이다. 우리나라 국적법은 속인주의를 원칙으로 하되, 예외적으로는 속지주의를 보충하고 있다. 국적법에서는 혈통주의라고도 한다.

더 알아보기

속지주의(屬地主義) … 영역을 기준으로 법을 적용하는 주의를 말한다. 즉, 한 국가의 영역 안에 있어서는 자기 나라 사람이거나 외국사람이거나를 불문하고 다같이 그 나라의 법을 적용한다고 하는 것이다. 국적법에서는 출생지주의라고도 한다.

✱ 알 권리(right to know) ✱

모든 정보원으로부터 일반적인 정보를 수집할 수 있는 권리로 국민이 정치적·사회적 문제에 관한 정보를 자유롭게 접할 수 있고 쉽게 알아볼 수 있는 권리이다. 개인의 경우 공공기관과 사회집단에 대해 정보를 공개하도록 청구할 수 있는 권리를 의미하며, 언론기관의 경우 정보를 공개하도록 청구할 권리뿐만 아니라 취재의 자유를 의미한다.

✱ 액세스권(right of access) ✱

국민이 자신의 사상이나 의견을 발표하기 위해 언론매체에 자유로이 접근하여 이용할 수 있는 권리로, 매체접근권이라고도 한다.

✱ 필요적 변론사건(必要的辯論事件) ✱

법에 정해진 형량이 사형·무기 또는 최하 3년 이하의 징역·금고형인 죄목으로 피고인이 기소된 사건을 말하는 것이다. 이러한 사건들은 피고인이 유죄로 인정될 경우 무거운 처벌을 받기 때문에 형사소송법에서 변호인 없이 재판을 열 수 없도록 규정하고 있다.

✱ 구인영장(拘引令狀) ✱

법원이 심문을 목적으로 피고인이나 그 밖의 관계인을 강제로 부르기 위해 발부하는 영장이다. 구속영장의 '구속'은 구인과 구금(拘禁)을 포함하는 개념이며, 흔히 말하는 구속영장은 구금영장을 가리킨다. 이 때 구금은 구치소에 인치시켜 수사하는 것이고, 구인은 구치소가 아닌 지정된 장소에서의 조사를 말하며 구금할 필요가 없다고 판단될 때에는 24시간 이내에 석방하도록 되어 있다.

✱ 즉결심판 ✱

범증이 명백하고 죄질이 경미한 범죄사건(20만 원 이하의 벌금, 구류, 과료에 해당)에 대하여 정식 형사소송 절차를 밟지 않고 「즉결심판에 관한 절차법」에 의거, 경찰서장의 청구로 순회판사가 행하는 약식재판이다. 주로 「경범죄처벌법」 위법사범(무임승차, 무전취식, 허위신고, 음주소란, 새치기 등), 가벼운 폭행죄, 단순 도박죄, 「도로교통법」상의 자동차주정차금지위반 등을 들 수 있다. 즉결심판의 청구는 관할 경찰서장이 서면으로 하는데 검사의 기소독점에 대한 예외이다. 즉결심판에 있어서는 피고인의 자백만으로써 유죄를 인정할 수 있고 피고인이 피의자신문조서의 내용을 부인하더라도 유죄를 인정할 수 있도록 증거조사의 특례가 인정된다. 즉결심판에 불복하는 경우 피고인은 고지를 받은 날로부터 7일 이내에 소관 지방법원 및 지방법원 지원에 정식재판을 청구할 수 있다. 정식재판의 판결이 나면 즉결심판은 효력을 잃는다.

✱ 일사부재리(一事不再理)의 원칙 ✱

「형사소송법」에서 일단 판결이 확정되면 같은 사건에 관하여 다시 공소의 제기가 허용되지 않는다는 원칙으로, 이에 위배된 공소는 면소판결을 받는다. 단, 「민사소송법」에서는 이 원칙이 적용되지 않는다.

✱ 불고불리(不告不理)의 원칙 ✱

법원은 원칙적으로 검사가 공소제기를 하지 않으면 공판을 개시할 수 없고, 또 검사로부터 공소가 제기된 사건에 한하여 심리할 수 있다는 원칙이다. 다만, 준기소절차의 경우에는 예외이다.

✱ 배임죄(背任罪) ✱

타인의 사무를 맡아서 처리하는 자가 자기나 제3자의 이익을 위하여 또는 본인(주인)에게 손해를 가하기 위해서 그 임무에 위배되는 행위를 하는 죄를 말한다.

✱ 미필적 고의(未必的故意) ✱✱

어떤 결과가 발생할지도 모르나 경우에 따라서는 그렇게 되어도 상관없다고 생각하는 경우에 존재하는 고의를 가리킨다. 즉, 범죄사실이 발생할 가능성을 인식하고도 이를 용인하는 것을 말한다. 이런 경우에는 과실범이 아니라 고의범으로서 처벌된다.

✱ 공소시효(公訴時效) ✱✱✱

확정판결 전에 시간의 경과에 의하여 형벌권이 소멸하는 제도를 말한다. 공소시효의 기산점은 범죄행위가 종료된 때부터 시작된다. 현행법상 인정되는 공소시효는 7종류가 있으며, 공소가 제기된 범죄는 판결의 확정이 없이 공소를 제기한 때로부터 25년을 경과하면 공소시효가 완성한 것으로 간주한다. 2015년 8월 형사소송법 개정안이 시행되면서 살인죄에 대한 공소시효를 폐지했다.

✱ 반의사불벌죄(反意思不罰罪) ✱✱✱

친고죄와 달리 고소없이 처벌 가능하나 피해자가 처벌을 희망하지 않는다는 의사를 표시하면 처벌을 할 수 없는 범죄로, 단순존속폭행죄 · 과실상해죄 · 단순존속협박죄 · 명예훼손죄 등이 있다.

더 알아보기

친고죄(親告罪) … 범죄의 피해자나 기타 법률이 정한 자의 고소가 있어야만 공소 가능한 범죄로, 형법상 간통죄 · 강간죄 · 준강간 죄 · 강제추행죄 · 준강제추행죄와 미성년자 간음죄, 모욕죄 등이 있다. 고소는 범인을 알게 된 날로부터 6개월 안에 해야 한다. 단, 성폭력 범죄의 처벌 및 피해자보호에 관한 법률상의 친고죄에 해당할 경우에는 1년 안에 해야 한다.

✱ 명예훼손죄(名譽毀損罪) ✱

형법 307조의 명예훼손죄는 공연히 구체적인 사실이나 허위 사실을 적시(摘示)하여 사람의 명예를 훼손함으로써 성립하는 범죄를 말한다. '공연히'는 불특정 다수인이 인식할 수 있는 상태를, '명예'는 사람의 인격에 대한 사회적인 평가로서 명예의 주체에는 자연인 · 법인 · 기타 단체가 있다. 오로지 공공의 이익에 관한 사실을 적시한 경우에는 처벌하지 아니하나, 진실한 사실을 적시한 경우에 2년 이하의 징역 · 금고나 500만 원 이하의 벌금에 처하고, 허위의 사실을 적시한 경우는 5년 이하의 징역 · 10년 이하의 자격정지나 1,000만 원 이하의 벌금에 처한다. 형법상 명예훼손죄는 '반의사불벌죄'로 피해자가 원치 않으면 처벌할 수 없다. 민법상 명예훼손은 불법행위로 간주되어 위자료를 청구할 수 있다.

✱ 과태료(過怠料) ✱

법률질서에 대한 위반이기는 하지만 형벌을 가할 만큼 중대한 일반 사회법익의 침해가 아니라고 인정되는 경우에 부과하는 현행 질서상의 질서벌을 말한다. 예를 들면 출생신고를 하지 않아서 「가족관계의 등록 등에 관한 법률」을 위반하였을 경우 해당 관청에 물게 되는 돈 따위를 말한다. 즉, 과태료는 행정법상 법령위반자에 대한 금전적인 벌로서 형(刑)은 아니다.

✱ 공동정범(共同正犯) ✱

공동실행의 의사와 공동실행의 사실이 있을 때 두 사람 이상이 공모하여 죄를 범하는 경우, 누가 정범이고 종범인지를 구별할 수 없는 상태의 범죄를 말한다.

✱ 간접정범(間接正犯) ✱

본인 스스로가 범죄를 행하지 아니하고 타인을 이용하여 간접적으로 범죄행위를 하게 하는 범인을 말한다. 예를 들면 사정을 전혀 모르는 간호사로 하여금 환자에게 약 대신 독물을 주게 한다든지, 광인(狂人)을 시켜 사람을 죽이는 행위 같은 것이다.

✱ 네이밍 법안 ***

법의 명칭은 따로 있지만 법안을 발의한 사람이나 피해자 및 가해자 등 특정 인물의 이름을 붙인 법안이다. 주목도나 홍보효과가 높아 복잡한 법률명을 대신하여 사용된다. 네이밍 법안은 사건을 공론화 시킬 수 있어 해당 사안을 확실하게 드러낼 수 있다는 이점이 있다. 그러나 피해자의 이름이 붙은 법안은 실질적인 내용이 전달되지 않고 감정에 호소할 수 있다는 점과 안타까운 마음에 선입견을 갖게 되어 부작용을 야기할 수 있다. 또한 피해자의 이름을 붙이게 될 때에는 유가족에게 상처가 될 수 있으므로 신중해야 한다.

✱ 살찐 고양이법 ***

탐욕스러운 자본가를 비유하는 표현으로 2008년 세계 경제를 어려움에 빠트린 글로벌 금융 위기를 초래했지만, 세금 혜택과 보너스 등으로 큰 이익을 보는 은행가와 기업인을 비난하는 말로 쓰이면서 널리 알려졌다. 2019년 7월 16일, 경기도의회에서 일명 '살찐 고양이법'이 통과됐다. 자치단체 산하 공공기관의 임원들이 지나치게 많은 연봉을 받는 것을 제한하는 내용의 법령 또는 조례(지방자치단체의 의회에서 제정한 자치법규)를 뜻한다.

✱ 선고유예(宣告猶豫) *

영미법에서 비롯된 형사정책적 제도로서 일정한 범인에 대하여 범죄를 인정함에 그치거나 또는 일정기간 유죄의 판결을 하는 것을 유예하고, 그 기간을 무사히 경과한 경우는 그 유죄의 판결을 언도하지 않는 제도를 말한다. 선고유예는 형의 선고를 유예한다는 점에서 형의 집행을 유예하는 집행유예와 다르다.

✱ 집행유예(執行猶豫) *

형사정책적 입장에서 인정한 제도로서 유죄를 인정한 정상에 의하여 일정 기간 그 형의 집행을 유예하여 유예기간 중 특별한 사고없이 그 기간을 경과한 때에는 형의 선고는 효력을 상실하게 하고 형이 없었던 것과 동일한 효과를 발생케 하는 제도이다. 집행유예는 3년 이하의 징역 또는 금고의 형을 선고할 경우 정상에 참작할 사항이 있을 때, 1년 이상 5년 이하의 기간 동안 형의 집행을 유예하는 제도이다.

✱ 기소편의주의(起訴便宜主義) **

기소에 있어 검사의 재량을 인정하는 것으로 공소제기에 필요한 정도의 혐의가 있고 또 소송조건을 구비하였다고 하더라도 반드시 기소하는 것이 아니라 검사에게 기소·불기소에 대한 재량의 여지를 인정하는 것을 말한다. 우리나라 현행법은 기소편의주의를 취하고 있으며 1심 판결 전이라면 검사는 언제든지 공소를 취소할 수 있다.

✱ 체포동의안

국회 회기 동안 불체포 특권을 가진 국회의원에게 적용되는 동의안으로, 영장 판사가 동의안을 국회에 보내 국회의원 과반수 출석과 과반수 찬성을 받아야 구속할 수 있다.

✱ 일수벌금제

범행의 경중에 따라 일수(日收)를 정하고 피고인의 재산 정도를 기준으로 산정한 금액에 일정 비율을 곱하여 최종 벌금 액수를 정하는 방식을 말한다.

✱ 근저당권

채권자와 채무자 사이에서 일정한 지속적 거래계약으로부터 발생하는 불특정 채권을 장래의 결산기에 있어서 채권 최고액까지 담보하기 위한 저당권을 말한다.

✱ 이해충돌방지법

국회는 2021년 4월 29일 임시회 본회의를 열어 공직자가 직무를 수행할 때 자신의 사적 이해관계로 인해 공정하고 청렴한 직무수행을 저해하는 것을 방지하기 위한 법안을 통과시켰다. 해당 법안은 지난 2013년 이른바 김영란법(부정청탁금지법)의 일부로 발의되었으나 공직자의 직무범위가 모호하다는 이유로 보류되었다. 2021년 3월 LH 직원들의 부동산 투기 사태를 계기로 법안이 처리되었으며 2021년 12월 28일 국무회의에서 의결되었다. 2022년 5월 19일부터 시행 중이다.

더 알아보기

이해충돌방지법 주요 내용

구분	내용
신고 · 제출의무	• 사적이해관계자 신고 및 회피 · 기피 신청 • 공공기관 직무 관련 부동산 보유 · 매수 신고 • 고위공직자 민간부문 업무활동 내역 제출 • 직무관련자와의 거래 신고 • 퇴직자 사적 접촉 신고
제한 · 금지행위	• 직무 관련 외부활동의 제한 • 가족 채용 제한 • 수의계약 체결 제한 • 공공기관 물품 등의 사적 사용 · 수익 금지 • 직무상 비밀 등 이용 금지

✱ 행정심판

행정청의 부당한 처분으로 권리 및 이익을 침해받은 국민이 행정기관에 제기하여 이를 법적으로 구제받을 수 있도록 하는 제도를 말한다.

✱ 주거정비지수제

서울시에서 재개발 사업 시 주민동의율과 건물의 노후도 등을 부문별로 상세히 점수화하여 일정 점수 이상이 되어야 재개발사업 신청을 할 수 있게 한 제도이다. 2015년에 도입된 이래 2021년 현재 6년 여간 신규 재개발 구역 지정을 어렵게 한 주요 요인으로 꼽혀왔으며 최근 오세훈 서울시장이 재개발 활성화를 위해 발표한 6대 규제 완화 방안에 주거정비지수제가 폐지가 포함되었다.

✱ 수사지휘권

'법무부 장관은 구체적 사건에 대해 검찰총장을 지휘·감독할 수 있다'는 검찰청법 제8조에 근거하여 특정 사건에 대해 검찰 수사를 지휘·중단할 수 있는 권한을 일컫는다. 법무부장관의 첫 수사지휘권 발동은 2005년 10월 검찰의 국가보안법 수사와 관련하여 있었으며 2020년 7월에 검언유착 의혹과 관련하여 6건 발동한 바 있다.

✱ 데이터 3법

개인정보 보호법·정보통신망법(정보통신망 이용촉진 및 정보보호 등에 관한 법률)·신용정보법(신용정보의 이용 및 보호에 관한 법률)개정안이다. 데이터 3법은 개인정보보호에 관한 법이 소관 부처별로 나뉘어 있기 때문에 생긴 불필요한 중복 규제를 없애 4차 산업혁명의 도래에 맞춰 개인과 기업이 정보를 활용할 수 있는 폭을 넓히기 위해 마련되었다. 빅 데이터 3법, 데이터경제 3법이라고도 부른다.

더 알아보기

데이터 3법의 주요 내용
- **개인정보보호법 개정안**: 개인정보 관련 개념을 개인정보, 가명정보, 익명정보로 구분한 후 가명정보를 통계 작성 연구, 공익적 기록보존 목적으로 처리할 수 있도록 허용한다. 가명정보 이용 시 안전장치 및 통제 수단을 마련한다. 행정안전부, 금융위원회, 방송통신위원회 등으로 분산된 개인정보보호 감독기관을 통합하기 위해 개인정보보호위원회로 일원화한다. 개인정보보호위원회는 국무총리 소속 중앙행정기관으로 격상한다.
- **정보통신망법 개정안**: 개인정보 관련 법령이 개인정보보호법, 정보통신망법 등 다수의 법에 중복되어 있고 감독기구도 행정안전부, 방송통신위원회, 개인정보보호위원회 등으로 나눠져 있어 따른 혼란을 해결하기 위해 마련되었다. 정보통신망법에 규정된 개인정보보호 관련 사항을 개인정보보호법으로 이관한다. 온라인상 개인정보보호 관련 규제 및 감독 주체를 방송통신위원회에서 개인정보보호위원회로 변경한다.
- **신용정보보호법 개정안**: 은행, 카드사, 보험사 등 금융 분야에 축적된 방대한 데이터를 분석 및 이용해 금융상품을 개발하고 다른 산업 분야와의 융합을 통해 부가가치를 얻기 위해 마련되었다. 가명조치한 개인 신용정보로써 가명정보 개념을 도입해 빅 데이터 분석 및 이용의 법적 근거를 명확히 마련한다. 가명정보는 통계작성, 연구, 공익적 기록보존 등을 위해 신용정보 주체의 동의 없이도 이용, 제공할 수 있다.

✱ 개헌저지선(改憲沮止線) ✱✱✱

국회에서 헌법개정안 통과를 막을 수 있는 정족수로 국회의원 전체의 1/3에 해당한다. 헌법개정안이 가결되려면 국회의원의 2/3 이상의 찬성이 필요하므로 '개헌저지선', 즉 재적의원 1/3이 반대하면 헌법개정안은 의결될 수 없다. 2020년 현재 국회의원 수가 300명(비례대표 포함)임을 감안하면 200명 이상이 찬성해야 개헌안을 국민투표에 부칠 수 있다. 따라서 101명이 반대하면 개헌안은 국회에서 부결되는 것이다.

✱ 공소권 없음 **

한수사기관이 법원에 재판을 청구하지 않는 불기소처분의 한 유형을 말한다. 수사기관이 공소권 없음 결정을 내릴 수 있는 경우는 아래와 같다.

- 확정판결이 있는 경우
- 사면이 있는 경우
- 공소시효가 완성된 경우
- 범죄 후 법령의 개폐로 형이 폐지된 경우
- 법률의 규정에 의하여 형이 면제된 경우
- 피의자에 대하여 재판권이 없는 경우
- 동일사건에 관하여 이미 공소가 제기된 경우
- 친고죄 및 공무원의 고발이 있어야 논하는 죄의 경우 고소 또는 고발이 무효 또는 취소된 때
- 반의사불벌죄의 경우 처벌을 희망하지 않는 의사표시가 있거나 처벌을 희망하는 의사표시가 철회된 경우
- 피의자가 사망하거나 피의자인 범인이 존속하지 않게 된 경우

출제예상문제

1 다음 중 '데이터 3법'과 관련한 내용으로 옳지 않은 것은?

① 데이터 3법이란 '개인정보 보호법', '통신비밀보호법', '신용정보보호법(약칭)'을 일컫는다.

② 2020년 1월 '데이터 3법'이 통과되면서 개별 기업들이 관리하던 고객 정보를 기업 간에 상호 교류하고 활용하는 것이 가능하게 되었다.

③ 데이터 3법에 의하면 '개인 정보'는 가명으로만 가능하며, 이름뿐 아니라 전화번호와 이메일 등을 가린 정보도 '가명 정보'라 한다.

④ 행정안전부, 방송통신위원회, 금융위원회 등 정부 부처별로 나누어져 있던 개인정보 관리 및 감독권한을 개인정보보호위원회로 일원화하는 내용을 담고 있다.

⑤ 4차 산업혁명 도래에 맞춰 개인과 기업이 정보를 활용할 수 있는 폭을 넓히기 위해 마련됐다.

> ✅**해설** 데이터 3법이란 '개인정보 보호법', '정보통신망법(약칭)', '신용정보보호법(약칭)'을 일컫는다.

2 미국과 중국 그리고 북한과 한국이 한반도 안보 현안에서 일본을 배제하는 것으로 1998년 빌 클린턴 전 미국 대통령이 일본을 건너뛰고 곧장 중국만 방문하고 돌아갔을 때 처음 사용한 용어를 지칭하는 것은?

① 차이나 패싱
② 아시아 패싱
③ 글로벌 패싱
④ 재팬 패싱
⑤ 스마일 패싱

> ✅**해설** 일본 소외, 일본 배제라는 뜻으로 최근 한반도를 둘러싼 국제 정세에서 일본이 빠진 채 논의하는 현상을 뜻하는 용어로 일본은 김정은 위원장의 2018년 1월 1일 신년사를 통해 한반도에 극적인 대화 국면이 시작된 뒤에도 한동안 "북한의 미소 외교에 넘어가선 안 된다."라고 주장하며 한-미-일이 강하게 연대해 북한에 대한 압박을 강화해야 한다는 '강경 노선'을 유지해 왔다. 그러나 도널드 트럼프 대통령이 2018년 3월 8일 김 위원장의 정상회담 제안을 받아들인 뒤, 부랴부랴 미-일 정상회담을 추진하고 문재인 대통령과 수차례 전화회담을 하는 등 '재팬 패싱'을 막기 위해 안간힘을 써왔다.

3 문재인 대한민국 대통령과 김정은 조선민주주의인민공화국 국무위원장이 2018년 4월에 판문점 평화의 집에서 채택한 3차 남북정상회담 공동선언은?

① 4 · 26 판문점 선언　　　　　　　　② 4 · 27 판문점 선언

③ 4 · 28 판문점 선언　　　　　　　　④ 4 · 29 판문점 선언

⑤ 4 · 30 판문점 선언

> ✔해설　4 · 27 판문점 선언은 문재인 대한민국 대통령과 김정은 조선민주주의인민공화국 국무위원장이 2018년 4월 27일 판문점 평화의 집에서 채택한 3차 남북정상회담 공동선언을 의미하는 것으로 한반도 평화체제 구축, 연내 종전과 남북미 혹은 남북미중 회담 추진, 남북공동연락사무소 개성 설치, 이산가족 상봉 등을 담고 있다.

4 홍콩의 민주화를 요구하며 시작된 홍콩 시민들의 반(反)중국 민주화 시위에 붙여진 이름으로 경찰의 공격을 이것으로 막아내 붙여졌다. 이 혁명은?

① 카네이션 혁명　　　　　　　　　　② 벨벳 혁명

③ 샤프란 혁명　　　　　　　　　　　④ 우산 혁명

⑤ 모자 혁명

> ✔해설　우산 혁명 … 홍콩의 민주화를 요구하며 시작된 홍콩 시민들의 반(反)중국 민주화 시위에 붙여진 이름이다. 수천 명의 시민들이 시위를 하고 있는 장소에 홍콩경찰이 시민들을 해산시키기 위해 최루가스를 살포했고, 시민들은 이러한 경찰의 공격을 우산으로 막아냄으로써 홍콩의 시위가 '우산혁명(Umbrella Revolution)'이라는 이름을 얻게 되었다.

5 다음 중 우리나라와 최초로 수교를 맺은 사회주의 국가는?

① 중국　　　　　　　　　　　　　　　② 헝가리

③ 쿠바　　　　　　　　　　　　　　　④ 베트남

⑤ 러시아

> ✔해설　1948년 남 · 북한 동시에 사회주의 국가인 헝가리와 최초로 수교를 맺었으며, 이후 1989년 우리나라와 단독 수교를 맺었다.

Answer　1.① 2.④ 3.② 4.④ 5.②

6 육군 부대가 한 지역에 계속 주둔하며 그 지역 경비와 군대의 질서 및 군기 감시, 시설물 보호를 목적으로 제정한 대통령령은?

① 분수령   ② 위수령

③ 계엄령   ④ 경비계엄령

⑤ 비상계엄령

> **✓ 해설** 위수령은 육군 부대가 한 지역에 계속 주둔하면서 그 지역의 경비, 군대의 질서 및 군기(軍紀) 감시와 시설물을 보호하기 위하여 제정된 대통령령을 의미하는 것으로 제정된 위수령에 따르면 위수사령관은 치안유지에 관한 조치에 관하여 그 지구를 관할하는 시장·군수·경찰서장과 협의하여야 하며, 병력 출동은 육군참모총장의 사전승인을 얻어야 하나 사태가 위급한 경우 사후승인도 가능하도록 하였다. 병기는 자위상(自衛上)의 필요, 진압·방위 등의 필요가 있을 때에 사용하며, 사용하였을 때는 즉시 육군참모총장에게 보고하도록 하였다.

7 현행 공직선거법에 따라 대통령 선거 및 국회의원 선거에서 선거권이 있는 최소 연령은?

① 20세   ② 19세

③ 18세   ④ 17세

⑤ 16세

> **✓ 해설** 2020년 1월 개정된 공직선거법 제15조(선거권) 제1항은 '18세 이상의 국민은 대통령 및 국회의원의 선거권이 있다.'고 규정하고 있다.

8 대한민국 검찰의 기소독점주의의 폐해를 견제하기 위해 미국의 대배심과 일본 검찰심사회를 참고하여 신설한 위원회는?

① 검찰시민위원회   ② 검찰공정위원회

③ 검찰신용위원회   ④ 검찰권익위원회

⑤ 검찰배심위원회

> **✓ 해설** 대한민국 검찰의 기소독점주의의 폐해를 견제하기 위해 미국의 대배심과 일본 검찰심사회를 참고하여 신설한 위원회로 구속력은 없고 권고적 효력만 있다. 2010년 검사 성접대 사건 이후 검찰 위상과 신뢰를 회복하기 위해 2010년 검찰시민위원회 도입을 논의한 후 확정했다. 검찰시민위원회는 결정에 구속력이 인정되는 기소배심제도가 도입되기 전까지만 운영되며 검사가 시민위원회 개최를 위원장에게 통보하면 9명의 시민위원이 서울중앙지검 6층 회의실에서 토론을 거쳐 기소하는 것이 적절한지에 대해 판단한다.

9 다음 중 헌법재판소의 권한을 바르게 묶은 것은?

> ㉠ 법원의 위헌법률심사제청이 있을 때 법률이 헌법에 위반되는지의 여부를 심판한다.
> ㉡ 국회로부터 탄핵소추를 받은 자가 있을 경우 이를 심판한다.
> ㉢ 명령·규칙·처분이 헌법이나 법률에 위반되는지의 여부를 최종적으로 심판한다.

① ㉠   ② ㉠, ㉡
③ ㉡, ㉢   ④ ㉠, ㉢
⑤ ㉠, ㉡, ㉢

> ✔해설 ㉢ 명령·규칙·처분 등의 심사권은 대법원의 권한이다.

10 내용을 읽고 괄호 안에 들어갈 말로 가장 적절한 것을 고르면?

> 도시계획시설상 도시공원으로 지정만 해놓고 (　　) 공원 조성을 하지 않을 경우 땅 주민의 재산권 보호를 위해 도시공원에서 풀어주는 것을 말한다.

① 3년간   ② 10년간
③ 15년간   ④ 20년간
⑤ 30년간

> ✔해설 1999년 장기미집행 도시계획시설에 대해 사유재산권 침해에 대한 헌법불합치 판결로 도시계획시설(공원)결정 이후 20년이 경과되면 효력이 상실되는 제도다.

CHAPTER 02

경제 · 경영

1 경제 · 금융

✽ 기준 금리 ✱✱✱

한국은행의 최고 결정기구인 금융통화위원회에서 매달 회의를 통해서 결정하는 금리로, 한국은행의 환매조건부 채권 매매, 대기성 여수신 등 금융기관 간 거래의 기준이 되는 금리를 말한다. 한국은행이 기준금리를 올리면 시중 금리도 상승하게 되고 기준금리를 낮추면 시중 금리도 떨어지게 된다.

✽ 기저효과 ✱✱

특정 시점의 경제 상황을 평가할 때 비교의 기준으로 삼는 시점에 따라 주어진 경제상황을 달리 해석하게 되는 현상이다. 호황기의 경제상황을 기준시점으로 현재의 경제상황을 비교할 경우, 경제지표는 실제 상황보다 위축된 모습을 보인다. 반면, 불황기의 경제상황을 기준시점으로 비교하면, 경제지표가 실제보다 부풀려져 나타날 수 있다.

✽ 디폴트(default) ✱✱

채무자가 공사채나 은행 융자, 외채 등의 원리금 상환 만기일에 지불 채무를 이행 할 수 없는 상태를 말한다. 채무자가 민간 기업인 경우에는 경영 부진이나 도산 따위가 원인이 될 수 있으며, 채무자가 국가인 경우에는 전쟁, 혁명, 내란, 외화 준비의 고갈에 의한 지급 불능 따위가 그 원인이 된다.

✽ 골든크로스 ✱✱

주가나 거래량의 단기 이동평균선이 중장기 이동평균선을 아래에서 위로 돌파해 올라가는 현상을 말한다. 이는 강력한 강세장으로 전환함을 나타내는 신호로 받아들여진다. 이동평균선이란 특정 기간 동안의 주가의 평균치를 이어놓은 선을 말한다. 일반적으로 증권시장에서는 골든크로스 출현을 향후 장세의 상승신호로 해석한다. 또 골든크로스 발생 시 거래량이 많을수록 강세장으로의 전환 가능성이 높다는 의미를 지닌다.

✱ 우머노믹스 ***

우먼(woman)과 이코노믹스(economics)의 합성어로 여성이 경제를 주도해 나가는 경제현상을 말한다. 취업 여성수가 늘어남에 따라 이들의 소득수준이 높아지면서 여성 대상의 상품이나 서비스 시장이 확대되는 것을 뜻하는 용어다. 최근에는 여성들이 기업 CEO는 물론 금융계에도 다수 진출하면서 여성 리더들이 경제를 이끌어가는 현상을 뜻하는 용어로 사용된다.

✱ 자유무역협정(FTA : Free Trade Agreement) ***

국가와 국가 사이에 무역장벽을 완화하거나 철폐하여 무역자유화를 실현하기 위한 양 국가 또는 지역사이에 체결하는 특혜무역협정으로 각 나라가 무역을 자유화함으로써 무역거래와 국제간의 분업이 확대돼 서로의 이익이 증대될 것이라는 자유주의 경제이론에서 출발한다. FTA는 상품분야의 무역자유화와 관세인하에 중점을 두고 있었으나 WTO 체제 이후 상품의 관세철폐이외에도 서비스 및 투자 자유화까지 포괄하는 것이 일반적인 추세다. 그 밖에 지적재산권, 정부조달, 무역구제제도 등 정책의 조화부문까지 협정의 대상 범위가 확대되었고 다자간 무역 협상 등을 통하여 전반적인 관세수준이 낮아지면서 다른 분야로 협력영역을 늘려가게 된 것도 이 같은 포괄범위 확대의 한 원인이다.

✱ 경제고통지수 **

국민들이 실제로 느끼는 경제적 생활의 고통을 계량화하여 수치로 나타낸 것으로 보통 일정 기간 동안의 소비자물가상승률(CPI)과 실업률을 합하여 소득증가율을 빼서 나타낸다. 경제고통지수는 미국 브루킹스연구소의 경제학자 아서 오쿤(Arthur Okun)이 고안한 것으로 고통지수의 수치가 높다는 것은 실업률이나 물가의 상승이 높아져 국민이 느끼는 경제적 어려움도 수치가 높은 만큼 크다는 것이며, 수치가 낮다는 것은 경제적 어려움도 그만큼 적다는 것이다.

✱ 다보스 포럼(Davos forum) **

세계경제포럼 연차총회의 통칭으로 민간 재단이 주최하지만 세계 각국의 정계(政界)·재계(財界)·관계(官界)의 유력 인사들이 모여 공식적인 의제 없이 참가자의 관심분야에 대한 각종 정보를 교환하고 세계경제 발전 방안에 대하여 논의한다. 매년 1～2월 스위스의 고급 휴양지인 다보스에서 회의를 하기 때문에 일명 '다보스 회의'라고도 한다. 1971년 독일 출신의 하버드대 경영학교수 클라우스 슈바브(K. Schwab)에 의해 만들어져 독립적 비영리재단 형태로 운영되고 있고 본부는 제네바에 있으며, 기관지 「월드링크(World Link)」를 격월간으로, 「세계경쟁력 보고서」를 매년 발간한다.

✱ G20 ***

G7을 확대 개편한 세계경제협의기구로, 주요 국제 금융현안을 비롯하여 특정 지역의 경제위기 재발방지책 등을 논의하기 위한 선진·신흥경제 20개국 재무장관 및 중앙은행 총재 회의의 모임을 말한다. G7과 한국, 중국, 인도, 아르헨티나, 브라질, 멕시코, 러시아, 터키, 호주, 남아프리카공화국, 사우디아라비아 등 11개 주요 신흥 시장국이 첫 회의 때 회원국으로 결정되었고 이후 인도네시아, 유럽연합(EU) 의장국이 들어가 모두 20개국이 되었다. 그리고 국제기구로 IMF(국제통화기금), IBRD(세계은행), ECB(유럽중앙은행)이 참여한다. G20 정상회의는 처음 경제위기 극복을 위한 한시적 협의기구라는 성격이 강했으나 제3차 피츠버그 정상회의 이후 세계경제 문제를 다루는 최상위 포럼으로 격상되었고, 제5차 정상회의가 2010년 11월 11~12일 한국의 서울에서 열렸다.

더 알아보기

- G7 : 서방선진 7개국 간에 매년 정기적으로 개최되는 국제회담으로, 세계경제향방과 각국 간의 경제정책협조·조정문제를 논의한다. 1975년 당시 프랑스 대통령인 프랑수아 지스카르 데스탱의 주창으로 시작돼, 두 차례의 석유위기 타개와 냉전종식 후 세계질서 개편 등을 다루면서 국제사회의 최고정책기구로 자리잡았다. 회원국은 미국·독일·영국·프랑스·이탈리아·캐나다·일본 등 7개국이다.
- G8 : G7 + 러시아

✱ 믹타(MIKTA) ***

멕시코(Mexico), 인도네시아(Indonesia), 한국(Korea), 터키(Turkey), 오스트레일리아(Australia)를 구성원으로 하는 국가협의체로, 민주주의와 자유시장경제 등 핵심가치를 공유하며 국제사회의 공공이익 증대에 대한 기여 의지와 역량을 보유한 중견국들 간의 협력 매커니즘이다. 믹타(MIKTA) 회원국은 G20 회원국 중 G7이나 브릭스(BRICS)에 포함되지 않으면서도 UN 등의 국제 무대에서 활동하고 경제 규모가 세계 20위 안에 드는 건실한 국가라는 공통점을 가진다.

✱ 브릭스(BRICS) ***

2000년대를 전후해 빠른 경제성장을 거듭하고 있는 브라질·러시아·인도·중국·남아프리카공화국의 신흥경제 5국이다. 2001년 미국의 증권회사인 골드먼삭스 그룹 보고서에서 처음 등장한 용어로, 당시 브릭스는 브라질(Brazil)·러시아(Russia)·인도(India)·중국(China) 등 4국의 영문 머리글자를 사용하였으며 현재의 경제성장 속도와 앞으로의 발전 가능성을 가진 4개국을 하나의 경제권으로 묶은 개념이다. 브릭스 4개국은 공통적으로 거대한 영토와 인구, 풍부한 지하자원 등 경제대국으로 성장할 수 있는 요인을 갖추고 있다. 2010년 12월에는 남아공이 공식 회원국으로 가입하면서, 브릭스는 기존 'BRICs'에서 'BRICS'로 의미가 확대되었다.

✱ 긴축발작(taper tantrum) **

선진국의 양적완화 축소 정책이 신흥국의 통화가치 및 증시의 급락을 초래하는 현상이다. 2013년에 처음으로 양적완화 축소를 거론한 후 신흥국 통화가치와 주가 등이 대폭락하며 금융시장이 충격에 빠진 현상을 말한다. 주로 미국이 양적완화를 종료하고 기준금리를 인상할 때마다 이를 우려한 투자자들이 신흥국으로부터 자금을 회수함으로써 긴축발작이 일어난다.

✱ 피구 효과(Pigou effect) ***

임금의 하락이 고용의 증대를 가져온다는 피구(A.C. Pigou)의 이론을 말한다. 즉, 기업의 임금 인하는 사람들이 보유하고 있는 현금이나 예금잔고의 실질가치를 인상하는 결과가 되어 일반물가수준은 하락하게 된다. 이러한 실질현금잔고의 증가는 소득에 변화가 없더라도 소비지출을 증가시키므로 결과적으로 고용을 증대시킨다.

✱ 소비자 기대 지수(消費者期待指數) ***

경기에 대한 소비자들의 기대심리를 반영한 지수를 말한다. 기준점수를 100으로 하고 이를 웃돌면 6개월 이후의 경기가 현재보다 개선될 것으로 보는 가구가 나빠질 것으로 보는 가구보다 많다는 것을 의미한다. 매월 통계청에서 작성하는데, 주요 기대지수는 경기 · 가계생활 · 소비지출 · 내구소비재 및 외식 · 문화 · 오락 등이고 소득 계층 및 연령대별로 분석해서 작성한다.

✱ 톱니 효과(ratchet effect) ***

소득이 높았을 때 굳어진 소비 성향이 소득이 낮아져도 변하지 않는 현상을 말한다. 관성 효과가 작용하면 소득이 감소하여 경기가 후퇴할 때 소비 성향이 일시에 상승한다. 소비는 현재의 소득뿐만 아니라 과거의 소득에도 영향을 받고 있어 소비자의 소비지출은 소득과 동반하여 변동하는 것이 아니라 안정적인 경향을 보여 경기후퇴 시에도 빠르게 변동을 보이진 않는다. 이처럼 소비의 상대적 안정성으로 경기가 후퇴하여도 소비가 소득의 감소와 같은 속도로 줄어들지 않게 되어 경기 후퇴 속도는 상당히 완화된다.

✱ 베블런 효과 **

허영심에 의해 수요가 발생하는 것으로, 가격이 상승한 소비재의 수요가 오히려 증가하는 현상이다. 예를 들면, 값비싼 귀금속류나 고가의 가전제품, 고급 자동차 등 경제상황이 악화되어도 수요가 줄어들지 않는데, 이는 자신의 부를 과시하거나 허영심을 채우기 위해 구입하는 사람들이 있기 때문이다.

✱ 리카도 효과(ricardo effect) *

일반적으로 호경기 때에는 소비재 수요 증가와 더불어 상품의 가격 상승이 노동자의 화폐임금보다 급격히 상승하게 되므로 노동자의 임금이 상대적으로 저렴해진다. 이 경우 기업은 기계를 대신하여 노동력을 사용하려는 경향이 발생하는데, 이를 리카도 효과라 한다.

✱ 리디노미네이션 **

디노미네이션은 화폐, 채권, 주식 등의 액면금액을 의미한다. 리디노미네이션은 한 나라의 화폐를 가치의 변동 없이 화폐, 채권, 주식 등의 액면을 동일한 비율의 낮은 숫자로 표현하거나, 새로운 통화단위로 화폐의 호칭을 변경하는 것으로, 우리나라에서는 1953년에 100원을 1환으로, 화폐개혁이 있었던 1962년에 10환을 1원으로 바꾼 일이 있으며, 2004년에 1,000원을 1원으로 바꾸는 안이 논의되기도 했다. 리디노미네이션을 실시할 경우에 거래편의의 제고, 통화의 대외적 위상재고, 인플레이션 기대심리 억제, 지하자금의 양성화 촉진 가능성 등의 장점 등이 있으나, 새 화폐 제조와 컴퓨터시스템 · 자동판매기 · 장부 변경 등에 대한 큰 비용, 물가상승 우려, 불안심리 초래 가능성 등의 문제가 있다.

✱ 개인워크아웃제도(개인신용회복지원제도) **

금융기관 간 맺은 '신용회복지원협약'에 따른 신용불량자 구제 제도이다. 최저생계비 이상의 소득이 있는 개인 또는 개인사업자가 채무과다로 현재의 소득으로는 채무상환을 할 수 없어 신용불량자로 등재되어 있는 경우 신용회복지원위원회에 개인워크아웃신청을 하면, 금융기관의 채무를 일정 부분 조정하여 줌으로써 신용불량자가 경제적으로 회생할 수 있도록 도와주는 제도이다. 개인워크아웃제도는 사회적으로 신용불량자가 급증하자 금융감독원이 신용불량자 증가 억제 및 금융이용자보호대책의 일환으로 마련한 제도로 2002년 10월 도입되었다.

✱ 파노플리 현상 ***

소비자가 특정 제품을 소비하면 그 제품을 소비하는 집단 혹은 계층과 같아진다는 환상을 갖게 되는 현상이다. 소비자가 구매한 제품을 통해 지위와 가치를 드러내려는 욕구에서 발생하며, 연예인이나 유명인이 사용하는 것으로 알려진 제품 수요가 높아지는 현상도 파노플리 현상이다.

✱ 전시 효과(demonstration effect) **

후진국이나 저소득자가 선진국이나 고소득자의 소비양식을 본떠 그 소비를 증대시키는 경향으로, 신문 · 라디오 · 영화 · TV 등의 선전에 대한 의존도가 크다. 근대 경제이론에서는 전시효과에 의해 소비성향이 상승함으로써 저축률이 저하되므로 자본축적을 저지한다고 하여 문제시하고 있다. 듀젠베리효과라고도 한다.

✱ 밴드왜건 효과(bandwagon effect) ***

밴드왜건이란 유행에 따른 소비성향을 뜻하는 말로, 악대를 앞에 두고 사람들을 끌고 다니는 차량을 의미한다. 미국 서부 개척시대에 금광이 발견됐다는 소식을 들으면 많은 사람들이 밴드왜건을 따라 길을 나섰는데, 금광발견의 유무를 떠나서 사람들이 가니까 나도 따라갔다고 한다. 즉, 일종의 군중심리가 작용한 것이다. 정치에서 보자면, 소위 말하는 '대세론'으로 후보자가 일정수준이상의 지지율을 얻으면 그 후보를 따라가게 되는데 이를 밴드왜건 효과라 한다. 또 어떤 소비재가 가격하락이 됐을 때 새로운 소비자가 이 소비재의 수요자로 등장해 수요량이 증가하게 되는데 이것도 밴드왜건 효과라 한다. 따라서 가격의 하락에 수반한 수요량의 증가는 가격효과의 부분과 밴드왜건 효과의 부분으로 나눌 수 있다.

✱ 소비자물가지수(CPI : Consumer Price Index) *

전국 도시의 일반소비자가구에서 소비목적을 위해 구입한 각종 상품과 서비스에 대해 그 전반적인 물가수준동향을 측정하는 것이며, 이를 통해 일반소비자가구의 소비생활에 필요한 비용이 물가변동에 의해 어떻게 영향받는가를 나타내는 지표이다.

✱ 트리플위칭데이(triple witching day) *

주가지수선물, 주가지수옵션, 개별주식옵션의 만기가 동시에 겹치는 날로 3개의 주식파생상품의 만기가 겹쳐 어떤 변화가 일어날지 아무도 예측할 수 없어 혼란스럽다는 의미에서 생긴 말이다. 트리플위칭데이는 현물시장의 주가가 다른 날보다 출렁일 가능성이 상존하는데 이를 가리켜 만기일 효과(expiration effect)라고 부른다. 또한 결제일이 다가오면 현물과 연계된 선물거래에서 이익을 실현하기 위해 주식을 팔거나 사는 물량이 급변, 주가가 이상 폭등·폭락하는 현상이 나타날 가능성이 크다. 특히 결제 당일 거래종료시점을 전후해서 주가의 급변동이 일어날 수 있다. 미국의 경우는 S&P500 주가지수선물, S&P100 주가지수옵션, 개별주식옵션 등의 3가지 파생상품계약이 3·6·9·12월 세 번째 금요일에, 한국은 3·6·9·12월의 두 번째 목요일에 트리플위칭데이를 맞게 된다.

✱ 사이드카(side car) **

선물시장이 급변할 경우 현물시장에 대한 영향을 최소화함으로써 현물시장을 안정적으로 운용하기 위해 도입한 프로그램 매매호가 관리제도의 일종으로, 주식시장에서 주가의 등락폭이 갑자기 커질 경우 시장에 미치는 영향을 완화하기 위해 주식매매를 일시 정지시키는 제도인 서킷 브레이커(circuit braker)와는 상이하다. 주가지수 선물시장을 개설하면서 도입하였는데, 지수선물가격이 전일종가 대비 5% 이상 상승 또는 하락해 1분간 지속될 때 발동하며, 일단 발동되면 발동 시부터 주식시장 프로그램 매매호가의 효력이 5분간 정지된다. 그러나 5분이 지나면 자동적으로 해제되어 매매체결이 재개되고, 주식시장 후장 매매 종료 40분 전(14시 20분) 이후에는 발동할 수 없으며, 또 1일 1회에 한해서만 발동할 수 있도록 되어 있다.

✱ 서킷브레이커(circuit breakers) ***

주식거래 시 주가가 급격하게 하락할 때 매매를 일시적으로 중단하는 제도이다. 뉴욕증권거래소에서 1987년 10월 이른바 블랙먼데이(Black Monday)의 증시폭락 이후 최초로 도입되었으며, 우리나라에서는 유가증권시장에 1998년 12월 7일부터 국내주식가격 제한폭이 상하 15%로 확대되면서 도입되었고 코스닥시장은 2001년 9·11테러 이후 이 제도가 도입되어 그날 처음 발동되었다. 서킷브레이커는 주가가 폭락하는 경우 거래를 정지시켜 시장을 진정시키는 목적으로 주가지수가 전일종가 대비 10% 이상 하락한 상태로 1분 이상 지속될 경우 발동된다. 서킷브레이커가 발동되면 처음 20분 동안 모든 종목의 호가 접수 및 매매거래가 정지되며, 향후 10분 동안 새로 동시호가만 접수되고, 하루 한번만 발동할 수 있으며, 장 종료 40분 전에는 발동할 수 없다. 우리나라의 경우를 보면 매매 거래 중단 요건은 주가지수가 직전 거래일의 종가보다 8%(1단계), 15%(2단계), 20%(3단계) 이상 하락한 경우 매매 거래 중단의 발동을 예고할 수 있다. 1, 2단계 발동 시 20분간 거래가 중단되고 3단계 땐 즉시 매매가 종료된다.

✱ 생산자물가지수(PPI : Producer Price Index) *

대량거래로 유통되는 모든 상품의 가격변동을 측정하기 위해 작성된 지수이다. 도매물가지수를 사용해 오다 1990년부터 생산자물가지수로 바뀌었다. 이 지수는 1차 거래단계 가격을 대상으로 한다. 국내 생산품은 생산자 판매가격을, 수입품의 경우는 수입업자 판매가격을 기준으로 하고 이것이 불가능할 경우 다음 거래단계인 대량도매상 또는 중간도매상의 판매가격을 이용한다. 소비자물가지수와 같은 특수 목적 지수와는 달리 상품의 전반적인 수급동향을 파악할 수 있고 포괄범위가 넓기 때문에 국민경제의 물가수준측정에 대표성이 가장 큰 지수이다. 한편 생산자물가지수는 기업 간의 중간거래액을 포함한 총거래액을 모집단으로 하여 조사대상품목을 선정하였기 때문에 원재료, 중간재 및 최종재에 해당되는 품목이 혼재되어 있어 물가변동의 중복계상 가능성이 크다고 할 수 있다. 이러한 생산자물가지수의 한계를 보완하기 위하여 한국은행은 '가공단계별 물가지수' 또한 편제해 오고 있다.

✱ 불마켓 **

황소가 뿔을 하늘을 향해 찌르는 모습처럼, 시장시세의 강세나 강세가 예상되는 경우를 말한다. 최근 저점대비 20% 이상 상승했을 때를 의미하곤 한다. 강세시장을 예고하는 패턴으로는 장기하락 후의 상승 전환 등이 있다.

더 알아보기

베어마켓(Bear Market) … 곰이 앞발을 아래로 내려치는 모습처럼, 주식시장이 하락하거나 하락이 예상되는 경우를 말한다. 거래가 부진한 약세 시장을 의미한다. 최근 고점 대비 20% 이상 하락하는 경우를 의미한다. 장기간 베어마켓이 진행되는 가운데 일시적으로 단기간에 급상승이 일어나는 경우를 베어마켓랠리(Bear Market Rally)라고 하는데 그 기간은 길지 않은 편이다.

✱ 인플레이션(inflation) **

상품거래량에 비해 통화량이 과잉증가함으로써 물가가 오르고 화폐가치는 떨어지는 현상이다. 과잉 투자·적자 재정·과소 생산·화폐 남발·수출 초과·생산비 증가·유효 수요의 확대 등이 그 원인이며, 기업이윤의 증가·수출 위축·자본 부족·실질 임금의 감소 등의 결과가 온다. 타개책으로는 소비 억제, 저축 장려, 통화량 수축, 생산 증가, 투자 억제, 폭리 단속 등이 있다.

✱ 디플레이션(deflation) *

상품거래에 비하여 통화량이 지나치게 적어 물가는 떨어지고 화폐가치가 오르는 현상이다. 지나친 통화량 수축, 저축된 화폐의 재투자 부진, 금융활동의 침체, 구매력저하 등이 원인이며 생산 위축, 실업자 증가, 실질 임금 증가 등의 결과가 나타난다. 이를 타개하기 위해서는 유효 수요 확대, 통화량 증대, 저금리 정책, 조세 인하, 사회보장, 실업자 구제 등의 정책이 필요하다.

✱ 스태그플레이션(stagflation) ***

stagnation(침체)과 inflation(인플레이션)의 합성어로, 경기침체하의 인플레이션을 의미한다. 경기가 후퇴함에 따라 생산물이나 노동력의 공급초과현상이 일어남에도 불구하고 물가가 계속해서 상승하는 현상을 말한다.

✱ 하이퍼인플레이션 **

물가 상승이 통제 불가의 상태인 인플레이션을 말한다. 물가 상승으로 인한 거래비용을 급격하게 증가시켜 실물경제에 타격을 미치며, 정부나 중앙은행이 과도하게 통화량을 증대시킬 경우에 발생하는데, 전쟁 등 사회가 크게 혼란한 상황에서도 발생한다.

✱ 팬플레이션 **

영국 주간 경제지가 2012년 「팬플레이션의 위험」이라는 기사에서 처음 사용한 용어로, 사회 전반에 거품 현상이 만연해지면서 가치 기준이 떨어지는 현상, 즉 팬플레이션 현상이 심화되고 있다고 지적하였다. 팬플레이션 현상을 조절하지 못할 경우 심각한 사회문제를 야기할 것이라고 경고하였다. 주간 경제지는 직함 인플레이션을 사례로 들었는데, 직장에서의 직함을 남용하여 불합리한 임금 인상을 야기하고 있다고 지적하였다.

✱ 슬럼플레이션(slumpflation) *

slump(슬럼프)와 inflation(인플레이션)의 합성어로, 불황 중의 인플레이션을 말한다. 흔히 스태그플레이션보다 그 정도가 심한 상태이다.

✱ 기펜의 역설(Giffen's paradox) *

재화의 가격이 하락하면 수요가 증가하고 가격이 상승하면 수요가 감소하는 것이 일반적이나, 열등재의 경우 그 재화의 가격이 하락해도 오히려 수요가 감소하는 경우가 있다. 이러한 현상을 기펜의 역설이라고 하며, 이러한 재화를 기펜재라고 한다.

✱ 모라토리엄(moratorium) ***

전쟁·천재(天災)·공황 등으로 경제가 혼란되어 채무이행에 어려움이 생길 때 국가의 공권력에 의해 일정 기간 채무의 이행을 연기 또는 유예하는 것을 뜻한다. 이는 일시적으로 안정을 도모하기 위한 채무국의 응급조치로서, 채무의 추심이 강행되면 기업도산의 수습을 할 수 없게 되는 우려에서 발동한다. 모라토리엄을 선언하면 국가신인도가 직강하되고 은행 등 금융업체들의 신용도가 사실상 제로상태에 빠지므로 대외경상거래가 마비된다. 이에 따라 수출이 힘들어지고 물가가 상승하며 화폐가치가 급락한다. 대규모 실업사태와 구조조정의 고통이 장기화되며, 외채사용이 엄격히 통제된다.

✱ 국민총생산 **

GNP(Gross National Product)는 국민총생산으로, 한 나라에 있어서 일정 기간(1년) 동안 국민들이 생산한 재화와 용역의 최종생산물의 합계를 화폐액으로 표시한 것이다.

✱ 국내총생산 *

GDP(Gross Domestic Product)는 국내총생산으로, 외국인을 포함하여 국내에서 거주하는 모든 사람이 생산하는 부가가치의 총액이다. 따라서 GDP에서 해외지불소득(임금·이자·로열티 등)을 빼고, 해외수취소득을 합하면 GNP가 된다. 한국은행의 경제성장률 발표기준은 1995년부터 GNP에서 GDP로 바뀌었다.

✱ 국민소득(NI : National Income) **

원래 한 나라에서 1년 동안 생산한 모든 재화와 용역을 화폐가치로 표시한 것을 말하며, 좁은 의미로는 1년 동안 생산한 것 중 순수입액의 합을 말하는 것으로 분배국민소득의 개념이다.

✱ 신용경색 **

금융시장에 공급된 자금의 절대량이 적거나 자금이 통로가 막혀있을 때 발생하는데, 특히 돈의 통로가 막혀 발생하는 신용경색은 치유하기가 어렵다. 신용경색이 발생하면 기업들은 자금 부족으로 인해 정상적인 경영이 어려워지고 무역업체들도 수출입 활동에 큰 제약을 받게 된다. 신용경색이 나타나는 과정은 먼저 일부 은행의 도산이나 부실화로 인해 금융시스템 내의 대출가능 규모가 줄어들게 되고, 이들 은행과 거래하던 기업들이 차입이 어려워지면서 기업의 도산 확률이 높아지게 된다. 이렇게 되면 건전한 은행들도 높아진 기업의 신용위험과 유동성위험 등에 대비하여 대출규모를 축소하기 때문에 금융시스템 내의 유동성 부족으로 자금공급의 악순환이 발생하게 되는 것이다. 우리나라의 경우도 1998년 외환위기 시 극심한 신용경색으로 인해 많은 기업들이 도산한 경험이 있다.

✱ 국민순생산(NNP : Net National Product) ✱

1년 동안 각 기업이 순수하게 새로 생산한 재화와 용역의 부가가치를 말한다. 국민총생산물에서 자본의 감가상각분을 뺀 잔액을 말하며, 그것은 그 해의 생산활동의 결과로서 그 연도의 것만 볼 수 있는 최종생산물의 순가치를 시장가치로 평가한 것이다.

더 알아보기

국민소득의 개념표
- **국민총생산**(GNP) = 총생산물 − 중간생산물 = 부가가치의 총계
- **국민순생산**(NNP) = GNP − 감가상각비 = 순부가가치의 합계
- **국민소득**(NI) = NNP − 간접세 + 정부보조금
- **개인소득**(PI) = NI − 법인세 − 법인유보 + 이전소득
- **가처분소득**(DI) = PI − 개인세 = 소비 + 저축
- GNP > NNP > NI > PI > DI

✱ 세이의 법칙(Say's law) ✱

프랑스 경제학자 세이(J. S. Say)가 주장한 이론으로서, 판로설이라고도 불린다. "공급은 스스로 수요를 창조한다."라고 하여 자유경쟁의 경제에서는 일반적 생산과잉은 있을 수 없으며 공급은 언제나 그만큼의 수요를 만들어 낸다는 주장이다. 이 이론은 고전학파 경제학의 기본명제가 되었던 것으로, 공황발생 이후부터는 설득력을 잃고 케인스의 유효수요이론이 그 위치를 대신하였다. 판매와 구매의 통일면만 보고 화폐의 유동성을 무시한 것이라는 비판을 받는다.

✱ 일물일가(一物一價)의 법칙 ✱

완전경쟁이 행해지는 시장에서는 동일한 시기, 동일한 시장에서 동일한 품질의 물품에는 동일한 가격이 붙여진다는 법칙이다. 제본스(W.S. Jevons)는 이를 무차별의 법칙이라고 하였다.

✱ 슈바베의 법칙(Schwabe's law) ✱

19세기 후반 슈바베(H. Schwabe)에 의해 주장된 것으로, 생계비 중에서 주거비가 차지하는 비율을 통계적으로 설명한 법칙이다. 즉, 가난할수록 전체 생계비에서 차지하는 주거비의 비율이 높다는 것이다.

✱ 그레샴의 법칙(Gresham's law) ✱

"악화(惡貨)가 양화(良貨)를 구축한다."는 그레샴(S.T. Gresham)의 이론이다. 실질가치가 서로 다른 두 가지 종류의 화폐가 동시에 유통될 경우, 실질가치가 우량한 화폐는 용해·저장·수축 등으로 유통계에서 자취를 감추고 악화만이 남아서 유통된다는 것이다.

✱ 엔젤계수 **

가계에서 지출하는 비용 중 아이들(유아에서 초등학생까지)을 위해 사용되는 돈이 차지하는 비중으로, 엔젤계수에는 과외비와 학원비 같은 교육비, 장난감 구입비, 용돈, 의복비, 아이들을 위한 외식비 등이 포함된다. 우리나라의 경우 엔젤계수가 높은 편인데, 아무리 가정 형편이 어려워도 아이들을 위한 지출은 줄지 않고 있기 때문이다. 특히 교육비를 미래를 위한 투자로 인식하기 때문에 부모들은 불황이 심할수록 교육비를 늘리지 않으면 불안해하고, 아울러 불황일수록 교육경쟁은 더 치열해지면서 과외비와 학원비 같은 교육비가 증가한다. 한편 어린이를 대상으로 하는 사업을 엔젤 비즈니스라고 한다.

✱ 엥겔의 법칙(Engel's law) *

독일의 통계학자 엥겔(E. Engel)은 가계지출에 대해 음식물비의 비율을 조사한 결과 그 비율의 크기가 생활정도를 나타내는 지표가 된다고 했다. 즉, 소득이 낮은 가정일수록 전체의 생계비에 대한 음식물비의 비율이 높고, 소득의 증가에 따라 음식물비의 비율이 감소하고 문화비의 비율이 증가한다는 것이다.

✱ 빈곤의 악순환(vicious circle of poverty) *

후진국은 국민소득이 낮기 때문에 국내저축이 미약하므로 높은 투자가 형성될 수 없다. 따라서 국민소득의 성장률이 낮으며, 이런 현상이 되풀이되는 과정을 빈곤의 악순환이라고 한다. 미국의 경제학자 넉시(R. Nurkse)가 '저개발국의 자본형성 제문제'에서 처음 사용한 용어이다.

✱ 업틱룰 ***

공매도에 따른 직접적인 주식 가격 하락 방지를 위해 직전 가격 이하로 공매도 호가 제출을 금지하는 제도이다.

✱ 레인지 포워드 *

불리한 방향의 리스크를 헤지하기 위해 옵션을 매입하고 그에 따른 지급 프리미엄을 얻기 위해 유리한 방향의 옵션을 매도하여 환율변동에 따른 기회이익을 포기하는 전략이다. 환율 변동으로 인해 발생할 수 있는 이익과 손실을 모두 일정 수준으로 제한함으로써 환 리스크는 일정 범위 내로 제한된다.

✱ 왝더독(wag the dog) **

꼬리가 개의 몸통을 흔든다는 뜻으로, 앞뒤가 바뀌었다는 말이다. 증권시장에서 주가지수 선물가격이 현물지수를 뒤흔드는 현상으로 주식시장이 장 마감을 앞두고 선물시장의 약세로 말미암아 프로그램 매물이 대량으로 쏟아져 주가가 폭락하는 경우를 나타내는 현상을 일컫는다. 여기서 프로그램 매물이란 선물과 현물의 가격차이가 벌어졌을 때 상대적으로 싼 쪽을 사고 비싼 쪽을 팔아 이익을 남기는 거래방식이다. 주로 투신사 등의 기관투자자의 거래에서 이용되고 컴퓨터로 처리하기 때문에 프로그램 매매라고 한다.

✱ 시장조성자 ***

주식 등 상품 거래 시 매도와 매수 양방향에 호가를 제공하여 유동성을 공급함으로써 거래가 이뤄질 수 있도록 하는 증권사이다. 한국거래소와 계약된 업체만 시장조성자가 될 수 있다.

✱ 쇼트 스퀴즈 ***

주가 하락을 예상했던 공매도 투자자들이 주가 상승으로 인한 손실이 발생하여 추가 손실을 예방하기 위해 상품이나 주식을 매수하는 것을 말한다. 이러한 주식 구입은 주식 가격을 더욱 상승시킨다.

✱ 덤머니 ***

금융 시장에 대한 전문성이 높은 기관투자자나 규모가 큰 개인투자자의 자금을 지칭하는 스마트머니와 반대되는 자금으로, 상대적으로 전문성이 결여된 개인투자자의 자금을 일컫는다.

✱ 경제 4단체 **

전국경제인연합회, 대한상공회의소, 한국무역협회, 중소기업중앙회를 말한다. 전국경제인연합회는 순수민간단체이며, 나머지 단체는 반관반민(半官半民)의 성격을 띤 대(對)정부 압력단체의 역할을 한다.

더 알아보기

- 경제 5단체 : 전국경제인연합회, 대한상공회의소, 한국무역협회, 중소기업중앙회, 한국경영자총협회
- 경제 6단체 : 전국경제인연합회, 대한상공회의소, 한국무역협회, 중소기업중앙회, 한국경영자총협회, 한국중견기업연합회

✱ 지하경제 ***

신고 되지 않은 재화나 용역의 합법적 생산, 불법적인 재화나 용역의 생산, 은폐된 현물소득 등의 세 가지로 구분된다. OECD의 개념규정에서는 강도 등 범죄에 의한 비생산적 불법 활동은 지하경제에 포함시키지 않지만, 실제로 대부분의 연구에서는 비생산적 불법 활동의 자료를 이용해 지하경제의 규모를 추정하고 있다.

✱ 보완재(補完財) *

재화 중에서 동일 효용을 증대시키기 위해 함께 사용해야 하는 두 재화를 말한다. 이들 재화는 따로 소비할 경우의 효용합계보다 함께 소비할 경우의 효용이 더 크다. 보완재의 예로는 커피와 설탕, 버터와 빵, 펜과 잉크 등이 있다.

✱ 대체재(代替財) *

재화 중에서 동종의 효용을 얻을 수 있는 두 재화로, 경쟁재라고도 한다. 대체관계에 있는 두 재화는 하나의 수요가 증가하면 다른 하나는 감소하고, 소득이 증대되면 상급재의 수요가 증가하고 하급재의 수요는 감소한다. 예를 들어 버터(상급재)와 마가린(하급재), 쌀(상급재)과 보리(하급재), 쇠고기(상급재)와 돼지고기(하급재) 등이다.

✱ 유럽연합(EU : European Union) **

유럽의 정치와 경제를 통합하기 위해 1993년 11월 1일 마스트리히트조약의 발효에 따라 유럽 12개국이 참가하여 출범한 연합기구로 1994년 1월 1일 이후 사용하기 시작한 EC의 새로운 명칭이다. EU회원국 수는 27개국으로 오스트리아, 벨기에, 불가리아, 키프로스, 체코, 덴마크, 에스토니아, 핀란드, 프랑스, 독일, 그리스, 헝가리, 아일랜드, 이탈리아, 라트비아, 리투아니아, 룩셈부르크, 몰타, 네덜란드, 폴란드, 포르투갈, 루마니아, 슬로바키아, 슬로베니아, 스페인, 스웨덴, 크로아티아이다.

✱ 유럽자유무역연합(EFTA : European Free Trade Association) *

EU에 참가하지 않은 스위스, 아이슬란드, 노르웨이, 리히텐슈타인으로 구성된 자유무역체제이다. 유럽 전체를 자유무역지역으로 설립하는 데 목적이 있었으나, 현재는 각 회원국의 독자적인 통상정책을 구성한다.

✱ 북미자유협정(NAFTA : North America Free Trade Agreement) *

미국·캐나다·멕시코 등 북미 3국을 단일시장으로 묶는 자유무역협정을 말한다. 협정은 노동과 자본의 자유로운 이동, 동일한 노동법과 환경보전법 적용, 역내의 관세 및 수입제한을 단계적으로 낮춰 15년 이내에 원칙적으로 철폐할 것 등이다. 유럽공동체(EC)에 이어 두 번째로 진행된 대규모 경제통합으로 거대한 단일시장을 이루었다.

✱ 신용점수제 ***

2021년 1월 1일부터 신용등급제(1 ~ 10등급)는 신용점수제(1 ~ 100점)로 개편되어 전면 실시되고 있다. 개인신용평가회사에서는 신용등급을 산정하지 않고 개인신용평점만을 산정하여 금융소비자와 금융회사에 제공한다. 이에 따라 금융권 신용 위험 관리역량을 제고하고 금융회사별 리스크 전략, 금융소비자 특성에 따라 차별화된 서비스 제공이 가능해졌다. 또한 세분화된 대출 심사 기준을 도입하여 획일적인 대출 여부에서 벗어나 저신용층의 금융접근성까지 제고되었다.

✱ 중위소득 ***

총가구를 소득순으로 순위를 매겨 중간을 차지하는 가구의 소득을 말한다. 이는 통계청이 발표하는 가계동향 조사를 바탕으로 하며, 국민기초생활보장의 급여 기준을 정하는 지표로 활용한다.

✽ 펀더멘털 ***

한 나라의 경제가 얼마나 건강한지를 나타내는 기초 경제 여건을 말한다. 경제성장률, 물가상승률, 경상수지 등 거시경제지표들이 포함되며 경제적 능력·가치, 잠재적 성장성을 의미한다.

2 경영·산업

✽ 네카라쿠배당토 ***

네이버, 카카오, 라인, 쿠팡, 배달의 민족, 당근마켓, 토스 앞 글자를 줄인 말로, 취업시장에서 대형 IT기업을 일컫는다.

✽ 그린워시 ***

기업이 실제로는 환경에 악영향을 끼치는 제품을 생산하면서도 광고 등을 통해 친환경적인 이미지를 내세우는 행위를 말한다. 환경에 대한 대중의 관심이 늘고, 친환경 제품에 대한 선호가 높아지면서 생겼다. 환경친화적인 이미지를 상품 제작에서부터 광고, 판매 등 전 과정에 걸쳐 적용·홍보하는 그린 마케팅이 기업의 필수 마케팅 전략 중 하나로 떠오르면서, 실제로는 친환경적이지 않은 제품을 생산하는 기업들이 기업 이미지를 좋게 포장하는 경우가 생겨나고 있는 것이다. 이러한 기업들의 이율배반적인 행태를 고발하기 위해 미국의 다국적기업 감시단체 기업 감시는 매년 지구의 날, 대표적인 그린워시 기업을 선정하고 있다.

✽ TPO 마케팅 **

시간(Time), 장소(Place), 상황(Occasion) 즉 시간과 상황과 장소에 맞춰 고객의 니즈를 충족시키기 위한 차별화된 마케팅 전략을 말한다.

✽ 주식회사(株式會社) ***

1인 이상의 발기인에 의해 설립되며 유한책임의 주주로 구성되는 물적 회사이다. 자본금은 균일한 금액으로 표시되어 있는 주식으로 분할되고 매매·양도가 가능하다. 구성기관으로는 의결기관인 주주총회, 집행 및 대표기관인 이사회와 대표이사, 회계감사기관인 감사의 세 기관이 있다. 주식회사는 주식에 의한 대자본의 형성, 주주의 위험분산, 자본과 경영의 분리 등이 특징이라 할 수 있다.

더 알아보기

- **단자회사(短資會社)** : 8 · 3조치 이후 단기자금의 공급을 제도화할 목적으로 「단기금융업법」에 의하여 설립된 단기금융회사로, 제2 금융이라 한다. 시중의 3개월 이내의 단기유휴자금을 고금리로 흡수하여 국내 기업체에 기업자금으로 공급해 준다. 주요 업무는 3개월 내의 단기융자, 어음할인 · 매매 · 인수 및 보증 등으로 은행과 유사한 업무를 한다.
- **지주회사(持株會社)** : 타회사의 주식을 많이 보유함으로써 그 기업의 지배를 목적으로 하는 회사로, 이를 모회사(母會社), 지배를 받는 회사를 자회사(子會社)라고 한다. 현행 「독점규제 및 공정거래에 관한 법률」에서는 한 회사가 다른 회사 주식의 50% 이상을 보유하고 있을 때 전자를 모회사, 후자를 자회사라 한다.
- **합명회사(合名會社)** : 무한책임사원만으로 구성된 회사로 각 사원이 회사의 채권자에 대하여 직접 책임을 지는 데에서 대외적으로 인적 신용이 중시되고, 사원의 책임강도는 내부적으로 사원 상호간의 신뢰관계를 필요로 한다.
- **합자회사(合資會社)** : 무한책임과 유한책임사원으로 구성된 회사로 이원적 조직의 회사이다. 무한책임사원이 기업경영을 하고, 유한책임사원은 자본을 제공하여 사업에서 생기는 이익을 분배 받는다.

✱ 가젤형 기업(gazelles company) ✱

상시 근로자 10인 이상이면서 매출이나 순고용이 3년 연속 평균 20% 이상인 기업으로, 빠른 성장과 높은 순고용 증가율이 가젤(빨리 달리면서도 점프력도 좋은 영양류의 일종)과 닮았다는 데서 이름이 유래됐다. 자생적 성장을 이룬 기업을 지칭하므로 인수합병은 제외된다. 특히 가젤형 기업 중에서도 매출 1000억 원 이상의 기업은 슈퍼 가젤형 기업이라고 한다. 가젤형 기업은 규모가 작아 눈에 띄지 않지만, 틈새시장을 집요하게 파고들어 세계 최강자 자리에 오른 히든 챔피언과는 차이가 있다. 히든 챔피언이 매출 시장에 비중을 더 두는 데 비해 가젤형 기업은 안정적인 일자리 창출에 중추적인 역할을 하고 있기 때문이다.

✱ 고객관계관리(CRM : Customer Relationship Management) ✱✱✱

기존고객의 정보를 분석해서 고객의 특성에 맞는 마케팅을 전개하는 것이다. 전산시스템과 인터넷의 발달로 다양한 고객관리를 할 수 있게 되면서 새로운 마케팅기법으로 각광받고 있다. 고객에 대한 정보자료를 정리 · 분석해 마케팅 정보로 변환함으로써 고객의 구매패턴을 지수화하고, 이를 바탕으로 마케팅프로그램을 개발 · 실현 · 수정하는 고객 중심의 경영 기법을 의미한다. 다시 말해 기업이 고객의 성향과 욕구를 미리 파악해 이를 충족시켜 주고, 기업이 목표로 하는 수익이나 광고효과 등 원하는 바를 얻어내는 기법을 말한다. 영화관을 예로 들자면, 회원카드를 통하여 고객이 어떤 영화를 얼마나 자주 보고 언제 보는가를 CRM을 통해 고객의 취향을 파악해, 취향에 맞는 영화가 개봉될 때를 맞춰 할인쿠폰이나 개봉정보를 알려줄 수 있다. 이 경우 무작위로 정보를 보내는 것보다 비용과 효과 면에서 유리할 것이다.

✱ 고객경험관리(CEM : Customer Experience Management) *

고객이 어떻게 생각하고 느끼는지를 파악하고, 이를 토대로 고객의 경험을 데이터 하여 구축한 것으로, 기업은 모든 접점에서 고객과 관계를 맺고 각기 다른 고객 경험 요소를 서로 통합해준다. 그리고 고객에게는 감동적인 경험을 갖도록 해주어 기업 가치를 높인다. 고객은 단순히 가격과 품질만을 검토하여 이성적으로 제품을 구매하는 것이 아니라, 친절한 매장 직원이나 편리한 주문시스템 같은 감성적 요인으로 구매를 하는 경향이 있다는 측면에서 등장한 고객관리기법으로 콜롬비아 비즈니스 스쿨의 번트 슈미트 교수(Bernd. Schmitt)가 그의 저서 「CRM을 넘어 CEM으로」에서 처음 소개하였다.

✱ 나노 경영 *

맥이트(McIT) 이론에 기초하여 지속적 고용 유지와 부가가치 창출을 동시에 성취한다는 경영이론이다. 맥이트(McIT)란 경영(Management), 문화(Culture) 그리고 정보기술(Information Technology)의 앞 글자를 딴 것이다. 나노는 '10억분의 1'을 의미하는 것으로 나노기술은 원자와 분자를 직접 조작하고 재배열하여 기존에 존재하지 않던 신물질을 개발하는 기술이다. 나노기술처럼, 나노 경영은 기업이 수행하는 아주 작은 세부 활동들을 분석하여, 이를 보다 큰 차원에서 결합·응용하여 보다 효율적으로 기업을 경영하는 것을 의미한다. 창조·지식경영과 함께 주 30시간의 업무활동과 10시간의 학습활동을 목표로 한 스피드 경영 및 시간 관리가 그 핵심이다.

✱ B2B · B2C ***

B2B는 Business to Business(기업 對 기업)의 줄임말로 기업과 기업이 전자상거래를 하는 관계를 의미하며, 인터넷 공간을 통해 기업이 원자재나 부품을 다른 기업으로부터 구입하는 것이 대표적이다. 일반소비자와는 큰 상관이 없지만 거래규모가 엄청나서 앞으로 전자상거래를 주도할 것으로 보인다. B2C는 Business to Consumer의 줄임말로 기업이 개인을 상대로 인터넷상에서 일상 용품을 판매하는 것이 대표적이다. 현재 인터넷에서 운영되고 있는 전자상거래 웹사이트의 대부분이 B2C를 겨냥하고 있다. 이밖에도 전자상거래의 유형 중에는 C2B, C2C도 있으나 차지하는 비중은 미미한 편이다.

✱ 이커머스 ***

전자상거래의 줄임말로 온라인 네트워크를 이용하여 상품 및 서비스를 사고파는 행위를 말한다. 상품 거래 외에도 고객 마케팅이나 광고, 정부의 제품이나 서비스 조달 등의 거래도 이커머스에 포함된다.

✱ 자기자본투자(PI : Principal Investment) **

증권사들이 고유 보유자금을 직접 주식·채권·부동산 및 인수·합병(M&A) 등에 투자해 수익을 얻는 것으로 주식거래 중개와는 별도로 한다. 해외 투자은행들은 위탁수수료 수익 비중에 비해 자기자본투자의 비중이 높지만 국내 증권사들의 경우 위탁수수료 수익 비중이 자기자본투자에 비해 높다.

✱ 어닝 쇼크 ***

기업이 시장에서 예상했던 것보다 저조한 실적을 발표하여 주가에 영향을 미치는 현상으로, 어닝은 주식 시장에서 기업의 실적을 뜻한다. 분기 또는 반기별로 기업들이 집중적으로 그동안의 영업 실적을 발표하는 시기를 어닝 시즌이라 한다. 영업 실적은 해당 기업의 주가와 직결되기 때문에 투자자들은 이에 민감할 수밖에 없는데, 어닝 쇼크는 어닝 시즌에 기업이 발표한 영업 실적이 시장의 예상치보다 훨씬 저조하여 주가에 충격을 준다는 의미에서 붙여진 용어이다. 영업 실적이 시장의 예상치보다 저조한 경우에는 주가 하락으로 이어지는 경우가 일반적이며, 영업 실적이 좋더라도 예상했던 것보다 저조하면 주가가 하락하기도 한다.

더 알아보기

어닝 서프라이즈 … 영업 실적이 예상보다 높은 경우에 주가가 큰 폭으로 상승하는 현상으로, 기업이 실적 발표 시 시장에서 예상했던 실적과 다른 발표를 하는 것을 말한다. 우리나라에서는 깜짝 실적이라고도 한다. 시장의 예상치보다 실적이 저조하면 기업이 아무리 좋은 실적을 발표해도 주가가 떨어지기도 하고 반대로 저조한 실적을 발표해도 예상치보다 높거나 낮은 두 가지 경우 모두를 나타낼 수 있지만, 통상 서프라이즈의 의미가 좋은 것을 나타내는 의미로 사용되기 때문에 실적이 예상치보다 높은 경우에 해당한다.

✱ 역모기지론(reverse mortgage loan) *

고령자들이 보유하고 있는 주택을 담보로 금융기관에서 일정액을 매월 연금형식으로 받는 대출상품이다. 주택연금 또는 장기주택저당대출이라고 한다. 부동산을 담보로 주택저당증권(MBS)을 발행하여 장기주택자금을 대출받는 제도인 모기지론과 자금 흐름이 반대이기 때문에 역모기지론이라고 한다. 주택은 있으나 경제활동을 할 수 없어 소득이 없는 고령자가 주택을 담보로 사망할 때까지 자택에 거주하면서 노후 생활자금을 연금 형태로 지급받고, 사망하면 금융기관이 주택을 처분하여 그동안의 대출금과 이자를 상환 받는다. 역모기지론의 가입조건은 부부가 모두 65세 이상이여야 하고, 6억 원 미만의 주택을 가진 사람을 대상으로 한다. 고령자가 사망 시 또는 계약 시까지 주택에 살면서 노후생활비를 받으므로 주거 안정과 노후소득보장을 받을 수 있다. 우리나라는 2006년부터 종신형 역모기지론이 도입되었으며, 주택금융공사의 공적보증으로 대출기간을 종신으로 늘렸으며, 현재 조건이 완화되어 담보대출이나 전세보증금이 끼어 있는 집도 이용할 수 있다.

✱ 주택담보대출비율(LTV : Loan To Value ratio) **

금융기관에서 주택을 담보로 대출해 줄때 적용하는 담보가치대비 최대대출가능 한도를 말한다. 주택담보대출비율은 기준시가가 아닌 시가의 일정비율로 정하며, 주택을 담보로 금융기관에서 돈을 빌릴 때 주택의 자산 가치를 얼마로 설정하는 가의 비율로 나타낸다.

✻ 파킹(parking) 통장 **

잠시 주차를 하듯 짧은 시간 여유자금을 보관하는 통장을 의미한다. 일반 자유입출금 통장처럼 수시입출금이 가능하면서 비교적 높은 수준의 금리를 제공하는 게 특징이다. 정기예금이나 적금과 달리 상당기간 자금이 묶이지 않기 때문에 최근 각광받고 있다. 파킹(parking) 통장은 불안한 투자환경과 시장 변동성 속에서 잠시 자금의 휴식처가 필요하거나 당장 목돈을 사용할 계획이 없는 투자자들에게 유용하다. 특히 하루만 맡겨도 금리 수익을 거둘 수 있다는 게 장점으로 꼽힌다. 일반적인 자유입출금 통장이 연 0.1 ~ 0.2%(세전) 수준의 이자를 주는 반면 파킹통장은 일정 금액 이상이 통장에 '파킹'되어 있으면 연 2%이상의 높은 금리를 지급한다.

✻ BCG매트릭스 ***

BCG매트릭스는 컨설팅 전문회사인 'Boston Consulting Group'에 의해 개발된 것으로 기업 경영전략 수립의 분석도구로 활용된다. 이는 사업의 성격을 단순화, 유형화하여 어떤 방향으로 의사결정을 해야 할지를 명쾌하게 얘기해 주지만, 사업의 평가요소가 상대적 시장점유율과 시장성장률뿐이어서 지나친 단순화의 오류에 빠지기 쉽다는 단점이 있다. X축은 상대적 시장점유율, Y축은 시장성장률을 놓고 각각 높음·낮음의 두 가지 기준을 정한 매트릭스로 구성하여 사업을 4가지로 분류한다.

더 알아보기

- star사업 : 수익과 성장이 큰 성공사업으로 지속적인 투자가 필요하다.
- cash cow 사업 : 기존 투자에 의해 수익이 지속적으로 실현되는 자금 원천사업으로 시장성장률이 낮아 투자금이 유지·보수에 들어 자금산출이 많다.
- question mark 사업 : 상대적으로 낮은 시장 점유율과 높은 성장률을 가진 신규사업으로 시장점유율을 높이기 위해 투자금액이 많이 필요하며, 경영에 따라 star 사업이 되거나 dog 사업으로 전락할 위치에 놓이게 된다.
- dog 사업 : 수익과 성장이 없는 사양사업으로 기존의 투자를 접고 사업철수를 해야 한다.

✻ 린 스타트업 ***

아이디어를 빠르게 최소요건제품(시제품)으로 제조한 뒤 시장의 반응을 통해 다음 제품 개선에 반영하는 전략이다. 단기간에 제품을 만들고 성과를 측정한 후, 다음 제품 개선에 반영하는 것을 반복하여 성공 확률을 높이는 경영 방법의 일종이다. 시제품을 제조하여 시장에 내놓고 반응을 살피며 수정하는 것이 핵심이다. 일본 도요타자동차의 린 제조방식을 본 뜬 것으로, 미국 실리콘밸리의 벤처기업가 에릭 리스가 개발했다. 린 스타트업은 만들기 → 측정 → 학습의 과정을 반복하면서 꾸준히 혁신해가는 것을 목표로 한다.

✻ 팹리스(fabless) *

팹리스(Fabless)란 반도체를 설계만 하고 제작은 하지 않는 기업을 말한다. '공장(Fab)이 없다(less)'는 뜻의 팹리스는 중앙처리장치(CPU)나 모바일프로세서(AP), 통신모뎀·이미지센서 같은 시스템 반도체(비메모리) 칩의 설계를 맡는다. 팹리스의 설계에 따라 반도체를 생산만 하는 기업은 파운드리(Foundry)라고 한다.

✱ 레이더스(raiders) *

기업약탈자 또는 사냥꾼을 뜻한다. 자신이 매입한 주식을 배경으로 회사경영에 압력을 넣어 기존 경영진을 교란시키고 매입주식을 비싼 값에 되파는 등 부당이득을 취하는 집단이다. 즉, 여러 기업을 대상으로 적대적 M&A를 되풀이하는 경우를 말한다.

✱ 스핀오프(spinoff) *

정부출연연구기관의 연구원이 자신이 참여한 연구결과를 가지고 별도의 창업을 할 경우 정부보유의 기술을 사용한데 따른 로열티를 면제해 주는 제도를 말한다. 이를 실시하는 국가들은 기술이 사업화하는 데 성공하면 신기술연구기금을 출연토록 의무화하고 있다. 또 기업체의 연구원이 사내창업(社內創業)을 하는 경우도 스핀오프제의 한 형태로 볼 수 있다.

✱ 풋백옵션(putback option) *

일정한 실물 또는 금융자산을 약정된 기일이나 가격에 팔 수 있는 권리를 풋옵션이라고 한다. 풋옵션에서 정한 가격이 시장가격보다 낮으면 권리행사를 포기하고 시장가격대로 매도하는 것이 유리하다. 옵션가격이 시장가격보다 높을 때는 권리행사를 한다. 일반적으로 풋백옵션은 풋옵션을 기업인수합병에 적용한 것으로, 본래 매각자에게 되판다는 뜻이다. 파생금융상품에서 일반적으로 사용되는 풋옵션과 구별하기 위해 풋백옵션이라고 부른다. 인수시점에서 자산의 가치를 정확하게 산출하기 어렵거나, 추후 자산가치의 하락이 예상될 경우 주로 사용되는 기업인수합병방식이다.

✱ 아웃소싱(outsourcing) **

제품생산·유통·포장·용역 등을 하청기업에 발주하거나 외주를 주어 기업 밖에서 필요한 것을 조달하는 방식을 말한다. 특히 업무가 계절적·일시적으로 몰리는 경우 내부직원, 설비를 따로 두는 것보다 외부용역을 주는 것이 효율적이다. 주로 기업에서 활용됐으나 최근에는 정부부문도 일상적 관리업무나 수익성이 있는 사업 등을 민간에 맡기거나 넘겨 효율성을 높이면서 조직을 줄이는 것이 세계적인 추세이다.

✱ 워크아웃(workout) **

기업가치회생작업으로, 기업과 금융기관이 서로 합의해서 진행하는 일련의 구조조정 과정과 결과를 말한다. 미국의 GE사가 1990년대 초 개발한 신(新)경영기법이다. 사전적 의미로는 운동·훈련 등으로 몸을 가뿐하게 하는 것으로, 종업원들이 근무장소에서 벗어나 회사 내 문제점에 대한 토론을 벌이고 이를 통해 회사의 발전방안을 도출해 내는 의사결정방식이다.

✱ 법정관리(法定管理) *

기업이 자력으로 회사를 운영하기 어려울 만큼 부채가 많을 때 법원에서 제3자를 지정하여 자금을 비롯한 기업활동 전반을 관리하게 하는 것을 말한다. 법정관리신청을 하면 법정관리체제의 전단계 조치인 재산보전처분결정을 내려 이날부터 회사와 관련된 모든 채권·채무가 동결되고, 법정관리결정을 내려 법정관리자를 지정하면 법정관리체제로 전환된다. 법정관리신청이 기각되면 파산절차를 밟거나 항고·재항고를 할 수 있는데, 항고·재항고 기간 중엔 법원의 회사재산보전처분결정이 그대로 효력을 발생, 시간벌기 작전으로 파산 위기를 넘기기 위한 목적으로 이용되는 경우도 있다. 부도 위기에 몰린 기업을 파산시키기보다 살려내는 것이 단기적으로는 채권자의 이익을 희생시키는 대신 장기적으로는 기업과 채권자에게는 물론 국민경제 전반에 바람직한 경우가 많다는 점에서 이 제도를 시행하고 있다. 또 회사의 경영을 계속 유지시켜 줌으로써 인적 자원이나 경영노하우를 보호하는 측면도 있다. 그러나 법정관리가 부실기업의 도피처로 악용되거나 남용되는 사례가 많다는 비판도 있다.

✱ 스톡옵션(stock option) ***

주식매입선택권으로 기업이 전문경영인이나 핵심기술자를 고용하면서 일정 기간 후 채용할 때의 약속한 가격으로 주식을 살 수 있도록 하는 제도를 말한다. 입사 후 기업 성장으로 주가가 오르면 주식 차익을 챙길 수 있어 고급인력을 초빙하는 데 유리하다.

✱ 백기사(white knight) **

경영권 다툼을 벌이고 있는 기존 대주주를 돕기 위해 나선 제3자이다. 이때 우호적인 기업인수자를 백기사라고 한다. 백기사는 목표기업을 인수하거나 공격을 차단해 준다. 백기사처럼 기업을 인수하는 단계까지 가지 않고 기업의 주식확보를 도와주는 세력을 백영주(white squire)라고 한다.

✱ 그린메일(green mail) **

기업사냥꾼(green mailer)이 대주주에게 주식을 팔기 위해 보낸 편지를 말한다. 기업사냥꾼들이 상장기업의 주식을 대량 매입한 뒤 경영진을 위협해 적대적 M&A를 포기하는 대가로 자신들이 확보한 주식을 시가보다 훨씬 높은 값에 되사들이도록 강요하는 행위이다.

✱ 종업원지주제도(從業員持株制度) *

회사가 종업원에게 자사주의 보유를 권장하는 제도로서 회사로서는 안정주주를 늘리게 되고 종업원의 저축을 회사의 자금원으로 할 수 있다. 종업원도 매월의 급여 등 일정액을 자금화하여 소액으로 자사주를 보유할 수 있고 회사의 실적과 경영 전반에 대한 의식이 높아지게 된다.

✳ CEO(Chief Executive Officer) *

미국 대기업의 최고의사결정권자로 우리나라의 대표이사와 같은 의미이다. 최고경영자가 회장직을 겸하는 경우도 있으나 두 직책이 분리되는 경우도 있다. 분리되는 경우 회장이 단지 이사회를 주재하는 권한만을 행사하는데 반해 최고경영자는 경영 전반을 통괄한다. 실권은 최고경영자에게 있다.

더 알아보기

- CIO(Chief Information Officer) : 최고정보경영자 또는 정보담당임원을 말한다. 경영환경이 정보 중심으로 급변함에 따라 각 기업들은 정보화문제를 총괄하는 고위직 책임자를 필요로 하게 되었고, 이를 CIO라 부르게 되었다. 미국에서는 일반적으로 부사장급에서 선임되고 있으며, 도입 초기단계인 우리나라에서는 이사급에서 선임된다.
- CKO(Chief of Knowledge Officer) : 최고지식경영자 혹은 지식경영리더로 불리며 신세대에 맞는 독특하고 기발한 아이디어를 내는 것이 주된 업무이다.
- COO(Chief of Operating Officer) : 개발된 제품을 사업으로 연결시키는 역할을 담당하면서 회사내 사업추진의 총책임자로 활약하는 경영자를 일컫는 용어이다.
- CDO(Chief of Distribution Officer) : 최고경영자인 CEO보다 한 단계 상위개념이다. 단순한 최고경영자에서 벗어나 회사 내의 A부터 Z까지 모든 업무를 하나하나 꼼꼼히 챙기는 전문경영자를 의미한다.
- CFO(Chief of Finance Officer) : 벤처기업 내의 재무에 관련된 모든 업무를 담당하는 경영자로서 다양한 루트를 통해 자금을 원활히 조달하는 전문화된 인력을 말한다.
- CCO(Chief of Contents Officer) : 벤처기업의 콘텐츠 기획과 운영에 관한 모든 책임과 권한이 부여된 전문경영자를 말한다.
- CTO(Chief of Technology Officer) : 기업 내 기술총책임자를 의미한다.

✳ 콘체른(konzern) *

동종(同種) 또는 이종(異種)의 각 기업이 법률상으로는 독립하면서 경제상으로는 독립을 상실하고 하나의 중앙재벌 밑에서 지배를 받는 기업집중의 형태로, 재벌이라고도 한다. 일반적으로 거대기업이 여러 산업의 다수기업을 지배할 목적으로 형성된다.

✳ 카르텔(cartel) *

기업연합을 뜻하는 것으로, 같은 종류의 여러 기업들이 경제상·법률상의 독립성을 유지하면서 상호 간의 무리한 경쟁을 피하고 시장을 독점하기 위해 협정을 맺고 횡적으로 연합하는 것을 말한다. 협정의 내용에 따라 구매카르텔, 생산카르텔(생산제한·전문화 등), 판매카르텔(가격·수량·지역·조건·공동판매 등)이 있다. 우리나라에서는 「독점규제 및 공정거래법」에 의해 원칙적으로 금지되어 있다.

✳ 트러스트(trust) *

동종 또는 유사한 기업의 경제상·법률상의 독립성을 완전히 상실하고 하나의 기업으로 결합하는 형태로, 이는 대자본을 형성하여 상대경쟁자를 누르고 시장을 독점지배할 수 있다. 일반적으로 거액의 자본을 고정설비에 투자하고 있는 기업의 경우에 이런 형태가 많다. 트러스트의 효시는 1879년 미국에서 최초로 형성된 스탠더드 오일 트러스트(standard oil trust)이다.

✱ 신디케이트(syndicate) *

카르텔 중 가장 결합이 강한 형태로, 중앙에 공동판매소를 두어 공동으로 판매하고 이익을 분배하는 기업 집중의 형태이다. 공동판매카르텔이라고도 한다.

✱ 콤비나트(combinat) *

국내의 독립된 기업이 생산공정에 있어서 낭비 축소, 부산물의 공동이용 등 기술합리화를 위해 지역적·다각적으로 결합하여 기업을 경영하는 기업집단의 형태를 말한다. 콤비나트화의 목적은 원재료의 확보, 생산의 집중화, 유통과정의 합리화 등으로 원가절감을 기하는 것이다.

✱ CI(Corporate Identity) *

기업 이미지 통합을 말한다. 상품구입에서 직장을 고르는 경우에 이르기까지 기업·소비자·취직자 등은 그 기업의 이미지에 따라 선택판단을 내리게 되는 경우가 많다. 이 때문에 각 기업들은 기업의 명칭에서 부터 종업원의 복장에 이르기까지 통일된 이미지를 주는, 즉 같은 회사의 제품이라는 것을 식별할 수 있도록 해주는 기업활동과 전략을 수립하고 있다. 본격적으로 도입된 것은 1980년대부터인데 여기에는 VI(Visual Identity : 시각이미지 통일), BI(Behavioral Identity : 행동양식 통일), MI (Mind Identity : 심리 통일) 등이 있다.

✱ IR(Investor Relations) ***

기업설명회를 뜻한다. 기관투자가, 펀드매니저 등 주식투자자들에게 기업에 대한 정보를 제공하여 투자자들의 의사결정을 돕는 마케팅 활동의 하나이다. 기업입장에서는 자사주가가 높은 평가를 받도록 함으로써 기업의 이미지를 높이고 유상증자 등 증시에서의 자금조달이 쉬워지는 효과를 거둘 수 있다. IR은 효과를 극대화하기 위해 기업의 장·단점과 계량화되지 않은 정보를 신속·정확·공평하게 계속적으로 알려야 한다.

✱ 개인종합자산관리계좌(ISA : Individual Savings Account) **

하나의 통장으로 예·적금은 물론 주식·펀드 등 파생 상품 투자가 가능한 통합계좌이다. 근로자와 자영업자, 농어민의 재산 형성 등을 위해 2016년에 도입한 것으로 운용 지시를 가입자가 직접 하는 신탁형과 전문가에게 운용을 맡길 수 있는 일임형으로 나뉜다.

✱ 제조물책임법(PL : Product Liability) *

소비자가 상품의 결함으로 손해를 입었을 경우 제조업자는 과실이 없어도 책임이 있다는 무과실책임이 인정되어 기업이 배상책임을 지도록 하는 것이다. 우리나라 현행 민법에서는 피해자측이 과실을 입증하지 못하면 기업은 책임을 면할 수 있게 되어 있다. 그러나 수입품에 의한 소비자피해가 발생했을 때에는 해당 외국기업이 배상책임을 지도록 하고 있다.

✱ ISO 9000시리즈 ✱

국제품질보증제도이다. 국제표준화기구(ISO)가 1987년 제정한 '품질경영 및 품질보증에 관한 품질보증모델' 국제규격에 의해 제품 또는 서비스를 공급하는 공급자의 품질시스템을 평가해 품질보증능력과 신뢰성을 인정해 주는 제도를 말한다. 즉, 단순히 제품의 품질규격 합격 여부만을 확인하는 일반품질인증과는 달리 해당 제품이나 서비스의 설계에서부터 생산시설·시험검사·애프터서비스 등 전반에 걸쳐 규격준수 여부를 확인하여 인증해 주는 제도이다. ISO 9000시리즈는 제품의 설계·생산시설·시험검사 등의 인증 대상을 어디까지 포함시키느냐에 따라 9001, 9002, 9003, 9004 4가지로 분류되는데, 9001규격이 가장 포괄적인 규격이다. 우리나라는 1993년부터 시행하고 있다.

✱ 리콜(recall) ✱

소환수리제로, 자동차에서 비행기까지 모든 제품에 적용되는 소비자보호제도로서 자동차와 같이 인명과 바로 직결되는 제품의 경우 많은 국가에서 법제화해 놓고 있다. 2만여 개의 부품으로 구성된 자동차의 경우 부품을 일일이 검사한다는 것은 기술적으로 불가능하며 대부분 표본검사만 하기 때문에 품질의 신뢰성이 완벽하지 못해, 이에 대한 사후보상으로 애프터 서비스제와 리콜제가 있다. 애프터서비스제가 전혀 예기치 못한 개별적인 결함에 대한 보상임에 비해 리콜제는 결함을 제조사가 발견하고 생산일련번호를 추적, 소환하여 해당 부품을 점검·교환·수리해 주는 것을 말한다. 리콜은 반드시 공개적으로 해야 하며, 소비자에게 신문·방송 등을 통해 공표하고 우편으로도 연락해 특별점검을 받도록 해야 한다.

✱ 윈윈전략(win win 戰略) ✱

경쟁관계에 있는 기업이라도 공조하지 않으면 모두 위태로울 수 있다는 점에서 나와 상대편이 모두 승리하는데 주안점을 둔 경영전략이다. 단순한 전략적 제휴와는 달리 기업 간 경쟁관계를 유지하면서 서로 손잡고 새로운 시장 및 수요를 창출하는 것으로 전략적 제휴를 포함하는 개념이다.

✱ 오픈프라이스제(open price 制) ✱

최종판매업자가 제품의 가격을 표시해 제품가격의 투명성을 높이는 제도를 말한다. 그동안 제조업자가 턱없이 높은 권장소비자가격을 매겨 놓고 유통업자가 소비자에게 판매할 때 이를 대폭 할인해 주는 식으로 영업을 했다. 이 제도를 도입하면 판매자 간의 가격경쟁을 유도할 수 있어 최종소비자는 더욱 싼값으로 제품을 구입할 수 있게 된다. 제조업자가 가격을 편법으로 인상할 필요도 없어진다.

✱ 시너지효과(synergy effect) ✱

기업의 합병으로 얻은 경영상의 효과로, 합병 전에 각 기업이 가졌던 능력의 단순한 합 이상으로 새로운 능력을 갖게 되는 결과를 말한다. 각종 제품에 대해 공통의 유통경로·판매조직·판매창고·수송시설 등을 이용함으로써 생기는 판매시너지, 투자시너지, 생산시너지, 경영관리시너지 등이 있다. 시너지란 본래 인체의 근육이나 신경이 서로 결합하여 나타내는 활동, 혹은 그 결합작용을 의미한다.

✱ X이론 · Y이론 · Z이론 *

미국의 맥그리거(D. McGregor)가 인간행동의 유형에 대해 붙인 이론이다. 그의 이론에 따르면 X이론형 인간은 일하기를 싫어하고 명령받기를 좋아하며 책임을 회피하는 등 일신의 안정만을 희구하며, Y이론형 인간은 사람에게 있어 일은 자기능력을 발휘하고 자기실현을 이룩할 수 있는 것이므로 오히려 즐거운 것이어서 스스로 정한 목표를 위해 노력한다는 것이다. Z이론은 Y이론에서 한걸음 발전한 형태로, 윌리엄 오우치(William Ouchi)가 일본 경영자들의 호의적 Y이론을 Z이론이라고 불렀다. Z이론형 인간은 전체 구성원들이 합의적 의사결정 과정에 참여, 근로자와 경영자가 품질분임조를 구성 · 공동작업을 통한 품질개선을 추구하는 등 자신과 회사를 개선시키는 데 적극 참여하게 된다는 것이다.

✱ 헤일로 효과(halo effect) ***

헤일로(halo)란 후광을 뜻하는데, 인물이나 상품을 평정할 때 대체로 평정자가 빠지기 쉬운 오류의 하나로 피평정자의 전체적인 인상이나 첫인상이 개개의 평정요소에 대한 평가에 그대로 이어져 영향을 미치는 등 객관성을 잃어버리는 현상을 말한다. 특히 인사고과를 할 경우 평정자가 빠지기 쉬운 오류는 인간행동이나 특성의 일부에 대한 인상이 너무 강렬한 데서 일어난다. 헤일로효과를 방지하기 위해서는 감정 · 선입감 · 편견을 제거하고, 종합평정을 하지 말고 평정요소마다 분석 평가하며, 일시에 전체적인 평정을 하지 않을 것 등이 필요하다.

✱ 넛지마케팅(nudge marketing) ***

넛지는 '팔꿈치로 슬쩍 찌른다'의 뜻으로 넛지마케팅은 사람들을 원하는 방향으로 유도하되 선택의 자유는 개인에게 있다는 것이다. 즉 특정 행동을 유도하지만 직접적인 명령이나 지시를 동반하진 않는 것이다.

✱ 버즈 마케팅(buzz marketing) ***

입소문마케팅 또는 구전마케팅(word of mouth)이라고도 한다. '특정 제품에 대한 긍정적 반응을 퍼뜨리도록 하다'는 점에서 기존의 입소문과 같다고 할 수 있으나 최근에는 인터넷과 포드캐스트 같은 기술을 이용하여 순식간에 퍼뜨릴 수 있으며, 매스미디어를 통한 마케팅보다 비용이 저렴하고 기존의 채널로 도달하기 어려운 소비자들에게 까지 접근할 수 있다는 장점을 지닌다.

✱ 엠부시 마케팅(ambush marketing) **

2002년 한 · 일 월드컵을 계기로 주목받기 시작한 엠부시 마케팅은 '매복'이란 본래 뜻처럼 숨어서 교묘히 규제를 피해가는 마케팅 기법이다. 스포츠 이벤트에서 공식적인 후원업체가 아니면서도 광고문구 등을 통해 스포츠 이벤트와 관련이 있는 업체라는 인상을 주어 고객의 시선을 모으고 마케팅 효과를 극대화하는 판촉 전략을 말한다.

✱ 기업공시(IR : investor relation) *

투자자관리. 기업이 투자자와의 관계에서 신뢰를 쌓기 위해 기업에 대한 모든 정보를 제공하는 활동을 말한다. 증권시장에서의 주식투자는 다른 저축수단과는 달리 기업에 대한 각종 정보를 바탕으로 투자의사를 결정하게 된다. 따라서 투자자의 현명한 투자의사를 결정시키기 위해서 발행회사의 경영 상태나 재무상황을 정확하게 알려주어야 한다. 이로써 증권시장에서의 공정한 가격형성에도 도움이 되는 것이다. 만일 그릇된 정보나 루머에 의해서 주식의 가격이 결정되고 올바른 정보는 일부세력이 독점하게 되면 결국 주식의 가격형성은 왜곡을 일으켜 주식시장은 투기경향을 나타내게 되는 것이다. 그래서 〈증권거래법〉이나 〈상법〉에 의해서 기업공시에 대한 각종 제도를 마련하고 증권거래소가 직접 나서서 기업 내용을 알려주도록 되어 있다. 증권거래소의 기업공시 내용은 정기적인 공시, 수시 공시, 풍문조회 등으로 구분된다. 정기적인 공시란 증권거래소가 상장회사에 대한 기업공시실을 마련하여 신주를 발행할 때는 제출된 유가증권 신고서, 사업설명서, 유가증권 발행실적 보고서와 함께 매 결산기마다 제출된 재무제표, 반기 결산 보고서 등을 비치하여 열람하게 하는 제도이다.

✱ 코즈 마케팅 ***

기업과 소비자의 관계를 통해 기업이 추구하는 사익(私益)과 사회가 추구하는 공익(公益)을 동시에 얻는 것을 목표로 한다. 제품 판매와 더불어 기부를 연결하는 것이 코즈 마케팅의 주요 특징이다.

더 알아보기

코즈 마케팅 예시

구분	내용
국외	• 코카콜라 : 북극곰 돕기 캠페인 • 제약회사 헬프레메디스 : 제품을 내놓으면서 골수 기증 프로그램 가입서를 첨부한 캠페인 • RED.org : 콜라보 제품을 소비자가 구매할 경우, 일정 금액을 에이즈 퇴치 운동에 기부
국내	• CJ제일제당 : 생수 제품을 구매하는 소비자들이 제품에 따라 마련된 기부용 바코드나 QR코드를 찍으면 한 병당 아프리카 어린이들이 마시는 물을 정화하기 위한 작업에 드는 비용 100원씩 기부 • 마리몬드 : 판매이익의 50%를 위안부 할머니께 기부하는 활동 및 성폭력 피해지원, 아동인권 지원

✱ 디 마케팅 **

소비자의 자사 제품 구매를 의도적으로 줄이는 마케팅이다. 수익성이 낮은 고객을 줄이고 충성도가 높은 (수익성이 높은) 고객에게 집중하기 위한 마케팅으로, 소비자보호나 환경보호 등 사회적 책무를 강조하면서 기업의 이미지를 긍정적으로 바꾸는 효과가 있다.

✱ SWOT 분석 ***

조직내부의 강점과 약점을 조직외부의 기회와 위협요인과 대응시켜 전략을 개발하는 기법을 말한다.

더 알아보기

외부환경요인＼내부환경요인	강점(Strength)	약점(Weakness)
기회(Opportunity)	SO(강점 – 기회전략) 강점으로 시장기회를 활용하는 전략	WO(약점 – 기회전략) 약점을 극복하여 시장기회를 활용하는 전략
위협(Threat)	ST(강점 – 위협전략) 강점으로 시장위협을 회피하는 전략	WT전략(약점 – 위협전략) 시장위협을 회피하고 약점을 최소화하는 전략

✱ 특허괴물 Patent Troll ***

제품을 생산·판매하지 않고 특허권 또는 지식재산권만을 집중적으로 보유하여 로열티로 이익을 창출하는 전문회사를 가리킨다. 대량의 특허권을 매입하거나 원천기술을 보유한 소규모 기업을 인수·합병하여 특허권을 확보한 후 특정기업이 무단으로 사용한 제품이 출시되면 해당 기업을 상대로 사용료를 요구하거나 소송 등을 통해 막대한 보상금을 챙긴다. 최근에는 개발 전 단계의 아이디어까지 선점하는 경우가 많아 문제로 지적되고 있다. 특허괴물이란 용어는 미국의 반도체 회사 인텔(Intel)이 1998년 테크서치(Techsearch)라는 회사로부터 당한 소송 사건에서 인텔 측 변호사가 이 회사를 특허 괴물이라고 비난한 데서 유래되었다.

✱ 비즈 마케팅(buzz marketing) ***

입소문마케팅 또는 구전마케팅(word of mouth)이라고도 한다. '특정 제품에 대한 긍정적 반응을 퍼뜨리도록 하다'는 점에서 기존의 입소문과 같다고 할 수 있으나 최근에는 인터넷과 포드캐스트 같은 기술을 이용하여 순식간에 퍼뜨릴 수 있으며, 매스미디어를 통한 마케팅보다 비용이 저렴하고 기존의 채널로 도달하기 어려운 소비자들에게 까지 접근할 수 있다는 장점을 지닌다.

출제예상문제

1 다음 중 각국의 화폐단위가 알맞게 연결된 것은?

2021. 06. 19. 고양시

① 이스라엘 – 리라

② 에티오피아 – 디나르

③ 쿠웨이트 – 크로네

④ 터키 – 링깃

⑤ 브라질 – 헤알

 해설 화폐단위

구분	내용	구분	내용
태국	밧	영국	파운드
인도	루피	일본	엔
베트남	동	중국	위안
터키	리라	쿠웨이트	디나르
캄보디아	리엘	체코	코루나
말레이시아	링깃	미국	달러
인도네시아	루피아	에티오피아	비르
덴마크	크로네	이스라엘	셰켈
브라질	헤알	남아프리카공화국	랜드

2 자유시장경제를 추구하는 나라들이 모여 재정금융상의 안정 · 고용생활수준의 향상 · 개발도상국의 경제발전
도모 · 세계무역의 다각적 확대 등을 목적으로 1961년에 창설된 기구를 무엇이라 하는가?

2021. 06. 19. 고양시

① ILO

② OEEC

③ EFTA

④ OECD

⑤ NAFTA

해설 OECD(경제협력개발기구) … 자유시장경제를 추구하는 나라들이 모여 세계경제의 주요 현안들을 협의해
해결방안을 도출하는 기구로 제2차 세계대전 후 유럽의 부흥 및 경제협력을 추진해 온 유럽경제협력기
구(OEEC)를 개편하여 1961년 발족되었으며, 재정금융상의 안정 · 고용생활수준의 향상 · 개발도상국의
경제발전 도모 · 세계무역의 다각적 확대 등을 목적으로 한다.

Answer 1.⑤ 2.④

3 가구의 소득 흐름은 물론 금융 및 실물 자산까지 종합적으로 고려하여 가계부채의 부실위험을 평가하는 지표로, 가계의 채무상환능력을 소득 측면에서 평가하는 원리금상환비율(DSR : Debt Service Ratio)과 자산 측면에서 평가하는 부채/자산비율(DTA : Debt To Asset Ratio)을 결합하여 산출한 지수를 무엇이라고 하는가?

① 가계신용통계지수

② 가계수지

③ 가계순저축률

④ 가계부실위험지수

⑤ 가계처분가능소득지수

> **✔해설** 가계부실위험지수(HDRI) … 가구의 DSR과 DTA가 각각 40%, 100%일 때 100의 값을 갖도록 설정되어 있으며, 동 지수가 100을 초과하는 가구를 '위험가구'로 분류한다. 위험가구는 소득 및 자산 측면에서 모두 취약한 '고위험가구', 자산 측면에서 취약한 '고DTA가구', 소득 측면에서 취약한 '고DSR가구'로 구분할 수 있다.

4 국방·경찰·소방·공원·도로 등과 같이 정부에 의해서만 공급할 수 있는 것이라든가 또는 정부에 의해서 공급되는 것이 바람직하다고 사회적으로 판단되는 재화 또는 서비스를 무엇이라고 하는가?

① 시장실패   ② 공공재

③ 사유재   ④ 보이지 않는 손

⑤ 역할성

> **✔해설** 공공재 … 보통 시장가격은 존재하지 않으며 수익자부담 원칙도 적용되지 않는다. 따라서 공공재 규모의 결정은 정치기구에 맡길 수밖에 없다. 공공재의 성질로는 어떤 사람의 소비가 다른 사람의 소비를 방해하지 않고 여러 사람이 동시에 편익을 받을 수 있는 비경쟁성·비선택성, 대가를 지급하지 않은 특정 개인을 소비에서 제외하지 않는 비배제성 등을 들 수 있다.

5 다음 내용을 읽고 괄호 안에 들어갈 말로 가장 적절한 것을 고르면?

> (   )을/를 시행하게 되면 환율 변동에 따른 충격을 완화하고 거시경제정책의 자율성을 어느 정도 확보할 수 있다는 장점이 있다. 하지만 특정 수준의 환율을 지속적으로 유지하기 위해서는 정부나 중앙은행이 재정정책과 통화정책을 실시하는 데 있어 국제수지 균형을 먼저 고려해야하는 제약이 따르고 불가피하게 자본이동을 제한해야 한다.

① 고통지수
② 자유변동환율제도
③ 고정환율제도
④ 고정자본소모
⑤ 고정이하여신비율

✔해설 고정환율제도 … 외환의 시세 변동을 반영하지 않고 환율을 일정 수준으로 유지하는 환율 제도를 의미한다. 이 제도는 경제의 기초여건이 악화되거나 대외 불균형이 지속되면 환투기공격에 쉽게 노출되는 단점이 있다.

6 자원의 희소성이 존재하는 한 반드시 발생하게 되어 있으며 경제문제를 발생시키는 근본요인이 되는 것은?

① 기회비용
② 매몰비용
③ 한계효용
④ 기초가격
⑤ 기저효과

✔해설 인간의 욕구에 비해 자원이 부족한 현상을 희소성이라 하는데, 희소한 자원을 가지고 인간의 모든 욕구를 충족시킬 수 없기 때문에 인간은 누구든지 부족한 자원을 어느 곳에 우선으로 활용할 것인가를 결정하는 선택을 해야 한다. 이렇게 다양한 욕구의 대상들 가운데서 하나를 고를 수밖에 없다는 것으로 이때 포기해 버린 선택의 욕구들로부터 예상되는 유·무형의 이익 중 최선의 이익을 기회비용(opportunity cost)이라고 한다.

7 다음 내용을 가장 잘 설명하고 있는 것은?

> 과거에 한 번 부도를 일으킨 기업이나 국가의 경우 이후 건전성을 회복했다 하더라도 시장의 충분한 신뢰를 얻기 어려워지며, 나아가 신용위기가 발생할 경우 투자자들이 다른 기업이나 국가보다 해당 기업이나 국가를 덜 신뢰하여 투자자금을 더 빨리 회수하고 이로 인해 실제로 해당 기업이나 국가가 위기에 빠질 수 있다.

① 긍정 효과　　　　　　　　　　② 자동 효과
③ 거래 효과　　　　　　　　　　④ 분수 효과
⑤ 낙인 효과

✔ **해설** 어떤 사람이 실수나 불가피한 상황에 의해 사회적으로 바람직하지 못한 행위를 한 번 저지르고 이로 인해 나쁜 사람으로 낙인찍히면 그 사람에 대한 부정적 인식이 형성되고 이 인식은 쉽게 사라지지 않는다. 이로 인해 추후 어떤 상황이 발생했을 때 해당 사람에 대한 부정적 사회인식 때문에 유독 그 사람에게 상황이 부정적으로 전개되어 실제로 일탈 또는 범죄행위가 저질러지는 현상을 낳는바, 이를 낙인효과라고 한다. 경제 분야에서도 이러한 현상이 발생한다.

8 다음 중 BCG 매트릭스에서 고성장 저점율의 형태는 무엇인가?

① 별 사업부　　　　　　　　　　② 개 사업부
③ 젖소 사업부　　　　　　　　　④ 물음표 사업부
⑤ 고양이 사업부

✔ **해설** 물음표 사업부 … 높은 성장률을 지닌 사업부이나 동시에 시장 점유율을 높이기 위해 많은 자금을 필요로 하게 되는 사업부이다.

9 가격이 상승한 소비재의 수요가 오히려 증가하는 현상은?

① 립스틱 효과　　　　　　　　　② 전시 효과
③ 베블렌 효과　　　　　　　　　④ 리카도 효과
⑤ 승수 효과

✔ **해설** 베블렌 효과 … 허영심에 의해 수요가 발생하는 것으로서 가격이 상승한 소비재의 수요가 오히려 증가하는 현상을 의미한다.

10 긴급하고 특별한 상황이 빚어져 관세율을 인상 또는 인하할 필요가 있을 경우 그때그때 국회에서의 법 개정이 어렵기 때문에 제한된 범위 내에서 행정부가 조정할 수 있게 한 세율은?

① 탄력관세
② 할당관세
③ 긴급관세
④ 조정관세
⑤ 행정관세

> ✔해설 **탄력관세(elastic tariff)** … 국내산업보호·물가안정 등을 위하여 정부가 국회의 위임을 받아 일정한 범위 내에서 관세율을 인상 또는 인하할 수 있는 권한을 갖도록 한 관세제도로, 우리나라에서는 1969년부터 채택하고 있다.

11 중소기업이 은행에 유동성 지원을 신청할 경우, 은행은 해당 기업의 재무상태 등을 고려해 정상(A)·일시적 유동성 부족(B)·워크아웃(C)·법정관리(D) 등의 등급으로 구분해 등급별로 차별 지원하는 프로그램은?

① 패스트트랙
② 슬로우트랙
③ 미들트랙
④ 스타트트랙
⑤ 피니시트랙

> ✔해설 **패스트트랙(Fast Track)** … 일시적으로 자금난을 겪고 있는 중소기업을 살리기 위한 유동성 지원 프로그램을 의미한다.

12 한국은행의 한정된 조직과 인력만으로는 전국의 국고금 납부자에게 충분한 편의를 제공하기 어렵기 때문에 인력과 시설이 확보된 점포를 대상으로 한국은행과 대리점 계약을 체결한 후 국고업무를 취급할 수 있도록 하게 하는데 이 같은 대리점계약을 체결한 금융기관 점포를 무엇이라고 하는가?

① 국고수표
② 국고전산망
③ 국고백화점
④ 국고할인점
⑤ 국고대리점

> ✔해설 **국고대리점** … 국가의 경제활동도 민간의 경제활동과 마찬가지로 금전 수수를 수반하게 되는데 이와 같은 경제활동에 수반되는 일체의 현금을 통상 국고금이라 한다. 우리나라에서는 국고금의 출납사무를 중앙은행인 한국은행이 담당하고 있다. 국고대리점은 2003년 국고금 실시간 전자이체 제도의 시행으로 국고금 지급 업무를 한국은행이 전담 수행하게 됨에 따라 국고금 수납 업무만 수행하게 되었다. 국고대리점은 국고수납대리점과 국고금수납점으로 구분하는데 기능상 차이는 없으며 기관의 성격 즉 은행은 단일 법인체인 반면 비은행은 법인의 집합체인 점에 의한 계약방식의 차이에 의해서 구분된다.

Answer 7.⑤ 8.④ 9.③ 10.① 11.① 12.⑤

사회 · 노동

1 사회

✱ 미라클 모닝(miracle morning) ***

등교나 출근 준비를 하기 약 2시간 전에 기상하여 독서나 운동 등 자기계발을 하며 생활 루틴을 만드는 것을 말한다. 2016년에 미국 작가 할 엘로드의 자기계발서에서 처음 등장하여 우리나라에서는 유튜브를 통해 작년부터 알려지기 시작했다. 자기계발이라는 부분이 성공의 목적인 아침형인간과는 구분되며 SNS 와 유튜브에 공유 · 인증하는 등 2 ~ 30대 사이에서 큰 열풍을 불고 있다.

✱ 미닝아웃 ***

정치 · 사회적 신념 및 가치관을 소비 행위 등을 통해 표출하는 것을 말한다. 대표적인 수단으로 SNS가 있으며 해시태그 기능을 통해 관심사를 공유하거나 옷이나 가방에 메시지를 담는 등 여러 형태로 나타난다. 서울대 소비트렌드 분석센터의 2018년 대한민국 소비 트렌드로 선정된 바 있다.

✱ 고령사회(高齡社會) ***

노령인구의 비율이 높은 수준에서 기복이 없는 안정된 사회를 말하며, 고령화사회(高齡化社會)는 노령인구의 비율이 현저히 높아져 가는 사회를 말한다. 인구의 고령화 요인은 출생률과 사망률의 저하에 있다. 사회가 발전함에 따라 선진국에서는 평균수명이 연장돼 장수하는 노령인구가 늘고 있어 고령에 따르는 질병 · 고독 · 빈곤 등의 사회경제적 대책이 시급한 상황에 이르고 있다. 고령에 대한 정의는 일정치 않는데, 우리나라의 경우 고령자고용법 시행령에서 55세 이상을 고령자, 50 ~ 55세 미만을 준고령자로 규정하고 있다. 우리나라는 지난 2018년 65세 이상 인구가 총인구의 14%를 넘어 고령사회로 진입했다.

더 알아보기

UN이 분류한 고령에 대한 정의
- 고령사회(aged society) : 65세 이상 인구가 총인구를 차지하는 비율이 14% 이상
- 고령화사회(aging society) : 65세 이상 인구가 총인구를 차지하는 비율이 7% 이상
- 초고령사회(post aged society) : 65세 이상 인구가 총인구를 차지하는 비율이 20% 이상

✱ 블랙컨슈머(black consumer) ✱✱✱

구매상품에 하자가 있다면 그것을 문제 삼아 기업을 상대로 과도한 피해보상금을 요구하거나 거짓으로 피해를 본 것처럼 꾸며 보상을 요구하는 사람들을 블랙 컨슈머(Black Consumer)라고 한다. 대부분의 블랙컨슈머는 소비자관련 기관을 거치지 않고 기업에 직접적으로 문제를 제기하며 제품 교환보다는 금전적 보상을 요구하는 경우가 대부분이다.

더 알아보기

- **팬슈머**(fansumer) : 직접 투자 및 제조 과정에 참여해 상품, 브랜드를 키워내는 소비자를 일컫는 용어로 팬(Fan)과 컨슈머(Consumer)의 합성어이다.
- **트라이슈머**(trysumer) : 시도(try)와 소비자(consumer)의 합성어로 완제품을 체험하고 구매를 결정하는 소비자를 말한다.
- **모디슈머**(modisumer) : 제조업체에서 제시하는 방식이 아닌 사용자가 개발한 방식으로 제품을 활용하는 소비자를 말한다.

✱ 캐시리스 사회(cashless society) ✱✱✱

현금을 가지고 다닐 필요 없이 신용카드, 모바일 카드 등을 이용해 소비 · 상업 활동을 할 수 있는 사회를 말한다. IT산업의 발달로 컴퓨터와 전상망이 잘 갖춰지고, 금융기관 업무가 EDPS화(전자 데이터 처리 시스템화)되면서 캐시리스 사회가 가능해졌다.

✱ 포모증후군 ✱✱✱

세상의 흐름에 자신만 뒤처지거나 소외되는 것 같은 두려움을 가지는 증상으로 고립공포감이라고도 한다. Instagram이나 Facebook 등 다른 사람들과 커뮤니케이션이 어려운 상황을 심리적으로 불안해하는 것이 특징이다.

더 알아보기

JOMO(Joy Of Missing Out) … 자발적으로 SNS, 인터넷 등을 끊고 스스로에게 집중할 수 있는 여행이나 취미생활에 몰두하는 현상을 말한다.

✱ 디지털 유목민(digital nomad) ✱✱✱

원격 통신 기술을 적극 활용하며 단일한 고정 사무실 없이 근무하고 살아가는 인간형으로 한곳에 정착하기를 거부하는 자유로운 기질의 유목민에 비유한 말이다. 인터넷과 업무에 필요한 각종 기기들과 제한되지 않은 작업공간만 있으면 시간과 장소에 구애받지 않고 일을 할 수 있는 사람들로 예를 들면, 하루는 일하는 중간에 서핑을 즐기기도 하고, 비가 내리는 날에는 창 밖 풍경을 보면서 작업을 하기도 한다.

✱ 스몸비(smombie) **

스마트폰을 들여다보며 길을 걷는 사람들로 스마트폰(Smart Phone)과 좀비(Zombie)의 합성어이다. 이들은 스마트폰 사용에 몰입해 주변 환경을 인지하지 못하고 걷기에 사고 위험도가 높다. 전문가들은 미국에서 발생한 보행자 사고의 약 10%가 주위를 살피지 않고 스마트폰을 보며 걷다 일어난 것으로 추정했다. 그중 매년 6명이 사망한다는 분석이다.

✱ 랜선 집사 *

애완동물을 직접 키우는 대신 인터넷상에서 영상, 사진 등을 통해 동물을 보며 대리 만족을 즐기는 소비자를 뜻한다. 1인 가구 증가로 인해 반려동물을 기르기 힘들어지자 온라인을 통해 반려동물을 접하는 것으로 대리만족하는 사람이 늘어난 것이다.

✱ 도넛 현상(doughnut) *

대도시의 거주지역과 업무의 일부가 외곽지역으로 집중되고 도심에는 상업기관·공공기관만 남게 되어 도심은 도넛모양으로 텅 비어버리는 현상이다. 이는 도시 내의 지가상승·생활환경의 악화·교통혼잡 등이 원인이 되어 발생하는 현상으로 도심 공동화 현상이라고도 한다.

✱ 램프 증후군 Lamp Syndrome

실제로 일어날 가능성이 없는 일에 대해 마치 알라딘의 요술 램프의 요정 지니를 불러내듯 수시로 꺼내보면서 걱정하는 현상이다. 쓸데없는 걱정을 하는 사람들을 지칭하는 말로, 과잉근심이라고도 한다. 참고로, 뚜렷한 주제 없이 잔걱정이 가득한 경우에 해당하는 정신 장애를 범불안 장애(Generalized Anxiety Disorder)라고 한다. 램프 증후군에서의 걱정은 대부분 실제로 일어나지 않거나, 일어난다고 해도 해결하기 어려운 것들이다. 그럼에도 불구하고 많은 사람들은 자신이 어떻게 할 수 없는 일에 대하여 끊임없이 염려하는 양상을 보인다.

✱ 고슴도치 딜레마 ***

인간관계에 있어 서로의 친밀함을 원하면서도 동시에 적당한 거리를 두고 싶어 하는 욕구가 공존하는 모순적인 심리상태를 말한다. 고슴도치들은 추운 날씨에 온기를 나누려고 모이지만 서로의 날카로운 가시 때문에 상처입지 않으려면 거리를 두어야 한다는 딜레마를 통해 인간의 애착 형성의 어려움을 빗대어 표현한 것이다.

✱ 트롤리 딜레마(trolley dilemma) **

윤리학 분야의 사고실험으로, "다섯 사람을 구하기 위해 한사람을 죽이는 것이 도덕적으로 허용 되는가"에 대한 질문으로 영국의 철학자 필리파 풋과 미국의 철학자 주디스 자비스 톰슨이 고안한 사고실험이다. 트롤리사례와 육교사례를 제시하여 윤리적 딜레마를 나타냈다.

더 알아보기

- **트롤리 사례** : 트롤리 전차가 철길 위에서 일하고 있는 다섯 명의 인부들을 향해 빠른 속도로 돌진한다. 레일 변환기 옆에 있는 당신이 트롤리의 방향을 오른쪽으로 바꾸면 오른쪽 철로에서 일하는 한 명의 노동자는 죽게 된다. 이러한 선택은 도덕적으로 허용 되는가.
- **육교 사례** : 트롤리가 철길 위에서 일하고 있는 노동자 다섯 명을 향해 빠른 속도로 달려간다. 당신은 철길 위의 육교에서 이 상황을 바라보고 있는데 당신 앞에 몸집이 큰 사람이 난간에 기대 아래를 보고 있다. 당신이 트롤리를 세우기 위해서는 그 사람을 밀어야 한다. 이러한 선택은 도덕적으로 허용될 수 있는가.

✱ 심리효과별 분류 **

구분	내용
파파게노 효과 (papageno effect)	자살과 관련한 언론보도를 자제하고, 보도를 신중하게 함으로써 자살률을 낮출 수 있는 효과를 말한다.
루핑효과 (looping effect)	이전에 관심이 없다가 새로운 사실을 인식하게 되면 이러한 사실들이 상호작용하게 되어 새로운 사실에 영향을 받는 현상이다. 예를 들어 유명인의 자살을 언론보도를 통해 접하고 관심을 갖게 돼 개개인의 불안심리가 조성되면서 우울감이나 단절감이 자살로 이어지게 된다.
낭떠러지효과	자신이 정통한 분야에 대해서는 임무수행능력이 탁월하지만 조금이라도 그 분야를 벗어나면 낭떠러지에서 떨어지듯이 일시에 모든 문제해결능력이 붕괴되는 현상을 말한다. 낭떠러지효과는 기계문명에 대한 맹신에서 벗어날 것을 인류에게 촉구하는 미래학자들의 경고이기도 하다.
피그말리온효과 (pygmalion effect)	타인의 관심이나 기대로 인해 능률이 오르거나 결과가 좋아지는 현상. 그리스신화에 나오는 조각가 피그말리온의 이름에서 유래한 심리학 용어로 '로젠탈효과'라고도 한다.
스티그마효과 (stigma effect)	타인에게 무시당하거나 부정적인 낙인이 찍히면 행태가 나빠지는 현상. 스티그마효과가 부정적 행태를 보인다면 피그말리온효과는 긍정적 행태를 보인다. '낙인효과'라고도 한다.

✱ 스프롤 현상(sprawl) **

도시의 급격한 팽창에 따라 대도시의 교외가 무질서 · 무계획적으로 주택화되는 현상을 말한다. 교외의 도시계획과는 무관하게 땅값이 싼 지역을 찾아 교외로 주택이 침식해 들어가는 현상으로 토지이용면에서나 도시시설정비면에서 극히 비경제적이다.

✱ U턴 현상 **

대도시에 취직한 시골 출신자가 고향으로 되돌아가는 노동력 이동을 말한다. 대도시의 과밀 · 공해로 인한 공장의 지방 진출로 고향에서의 고용기회가 확대되고 임금이 높아지면서 노동력의 이동현상이 나타나고 있다.

✱ J턴 현상 *

대도시에 취직한 시골출신자가 고향으로 돌아가지 않고 지방도시로 직장을 옮기는 형태의 노동력이동을 말한다. U턴 현상에 비해 이 현상은 출신지에서의 고용 기회가 적을 경우 나타나는 현상이다.

✱ 무리별 분류 ***

구분	내용
이피족(yiffie)	young(젊은), individualistic(개인주의적인), freeminded(자유분방한), few(사람 수가 적은). 1990년대 여피에 이어 등장, 여유있는 삶, 가족관계, 다양한 체험 등 자신의 목적을 위해 직장을 마다하고 자신의 행복과 만족을 추구하는 청년
예티족(yettie)	young(젊고), entrepreneurial(기업가적인), tech-based(기술에 바탕을 둔), internet elite. 신경제에 발맞춰 일에 대한 열정으로 패션에 신경을 쓰지 않는 20~30대의 신세대 인간형
댄디족(dandy)	자신이 벌어서 규모 있는 소비생활을 즐기는 젊은 남자들. 방송·광고·사진작가·컴퓨터 프로그래머 등의 전문직에 종사
시피족(cipie)	character(개성), intelligence(지성), professional(전문성). 오렌지족의 소비 지향적·감각적 문화행태에 반발, 지적 개성을 강조하고 검소한 생활을 추구하는 젊은이
슬로비족(slobbie)	slower but better working people. 성실하고 안정적인 생활에 삶의 가치를 더 부여하는 사람들
니트족(neet)	not in education, employment or training. 교육이나 훈련을 받지 않고 일도 하지 않으며 일할 의지도 없는 청년 무직자
좀비족(zombie)	대기업·방대한 조직체에 묻혀 무사안일에 빠져있는 비정상적인 사람
딩크족(dink)	double income, no kids. 정상적인 부부생활을 영위하면서 의도적으로 자녀를 갖지 않는 젊은 맞벌이 부부
딘스족(dins)	dual income, no sex couples. 성생활이 거의 없는 맞벌이 부부
듀크족(dewks)	dual employed with kids. 아이가 있는 맞벌이 부부
딘트족(dint)	double income no time. 경제적으로 풍족하지만 바쁜 업무로 소비생활을 할 시간이 없는 신세대 맞벌이
네스팅족(nesting)	단란한 가정을 가장 중시하고 집안을 가꾸는 신가정주의자들
싱커즈족(thinkers)	젊은 남녀가 결혼 후 맞벌이를 하면서 아이를 낳지 않고 일찍 정년퇴직해 노후생활을 즐기는 신계층
통크족(tonk)	two only no kids. 자식은 있되 자식뒷바라지에 의존하지 않고 취미·운동·여행 등으로 부부만의 생활을 즐기는 계층
우피족(woopie)	well of older people. 자식에게 의지하지 않고 경제적인 여유로 풍요롭게 사는 노년세대
유미족(yummy)	young upwardly mobile mummy. 상향 지향적이고 활동적인, 특히 자녀에 대해 정열을 쏟는 젊은 어머니들
나오미족	not old image. 안정된 결혼생활을 누리며 신세대 감각과 생활을 보여주는 30대 중반 여성들
루비족(ruby)	refresh(신선함), uncommon(비범함), beautiful(아름다움), young(젊음). 평범·전통적인 아줌마를 거부해 자신을 꾸미는 40~50대 여성들
나우족(now)	new old women. 40~50대에도 젊고 건강하며 경제력이 있는 여성들
노무족(nomu)	no more uncle. 나이와 상관없이 자유로운 사고와 생활을 추구하고 꾸준히 자기개발을 하는 40~50대 남자들
코쿠닝족(cocooning)	누에고치(cocoon)가 고치를 짓는 것처럼 자신의 활동반경을 축소시키는 현상을 코쿠닝(cocooning)트렌트라고 하며, 자신만의 안식처에 숨어 여가시간과 휴식을 적극적으로 보내는 사람들
스마드족(smad)	각종 디지털 기기를 활용하여 정보를 신속하게 얻고, 얻은 정보를 분석하여 현명하게 구매하는 소비자
로하스족(lohas)	Lifestyles Of Health And Sustainability. 개인의 정신적·육체적 건강 뿐 아니라 환경까지 생각하는 친환경적인 소비를 하는 사람들
파이어족(fire)	파이어족은 경제적 자립(financial independence)을 토대로 자발적 조기 은퇴(retire early)를 추진하는 사람들

✱ 논제로섬 게임(non zero sum game) **

한 쪽의 이익과 다른 쪽의 손실을 합하면 제로(0)가 되지 않는, 양쪽 다 이익이 되거나 손해가 나는 현상으로 논제로섬 게임은 대립과 협력의 요소가 모두 포함되어 있다. 참여자들이 서로 협력할 경우 양측의 이익을 모두 증가시킬 수 있는 반면 대립할 경우에는 이득을 모두 감소시킨다. 이는 주권국가와 주권국가의 관계로 이뤄지는 국제정치 분야에서도 자주 언급된다. 하지만 실제로 국제정치에서는 자국의 이익을 위해 조금의 양보도 하려하지 않는 '제로섬 게임'의 양상이 나타난다.

더 알아보기

제로섬 게임(zero sum game) … 승자의 득점이 패자의 실점으로 이어지는 게임으로 제로섬사회란 사회 전체 이익이 일정하여 한 쪽이 이득을 보면 다른 한쪽은 반드시 손해를 보게 되는 것을 말한다.

✱ 빨대 효과 **

좁은 빨대로 컵 안의 내용물을 빨아들이듯, 대도시가 주변 도시의 인구 및 경제력을 흡수하는 대도시 집중현상을 일컫는다. 교통여건의 개선이 균형 있는 지역 개발이 아닌 지역 쇠퇴를 초래하는 부작용으로, 1960년대에 일본 고속철도 신칸센이 개통된 후에 도쿄와 오사카 도시로 인구와 경제력이 집중되어 제3의 도시 고베가 위축되는 현상에서 비롯되었다.

✱ 클럽하우스 Clubhouse ***

2020년 3월 미국 실리콘밸리 창업가 폴 데이비슨과 구글 추신 로언 세스가 만든 음성 소셜네트워크 서비스로, 초대를 기반으로 하여 가입할 수 있다. 대화방을 개설하여 의견을 나누는 등의 새로운 SNS이다. 해당 서비스는 녹음이나 전송이 불가능하여 일반인뿐만 아니라 연예인, 정치인 등 이슈에 대한 자신의 주장을 스스럼없이 펼치거나 토론에 참여할 수 있어서 인기를 끌고 있다.

✱ 세계 자폐증 인식의 날 ***

2007년 UN에서 만장일치로 매년 4월 2일 세계 자폐증 인식의 날로 선정되었다. 조기진단 및 적절한 치료 등을 돕고 사회적 인식을 높이기 위함으로 지정되었다. 이 날을 기념하기 위해 자폐증에 대한 관심과 보호를 요구하며 파란 불을 켜는 캠페인 'Light It Up Blue'은 우리나라 인천대교를 비롯하여 전 세계 약 1만 8천여 곳에서 매년 진행되고 있다.

✱ LID 증후군 ***

핵가족화로 인해 노인들에게 발생할 수 있는 고독병의 일종이다. 자녀들은 분가해서 떠나고 주변의 의지할 사람들이 세상을 떠나면 그 손실에 의해 고독감과 소외감을 느끼며, 이런 상태가 지속되면서 우울증에 빠지는데 이를 고독고라고 한다.

✱ 세대별 분류 **

구분	내용
A세대	aspirations(욕구)의 첫 글자에서 따온, 아시아 · 라틴아메리카 등의 신흥경제국가의 도시에 살고, 연간 2천만 파운드를 벌며 계속 소득이 늘어 소비욕구가 강해 세계경제의 메가트렌드를 주도하는 30 ~ 40대 중산층
C세대	컴퓨터 보급의 일반화로 탄생하여 반도체칩과 카드, 케이블 속에 사는 컴퓨터 세대. 또는 자신이 직접 콘텐츠를 생산 · 인터넷 상에서 타인과 자유롭게 공유하며 능동적으로 소비에 참여하는 콘텐츠 세대
E세대	enterpriser(기업가)의 첫 글자에서 따온, 스스로가 사업체를 세워 경영인이 되고 싶어 하는 사람들
G세대	green과 global의 첫 글자에서 따온, 건강하고 적극적이며 세계화한 젊은 세대
L세대	luxury(사치)의 첫 글자에서 따온, 세계적으로 유명한 고가의 고급 브랜드를 일상적으로 소비하는 명품족
M세대	휴대전화를 통화 이외의 다양한 용도로 사용하는 나홀로족인 모바일세대 또는 1980년대 초반 이후 출생한 덜 반항적, 더 실질적, 팀 · 의무 · 명예 · 행동을 중시하는 밀레니엄세대
N세대	1977 ~ 1997년 사이에 태어나 디지털 기술과 함께 성장, 기기를 능숙하게 다룰 줄 아는 자율성 · 능동성 · 자기혁신 · 개발을 추구하는 디지털 문명세대
P세대	passion(열정) · potential power(힘) · participation(참여) · paradigm-shifter(패러다임의 변화를 일으키는 세대)의 첫 글자에서 따온, 열정과 힘을 바탕으로 사회 전반에 적극적으로 참여해 사회 패러다임의 변화를 일으키는 세대. 자유로운 정치체제 하에서 성장하여 긍정적인 가치관을 가지며, 386세대의 사회 의식 · X세대의 소비문화 · N세대의 생활양식 · W세대의 공동체의식 등이 모두 포괄해서 나타남
Y세대	컴퓨터를 자유자재로 다루고 다른 나라 문화나 인종에 대한 거부감이 없는, 전후 베이비붐 세대가 낳은 2세들인 10대 전후의 어린이
X세대	50% 정도가 이혼 · 별거한 맞벌이 부모 사이에서 자라 가정에 대한 동경과 반발 심리를 가지며 개인적인 삶에 큰 의미를 두는 1961 ~ 1984년 사이에 출생한 세대
IDI세대 (I Deserve Its generation)	내 몫 챙기기에 철저한 미국의 젊은 세대. 산업화 · 현대화 이후 개인주의적 태도와 함께 드러나기 시작한 이기적인 사고가 매우 심해진 형태로 개인적인 요구와 욕망, 자기 권리만 내세움
부메랑세대	사회에 진출했다가 곧 독립을 포기하고 부모의 보호 아래로 돌아가는 젊은이들
캥거루세대	경제적 · 정신적으로 부모에 의존해 생활을 즐기는 젊은 세대. 자라증후군
미 제너레이션 (me generation)	자기주장이 강하고 자기중심적으로 생각하고 행동하는 요즘의 젊은층
MZ세대	1980년대 초 ~ 2000년대 초 출생한 밀레니얼 세대와 1990년대 중반 ~ 2000년대 초반 출생한 Z세대를 통칭하는 말로 밀레니얼 세대와 Z세대를 통칭하여 MZ세대라고 한다. 오프라인보다 온라인이, 사람과 대면하는 것보다 스마트 폰 화면이 익숙한 세대이다. 따라서 SNS기반 유통시장에서 강력한 영향력을 발휘하는 소비 주체로 부상하고 있다.
OPAL세대	Old People With Active Life. 경제력을 갖춘 5060세대를 일컫는 말로 새로운 소비층으로 부각되고 있다. 베이비부머 세대인 58년생을 뜻하기도 한다. 이들은 은퇴를 한 후 새로운 일자리를 찾고, 여가 활동을 즐기면서 젊은이들처럼 소비하며 자신을 가꾸는 일에 많은 시간과 돈을 투자한다.
알파세대	2010 ~ 2024년(또는 2011 ~ 2025년) 사이에 태어나 어렸을 때부터 기술적인 발전과 함께 성장, 로봇 및 인공지능(AI)과 같은 기술에 친근한 세대

✱ 빌바오 효과 **

도시의 랜드마크 건축물이 해당 지역에 미치는 영향을 이르는 말이다. 이는 스페인 북부 소도시 빌바오에서 비롯되었다. 빌바오는 과거에 제철소, 조선소로 융성하였으나 1980년대 불황으로 철강산업이 쇠퇴하자 바스크 분리주의자들의 연이은 테러로 급격히 실업률 등이 급격히 하락하였다. 이를 극복하기 위해 정부에서는 문화산업을 통한 도시재생사업을 계획하였고, 사업의 일환으로 구겐하임 미술관을 유치하였다. 미술관 개관 이후 빌바오에는 매년 100만 명의 관광객이 찾아오면서 관광업 호황이 이루어졌고, 이후 도시 랜드마크 건축물이 도시경쟁력을 높이는 효과를 나타내는 말로 사용되기 시작하였다.

✱ 제노포비아 **

낯선 것, 이방인이라는 뜻의 '제노(xeno)'와 싫어한다, 기피한다는 뜻의 '포비아(phobia)'를 합쳐 만든 말이다. 외국인 혐오증으로 해석된다. 상대방이 악의가 없어도 자기와 다르다는 이유로 일단 경계하는 심리상태를 나타낸다. 경기 침체 속에서 증가한 내국인의 실업률 증가 등 사회문제의 원인을 외국인에게 전가시키거나 특히 외국인과 관련한 강력 범죄가 알려지면서 이런 현상이 더욱 심화되기도 한다.

✱ 줌바밍 ***

화상회의 플랫폼 '줌(Zoom)'과 폭격을 뜻하는 '바밍(Bombing)'의 합성어이다. 화상회의 혹은 비대면 수업 공간에 초대받지 않은 제3자가 들어와 욕설과 혐오 등 방해하는 것을 의미한다. 공식적인 업무임에도 인터넷 라이브 방송처럼 가볍게 여기는 심리에서 기인한 것으로 보인다. 단순한 인터넷 놀이문화로 치부하기에는 명백한 범죄이므로 이를 근절할 대책이 필요하다.

✱ 팝콘 브레인 ***

미국 워싱턴대학교 정보대학원 교수가 만든 용어로, 디지털기기가 발달하면서 크고 강렬한 자극에만 마치 팝콘이 터지듯 뇌가 반응하는 현상을 '팝콘 브레인(popcorn brain)'이라 한다. 스마트폰과 같은 전자기기의 지나친 사용으로 뇌에 큰 자극이 지속적으로 가해지면서 단순하고 잔잔한 일상생활에는 흥미를 잃게 되는 것이다. 딱히 확인 할 것이 없음에도 스마트폰 화면을 켠다거나, 스마트폰을 하느라 할 일을 뒤로 미루는 것도 팝콘 브레인의 증상이다.

✱ 캔슬 컬처 ***

SNS상에서 자신의 생각과 다르거나 특히 공인이 논란을 불러일으키는 발언 및 행동을 했을 때 팔로우를 취소하고 외면하는 행동을 말한다. 최근 일론 머스크가 가상화폐와 관련하여 자극적인 발언을 하자 지지자들이 공격적으로 돌아선 경우가 그 예시이다. 캔슬 컬처는 당초 소수자 차별 문제와 함께 확산된 온라인 문화로, 소수자 차별 발언 혹은 행동을 저지른 이들에게 문제를 지적하고자 '당신은 삭제됐어(You're Canceled)' 등의 메시지를 보내고 해시태그(#)를 다는 운동에서 시작됐다.

2 노동

✱ 생활임금제(生活賃金制) **

최저임금보다 다소 높은 수준으로 저소득 근로자들이 최소한의 인간다운 삶을 유지할 수 있는 수준의 임금을 보장하는 제도다. 즉, 근로자들의 주거비, 교육비, 문화비 등을 종합적으로 고려해 최소한의 인간다운 삶을 유지할 수 있을 정도의 임금수준으로 노동자의 생계를 실질적으로 보장하려는 정책적 대안이다. 현재 일부 지자체가 조례 형태로 제정해 공공근로자 등에게 적용하고 있다. 그 동안은 지자체가 생활임금제 조례 제정을 추진할 때마다 상위법에 근거 조항이 없어 상위법 위반 논란이 일었다.

✱ 근로장려세제 **

일정소득 이하의 근로 소득자를 대상으로 소득에 비례한 세액공제액이 소득세액보다 많은 경우 그 차액을 환급해 주는 제도로 저소득층의 세금 부담을 덜어주고 더 나아가 소득이 적은 이들일수록 보조금까지 받을 수 있어 '징세'라기 보다는 '복지'의 개념이 강하다. 이 제도는 원천징수 당한 세금을 되돌려 받는다는 점에서 연말정산과 비슷하나, 세금을 전혀 내지 않은 사람이라 하더라도 공제액과의 차액을 받을 수 있다는 점에서 연말정산과 차이가 있다.

✱ 노동3권(勞動三權) ***

노동자가 가지는 세 가지 권리로 단결권 · 단체교섭권 · 단체행동권을 말한다. 노동자의 권익(權益)을 위해 헌법상 보장되는 기본권으로서 사회권에 속하며, 단체행동권의 행사는 법률이 정하는 범위 내에서만 보장된다. 공무원의 경우 법률로 인정된 단순 노무에 종사하는 공무원 외에는 노동3권이 보장되지 않으며, 공무원에 준하는 사업체에 종사하는 근로자의 단체행동권은 법률에 의해 제한 또는 인정하지 않을 수 있다.

구분	내용
단결권	노동자가 근로조건 향상을 위해 단결할 수 있는 권리
단체교섭권	노동자의 노동시간, 임금, 후생복리 등의 조건에 관한 문제를 사용자 측과 단체적으로 협의할 수 있는 권리
단체행동권	단체교섭이 이루어지지 않을 경우 노사 간의 분쟁을 해결하기 위한 파업 등을 할 수 있는 권리

✱ 정년 60세 연장법 ***

「고용상 연령차별 금지 및 고령자 고용촉진에 관한 법률」일부 개정안에서는 현행법에 권고조항으로 되어 있던 정년을 의무조항으로 바꿔 60세로 연장하고, 2016년 1월 1일부터 공기업, 공공기관, 지방 공기업, 상시근로자 300인 이상 사업장에 적용하며 2017년 1월 1일부터는 국가 및 지방자치단체, 상시근로자 300인 미만 사업장에도 적용하기로 했다. 임금피크제와의 연계에 대해서도 '노사 양측이 임금체계 개편 등 필요한 조치를 취해야 한다'는 문구를 통해 사실상 의무화하였으며, 60세에 도달하지 않은 근로자를 특별한 사유 없이 해고할 경우 부당해고로 간주하여 해당 사업주를 처벌하도록 하였다.

✱ 특수 고용직 노동자 ✱✱✱

근로계약이 아닌 위임 계약이나 도급 계약의 형태로 노무를 제공하고 수당을 받는 일에 종사하는 노동자를 말한다.

✱ 체크 바캉스 ✱✱

정부와 기업이 직원들의 휴가비를 지원하는 제도를 의미한다. 정부가 발표한 '경제정책방향'에서 민생경제 회복을 위한 방안 중 하나로 포함되었으면 이러한 체크 바캉스 제도는 노동자와 기업이 공동으로 여행 자금을 적립하고 정부가 추가 지원해주는 방식으로 운영된다.

✱ 펫시터(petsitter) ✱✱

반려동물(pet)과 아이를 돌보는 직업을 지칭하는 영어단어 베이비시터(babysitter)의 합성어로, 말 그대로 펫시터는 아이 대신 반려동물을 돌보는 직업을 의미한다.

✱ 과로노인 ✱

늦은 나이에도 돈이 필요해 어쩔 수 없이 죽기 직전까지 일해야 하는 노인들을 의미한다. 연금이 모자라 신문 배달을 하고, 정리해고를 당해 편의점에서 일하는 노인, 치매에 걸린 어머니를 간병하느라 일을 계속해야만 하는 노인 등 그 유형은 다양하다.

✱ 숍제도의 분류 ✱✱

노동조합이 사용자와 체결하는 노동협약에 조합원 자격과 종업원 자격의 관계를 규정한 조항(shop clause)을 넣어 조합의 유지와 발전을 도모하는 제도를 숍제도(shop system)라 한다.

구분	내용
오픈숍(open shop)	조합가입 여부에 관계없이 고용이나 해고에 차별대우를 하지 않은 제도로, 사용자는 노동자를 자유로 채용할 수 있고 노동자의 조합가입 여부도 자유의사인 것
유니언숍(union shop)	회사와 노동조합의 협정에 의해 일단 채용된 노동자는 일정한 기간 내에 의무적으로 조합에 가입해야 하는 제도로, 미가입자·조합탈퇴자 및 조합에서 제명된 자는 사용자가 해고하도록 하는 것
클로즈드숍(closed shop)	이해(利害)를 공통으로 하는 모든 노동자를 조합에 가입시키고 조합원임을 고용의 조건으로 삼는 노사 간의 협정제도로, 노동조합의 단결 및 사용자와의 교섭력을 강화하여 유리한 노동조건을 획득하려는 의도에서 나온 것
프레퍼렌셜숍(preferential shop)	조합원 우선숍 제도로, 조합원은 채용이나 해고 등 단체협약상의 혜택을 유리하게 대우하기로 하고, 비조합원에게는 단체협약상의 혜택을 주지 않는 것
메인터넌스숍(maintenance of membership shop)	조합원 유지숍 제도로, 조합원이 되면 일정기간 동안 조합원자격을 유지해야 하고, 종업원은 고용계속조건으로 조합원 자격을 유지해야 하는 것
에이전시숍(agency shop)	조합이 조합원과 비조합원에게도 조합비를 징수하여 단체교섭을 맡는 것

✱ 동맹파업(同盟罷業) ***

노동조합 및 기타 노동단체의 통제 하에 조합원이 집단적으로 노무제공을 거부하면서 그들의 주장을 관철시키려는 가장 순수하고 널리 행하여지는 쟁의행위(爭議行爲)이다. 우리나라는 헌법에 근로자의 단체행동권을 보장하고 노동조합 및 노동관계조정법으로 쟁의행위의 합법성을 인정하는데, 헌법이 보장하는 쟁의권 행사의 범위를 일탈하지 않으면 쟁의행위에 대한 손해배상청구권은 면제된다.

✱ 공허노동 *

공허노동은 스웨덴의 사회학자 롤란드 폴센이 최초로 정의한 개념으로, 근무시간 중에 딴짓을 하는 것으로, 인터넷 쇼핑몰을 서핑하거나 SNS를 하는 등 업무와 무관한 일을 하는 행위를 뜻한다.

✱ 국제노동기구(ILO : International Labour Organization) **

사회정의의 실현과 노동조건의 개선을 목적으로 1919년 베르사유조약에 의해 국제연맹의 한 기관으로 제네바에서 창설되었으며 1946년 12월 유엔 최초의 전문기관으로 발족하였다. 각국의 노동입법, 적절한 노동시간, 임금노동자의 보건·위생에 관한 권고나 그 밖의 지도를 하고 있다. 우리나라는 1991년 12월 9일 151번째로 가입했다.

✱ 노동쟁의(勞動爭議) *

근로자 단체와 사용자 사이의 근로시간·임금·복지·해고 등의 근로조건에 관한 주장의 불일치로 일어나는 분쟁상태를 말하며, 사전의 단체교섭 실시를 전제로 한다. 노동쟁의는 파업, 태업, 불매운동, 직장폐쇄 등의 방법이 있다.

✱ 경제사회노동위원회 *

신뢰와 협조를 바탕으로 근로자, 사용자, 정부가 노동·경제·사회 정책을 협의하기 위해 설립된 사회적 대화기구이자 대통령 자문기구. 노동자의 고용안정과 근로조건 등에 관한 노동정책 및 이에 중대한 영향을 미치는 산업 경제 및 사회정책, 공공부문 구조조정의 원칙과 방향, 노사관계 발전을 위한 제도 개선 등에 대해 협의하는 역할을 담당한다.

✱ 워케이션(worcation) **

일(work), 휴가(vacation)의 합성어로 휴가지에서의 업무를 인정하는 근무형태를 의미한다. 이는 직원들의 장기휴가사용을 보다 쉽게 만드는 새로운 형태의 근무제도이다.

✸ 워라블(worklife blending) **

일과 삶의 적절한 블렌딩을 뜻하는 말로 업무시간을 포함한 일상생활 속에서 일과 관련된 영감을 얻고 업무로 이어지는 것을 의미한다. 워라블은 잘못 해석하면 '워커홀릭'처럼 보일 수 있지만 '자신이 주도적으로 한다'는 것이 가장 중요한 포인트이다. 이런 라이프 스타일에 맞춰 주거 형태도 달라지고 있다. '코워킹(coworking)스페이스'와 '코리빙(coliving)산업'이다. 일터와 생활공간을 연결하고 통합하는 다양한 주거 형태가 등장하고 있다.

더 알아보기

워라밸(worklife balance) ⋯ 일과 삶의 균형이라는 표현으로 1970년대 후반 영국에서 개인 업무와 사생활 간의 균형을 묘사하는 단어로 처음 등장하였다.

✸ 블라인드 채용 ***

채용과정인 입사지원서 또는 면접 등에서 편견이 개입되어 불합리한 차별을 유발할 수 있는 출신지, 가족관계, 학력, 신체적 조건(키, 체중, 사진), 외모 등 항목을 기재하지 않음으로써 지원자들의 개인적 배경이 심사위원들에게 영향을 미치지 않고, 편견에서 벗어나 실력인 직무능력을 평가하여 인재를 채용할 수 있도록 시스템을 구축하여 지원하는 채용 제도이다.

✸ 엘리트이론 **

모든 사회조직에서의 정책은 집단 사이의 갈등 또는 요구를 통해 만들어지는 것이 아니라 파워엘리트나 지배엘리트 등의 특정한 소수로 국한되어 정책이 좌우된다는 이론이다.

✸ 맨아워 **

한 사람이 한 시간에 생산하는 노동(생산성) 단위를 일컫는다. 5명이 하루 6시간씩 열흘 동안 일을 했다면 이는 300맨아워로 환산할 수 있다.

✸ 마스킹 효과 ***

업무를 중요시 하여 건강이 나빠지는 것을 못 느끼는 현상이다. 의학적으로 얼굴이 창백할 정도로 건강이 좋지 않지만 핑크빛 마스크를 쓰면 건강한 것처럼 착각하게 된다는 것으로 현대직장인들이 자아성취에 대한 욕구의 증가로 업무를 우선시하여 건강을 잃는 것을 느끼지 못함을 말한다.

✱ 노동자의 분류 ***

구분	내용
골드 칼라 (gold collar)	두뇌와 정보를 황금처럼 여기는 신세대를 상징하는 고도 전문직 종사자. 창의적인 일로 부가가치를 창출하는 인재로서 빌 게이츠와 스티븐 스필버그 감독 등이 있다. ※ 골드회사 : 직원의 창의성을 높이기 위해 근무시간과 복장에 자율성을 보장해 주는 회사
다이아몬드 칼라 (diamond collar)	지혜, 봉사심, 체력, 인간관계, 자기관리 능력의 다섯 가지 미덕을 고루 갖춘 인간형으로 성공할 가능성이 큰 경영인 또는 관리자
화이트 칼라 (white collar)	육체적 노력이 요구되더라도 생산과 전혀 무관한 일을 하는 샐러리맨이나 사무직노동자. 블루칼라와 대비됨
블루 칼라 (blue collar)	생산, 제조, 건설, 광업 등 생산현장에서 일하는 노동자. 노동자들의 복장이 주로 청색인 점에 착안하여 생겨나 화이트칼라와 대비됨
그레이 칼라 (gray collar)	화이트 칼라와 블루 칼라의 중간층으로 컴퓨터 · 전자장비 · 오토메이션 장치의 감시나 정비에 종사하는 근로자
논 칼라 (non collar)	손에 기름을 묻히는 것도 서류에 매달려 있는 것도 아닌 즉, 블루 칼라도 화이트 칼라도 아닌 무색세대로 컴퓨터 세대
핑크 칼라 (pink collar)	가정의 생계를 위해 사회로 진출하는 주부. 남성 노동자인 블루 칼라와 대비됨
퍼플 칼라 (purple collar)	빨강과 파랑이 섞인 보라색으로 가정과 일의 균형과 조화를 추구하는 근로자
레인보우 칼라 (rainbow collar)	참신한 아이디어와 개성으로 소비자의 욕구를 만족시켜주는 기획관련 업종을 지칭하는 광고디자인, 기획, 패션업계 종사자. 1993년 제일기획(광고회사)에서 '무지개 색깔을 가진 젊은이를 찾는다'는 신입사원 모집공고에서 유래됨
네오블루 칼라 (neo-blue collar)	새로운 감성미학을 표현해내고 개성을 추구하는 등 특유의 신명으로 일하는 영화 · CF업계의 감성세대
르네상스 칼라 (renaissance collar)	세계 정치 · 경제 · 문화의 다양한 콘텐츠들을 섭렵하여 자신의 꿈을 좇아 변신한 인터넷 사업가
일렉트로 칼라 (electro collar)	컴퓨터의 생활화에 따라 새롭게 등장하고 있는 직종으로 컴퓨터에 대한 이해도와 기술수준이 뛰어난 엘리트
실리콘 칼라 (silicon collar)	창의적인 아이디어와 뛰어난 컴퓨터 실력으로 언제라도 벤처 창업이 가능한 화이트 칼라의 뒤를 잇는 새로운 형태의 고급 노동자
스틸 칼라 (steel collar)	사람이 하기 힘든 일이나 단순 반복 작업을 하는 산업용 로봇
뉴 칼라 (New collar)	4차 산업혁명 시대에 새롭게 등장한 직업 계층. 2016년 IBM 최고경영자(CEO) 지니 로메티가 처음 언급한 육체 노동직을 뜻하는 블루 칼라나 전문 사무직을 뜻하는 화이트칼라가 아닌 새로운 직업 계층

✴ 실업의 종류 ✴

노동할 능력과 의욕을 가진 자가 노동의 기회를 얻지 못하고 있는 상태를 실업(失業)이라고 한다. 대표적으로 실업의 원리를 설명하는 이론에는 J.M. 케인스의 유효수요의 이론과 K. 마르크스의 산업예비군 이론이 있다.

구분	내용
자발적 실업 (自發的 失業)	취업할 의사는 있으나, 임금수준이 생각보다 낮다고 판단하여 스스로 실업하고 있는 상태를 말한다. 케인스(J.M. Keynes)가 1930년 전후 대공황기에 발생한 대량실업에 대해 완전고용을 전제로 설명하려 했을 때 분류한 개념의 하나로 비자발적 실업과 대비된다.
비자발적 실업 (非自發的 失業)	자본주의에서 취업할 의사는 있으나 유효수요(有效需要)의 부족으로 취업하지 못하는 상태를 말한다. 수요부족실업 또는 케인스적 실업이라고도 한다. 케인스는 불황기의 대량실업 구제책으로 확장적 금융·재정정책에 의한 유효수요 증가정책을 써야한다고 주장했다.
마찰적 실업 (摩擦的 失業)	일시적인 결여나 산발적인 직업 간의 이동에서 발생하는 시간적 간격 등에 의해 발생하는 실업형태이다. 기업의 부도로 근로자들이 직장을 잃는 경우가 해당되며 케인스가 분류했다.
경기적 실업 (景氣的 失業)	경기변동의 과정에 따라 공황이 발생하면 실업이 급증하고 번영기가 되면 실업이 감소하는 실업형태로, 장기적 성격을 가진다.
계절적 실업 (季節的 失業)	산업의 노동력 투입이 자연적 요인이나 수요의 계절적 편재에 따라 해마다 규칙적으로 변동하는 경우에 생기는 실업형태이다.
구조적 실업 (構造的 失業)	일반적으로 선진국에서 자본주의의 구조가 변화하여 생기거나 자본축적이 부족한 후진국에서 생산설비의 부족과 노동인구의 과잉으로 생기는 실업형태이다. 경제구조의 특질에서 오는 만성적·고정적인 실업이며 경기가 회복되어도 빨리 흡수되지 않는 특징이 있다.
기술적 실업 (技術的 失業)	기술진보에 의한 자본의 유기적 구성의 고도화로 인해 발생하는 실업형태이다. 주로 자본주의적 선진국에서 나타나며 자본수요의 상대적 부족으로 인해 발생한다. 마르크스형 실업이라고도 하며 실물적 생산력의 향상으로 노동수요가 감소한데 기인한다.
잠재적 실업 (潛在的 失業)	원하는 직업에 종사하지 못하여 부득이 조건이 낮은 다른 직업에 종사하는 실업형태로 위장실업이라고도 한다. 노동자가 지닌 생산력을 충분히 발휘하지 못하여 수입이 낮고, 그 결과 완전한 생활을 영위하지 못하는 반(半) 실업상태로, 영세농가나 도시의 소규모 영업층의 과잉인구가 이에 해당한다.
산업예비군 (産業豫備軍)	실업자 및 반실업자를 포함하는 이른바 상대적 과잉인구를 말한다. 자본주의가 발달해 자본의 유기적 구성이 고도화함에 따라 노동을 절약하는 자본집약적인 생산방법이 널리 채용되어 노동력이 실업으로 나타나는 것을 말한다. 마르크스는 이것을 자본주의 발전에 따르는 필연적 산물이라 하였다.

✴ 직장 내 괴롭힘 금지법 ✴✴✴

「근로기준법」 제76의2 법률로, 법안은 직장 내 괴롭힘을 '사용자 또는 근로자가 직장에서의 지위 또는 관계 등의 우위를 이용하여 업무상 적정 범위를 넘어 다른 근로자에게 신체적·정신적 고통을 주거나 근무환경을 악화시키는 행위'로 정의하였다. 이 법은 직장 내 갑질과 폭언, 폭행 등이 잇따라 노동 환경이 침해되고 있다는 지적에 따라 제정되었다.

출제예상문제

1 타인의 심리나 상황을 교묘하게 조작해 현실감과 판단력을 잃게 만들고, 타인에 대한 통제능력을 행사하는 것을 가르키는 용어는?

2021. 06. 19. 고양시

① 퍼빙   ② 가스라이팅
③ 스몸비   ④ 디지털 유목민
⑤ 미닝아웃

> **✔ 해설** 가스라이팅 … 거부, 반박, 전환, 경시, 망각, 부인 등 타인의 심리나 상황을 교묘하게 조작해 그 사람이 현실감과 판단력을 잃게 만들고, 이로써 타인에 대한 통제능력을 행사하는 것
> ① 퍼빙 : 스마트폰을 사용하느라 같이 있는 사람을 소홀히 대하거나 무시하는 현상을 나타내는 용어로 예를 들어 스마트폰을 계속 보면서 대화를 이어가거나 메시지가 올 때마다 회신을 하는 등의 행위가 퍼빙에 해당한다.
> ③ 스몸비 : 스마트폰과 좀비의 합성어로 스마트폰을 들여다보며 길을 걷는 사람들을 뜻하며 스마트폰 사용에 몰입하여 주변을 인지하지 못해 사고 위험도가 높은 사람들을 가리키는 용어이다.
> ④ 디지털 유목민 : 인터넷과 업무에 필요한 각종 기기들과 제한되지 않은 작업공간만 있으면 시간과 장소에 구애받지 않고 일을 할 수 있는 사람들을 일컫는다.
> ⑤ 미닝아웃 : 정치 · 사회적 신념 및 가치관을 소비 행위 등을 통해 표출하는 것으로 대표적인 수단으로는 SNS가 있으며 해시태그 기능을 통해 관심사를 공유하거나 옷과 가방등에 메시지를 담는 등 여러 형태로 나타난다.

2 1980년대 초～2000년대 초 출생한 세대와 1990년대 중반～2000년대 초에 출생한 세대를 통칭하는 말로 남다른 소비환경과 디지털 환경에 익숙한 세대를 무엇이라 하는가?

2021. 06. 19. 고양시

① Z세대　　　　　　　　　　　② Y세대

③ MZ세대　　　　　　　　　　④ X세대

⑤ 이케아 세대

✔**해설** MZ세대 … 밀레니얼 세대와 Z세대를 통칭하는 말로 개인의 행복을 추구하고, 소유보다는 공유를, 상품보다는 경험을 중시하는 소비특징을 보인다. SNS기반 유통시장에 강력한 영향력을 발휘하고 있다.
　① Z세대 : 1995년 이후～2010년대 초반 또는 중반까지 출생한 세대로, 어려서부터 인터넷을 자연스럽게 접한 것이 특징이다.
　② Y세대 : 컴퓨터를 자유자재로 다루고 다른 나라 문화나 인종에 대한 거부감이 없는, 전후 베이비붐 세대가 낳은 2세들인 10대 전후의 어린이
　④ X세대 : 50% 정도가 이혼·별거한 맞벌이 부모 사이에서 자라 가정에 대한 동경과 반발 심리를 가지며 개인적인 삶에 큰 의미를 두고 1961년～1984년 사이에 출생한 세대
　⑤ 이케아 세대 : 뛰어난 스펙을 가지고 있지만 낮은 급여와 고용 불안에 시달리는 젊은 세대를 '저렴한 가격이지만 실용적인 디자인을 지니고 있고, 약한 내구성에 단기적 만족감을 충족시키는 이케아(IKEA) 가구에 빗댄 것이다.

3 다음 내용을 읽고 괄호 안에 들어갈 말을 순서대로 바르게 나열한 것을 고르면?

> 여성이 자신보다 교육수준이 높은 남자와 결혼하는 것을 (㉠), 교육수준이 낮은 남자와 결혼하는 것을 (㉡)이라고 한다. 여성학계는 남성 중심적인 용어라며 비판하기도 한다.

① ㉠ 재혼, ㉡ 이혼　　　　　　② ㉠ 이혼, ㉡ 재혼

③ ㉠ 재혼, ㉡ 강혼　　　　　　④ ㉠ 강혼, ㉡ 승혼

⑤ ㉠ 승혼, ㉡ 강혼

✔**해설** 여성이 자신보다 교육수준이 높은 남자와 결혼하는 것을 승혼, 반대로 교육수준이 낮은 남자와 결혼하는 것을 강혼이라고 한다. 여성학계는 남성 중심적인 용어라며 비판하기도 한다. 보건사회연구원에 따르면 지난 35년 동안 여성입장에서 승혼은 4분의 1로 크게 감소하고 강혼은 10배 넘게 늘어난 것으로 나타났다.

Answer 1.② 2.③ 3.⑤

4 인근 지역 거주 노인 인력을 활용한 택배 서비스를 무엇이라고 하는가?

① 중년택배
② 실버택배
③ 베이비택배
④ 저비용택배
⑤ 콜 택배

> ✔**해설** 실버택배 … 노인계층을 뜻하는 실버(Silver)와 택배의 합성어로, 택배사가 아파트 단지 입구까지 수화물을 배송하면, 단지 내에서는 실버택배 요원이 각 세대에 방문 배송하는 식으로 이루어지며 이러한 실버택배는 노년층 일자리 확충이라는 공익적 목적으로 도입되었다.

5 스칸디나비아 반도에 사는 설치류의 일종으로 개체수가 급증하면 다른 땅을 찾아 움직이는데, 이동 시에 직선으로 우두머리만 보고 따라가다 집단적으로 호수나 바다에 빠져 죽기도 하는 이것은?

① 스톡홀름 신드롬
② 테네시티 신드롬
③ 쿠바드 신드롬
④ 오셀로 신드롬
⑤ 레밍 신드롬

> ✔**해설** 레밍 신드롬 … 자신의 생각 없이 남들이 하는 행태를 무작정 따라하는 집단행동 현상을 의미하는 것으로 레밍 신드롬은 맹목적인 집단행동을 비난할 때 종종 인용되며, 다른 말로 레밍효과(The Lemming effect) 라고도 한다.

6 저출산 및 고령화에 기인한 것으로 한 가구의 자녀가 1명 또는 2명으로 줄어들고 경제력 있는 조부모가 늘어나면서 귀한 손자, 손녀를 위해 지출을 아끼지 않게 된 것에서 비롯된 용어는?

① 패런트 포켓
② 차일드 포켓
③ 에이트 포켓
④ 하우스 포켓
⑤ 인사이드 포켓

> ✔**해설** 에이트 포켓 … 출산율이 낮아지면서 한 명의 아이를 위해 부모, 양가 조부모, 삼촌, 이모 등 8명이 지갑을 연다(아이를 위한 지출을 한다)는 것을 의미한다.

7 임금 노동자들이 인간다운 삶과 실질적 생활을 유지할 수 있도록 최저임금 이상의 임금을 보장하는 제도를 무엇이라고 하는가?

① 성과급제   ② 최고임금제

③ 문화임금제   ④ 생활임금제

⑤ 포괄임금제

> ✔해설 생활임금제 … 근로자들의 주거비, 교육비, 문화비 등을 종합적으로 고려해 최소한의 인간다운 삶을 유지할 수 있을 정도의 임금수준으로 노동자들의 생계를 실제로 보장하려는 정책적 대안을 의미한다.

8 「근로기준법」이 정한 근로자 최저연령은?

① 13세   ② 15세

③ 16세   ④ 17세

⑤ 18세

> ✔해설 15세 미만인 자는 근로자로 사용하지 못한다. 다만, 대통령령으로 정하는 기준에 따라 고용노동부장관이 발급한 취직인허증을 지닌 자는 근로자로 사용할 수 있다〈「근로기준법」 제64조(최저 연령과 취직인허증) 제1항〉.

9 실업의 유형 중 현재 직장에 만족하지 못하고 이직을 고려하거나 준비하고 있는 사람과 관련이 있는 것은?

① 마찰적 실업   ② 경기적 실업

③ 구조적 실업   ④ 비자발적 실업

⑤ 계절적 실업

> ✔해설 실업의 유형
> ㉠ 자발적 실업 : 일할 능력을 갖고 있으나 현재의 임금수준에서 일할 의사가 없어서 실업 상태에 있는 것
>   • 마찰적 실업 : 일시적으로 직장을 옮기는 과정에서 실업상태에 있는 것
>   • 탐색적 실업 : 보다 나은 직장을 찾기 위해 실업상태에 있는 것
> ㉡ 비자발적 실업 : 일할 의사와 능력은 갖고 있으나 현재의 임금수준에서 일자리를 구하지 못하여 실업 상태에 있는 것
>   • 경기적 실업 : 경기침체로 인해 발생하는 대량의 실업
>   • 구조적 실업 : 일부 산업의 급속한 사양화와 노동공급과잉으로 발생하는 실업

Answer   4.②   5.⑤   6.③   7.④   8.②   9.①

10 다음 중 UN의 국제노동기구는?

① ILO ② WFTU
③ CIO ④ ICFTU
⑤ IOC

> ✔해설 국제노동기구(ILO … International Labour Organization) … 1919년 베르사유조약에 의해 국제연맹의 한
> 기관으로 제네바에서 창설되었으며, 1946년 12월에 유엔 최초의 전문기관으로 발족하였다.
> ② 세계노동조합연맹
> ③ 최고경영자 · 정보담당임원
> ④ 국제자유노동연합
> ⑤ 국제올림픽위원회

11 W. H. 베버리지에 의해 지적된 5대 사회악이 아닌 것은?

① 궁핍 ② 무지
③ 질병 ④ 불결
⑤ 의심

> ✔해설 5대 사회악 … 베버리지는 그의 보고서에서 인간생활의 안정을 위협하는 궁핍 · 무지 · 질병 · 불결 · 태만을
> 5대 사회악으로 지적했다.

Answer 10.① 11.⑤

CHAPTER 04 과학 · 기술

1 기초과학

✱ 라이고(LIGO) **
고급 레이저 간섭계 중력파 관측소로 100여 년 전 아인슈타인이 주장했던 중력파를 최초로 검출한 것은 라이고 중력파 검출기를 통해서다. 라이고는 2016년 2월 워싱턴 D.C. 외신기자클럽에서 기자회견을 열어 공간과 시간을 일그러뜨리는 것으로 믿어지는 중력파의 존재를 직접 측정 방식으로 탐지했다고 발표했다. 이번에 검출된 중력파는 블랙홀 두 개로 이뤄진 쌍성이 지구로부터 13억 광년 떨어진 곳에서 충돌해지는 과정에서 나온 것으로, 중력파가 직접 검출된 것은 인류 과학역사상 처음이다.

✱ HDR(High Dynamic Range) **
디지털 영상의 계조도 신호 표현 범위가 보다 넓은 명암 영역에 대응되도록 하여 밝은 부분은 더 밝게, 어두운 부분은 더 어둡게 표현할 수 있는 기술이다. 가장 보편적인 HDR 10, 구글의 독자 방식인 VP9 – Profile2, 돌비 비전 등 다양한 HDR 규격이 존재한다.

✱ 네가와트 *
전력 단위인 메가와트(Megawatt)와 부정적인, 소극적인이라는 의미의 네거티브(Negative)가 합쳐진 것을 의미한다. 다시 말해 새롭게 전기를 생산하는 대신 공장, 빌딩 등의 시설에서 전기를 절약하는 것이다. 네가와트는 1989년 국제학회에서 미국의 환경과학자 아모리 로빈스에 의해 처음 사용되었는데, 그는 새로운 발전소를 세워 공급을 늘리는 기존의 방식 대신 정확한 수요 관리와 에너지 관리를 통해 에너지 효율을 높이자고 주장했다. 전력의 특성상, 전력사용은 사용량이 높은 시간대와 낮은 시간대에서 차이를 보이고 계속된 전력생산은 잉여에너지를 만들게 되는데, 네가와트는 에너지 수요를 관리하고 잉여에너지를 그대로 낭비하지 않는 등의 효율적인 에너지 관리에 집중하는 방식이다.

✱ 쿼크(quark) **

소립자의 기본 구성자로 업·다운·스트레인지·참·보텀·톱의 6종(種)과 3류(類)가 있다. 종(種)은 향(flavor)을 류(類)는 색(color)을 말하며, 하나의 향은 세 가지의 색을 가지고 있다. 업과 다운, 스트레인지와 참, 보텀과 톱은 각각 쌍을 이뤄 존재한다.

✱ 동위원소(同位元素) *

원자번호는 같으나 질량수가 다른 원소로 일반적인 화학반응에 화학적 성질은 같지만 물리적 성질이 다르다. 1906년 방사성원소의 붕괴과정에서 처음 발견되었으며 방사성 동위원소, 안정 동위원소가 있다. 예를 들면 수소의 동위원소로는 경수로($_1H^1$)·중수소($_1H^2$)·3중수소($_1H^3$) 등이 있다.

✱ 방사성원소(放射性元素) **

원자핵으로부터 방사선(α선, β선, γ선)을 방출하고 붕괴하는 방사능을 가진 원소의 총칭이다. 천연방사성원소와 인공방사성원소로 나뉘며 좁은 뜻에서의 천연방사성 원소만을 가리키거나 그 중에서 안정 동위원소가 없는 라듐이나 우라늄의 원소를 지칭하기도 한다. 1896년 베크렐은 최초로 우라늄(u)을 발견하였으며, 1898년 퀴리부부는 광석 속에서 우라늄보다 강한 방사능을 가진 라듐(Ra)을 발견하였다. 원소가 처음 만들어졌을 때는 방사성원소와 비방사성원소가 존재했을 것으로 추정하는데, 이 중에서 반감기가 짧은 것은 모두 붕괴하고 반감기가 긴 원소만이 남아 존재한다고 추정한다.

더 알아보기

반감기(半減期) … 방사성원소가 붕괴하여 처음 질량의 반으로 줄어드는데 걸리는 시간을 말한다. 온도·압력 등의 외부조건에 영향을 받지 않고, 방사성원소의 종류에 따라 일정하므로 그 물질 고유의 성질이 없어짐을 파악하는 척도가 된다.

✱ pH(hydrogenion exponent, 수소이온농도) *

어떤 용액 속에 함유되어 있는 수소이온의 농도를 말하는 것으로 pH = 7일 때 중성, pH > 7일 때 알칼리성, pH < 7일 때 산성이라고 한다. 물고기가 살 수 있는 담수의 pH는 보통 6.7 ~ 8.6이며, pH는 폐수를 중화 또는 응집시켜 화학적으로 처리할 때 그 기준이 된다.

✱ 마하(mach) **

비행기, 로켓 등 고속으로 움직이는 물체의 속도를 음속으로 나타낸 단위이다. 마하 1이란 소리가 1시간에 도달할 수 있는 거리를 말하며, 15℃일 때 소리의 속도가 초속 340m이므로 시속 1,224km를 말한다.

✱ 임계실험(臨界實驗) ✱✱

원자로 속에서 최소의 연료를 사용하여 '원자의 불'을 점화하는 것이다. 핵연료를 원자로 안에 조금씩 넣어가면 그 양이 어느 일정한 값을 넘었을 때 핵분열의 연쇄반응이 일어나기 시작한다. 즉, '원자의 불'이 점화된다. 이와 같이 핵분열이 지속적으로 진행되기 시작하는 경계를 '임계(critical)', 이 핵연료의 일정량을 '점화한계량', 즉 '임계량'이라 부른다.

더 알아보기

- **냉각재(冷却材)** : 원자로에서 발생한 열을 적당한 온도로 냉각시켜 외부로 끌어내어 사용하게 하는 재료로, 원자력발전소에서는 이 열로 증기를 만들어 터빈을 돌린다. 천연우라늄원자로에는 탄산가스나 중수, 농축우라늄원자로에는 경수·중수·금속나트륨 등을 사용하고 있다.
- **감속재(減速材)** : 원자로의 노심(爐心)에서 발생하는 고속 중성자의 속도를 줄여서 열중성자로 바꾸기 위해 쓰이는 물질이다. 중성자는 원자핵반응에 중요한 역할을 맡고 있는데, 속도가 빠른 중성자는 원자핵에 포착되기 어려워 원자핵 반응을 효율적으로 할 수 없다. 따라서 중성자의 속도를 줄이기 위해 적당한 원소의 원자핵과 충돌시켜야 하는데, 이때 쓰여지는 것이 중수나 흑연 등의 감속재이다.

✱ 나노(n : nano) ✱

10억분의 1을 의미하는 접두어이다. 나노 테크놀로지는 분자나 원자 하나하나의 현상을 이해하고 이를 직접 조작하려는 기술이다. 1나노미터에는 보통 원자 3 ~ 4개가 들어 있다. 나노미터는 $10-9$m, 나노초(nano 秒)는 $10-9$초가 된다.

더 알아보기

기타 단위
- **기가(Giga)** : 미터계 단위 109(10억배)을 나타내는 접두어이다. 보통 단위명 앞에 붙여 109배를 나타낸다.
- **테라(tera)** : 기가(giga)의 1,000배, 즉 1조를 나타낸다.

✱ 제5의 힘 ✱

우주에 있는 중력, 전자기력, 약력, 강력 등 기본 4력 외에 또 하나의 새로운 힘으로, 과부하(過負荷)라고 불린다. 이 힘은 중력과 반대방향으로 작용하며 물체의 질량 및 원자 구성상태에 좌우되는 것이기 때문에 깃털보다는 동전에 더 강하게 작용하여 진공상태에서 깃털이 동전보다 더 빨리 떨어진다는 것이다.

더 알아보기

제4의 힘
- **통일장이론** : 자연계에 존재하는 네 가지의 힘, 즉 강력·약력·중력·기력의 관계를 한 가지로 설명하려는 이론이다.
- **핵력** : 강력과 약력을 합해 이르는 말이다.

✱ 운동법칙(運動法則 : law of motion) ***

뉴턴이 1687년 「프린키피아」에 발표한 물체의 운동에 관한 기본법칙으로 물체의 질량과 힘의 개념이 세워지면서 고전역학의 기초가 확립되었다.

- 제1법칙(관성의 법칙) : 물체가 원래의 상태를 계속 유지하려는 성질을 관성이라 한다. 즉, 외부로부터 힘을 받지 않는 한 정지상태의 물질은 계속 정지하려 하고, 운동중인 물체는 계속 등속직선운동을 한다는 것이다. 관성의 크기는 질량에 비례한다.
- 제2법칙(가속도의 법칙) : 어떤 물체에 힘을 가하였을 때 생기는 가속도(a)의 크기는 작용하는 힘(F)의 크기에 비례하고 질량(m)에 반비례한다. 즉, $F = ma$
- 제3법칙(작용 · 반작용의 법칙) : 물체에 힘을 작용시키면 원래 상태를 유지하기 위해 물체는 반대방향으로 힘을 작용(반작용)한다. 이와 같은 물체에 힘을 가할 때 나타나는 작용과 반작용은 크기가 같고 방향은 반대이며, 동일직선상에서 작용한다.
  - 예 포탄이 발사되면 포신이 뒤로 밀린다. 가스를 뒤로 분사하면서 로켓이 날아간다.

✱ 케플러의 법칙(Kepler's laws) **

- 제1법칙(타원궤도의 법칙) : 모든 행성은 태양을 중심으로 타원궤도를 그리며 공전한다.
- 제2법칙(면적의 법칙) : 태양과 행성을 연결하는 선분(동경)이 같은 시간에 그리는 면적은 일정하며, 행성의 속도가 근지점에서는 빨라지고 원지점에서는 느려진다.
- 제3법칙(주기의 법칙) : 행성의 공전주기의 제곱은 타원궤도의 긴 반지름의 세제곱에 비례한다. 즉, 태양에 가까운 행성일수록 공전주기가 짧다.

✱ 상대성이론(theory of relativity) ***

미국 물리학자 아인슈타인(A. Einstein)에 의하여 전개된 물리학의 이론체계이다. 그는 1905년 기존의 뉴턴역학에 의하여 알려졌던 상대성이론을 시간 · 공간의 개념을 근본적으로 변경하여 물리학의 여러 법칙에 적용한 특수상대성이론과, 1915년 뉴턴의 만유인력 대신 특수상대성이론을 일반화하여 중력현상을 설명한 일반상대성이론을 완성하였다.

✱ 열의 이동 **

열은 물체의 고온부에서 저온부로 흐른다. 열의 이동에는 세 가지가 있다.

- 대류(對流) : 열이 유체를 통하여 이동하는 현상으로, 이는 유체의 열 팽창으로 인한 밀도변화에 의해 일어나는 물질의 순환운동이다.
- 전도(傳導) : 저온부와 고온부의 온도차에 의해 일어나는 열의 이동현상이다.
- 복사(輻射) : 열이 중간에 다른 물질을 통하지 않고 직접 이동하는 현상을 말한다.

✱ 초전도(超電導, super conductivity) **

어떤 물질을 절대온도 0°K(−273℃)에 가까운 극저온상태로 냉각시켰을 때 갑자기 전기저항이 0이 되는 물리적 현상을 말한다. 초전도를 나타내는 물질을 초전도체라 하며 납 등의 금속이나 합금, 화합물 등 약 1,000여 종류가 있다.

더 알아보기

- 절대온도(absolute temperure) : 물질의 특성과는 상관없이 정의되는 온도(°K)로 섭씨 영하 273°를 0°로 하여 보통의 섭씨와 같은 눈금으로 잰 온도이며, 절대온도의 0°K(절대영도)는 물리적으로 생각될 수 있는 가장 낮은 온도이다. 절대온도는 분자의 열운동에너지를 나타내는 척도로, 절대온도 0°K(−273℃)는 모든 열운동이 없어진 상태를 말한다.
- 임계온도(critical temperature) : 열역학적으로 온도와 부피, 압력을 변화시켰을 때 기체의 액화나 액체의 기화 등의 변화가 일어나지만, 특정 온도 이상이 되면 상태변화가 일어나지 않게 되는데, 이 특정 온도를 가리켜 임계온도라 한다.

✱ 청색기술 **

자연에서 영감을 받거나 자연을 모방해서 만든 기술을 의미한다. 다시 말해 생물의 구조와 기능을 연구해 경제적 효율성이 뛰어나면서도 자연 친화적인 물질을 만드는 기술로, 예를 들어 일본의 고속열차 신칸센은 물총새를 본뜬 디자인으로 소음 문제를 해결한 사례가 있다. 동시에 청색기술은 온실가스 등 환경오염물질의 발생을 사전에 막는 기술이라는 의미도 지니고 있다.

✱ 옥탄가(octane number) **

가솔린 속에 함유되어 있는 이물질이 정제된 정도를 표시하는 수치로, 가솔린의 품질을 결정하는 요소이다. 옥탄가가 높을수록 엔진의 기능을 저하시키는 노킹현상이 일어나지 않으며 열효율이 높다.

더 알아보기

노킹(knocking) ⋯ 내연기관의 기통 안에서 연료가 너무 빨리 발화하거나 이상폭발하는 현상을 말한다.

✱ LPG(Liquefied Petroleum Gas, 액화석유가스) *

일반적으로 프로판가스로 통칭되며, 프로판이나 부탄 등 탄화수소물질을 주성분으로 액화한 것이다. 가정용·업무용 연료, 도시가스의 성분으로 사용되고 있다.

✱ LNG(Liquefied Natural Gas, 액화천연가스) *

천연가스를 대량수송 및 저장하기 위해 그 주성분인 메탄의 끓는점(−162℃) 이하로 냉각하여 액화한 것이다. 운반비와 시설비가 많이 들지만 사용이 간편하고 열량이 높아, 청정에너지(클린에너지)로 주목받고 있다.

✱ 표면장력(表面張力) *

액체의 표면에 가지고 있는 자연상태에 있어서의 표면에너지를 말하는 것으로, 그 표면을 수축하려는 힘을 말한다. 이는 액체의 분자간 인력의 균형이 표면에서 깨지고 액면 부근의 분자가 액체 속의 분자보다 위치에너지가 크기 때문에 이것을 될 수 있는 대로 작게 하려는 작용이 나타나는 것이다.

✱ 빛의 성질 **

종류	내용
직진(直進)	빛이 입자이기 때문에 일어나는 현상(일식, 월식, 그림자 등)
반사(反射)	빛이 입자이기 때문에 어떤 매질의 경계면에서 다시 처음 매질 속으로 되돌아가는 현상
굴절(屈折)	한 매질에서 다른 매질로 통과할 때 그 경계면에서 방향이 바뀌는 현상(무지개, 아지랑이, 신기루 등)
간섭(干涉)	빛이 파동성을 갖기 때문에 일어나는 현상(물이나 비누방울 위에 뜬 기름의 얇은 막이 여러 색으로 보이는 것)
회절(回折)	빛이 파동성을 갖기 때문에 일어나는 현상으로, 틈이 좁거나 장애물의 크기가 작을수록 잘 발생
분산(分散)	빛이 복색광이기 때문에 굴절체를 통과하면서 굴절률에 따라(파장의 길이에 따라) 여러 개의 단색광으로 되는 현상(프리즘에 의한 분산 등)
산란(散亂)	빛이 공기 속을 통과할 때 공기 중의 미립자에 부딪쳐서 흩어지는 현상(저녁노을, 하늘이 파랗게 보이는 현상 등)
편광(偏光)	자연광은 여러 방향의 진동면을 갖지만, 전기석과 같은 결정축을 가진 편광판을 통과시키면 결정축에 나란한 방향으로 진동하는 빛만 통과(입체영화, 광통신 등)

✱ 전자파(電磁波) *

전자장의 변화가 주위의 공간에 전파되는 파동이다. 진동회로에 전기진동이 일어나면 주위에 전장과 자장이 생기며, 진동전류의 주기적인 변화로 전자장도 주기적인 변화를 한다. 이 진동변화가 파동으로 주위의 공간에 전파되며, 그 성질은 빛과 같아서 진행속도도 같고 반사·굴절·간섭·회절 등의 현상을 일으킨다. 이는 독일 물리학자 헤르츠(H.R. Herz)에 의해 1888년 전기진동회로로부터 전자기파를 발생시키는데 성공, 전자기파의 존재가 실험적으로 증명되었다.

✱ 나노기술(nanotechnology) **

100만분의 1을 뜻하는 마이크로를 넘어 10억 분의 1 수준의 극 미세가공 과학기술로, 1981년 스위스 IBM연구소에서 원자와 원자의 결합상태를 볼 수 있는 주사형 터널링 현미경을 개발하면서 등장하였다. 1나노미터는 사람 머리카락 굵기의 10만분의 1로 대략 원자 3 ~ 4개의 크기에 해당한다. 이 나노기술은 지금까지 알려지지 않았던 극 미세세계에 대한 탐구를 가능케 하고, DNA구조를 이용한 복제나 강철섬유 등의 신물질을 개발, 전자공학에서 정밀도가 실현되면 대규모 집적회로(LSI) 등의 제조기술을 크게 향상시킬 수 있다. 선진국에서는 1990년대부터, 우리나라는 2002년 나노기술개발촉진법을 제정하여 국가적으로 나노기술을 육성하고 있다.

✱ 블랙홀(black hole) ✱✱

물질이 극단적인 수축을 일으켜 그 안의 중력이 무한대가 되어 그 주변의 모든 물체를 끌어 당길 뿐만 아니라 빛까지도 흡수하여 빠져나갈 수 없는 천체를 의미한다. 강한 중력으로 인해 내부는 전파가 한쪽으로만 향하는 특수한 시공구조(時空構造)가 형성되며, 외부와는 전혀 연결되지 않는 하나의 독립된 세계를 이루게 된다.

✱ 전자기 법칙 ✱

구분	내용
쿨롱(Coulomb)의 법칙	두 전하 사이에 작용하는 전기력(척력·인력)은 두 전하 사이의 거리의 제곱에 반비례하며, 두 전하량의 곱에 비례한다.
옴(Ohm)의 법칙	도체에 흐르는 전류의 세기는 도체 양 끝의 전압에 비례하며, 전기저항에 반비례한다.
줄(Joule)의 법칙	저항이 큰 물체에 전류를 통과하면 열과 빛을 발생하는데, 일정한 시간 내에 발생하는 열량은 전류의 세기의 제곱과 도선의 저항에 비례한다.
앙페르(Ampére)의 법칙	도선에 전류가 흐르면 주위에 자기장이 형성되는데, 자기장의 방향은 전류의 방향을 오른나사의 진행방향과 일치시킬 때 나사의 회전방향이 된다.
플레밍(Fleming)의 법칙	• 왼손법칙 : 전류가 흐르는 도선이 자기장 속을 통과하면 그 도선은 자기장으로부터 힘을 받게 된다. 왼손 세손가락을 직각이 되게 폈을 때 검지를 자기장의 방향으로, 중지를 전류의 방향으로 가리키면 엄지는 힘, 즉 전자기력의 방향이 된다. • 오른손법칙 : 유도전류의 방향을 결정 시 오른손 세손가락을 직각이 되게 폈을 때 엄지는 도선의 방향을, 검지는 자기장의 방향을 가리키면 중지는 유도전류의 방향이 된다.
패러데이(Faraday)의 법칙	• 전자기 유도법칙 : 전자기유도로 회로 내에 발생되는 기전력의 크기는 회로를 관통하는 자기력 선속의 시간적 변화율에 비례한다. • 전기분해법칙 : 전해질용액을 전기분해 시 전극에서 추출되는 물질의 질량은 전극을 통과한 전자의 몰수에 비례하고, 같은 전기량에 의해 추출되는 물질의 질량은 물질의 종류에 상관없이 각 물질의 화학 당량에 비례한다.
렌츠(Lenz)의 법칙	자석을 코일 속에 넣었다 뺐다 하면 코일에 유도전류가 생기는데, 이때 생긴 유도전류의 방향은 코일을 통과하는 자력선의 변화를 방해하는 방향으로 발생한다.

✱ 서버용 D램 ✱✱✱

저장되어진 각종 정보들이 시간의 흐름에 따라 소멸되어져 가는 휘발성 메모리를 의미한다. 이는 S램에 비해 구조가 간단하며, 또한 작동 속도가 빨라 고밀도 집적에 유리하다. 더불어서 전력 소모가 적고, 가격이 낮아 대용량 기억장치에 많이 활용된다. 서버용 D램은 주로 데이터센터로 공급되는데, 데이터센터 하나 당 평균 1천~2천만GB의 서버용 D램을 필요로 한다. 현재 가장 큰 데이터센터 시장은 미국, 캐나다 등 북아메리카 지역으로 지난해 구글, 아마존웹서비스, 페이스북, 마이크로소프트 등에서 데이터센터 건립 계획을 발표하며 수요가 급격히 늘어나고 있는 추세이다. 더불어서 최근에는 중국까지 정부에서 데이터 센터 건립 지원정책을 펼치며 바이두, 알리바바, 텐센트 등의 D램 수요가 클 것으로 예상되고 있다.

✱ DNA(Deoxyribo Nucleic Acid) ✱✱

염색체 안에 유전정보를 가지고 있는 유전자의 본체로 데옥시리보핵산이라 한다. 염기와 당류 및 인산으로 된 고분자화합물이며 1953년 왓슨(J.D. Watson)과 크릭(F.C. Crick)에 의해 이중나선형의 분자구조를 이루고 있는 것이 밝혀졌다.

더 알아보기

- **RNA** : 리보핵산으로 DNA의 유전정보에 따라 단백질을 합성한다.
- **리보솜** : RNA와 단백질로 이루어져 세포질 속에서 단백질을 합성한다.
- **DNA · RNA의 공통염기성분** : 아데닌, 구아닌, 시토신

✱ 포스트게놈프로젝트 ✱✱

- **암게놈해부프로젝트**(CGAP : Cancer Genome Anatomy Project) : 미국의 국립암연구소가 주도적으로 추진중인 CGAP는 인간의 정상조직, 암 전단계조직, 암 조직에 대한 유전자 성질을 규명하고 유전자 수준에서 암 연구를 하기 위한 정보와 기술을 확립해 수용자에게 제공하는 것을 목표로 한다. 암 환자들로부터 염색체변이와 관련유전자를 도출, 각종 암에 적용할 수 있는 공통 암 유전자를 규명하는 것이 목표다. 미국인이 가장 많이 앓고 있는 전립선 암을 비롯해 난소암, 유방암, 간암, 대장암 등 5개 암을 대상으로 연구중이다.

- **환경게놈프로젝트**(EGP : Environmental Genome Project) : 미국의 국립환경보건과학연구소가 추진중인 연구이다. 암 등 난치병을 포함한 모든 질병은 선천적인 유전자의 이상에서 비롯되지만 식습관, 환경, 약물, 화학물질 등 환경적 요인이 추가로 작용하면서 유전자변이를 촉발시켜 질병에 걸리는 경우가 대부분이다. 환경적 요인에 노출됐을 경우 기능의 변이를 일으키는 개인의 유전자변이들을 찾아내고, 유전자와 환경적 요인의 상호 관계를 찾아내 전염성질환의 치료에 적용하는 것이 목표이다. 환경에 민감하게 반응하는 염기의 변이들을 찾아내는 방식으로 수행하고 있다.

- **프로테옴프로젝트**(proteom project) : 유전자의 염기서열을 구명하듯 단백질의 아미노산서열과 3차원적 구조를 밝혀내 세포에서 일어나는 모든 생명현상을 이해하기 위한 단백체학(프로테오믹스)을 주로 연구한다. 프로테옴 연구가 중요한 것은 혈당을 조절하는 인슐린, 적혈구에서 산소를 운반하는 주체인 헤모글로빈 등 인체의 온갖 생리현상을 조절하는 주역이 단백질이기 때문이다. 변수가 헤아릴 수 없이 많지만 신약개발과 직결되기 때문에 셀레라 제노믹스에서도 단백질 구조 및 기능연구에 막대한 예산을 설정해 놓고 있다.

✱ 줄기세포(stem cell) ***

줄기세포란 인간의 몸을 구성하는 서로 다른 세포나 장기로 성장하는 일종의 모세포로 간세포라 불리기도한다. 이 줄기세포에는 사람의 배아를 이용해 만들 수 있는 배아줄기세포(복수기능줄기세포)와 혈구세포를끊임없이 만드는 골수세포와 같은 성체줄기세포(다기능줄기세포)가 있다.

종류	내용
배아줄기세포 (embryonic stem cell)	수정한지 14일이 안된 배아기의 세포, 장차 인체를 이루는 모든 세포와 조직으로 분화할 수 있기 때문에 전능세포로 불린다. 1998년 이전까지 과학자들은 줄기세포가 배아가 성장하는 짧은 단계에만 존재하고 이를 몸에서 격리해서 살아있게 하는 데는 특별한 장치가 필요하기 때문에 격리·배양이 불가능하다고 믿었다. 그러나 1998년 존 기어하트(J. Gearhart) 박사와 제임스 토마스(J. Thomas) 박사의 연구팀은 각각 서로 다른 방법을 써서 인간의 줄기세포를 분리하고 배양하는 데 성공했다. 따라서 과학자들은 배아줄기세포를 이용하여 뇌질환에서 당뇨병, 심장병에 이르기까지 많은 질병을 치료하는 데 줄기세포를 이용할 수 있을 것으로 기대를 걸고 있다.
성체줄기세포 (adult stem cell)	탯줄이나 태반 외에 탄생 후에도 중추신경계 등 각종 장기에 남아 성장기까지 장기의 발달과 손상 시 재생에 참여하는 세포이다. 성체줄기세포는 배아줄기세포와 달리 혈액을 구성하는 백혈구나 적혈구세포처럼 정해진 방향으로만 분화하는 특성이 있다고 알려져 왔다. 최근에는 뇌에서 채취한 신경줄기세포를 근육세포, 간세포, 심장세포로 전환시킬 수 있다는 사실이 알려지면서 성체줄기세포를 이용해 다양한 질병을 치료할 가능성이 밝혀지고 있다.

✱ 갈릴레이 위성 ***

목성의 위성 중 크기가 커서 가장 먼저 발견된 4개의 위성(이오, 유로파, 가니메데, 칼리스토)를 '갈릴레이 위성'이라고 한다. 1610년 갈릴레이가 손수 만든 망원경을 사용하여 처음으로 발견하여 지어진 이름이다. 목성의 제1위성 이오(Io), 제2위성 유로파(Europa), 제3위성 가니메데(Ganymede), 제4위성 칼리스토(Callisto)이다. 각각의 고유명은 네덜란드 천문학자 마리우스가 명명하였다. 이들 가운데 가니메데는태양계의 위성 중 가장 커서 그 질량이 지구의 위성인 달의 2배나 된다.

✱ 게놈(genome) ***

한 생물이 지닌 모든 유전정보의 집합체로 유전체라고 해석된다. 1920년 독일의 식물학자 윙클러(H. Winkler)가 gene(유전자)와 chromosome(염색체)를 합쳐 게놈이라는 단어를 만들었다. 일부 바이러스의 RNA를 제외한 모든 생물은 DNA로 유전정보를 구성하고 있어 DNA로 구성된 유전정보를 지칭하기도 한다. 인간 게놈은 23개의 반수체 염색체를 말하며, 부모로부터 자식에게 전해지는 유전물질의 단위체이다.

✱ 샤를의 법칙 ***

샤를의 법칙은 기체의 부피는 1℃ 올라갈 때마다 0℃일 때 부피의 1/273씩 증가한다는 법칙으로, 프랑스의 과학자인 샤를 (J.Charles, 1746-1823)이 발견하였다. 샤를의 법칙을 수학적으로 표현하면 $\frac{V}{T}=k$이다. 여기서 V는 부피, T는 절대온도이고, K는 상수이다.

✱ 블루문(blue moon) ***

달의 공전주기는 27.3일이고, 위상변화주기는 29.5일이다. 양력기준으로 2월을 제외한 한 달은 30일 또는 31일이기 때문에, 월초에 보름달이 뜨게 되면 그 달에 보름달이 두 번 뜨는 경우가 생길 수 있다. 이때 한 달 안에 두 번째로 뜨는 보름달을 블루문(blue moon)이라고 말한다.

더 알아보기

천문 현상

구분	내용
슈퍼문	지구와 달 사이의 거리가 가장 가까워지는 때에 보름달이 뜨는 시기와 겹쳐 평소보다 더욱 크게 관측되는 보름달을 말한다.
블러드문	개기월식 때 달이 붉게 보이는 현상을 일컫는다.
슈퍼블러드문	슈퍼문과 개기월식이 동시에 일어나는 것을 말한다.
슈퍼블루블러드문	슈퍼문, 블루문, 블러드문이 동시에 일어나는 것을 말한다.

✱ 플레어 ***

태양의 채층이나 코로나 하층부에서 돌발적으로 다량의 에너지를 방출하는 현상이다. 플레어는 흑점 가까이에서 발생하는데, 빛을 발하기 시작하면 수분 내에 급격히 밝아지면서 섬광(閃光)을 발한다. 그 밝기는 서서히 감광하여, 수십 분 또는 1시간 후에 본래의 밝기로 되돌아간다. 빛을 발하는 영역은 작은 플레어이며 지구의 표면적 정도이고, 큰 것은 약 10배가량이다.

✱ 조명도(照明度) *

어떤 물체의 단위면적이 일정한 시간에 받는 빛의 양으로, 조도라고도 한다. 단위는 럭스(lux)로 표시하며 이는 1촉광의 광원에서 1m만큼 떨어진 거리에서 직각이 되는 면의 조명도를 말한다. 독서나 일반사무실은 75 ~ 150lux, 응접실 · 안방 · 부엌 · 실험실은 50 ~ 100lux, 공부방 또는 제도 · 타이핑 · 재봉 등을 하는 데는 150 ~ 300lux의 밝기가 적당하다.

✱ 안티몬 **

안티모니(Antimony)라고도 불리며 원소기호는 Sb, 원자번호 51의 양성 원소를 의미한다. 이는 반 금속성의 성질을 띠고 있으며, 끓는점은 1,635℃, 녹는점은 630.63℃이다. 안티몬에 중독되면 주로 피부염과 비염 증세가 나타나며 눈 자극과 두통, 가슴통증, 목통증, 호흡곤란, 구토, 설사, 체중감소, 후각 장애 등의 증세가 나타나게 되며 산화안티몬 농도 $4.2mg/m^3$와 $3.2mg/m^3$에 하루 6시간씩 매주 5일, 1년 동안 노출된 실험용 쥐에게서 폐암이 발생하는 것으로도 알려지고 있다.

2 첨단우주 · 과학

✱ 대륙간 탄도 미사일(ICBM: Intercontinental Ballistic Missile) ✱✱✱

핵탄두를 장착하고 한 대륙에서 다른 대륙까지 공격이가능한 탄도미사일로, 대륙간탄도탄이라고도 한다. 사정거리 5,500km 이상으로, 대기권 밖을 비행한 후 핵탄두로 적의 전략목표를 공격한다. 최초의 대륙간 탄도미사일은 1957년 소련에서 개발한 'R-7'으로, 세계 최초의 인공위성인 스푸트니크 1호가 이 미사일에 실려 발사되었다.

✱ B-52 폭격기 ✱✱

보잉사에서 제작된 미국의 전략폭격기로 정식명칭은 B-52 스트래토포트리스이다. 1952년 초도비행 이후 미군에서 가장 오래 운용해온 기종으로 현재까지 운용되는 폭격기 중 규모가 가장 크다. B-52 폭격기는 최대 27톤 이상의 폭탄을 싣고 6,400km 이상을 날아가 폭격하고 돌아올 수 있다. 대륙간탄도미사일(ICBM), 잠수함 발사 탄도미사일(SLBM)이 탑재된 핵잠수함과 함께 미국의 3대 핵우산으로 불린다.

✱ 보행자 알림(Pedestrian Notifications) ✱✱

무인자동차가 주변 행인에게 음성이나 전광판으로 위험을 알리는 기술로 구글에서 개발했다. 구글에 따르면 차량 내 인공지능(AI)을 이용해 차량 주변 사람 및 사물을 파악하고 어떻게 대처할지를 결정하며 이를 보행자에게 알리는 시스템으로, 보행자는 무인차가 속도를 줄일 것인지, 더 빨리 교차로를 지날 것인지 아니면 차량을 멈추고 사람이 지나는 것을 기다릴 것인지 등의 내용을 확인할 수 있다.

✱ 퓨전메모리(fusion memory) ✱✱

D램의 고용량 · S램의 고속도 · 플래시메모리의 비휘발성 · 논리형 반도체의 일부 특성과 장점을 통합적으로 갖춘 차세대 신개념의 반도체를 말한다. 다양한 형태의 메모리와 비메모리를 하나의 칩에 결합시킨 것으로 디지털TV나 휴대폰 등 디지털가전의 발달에 따른 고성능 · 다기능화에 대응하기 위하여 개발됐다.

✱ 탄소나노튜브(Carbon nanotube) ✱✱

1991년 일본전기회사(NEC)의 이지마 스미오박사가 전기방법을 사용하여 흑연의 음극 상에 형성시킨 탄소 덩어리를 분석하는 과정에서 발견된, 탄소 6개로 이루어진 육각형 모양들이 서로 연결되어 관 형태를 이루고 있는 신소재를 말하며, 관의 지름이 수십 나노미터에 불과해 이 이름이 붙여졌다. 구리와 비슷한 전기 전도 · 다이아몬드와 같은 열전도율 · 철강의 100배인 강도를 지녀 15%가 변형되어도 끊어지지 않는다. 이 물질을 이용한 반도체와 평판 디스플레이, 배터리, 텔레비전브라운관 등의 장치가 계속 개발되고 있으며, 나노크기의 물질을 옮길 수 있는 나노집게로 활용되고 있다.

✱ 반도체(半導體) ✱✱✱

물질은 크게 도체, 반도체, 부도체로 나뉜다. 반도체는 불순물의 첨가 유무에 따라 전기전도성이 늘기도 하고, 빛 또는 열에너지에 의한 일시적인 전기전도성을 갖기도 한다. 실리콘, 갈륨비소, 인듐인 등이 있으며 1948년 미국에서 트랜지스터가 개발됐고, 1958년에는 집적회로인 IC가 개발됐다. 전류를 한쪽 방향으로만 흐르게 하고, 그 반대 방향으로는 흐르는 못하게 하는 정류작용의 특성을 갖는 반도체 부품을 다이오드(diode)라고 하며, 이것이 반도체 소자의 기본이 된다. 반도체는 트랜지스터와 다이오드 등으로 이루어진 집적회로소자 외에도 열전자방출소자, 발광소자 등의 첨단 전자산업에 응용되고 있다.

• 메모리반도체의 종류

구분	내용
D램	전기를 넣은 상태에서도 일정 주기마다 동작을 가하지 않으면 기억된 정보가 지워지는 휘발성메모리. 빠른 속도로 모바일기기나 PC의 시스템 메모리로 사용
S램	충전 없이도 일정 기간 기억 내용이 지워지지 않으므로 같은 집적도의 D램보다 고도화된 기술을 필요로 하는 반도체
플래시메모리	D램·S램과 달리 전원 꺼져도 저장정보가 지워지지 않는 비휘발성메모리. 디지털카메라, PDA, MP3플레이어 등에 사용
F램	D램(고집적도), S램(고속동작), 플래시메모리(비휘발성)의 장점만을 모아 제작된 통합메모리. PDA, 스마트폰, 스마트카드 등에 사용

• **집적회로(IC)** : 많은 전자회로 소자가 하나의 기판 위에 분리할 수 없는 상태로 결합되어 있는 초소형의 전자소자로 두께 1mm, 한 변이 5mm의 칩 위에 전자회로를 형성시켜 만들며 보통 마이크로칩이라 불린다.

✱ 비메모리반도체 ✱✱

반도체는 데이터 저장에 활용되는 메모리반도체(D램, 플래시 등)와 정보처리 · 연산기능에 활용되는 비메모리반도체(PC의 중앙처리장치)로 나뉜다. 비메모리반도체는 특정 응용분야의 기기를 위한 주문형 반도체(ASIC) · 마이크로 컨트롤러 · 디지털신호처리(DSP) 칩 등으로 가전, 통신기기, 자동화 등에 폭넓게 활용된다. 비메모리반도체는 다품종 소량생산의 고부가가치 사업으로 반도체 시장의 70%를 차지한다.

더 알아보기

ASIC(Application Specific Integrated Circuit) … 주문형 반도체로 사용자가 특정용도의 반도체를 주문하면 반도체업체가 이에 맞춰 설계 · 제작해 주는 기술이다. 반도체산업이 발달하면서 이 기술의 비중이 급속도로 확산되고 있다.

✱ 웨어러블 심전도 모니터링 ✱✱

웨어러블 기기를 활용한 원격 심전도 모니터링이 보편화되면 부정맥 조기 진단율이 높아지고 뇌졸중 등 중증질환 발생률을 줄일 수 있다. 측정된 사용자 데이터를 바로 진단하여 빠르게 확인할 수 있으며 가볍고 측정이 쉬운 것이 특징이다. 또한 코로나19로 인해 중요성이 높아진 비대면 진료에 원격 모니터링 의료기기로써 보탬이 될 것으로 보인다.

✱ 외골격 로봇 **

로봇 팔 또는 다리 등을 사람에게 장착해서 근력을 높여주는 장치를 의미한다. 다시 말해 인간의 몸을 지탱하는 기계 골격이 밖에 있다고 해서 붙여진 이름이다. 로봇을 입는다는 의미로 '웨어러블 로봇(wearable robot)'이라고도 한다. 외골격 로봇의 근본적인 목적은 팔에 로봇을 장착하여 무거운 포탄을 용이하게 옮기기 위함으로 1960년대 미 해군이 처음 개발하였다. 그 후 미 국방부 지원을 받은 버클리대가 2004년에 '버클리 다리 골격'을 만들면서 본격적인 제작이 시작되었다. 이후 일본 사이버다인의 할, 이스라엘의 리웍 등 환자를 위한 외골격 로봇이 나오기 시작하였다. 외골격 로봇은 뇌졸중 환자의 재활 운동에 사용 가능한데, 뇌졸중을 앓으면 뇌의 운동 영역 일부에 손상을 입어 팔다리가 마비되게 된다. 이런 사람들에게 뇌-컴퓨터 기술을 접목하여 신체를 예전과 같이 사용하게 할 수 있는 외골격 로봇이 개발되고 있다.

✱ 크루드래곤 ***

스페이스X(미국 민간 우주탐사기업)가 개발한 유인 캡슐로 민간 기업이 발사한 최초의 유인 캡슐이자 미국의 첫 상업 유인 우주선으로 기록되었다. 2019년 3월 시험 발사를 마치고, 두 명의 우주비행사가 탑승해 2020년 5월 30일 오후 3시 22분 팰컨9로켓에 실려 발사됐다. 발사된 지 약 19시간 만인 5월 31일 오후 11시 16분경 국제우주정거장(ISS)에 도착한 후, 도킹에 성공했다. 62일간의 임무수행을 마친 크루드래곤은 2020년 8월 2일 멕시코만 해상에 성공적으로 착수하면서 무사히 귀환하였다. 우주선이 육지가 아닌 바다를 통해 귀환하는 것을 스플래시 다운 방식이라고 하는데, 미국 우주비행사가 이 방식으로 귀환한 것은 1975년 이후 45년 만에 처음이다.

✱ 사이버네틱스(cybernetics) *

키잡이(舵手)를 뜻하는 그리스어 kybernetes에서 유래된 말로, 생물 및 기계를 포함하는 계(系)에서 제어와 커뮤니케이션에 관한 문제를 종합적으로 연구하는 학문을 말한다. 1947년 미국의 수학자 워너(N. Wiener)에 따르면, 사이버네틱스란 어떤 체계에 두 종류의 변량이 있는데 하나는 우리가 직접 제어 불가능한 것이고 다른 하나는 우리가 제어할 수 있는 것으로 한다. 제어할 수 없는 변량의 과거로부터 현재까지의 값을 바탕으로 제어할 수 있는 변량의 값을 정하여 인간에게 가장 편리한 상황을 가져오게 하기 위한 방법을 부여하는 것이라고 한다. 직접적으로 자동제어이론 · 정보통신이론 등이 있고, 생리학 · 심리학 · 사회학 · 경제학 · 우주탐험 등 광범위한 영역에까지 학제적 연구가 이루어지고 있으며, 특히 피드백과 제어로 특징되는 사이보그 등의 컴퓨터 연구에서 활발하다.

더 알아보기

- 사이보그(cyborg) : cybernetic과 organism의 합성어로 생물과 기계장치의 결합체를 뜻하며, 뇌(腦) 이외의 부분을 교체한 개조인간을 말한다.
- 휴머노이드(humanoid) : 인간의 신체와 비슷한 형태를 지녀 인간의 행동을 가장 잘 모방할 수 있는 로봇으로, 인간을 대신하거나 인간과 협력하여 다양한 서비스 제공을 목표로 한다. 우리나라 최초의 휴머노이드는 휴보(HUBO)로 2004년 KAIST 오준호 교수팀에 의해 개발되었다.

✱ 토카막 **

핵융합 때 물질의 제4상태인 플라스마 상태로 변하는 핵융합 발전용 연료기체를 담아두는 용기(容器)로서, 토로이드 형태의 장치 내부에 나선형 자기장을 형성하기 위해 유도전기장을 사용한다. 토카막은 핵융합 실험장치 중 하나이다.

✱ 리튬 – 이온전지(Lithium – ion battery) *

컴퓨터 · 휴대전화 등에 널리 사용되는 충전해서 사용할 수 있는 2차 전지를 말한다. 가벼움 · 큰 기전력 · 자가방전에 의한 적은 전력손실 · 미 방전 시에도 충전 가능한 특징이 있으나, 온도에 민감 · 제조 후 노화시작 · 폭발의 위험 등이 있다.

✱ LCD(Liquid Crystal Display) **

2개의 유리판 사이에 액정을 주입해 인가전압에 따른 액정의 광학적 굴절변화를 이용하여 각종 장치에서 발생되는 여러 가지 전기적 정보를 시각정보로 변화시켜 전달하는 전기소자로 액정표시장치를 말한다. 기술수준에 따라 STN(Super Twisted Nematic)과 TFT(Thin Film Transistor) 두 종류가 주로 사용되며, STN제품은 가격이 싼 반면 화질이 떨어져 보급형에 주로 쓰이고 TFT제품은 응답속도가 빠르고 화질이 정밀해 노트북 컴퓨터 등 전문가 제품에 쓰이나 상대적으로 비싸다. LCD는 CRT와는 달리 자기발광성이 없어 후광이 필요하나 소비전력이 낮고 편리한 휴대성으로 손목시계, 계산기, 컴퓨터 등에 널리 사용되고 있으나 영하 20도의 저온과 영상 70도 이상의 고온에서는 작동하지 않는 단점이 있다.

더 알아보기

TFT-LCD(Thin Film Transistor Liquid Crystal Display) … 아주 얇은 액정을 통해 정보를 표시하는 초박막액정표시장치(超薄膜液晶標示裝置)이다. 소비전력이 적고, 가볍고 얇으면서 해상도가 높아 노트북컴퓨터, 휴대폰, 텔레비전, 디지털카메라 등의 디스플레이로 사용된다.

✱ AM OLED(Active Matrix Organic Light-Emitting Diode) **

능동형 유기발광다이오드라고 하며, 백라이트에 의해 빛을 발하는 LCD와는 달리 자체에서 빛을 발하는 디스플레이다. OLED는 형광이나 인광 유기물 박막에 전류를 흘리면 전자와 정공이 유기물 층에서 결합하며 빛이 발생하는 원리를 이용한 디스플레이다. 이는 수동형 PM(passive matrix) OLED(하나의 라인이 한꺼번에 발광하는 구동방식)와 능동형 AM OLED(발광소자가 각각 구동하는 개별 구동방식)로 나뉜다. AM OLED는 TFT LCD에 비해 무게 · 두께가 3분의 1 수준이며, 동영상 응답속도가 1,000배 이상 빨라 동영상 잔상을 해결해주며, 화면이 선명하게 보이나 제조 단가가 비싼 것이 흠이다.

✱ 차량자동항법장치(車輛自動航法裝置, car navigation system) **

자동차에서 사용하도록 개발된 지구위성항법시스템으로, 이 장치가 내장되어 차량의 위치를 자동으로 표시해 주며 일반적으로 내비게이션이라 부른다. 내비게이션은 현재 위치를 파악하고, 도로지도 · 바탕지도 · 시설물DB 등의 전자지도를 구성하여 경로안내를 제공한다.

더 알아보기

텔레매틱스(telematics) … telecommunication과 informatics의 합성어로 자동차와 무선통신을 결합한 신개념의 차량 무선인터넷 서비스 이다.

✱ 핵융합(核融合, nuclear fusion) **

태양에서 에너지가 방출되는 원리가 핵융합이다. 수소의 원자핵인 양성자가 융합하여 헬륨 원자핵을 생성하는 핵융합 반응이 일어난다. 이 과정에서 반응물과 생성물의 질량 차이인 질량결손이 질량—에너지 등가원리에 의해 에너지로 생성된다. 이 과정을 사용하여 수소폭탄이 만들어졌는데, 이 무한하고 방사능도 적으며 방사성 낙진도 생기지 않는다.

✱ 세빗(CeBIT) ***

세계적인 정보통신기술전시회로 독일 하노버에서 매년 개최된다. 미국의 컴덱스와 함께 세계 정보통신 분야를 대표하는 전시회로, 유무선 네트워크 · 디지털 및 온라인 이동통신 등의 통신분야에 주력하고 있다. 이미 소개된 제품 및 기술을 놓고 바이어들의 구매 상담을 벌여 시장의 환경변화를 가늠할 수 있다.

✱ 칼리머(kalimer) **

차세대 원자로로 한국형 액체금속로를 말한다. 고속의 중성자를 핵반응에 이용, 우라늄을 플루토늄으로 재순환시키는 고속증식로의 일종으로서 물이 아닌 금속인 액체나트륨을 냉각재로 이용하여 액체금속로라고 한다. 핵연료를 계속 증식하며 핵반응을 일으켜서 같은 원자로 속에서 에너지와 연료를 동시에 생산해내 기존 경수로보다 70배나 많은 에너지를 얻을 수 있다. 그러나 경수로에 비해 높은 건설단가와 액체나트륨 취급의 어려움, 안전문제, 핵연료 처리문제가 제기되고 있다. 한국원자력연구소가 1997년부터 개념 설계를 시작으로 실용화를 계획하고 있다.

✱ 바이오세라믹스(bioceramics) *

무기 비금속원료를 성형한 후 고온 처리한 것을 세라믹스라고 하고, 뼈나 경질 조직을 대체 할 때 사용되는 생체용 세라믹스가 바이오세라믹스이다. 이것은 주위의 생체조직과 어떤 화학 반응을 하지 않는 생불활성 세라믹스와 생체의 표면조직을 자극하여 칼슘의 축적을 촉진시켜 삽입된 세라믹스와 생체조직과의 접착력을 증가시키는 생활성 세라믹스로 나뉜다. 생불활성 세라믹스에는 고밀도 · 고순도의 알루미나(산화알루미늄)가 있고, 생활성 세라믹스에는 바이오유리 · 하이드록시아파타이트(hydroxyapatite)가 있다. 치과용 재료, 중이소골의 성형, 뼈 보강재 등 오늘날 바이오세라믹스의 사용범위가 넓어지고 있다.

3 컴퓨터 · 정보통신

✱ 메타버스 ***

3차원 가상세계를 뜻한다. 기존의 가상현실보다 업그레이드된 개념으로 가상현실이 현실세계에 흡수된 형태이다. 즉, 가상세계의 현실화인 셈이며, 게임으로 가상현실을 즐기는 것보다 앞서서 가상의 세계에서 현실처럼 사회, 문화, 경제활동 등을 할 수 있는 것이다. 네이버제트가 운영하는 증간현실 아바트 서비스인 제페토는 국내의 대표 메타버스 플랫폼이다. 제페토는 얼굴인식과 AR, 3D 기술 등을 접목하여 나만의 3D 아바타를 만들 수 있다. 증강현실, 라이프로깅, 거울세계, 가상세계로 더욱 세분화할 수 있다. 메타버스는 1992년 미국 SF 소설 「스토 크래시」에서 처음 사용되었으며 이와 비슷한 사례로 영화 「아바타」가 있다. 코로나19 유행으로 언택트 문화가 활발해지면서 관련 사업이 더욱 각광받기 시작했는데, 특히 게임 산업이 두드러지고 있다. 우리가 잘 아는 닌텐도, 로블록스, 마인크래프트가 대표적인 예다. 한편, 최근에는 SM엔터테인먼트가 카이스트와 함께 메타버스 연구를 위해 MOU 체결을 맺은 바 있다.

✱ 크롤링 *

무수히 많은 컴퓨터에 분산 저장되어 있는 문서를 수집하여 검색 대상의 색인으로 포함시키는 기술. 어느 부류의 기술을 얼마나 빨리 검색 대상에 포함시키냐 하는 것이 우위를 결정하는 요소로서 최근 웹 검색의 중요성에 따라 발전되고 있다.

✱ 휴먼증강 **

기계적인 수단, 약물, 뇌 신호 해석, 유전자 편집 등 다양한 기술을 결합하여 인체기능을 향상시키는 기술이다. 생산현장에서 인조 외골격으로 지구력을 높이거나 증강현실 안경으로 추가적인 시각전달을 받거나 배아의 유전자를 편집하여 장기를 배양하는 등 다양하게 응용할 수 있다. 뇌−컴퓨터 인터페이스를 통해 인조 외골격을 움직일 수 있다.

✱ 3D 프린팅 **

1980년대 미국의 3D 시스템즈社에서 처음 개발한 것으로 기업에서 시제품 제작용으로 활용했으나 현재는 여러 입체도형을 찍어내는 것으로 인공 뼈, 자전거 뼈대 등 다양한 곳에 상용화되어 사용되고 있다. 3D 도면을 제작하는 모델링을 하고 모델링 프로그램을 통해 이미지를 구현하여 제작한 뒤에 프린터로 물체를 만드는 단계로 총 3단계로 진행된다. 3D 프린터를 만드는 방식으로는 2차원 면을 쌓아올리는 적층형과 조각하듯 깎아내는 절삭형이 있다.

더 알아보기

3D 바이오 프린팅 … 3D 프린터와 생명공학이 결합된 기술로 세포의 형상이나 패턴을 제작하는 것이다. 컴퓨팅 기술과 사이버물리시스템(CPS : Cyber Physical System)이 연결된 기술이다. 손상된 피부부터 장기, 의수, 혈관 등 다양하게 활용될 수 있다.

✱ 데이터 댐 **

데이터 수집 · 가공 · 거래 · 활용기반을 강화하여 데이터 경제를 가속화하고 5세대 이동통신(5G) 전국망을 통해서 5세대 이동통신(5G) · 인공지능 융합 확산하는 것을 말한다. 데이터 경제 가속화와 5G와 인공지능의 융합을 확대시키는 계획이다.

더 알아보기

데이터 댐 주요 제도
• 분야별 빅데이터 플랫폼 확대, 공공데이터 14.2만 개 신속 개방, 인공지능 학습용 데이터 1,300종 구축 등 데이터 확충
• 5세대 이동통신(5G)망 조기구축을 위한 등록면허세 감면 · 투자 세액 공제 등 세제지원 추진
• 실감기술(VR, AR 등)을 적용한 교육 · 관광 · 문화 등 디지털콘텐츠 및 자율차 주행 기술 등 5세대 이동통신(5G) 융합서비스 개발
• 스마트공장 1.2만 개, 미세먼지 실내정화 등 인공지능 홈서비스 17종 보급, 생활밀접 분야 「AI+X 7대 프로젝트」추진
• 분산되어 있는 도서관 데이터베이스, 교육 콘텐츠, 박물관 · 미술관 실감콘텐츠 등을 연계하여 통합검색 · 활용 서비스 제공하는 디지털 집현전이 있다.

✱ GPS(global positioning system) ***

자동차 · 비행기 · 선박뿐만 아니라 세계 어느 곳에 있더라도 인공위성을 이용하여 자신의 위치를 정확히 파악할 수 있는 시스템으로 위성항법장치라고 한다. GPS수신기로 3개 이상의 위성으로부터 정확한 거리와 시간을 측정, 삼각 방법에 따라 3개의 각각 다른 거리를 계산해 현재의 위치를 나타낸다. 현재 3개의 위성으로부터 거리와 시간 정보를 얻어 1개 위성으로 오차를 수정하는 방법이 널리 쓰이고 있다. GPS는 처음 미국 국방성의 주도로 개발이 시작되었으며, 위성그룹과 위성을 감시 · 제어하는 지상관제그룹, 사용자그룹의 세 부분으로 구성돼 있다. 이는 단순한 위치정보 뿐만 아니라 항공기 · 선박의 자동항법 및 교통관제, 유조선의 충돌방지, 대형 토목공사의 정밀 측량 등 다양한 분야에 응용되고 있다.

더 알아보기

위치기반서비스(location based service) … 위성항법장치나 이동통신망 등을 통해 얻은 위치정보를 기반으로 이용자에게 여러 가지 서비스를 제공하는 서비스 시스템을 말한다.

✱ 비콘 **

근거리에 있는 스마트 기기를 자동으로 인식하여 필요한 데이터를 전송할 수 있는 무선 통신 장치이다. 블루투스 비콘(Bluetooth Beacon)이라고도 한다. 근거리 무선 통신인 NFC가 10cm 이내의 근거리에서만 작동하는 반면, 비콘은 최대 50m 거리에서 작동할 수 있다. 비콘 기술을 이용하면 쇼핑센터, 음식점, 박물관, 미술관, 영화관, 야구장 등을 방문한 고객의 스마트폰에 할인 쿠폰이나 상세 설명 등의 데이터를 전송할 수 있다.

✻ 패스트 폰(fast phone) **

스마트폰 시장에서 통신업체들이 기획·판매하는 가성비(가격 대비 성능)가 좋은 스마트폰을 말한다. 패션 업종에서 유행한 SPA(Specialty store retailer of Private label Apparel, 제조·유통 일괄형 의류) 브랜드는 유행에 따라 빠르게 제작되어 즉시 유통된다는 의미로 '패스트 패션(fast fashion)'이라고 불렸는데, 이것이 통신업계에 접목되면서 '패스트 폰'이라는 용어가 탄생했으며 하나의 흐름으로 자리 잡았다. '루나', '쏠', '갤럭시 J7', 'Y6'등 통신사 전용폰이 패스트 폰에 해당한다.

✻ 쿠키(cookie) ***

인터넷 사용자가 특정 홈페이지를 접속할 때 생성되는 정보를 저장한 4KB 이하의 임시파일로 인터넷 웹 사이트의 방문기록을 저장해 사용자와 웹사이트를 연결해 주는 정보이다. 인터넷 사용자들의 홈페이지 접속을 돕기 위해 만들어져 온라인 광고업체는 쿠키를 이용해 마케팅전략수립에 유용하게 사용하지만, 사용하는 웹브라우저가 이용자가 본 내용이나 구입 상품 심지어 회원번호나 비밀번호 등의 자동생성·갱신·기록전달 등을 하기도 해 개인의 사생활 침해의 소지가 있다.

✻ 와이브로(WiBro : wireless broadband internet) ***

무선광대역인터넷 또는 무선초고속인터넷으로, 노트북컴퓨터·PDA·차량용 수신기 등에 무선랜과 같은 와이브로 단말기를 설치하여 이동하면서도 휴대폰처럼 초고속인터넷을 이용할 수 있는 무선 휴대인터넷 서비스이다. 외국에서는 Mobile WiMAX라고 불리며, 우리나라에서는 2002년 10월 정보통신부가 무선가입자용으로 사용하던 2.3㎓ 대역의 주파수를 휴대인터넷용으로 재분배하면서 개발이 시작되었다. 이에 한국전자통신연구원과 삼성전자 등이 순수 국내 기술로 기술표준 'HPi'를 개발, 2005년 미국 전기전자학회 (IEEE)에 의해 국제표준으로 채택되었다. 그리고 2007년에 국제전기통신연합(ITU)이 와이브로를 3세대 이동통신의 6번째 기술표준으로 채택했다. 우리나라에서 2006년 KT·SK텔레콤이 서울과 수도권 일부 지역에서 세계 최초로 와이브로 상용서비스를 시작한 바 있다. 휴대전화에 인터넷 통신과 정보검색 등 컴퓨터 지원 기능을 추가한 지능형 단말기로서 사용자가 원하는 애플리케이션을 설치할 수 있는 것이 특징이다. 이동 중 인터넷 통신, 팩스 전송 등이 가능하며, 국내에서는 삼성전자와 LG정보통신에서 개인정보 관리 기능을 갖춘 제품을 출시하였다.

✻ 태블릿(tablet) ***

평면판 위에 펜이나 퍽으로 그림을 그리면 컴퓨터 화면에 커서가 그에 상응하는 이미지를 그려내게 할 수 있도록 한 장치로 웹패드보다 처리속도가 빠르며 윈도우·애플·안드로이드 등의 OS를 사용하고 있어 성능이 뛰어나다. 노트나 키보드를 부착하여 노트북 컴퓨터로 쓸 수 있어 2000년 마이크로소프트에서 처음 선보인 후에 여러 기능을 추가하여 개발되고 있다. 주문자의 요구대로 사양을 바꿀 수 있는 장점이 있으나 전력소모가 많고 무거운 단점이 있다.

✱ 요소수 ***

경유를 넣는 자동차가 뿜어내는 오염물질, 즉 질소산화물을 줄여주는 물질로 최근에 출시된 경유차 대부분은 요소수를 주입해야 한다. 우리나라는 요소수를 만드는 데 필요한 요소를 약 97%가량 중국에서 수입하는데, 최근 중국에서 석탄과 전기 부족으로 요소 수출을 금지한 바 있다.

✱ CDMA(code division multiple access) ***

코드분할다중접속 또는 부호분할다중접속으로, 이동통신에서 다수의 사용자들이 동시에 주파수와 시간을 공유하며 접속 가능한 다중접속방식의 하나이다. 한정된 주파수를 여러 사람이 효율적으로 사용할 수 있도록 해주는 다중접속이 이동통신에서 필수적인 기술에 해당되며, CDMA · FDMA(주파수분할다중접속) · TDMA(시분할다중접속) 등의 방식이 있다. CDMA는 각각의 데이터에 고유번호(코드)를 붙여 정보를 전송하고 받는 쪽에서 이를 해독하는 방식으로 통화품질과 보안성이 뛰어나며, 하나의 주파수로 10명 이상이 통화할 수 있는 장점이 있다. 이보다 먼저 개발된 TDMA는 데이터를 시간단위로 3등분 해 전송하는 방식으로 안정성과 보편성을 무기로 유럽을 비롯해 세계 이동통신시장에서 상대적으로 높은 점유율을 기록하고 있다.

✱ 5G이동통신(5세대 이동통신) ***

5G의 정식 명칭은 'IMT-2020'으로 이는 국제전기통신연합(ITU)에서 정의한 5세대 통신규약이다. 5G는 최대 다운로드 속도가 20Gbps, 최저 다운로드 속도가 100Mbps인 이동통신 기술이다. 이는 현재 사용되는 4G 이동통신 기술인 롱텀에볼루션(LTE)과 비교하면 속도가 20배가량 빠르고, 처리 용량은 100배 많다. 5G는 초고속, 초저지연, 초연결 등의 특징을 가지며 이를 토대로 가상 · 증강현실, 자율주행, 사물인터넷 기술 등을 구현할 수 있다.

더 알아보기

이동통신 세대별 비교

구분	1G(1세대)	2G(2세대)	3G(3세대)	4G(4세대)	5G(5세대)
주요 콘텐츠	음성통화	문자메시지	화상통화, 멀티미디어 문자	데이터 전송 및 실시간 동영상 스트리밍	VR, AR, 홀로그램, 자율주행
전송 속도	14.4kbps	144kbps	14Mbps	75Mbps ~ 1Gbps	20Gbps 이상
상용화	1984년	2000년	2006년	2011년	2019년
무선기술	AMPS	CDMA	WCDMA	WiMax/LTE	NR

✱ DNS(domain name system) ***

네트워크에서 도메인이나 호스트 이름을 숫자로 된 IP 주소로 해석해주는 TCP/IP 네트워크 서비스로, 각 컴퓨터의 이름은 마침표에 의해 구분되고 알파벳과 숫자의 문자열로 구성되어 있다. 예를 들어, 국가 도메인은 kr(한국), kp(북한), jp(일본), au(호주), ca(캐나다), uk(영국) 등이다.

✲ 클라우드 컴퓨팅(cloud computing) ***

인터넷상의 서버에 정보를 영구적으로 저장하고, 이 정보를 데스크톱·노트북·스마트폰 등을 이용해 언제 어디서나 정보를 사용할 수 있는 컴퓨팅 환경을 말한다. 인터넷을 이용한 IT 자원의 주문형 아웃소싱 서비스로 기업이나 개인이 컴퓨터 시스템의 유지·관리·보수에 들어가는 비용과 시간을 줄일 수 있고, 외부 서버에 자료가 저장되어 자료를 안전하게 보관할 수 있으며 저장공간의 제약도 해결될 수 있다. 그러나 서버가 해킹당할 경우 정보유출의 문제점이 발생하고, 서버 장애가 발생하면 자료 이용이 불가능하다는 단점이 있다. 2000년 대 후반에 들어 새로운 IT 통합관리모델로 등장하여 네이버·다음 등의 포털에서 구축한 클라우드 컴퓨팅 환경을 통해 태블릿PC나 스마트폰 등의 휴대 IT기기로 각종 서비스를 사용할 수 있게 되었다.

✲ 랜섬웨어(ransomeware)

악성코드의 일종으로, 몸값(ransome)과 제품(Ware)의 합성어이다. 인터넷 사용자의 컴퓨터에 잠입해 내부 문서나 사진 파일 등을 암호화하여 열지 못하도록 한 뒤, 돈을 보내면 해독용 열쇠 프로그램을 전송해준다며 비트코인이나 금품을 요구한다.

✲ DDoS(distributed denial of service) **

분산서비스거부공격으로, 여러 대의 공격자를 분산·배치하여 동시에 서비스 거부를 동작시켜 특정 사이트를 공격하여 네트워크의 성능을 저하시키거나 시스템을 마비시키는 해킹방식의 하나이다. 이용자는 해당 사이트에 정상적으로 접속이 불가능하고, 주컴퓨터의 기능에 치명적 손상을 입을 수 있으며, 수많은 컴퓨터 시스템이 해킹의 숙주로 이용될 수도 있다. 공격은 대체로 이메일이나 악성코드로 일반사용자의 PC를 감염시켜 좀비PC를 만든 후 명령제어(C&C) 서버의 제어를 통해 특정 시간대에 동시에 수행된다.

✲ 파밍(pharming) **

피싱(phishing)에 이어 등장한 인터넷 사기수법으로, 피싱이 금융기관 등의 웹사이트에서 보낸 이메일로 위장하여 사용자가 접속하도록 유도한 뒤 개인정보를 빼내는 방식인데 비해, 파밍은 해당 사이트가 공식적으로 운영 중인 도메인 자체를 중간에서 가로채거나 도메인 네임 시스템(DNS) 또는 프락시 서버의 주소 자체를 변경하여 사용자들로 하여금 공식 사이트로 오인하여 접속토록 유도한 뒤 개인정보를 빼내는 새로운 컴퓨터 범죄수법이다.

더 알아보기

스푸핑(spoofing) … 외부의 악의적 네트워크 침입자가 임의로 웹사이트를 구성하여 일반 사용자의 방문을 유도해 인터넷 프로토콜인 TCP/IP의 결함을 이용, 사용자의 시스템 권한을 확보한 뒤 정보를 빼가는 해킹수법이다.

✱ USB 킬러 ***

USB 킬러는 컴퓨터를 비롯한 전자 기기의 USB 단자에 꽂으면 고전압을 발생시켜 순식간에 전자 기기의 주요 부품을 파괴하는, USB 형태의 전자 장치를 말한다. 2015년에 '다크 퍼플(Dark Purple)'이라는 닉네임으로 활동하는 러시아의 보안 전문가가 '서지(surge, 이상 전압)'를 보호하는 회로 작동테스트를 위한 목적으로 개발하였고, 미국과 유럽에서 각각 인증을 받았다. 하지만 국내외에서 USB 킬러를 악용한 범죄가 발생해 문제가 되고 있다.

✱ 해커(hacker) **

컴퓨터 시스템 내부구조나 컴퓨터 프로그래밍에 심취하여 이를 알고자 노력하는 기술자로서 뛰어난 컴퓨터, 통신 실력을 갖춘 네트워크의 보안을 지키는 사람이다. 1950년대 말 미국 MIT의 동아리 모임에서 유래했으며, 애플컴퓨터를 창업한 스티브 워즈니악(S. Wozniak)과 스티브 잡스(S. Jobs), 마이크로소프트를 창업한 빌 게이츠(B. Gates)도 초기에 해커로 활동했다. 해커는 정보의 공유를 주장하는 고도의 컴퓨터 전문가로서 컴퓨터 프로그램의 발전에 기여한 공로가 크며, 크래커와 구별하여야 한다.

더 알아보기

크래커(cracker) … 고의나 악의적으로 다른 사람의 컴퓨터에 불법적으로 침입하여 정보를 훔치거나 데이터 · 프로그램을 훼손하는 사람으로 침입자(intruder)라고도 한다

✱ 챗봇 ***

문자 또는 음성으로 대화하는 기능이 있는 컴퓨터 프로그램 또는 인공지능이다. 사람처럼 자연스러운 대화를 진행하기 위해 단어나 구(句)의 매칭만을 이용하는 단순한 챗봇부터 복잡하고 정교한 자연어 처리 기술을 적용한 챗봇까지 수준이 다양하다.

✱ IPv6(Internet Protocol version 6) ***

IPv4에 이은, 주소체계 128비트의 차세대 인터넷 프로토콜 주소표현방식이다. IPv4가 32비트 주소체계라는 단점을 개선하기 위해 개발된 새로운 IP주소체계로 차세대 인터넷통신규약(IPng : IP next generation)이라고도 한다. IPv6는 폭발적으로 늘어나는 인터넷 사용에 대비하기 위하여 IP주소를 128비트로 늘리고, 네트워크의 속도를 증가시켰으며, 특정한 패킷 인식을 통해 높은 품질의 서비스를 제공하며, 헤더 확장을 통한 패킷 출처 인증과 비밀의 보장 등의 장점을 가지고 있다.

✱ 텔넷(telecommunication network) *

인터넷을 통해 원격지의 호스트 컴퓨터에 접속 시 지원되는 인터넷 표준 프로토콜을 말한다. 거리에 관계없이 쉽게 원격시스템에 접속할 수 있어 텔넷 응용서비스로 전세계의 다양한 온라인 서비스를 제공받을 수 있다.

✱ TCP / IP(Transmission Control Protocol / Internet Protocol) ✱

서로 기종이 다른 컴퓨터들 간의 통신을 위한 전송규약이다. 일반 PC와 중형 호스트 사이, IBM PC와 매킨토시 사이, 제조회사가 다른 중대형 컴퓨터들 사이의 통신을 가능하게 해주는 역할을 한다. 네트워크를 통한 자료전송이 이루어질 때 자료는 패킷(packet)이라는 단위로 잘라져서 전송되는데, IP는 데이터 패킷을 한 장소에서 다른 장소로 옮기는 역할을 하고 TCP는 데이터의 흐름을 관리하고 데이터가 정확한지 확인하는 역할을 한다.

✱ 프로토콜(protocol) ✱

통신회선을 이용하여 컴퓨터와 컴퓨터, 컴퓨터와 단말기계가 데이터를 주고받을 경우의 상호약속이다. 현재의 컴퓨터는 메이커가 다른 경우는 물론, 같은 메이커라도 기종이 다르면 통신회선을 연결해도 상호통신이 불가능한 경우가 많다. 따라서 다른 기종간의 교신을 위해서는 데이터를 전송받는 상대에 따라 편지의 수신인 주소에 해당하는 규약을 따로따로 정할 필요가 있다. 각 컴퓨터 메이커들은 자사의 표준프로토콜을 설정하여 독자적인 컴퓨터 네트워크를 구축하고 있다.

✱ 하이퍼텍스트(hypertext) ✱

사용자에게 내용의 비순차적인 검색이 가능하도록 제공되는 텍스트이다. 문서 내에 있는 키워드나 특정단어가 다른 단어나 데이터베이스와 링크돼 있어 사용자가 관련문서를 넘나들며 원하는 정보를 얻을 수 있다. 백과사전처럼 방대한 분량의 데이터를 처리하는 데 유용하며, 인터넷상에서는 월드와이드웹이 하이퍼텍스트 서비스를 제공하고 있다.

✱ HTTP(Hyper Text Transfer Protocol) ✱

마우스 클릭만으로 필요한 정보로 직접 이동할 수 있는 방식을 하이퍼 텍스트라고 한다. http는 이 방식의 정보를 교환하기 위한 하나의 규칙으로, 웹사이트 중 http로 시작되는 주소는 이런 규칙으로 하이퍼텍스트를 제공한다는 의미를 담고 있다.

✱ HTML(Hyper Text Markup Language) ✱

하이퍼텍스트의 구조를 서술하는 일종의 컴퓨터언어이다. 직접 프로그램을 제작하는 데에 사용되는 C나 PASCAL과 달리 웹에서 사용되는 각각의 하이퍼텍스트 문서를 작성하는데 사용되며, 우리가 인터넷에서 볼 수 있는 수많은 홈페이지들은 기본적으로 HTML이라는 언어를 사용하여 구현된 것이다.

✱ XML(eXtensible Markup Language) ✱

차세대 인터넷 언어로서 인터넷 붐을 몰고 온 HTML(Hyper Text Markup Language)은 쉽게 홈페이지를 만들 수 있는 장점은 있지만 검색하기가 쉽지 않고 표현형식의 변환이 어렵다는 단점이 있다. 이같은 한계를 뛰어넘은 것이 XML로 HTML이 제한된 태그(항목)로만 분류돼 있는 것과 달리 XML은 내용과 표현양식이 분류되어 문서구조를 마음대로 할 수 있으며 내용을 다양한 방식으로 표현하는 것이 가능하다.

✱ 자바(java) *

선(sun)마이크로시스템사에서 만든 일종의 컴퓨터언어이다. 형태는 C++나 HTML과 비슷하지만, 무엇보다 통신망을 통해 전송되어 실행된다는 것이 강점이다. 또한 HTML의 경우 고정된 모습의 페이지만 보낼 수 있는데 비해 자바는 실제 프로그램을 전송할 수 있고 받아보는 쪽에서 그 프로그램을 실행할 수 있으며, 인터넷을 통해 컴퓨터 기종에 관계없이 실행될 수 있으므로 이를 이용하면 지금까지 수동적으로 보기만 하는 정적인 것에서 탈피, 동적인 통신환경을 구축할 수 있다. 넷스케이프 2.0부터는 자바를 지원해 HTML소스에 포함되어 있는 자바코드를 해석, 하이퍼텍스트 문서에 동영상이나 음성, 게임, 영상효과 등 다양한 연출이 가능해졌다.

✱ 허브사이트(HUB Site) *

다양한 인터넷 사이트를 마치 하나의 사이트처럼 사용할 수 있도록 한 서비스로서 별도로 하나씩 가입해야만 이용할 수 있는 여러 사이트를 한 개의 ID와 패스워드로 쓸 수 있는 기능을 제공한다. 사용자는 물론 업체도 공동마케팅의 효과를 가져오고 비용절감의 장점이 있다.

✱ FIDO(Fast Identity Online) ***

신속한 온라인 인증이라는 뜻으로, 온라인 환경에서 ID, 비밀번호 없이 생체인식 기술을 활용하여 보다 편리하고 안전하게 개인 인증을 수행하는 기술이다.

✱ 디지털 디바이디드(digital divide, 정보격차) **

디지털 경제시대에 지식정보를 공유하지 못한 다수의 노동자 계층이 중산층에서 떨어져 나가 사회적·경제적으로 빈부격차가 심화되는 현상을 말한다. 디지털을 제대로 활용하는 계층은 지식도 늘고 소득도 증가하지만, 디지털을 제대로 이용하지 못하는 사람들은 발전할 수가 없어 격차가 심화된다. 정보화 초기단계에서 지구촌이 가까워질 것으로 예상했던 것과는 반대로 최근 정보화에 따른 격차가 커져 앞으로 사회 안정에 악영향을 미칠 것으로 전문가들은 보고 있다.

✱ 디지털 컨버전스(digital convergence) *

디지털 융합으로, 하나의 기기·서비스에 정보통신기술을 통합한 새로운 형태의 융합상품을 말한다. 디지털 기술이 발전함에 따라 등장한 것으로 유선과 무선의 통합, 통신과 방송의 융합, 온라인과 오프라인의 결합 등 세 가지로 압축된다. 유선과 무선의 통합은 휴대폰과 와이브로를, 통신과 방송의 융합은 DMB를, 온라인과 오프라인의 결합은 인터넷의 생활화로 나타나는 등 산업의 모든 분야에서 활발히 진행되고 있다. 앞으로는 인간 중심의 지능형 서비스가 가능한 유비쿼터스 사회로 진입하는 데에 디지털 컨버전스가 기본 전제가 된다.

✴ 사이버스쿼팅(cybersquatting) *

유명한 조직·단체·기관·기업 등의 이름과 같은 인터넷 주소를 투기나 판매를 목적으로 선점하는 행위를 말한다. 인터넷 주소는 공유할 수 없다는 점을 이용해 미리 주소를 등록해 놓아, 해당 기업이 그 주소를 소유하고자 할 때 등록자에게 비용을 지불하기도 한다. 현재 국제 도메인과 인터넷 주소자원은 민간 국제기구인 ICANN(Internet Corporation for Assigned Names and Numbers)이 맡고 있다.

✴ 유비쿼터스(ubiquitous) **

라틴어로 '언제 어디서나 존재한다'는 뜻의 유비쿼터스는 사용자가 네트워크나 컴퓨터를 의식하지 않고 장소에 구애없이 자유로이 네트워크에 접속할 수 있는 정보통신환경을 말한다. 1988년 제록스 팰러앨토연구소의 마크 와이저(M. Weiser)가 처음 제시한 '유비쿼터스 컴퓨팅'이 효시다. 컴퓨터에 어떤 기능을 추가하는 것이 아니라 냉장고·시계·자동차 등과 같이 어떤 기기나 사물에 컴퓨터를 집어넣어 커뮤니케이션이 가능하도록 해주는 정보기술환경을 의미한다. 유비쿼터스화가 이루어지면 정보기술산업의 규모와 범위가 확대될 것임에 분명하지만, 정보기술의 고도화와 함께 광대역 통신과 컨버전스 기술의 일반화가 이루어져야 한다.

더 알아보기

광대역통신(廣帶域通信) … 1초 동안 200만개 이상의 전기신호를 전달하는 통신으로 정보와 통신이 결합한 디지털 통신기술이다. 케이블을 통해 동영상 등을 동시에 전송할 수 있다.

✴ 핵티비즘(hacktivism) **

hacker와 activism의 합성어로 자신들의 정치적·사회적인 목적을 달성하기 위해 자신과 노선을 달리하는 특정 정부나 기관, 기업, 단체 등의 웹 사이트를 해킹해 서버를 무력화 시키는 일련의 행위나 활동방식을 말한다. 2000년 이후 급속도로 늘어나 전 세계에서 광범위하게 활동하고 있는데, 인터넷에 자신들의 주장과 요구사항을 게재하거나 특정국가의 인터넷사이트에 침범하여 자료를 삭제하는 등 투쟁대상을 조롱함으로써 심리적인 효과도 거둔다.

✴ 허니팟(honey pot) ***

컴퓨터 프로그램의 침입자를 속이는 최신 침입탐지기법으로, '해커 잡는 덫'이란 뜻이다. 크래커를 유인하는 함정을 꿀단지에 비유한 명칭이다. 컴퓨터 프로그램에 침입한 스팸과 컴퓨터바이러스, 크래커를 탐지하는 가상컴퓨터이다. 침입자를 속이는 최신 침입탐지기법으로 마치 실제로 공격을 당하는 것처럼 보이게 하여 크래커를 추적하고 정보를 수집하는 역할을 한다.

✳ 퍼지 컴퓨터(puzzy computer) ✳✳✳

현재의 디지털 컴퓨터는 모든 정보를 2개의 값으로만 처리하기 때문에 모호성이 전혀 없는 것이 특징이다. 그러나 사람은 직감과 경험에 의해 융통성(퍼지)있는 행동을 한다. 이와 같이 사람의 행동과 동작을 컴퓨터에 적용하고자 하는 것이 퍼지 컴퓨터이다. 이전에는 인간의 뇌 중 계산능력이 뛰어난 왼쪽 뇌를 모방하여 개발되었다면, 퍼지 컴퓨터는 이미지 묘사, 상상, 판단기능을 수행하는 오른쪽 뇌를 모방하여 인간적인 사고나 판단 기능을 특화시킨 것이다.

✳ 사물인터넷 ✳✳✳

1999년 MIT대학의 캐빈 애시턴이 전자태그와 기타 센서를 일상생활에서 사용하는 사물을 탑재한 사물인터넷이 구축될 것이라고 전망하면서 처음 사용되었다. 이후 시장분석 자료 등에 사용되면서 대중화되었으며, 사물인터넷은 가전에서 자동차, 물류, 유통, 헬스케어까지 활용범위가 다양하다. 예를 들어 가전제품에 IoT 기능을 접목시키면 외부에서 스마트폰을 이용해 세탁기, 냉장고, 조명 등을 제어할 수 있다. 사물에서 다양한 센서를 통해서 정보를 수집한다. 온도·습도·초음파 등 다양한 센서가 내장된 사물에 장착되어 제어할 수 있다. 사물의 센서에서 수집된 정보는 분석·공유되어 다양한 서비스를 제공할 수 있다.

✳ 엣지 컴퓨팅 ✳✳

중앙집중서버가 모든 데이터를 처리하는 클라우드 컴퓨팅과 다르게 분산된 소형 서버를 통해 실시간으로 처리하는 기술을 일컫는다. 사물인터넷 기기의 확산으로 데이터의 양이 폭증하면서 이를 처리하기 위해 개발되었다.

✳ 아이핀(i-PIN) ✳

Internet personal identification number, 즉 인터넷상 주민번호를 대체하는 개인 식별 번호로 2005년 정보통신부가 개인의 주민등록번호 유출과 오남용 방지를 목적으로 마련한 사이버 신원 확인번호이다.

✳ 로맨스 스캠 ✳✳✳

위장한 신분이나 외모, 재력 등으로 이성에게 호감을 표시하고 신뢰감을 형성한 뒤에 각종 이유로 금전을 요구하는 이 로맨스 스캠은 2018년부터 본격적으로 성행하기 시작했다. 보통 상대방이 교제하는 사람이 없는 것을 확인한 후 칭찬이나 관심으로 신뢰관계를 형성한 후 거절하기 어려운 부탁을 하여 금전을 요구한다. 전 세계적인 문제가 되어 미국 FBI도 직접 피해를 경고하고 나설 정도이며, 로맨스 스캠 피해자를 지원하는 단체 romancescam.org도 생겨났다. 미국 포브스에 따르면 이 단체에 속한 회원(5만 9천명)가운데 1,813명이 보고한 손실액만 약 277억 원이라고 밝혔으며(2018년 기준) FBI는 2016년 미국에서만 1만 5천여 명의 피해자 피해액이 2,500억 원 이상이라고 밝혔다.

더 알아보기

대전지방경찰청이 당부하는 로맨스 스캠 피해 예방법은 다음과 같다.
- SNS에서 무분별한 친구 추가 자제
- 해외 교포, 낯선 외국인과의 인터넷상에서 교제는 신중히
- 인터넷상만으로 교제(연락)하는 경우, 부탁을 가장한 요구에 입금 금지
- 상대방이 선물 발송 빙자로 인한 배송업체 사이트 URL 접속 지양

✱ 버그바운티(Bugbounty) ✱✱✱

기업의 서비스나 제품 등을 해킹해 취약점을 발견한 화이트 해커에게 포상금을 지급하는 제도이다. '화이트 해커'란 다른 사람의 시스템에 불법으로 침입하여 피해를 주는 '블랙 해커'와 다르게 공공의 이익과 보안 시스템 개발을 위하여 해킹하는 해커이다. 블랙 해커의 악의적인 의도로 해킹당할 시 입는 손해를 방지하기 위하여 공개적으로 포상금을 걸고 버그바운티를 진행한다. 기업들의 자발적인 보안 개선책으로, 화이트 해커가 새로운 보안 취약점을 발견하면 기업은 이를 개선시켜 보안에 보다 적극적으로 노력하게 된다. 현재 구글, 애플, 페이스북, 마이크로소프트(MS) 등 글로벌 기업에서 보안성을 고도화하기 위해 시행 중이며 국내에서는 삼성, 네이버, 카카오 등이 시행 중이다.

✱ 등대공장 ✱✱

사물인터넷(IoT)과 인공지능(AI), 빅데이터 등 4차 산업혁명의 핵심기술을 적극적으로 도입하여 제조업의 미래를 혁신적으로 이끌고 있는 공장을 의미한다. 세계경제포럼(WEF)이 2018년부터 선정하고 있는데, 한국에서는 처음으로 2019년 7월 포스코가 등대공장에 등재됐다.

✱ 라이프 캐싱(Life Caching) ✱✱✱

자신의 삶을 타인과 공유하는 행위로, 인터넷의 발달과 함께 디지털 매체를 적극 사용하는 의사소통이 활발해진 데서 생겨난 트렌드이다. 일반적인 신상공개가 아닌 자신의 공간뿐만 아니라 아주 사소한 행동까지 공유한다. 쉽게 말해 자서전보다 더욱 단편적이며 빠르게 자신의 삶을 공개한다는 것이 특징이다. 블로그나 인스타그램 등과 같은 각종 SNS가 인기를 끌게 된 것도 개인의 일상을 공유하기 위하여 사진이나 일기 등을 공개하는 라이프 캐싱의 영향 때문이라고 할 수 있다. 포털사이트들도 이런 트렌드와 함께 소비자 니즈를 충족시키기 위한 서비스를 제공하고 있다. 소비자 스스로 개인의 추억을 전시·저장하고 콘텐츠를 만들 수 있도록 하는 것이다. 초기 미니홈피에서 더욱 발달하여 현재는 SNS으로 실시간 채팅 및 라이브방송까지 가능해졌으며 이처럼 타인에게 자신을 적극적으로 노출하는 사람들을 가리켜 퍼블리즌(Publicity와 Citizens)이라고 한다.

✱ 블랙아웃 Blackout

발전소나 송전소, 변전소 등의 고장이나 전력 과부하로 특정 지역에서 대규모로 전기가 완전히 끊기는 현상이다. 전국 규모로 정전이 되는 상태는 토털 블랙아웃(완전소등)이라고 한다. 이를 막기 위해 지역별로 전력을 돌아가며 차단시키는 것을 롤링블랙아웃(순환정전)이라고 한다.

✱ 6G 핵심기술개발 사업 ✱✱

2021년 1월 과학기술정보통신부가 발표한 것으로, 최근 미국과 중국, 유럽 등 세계 주요 국가들은 5G 다음 세대 기술인 6G 선점 경쟁에 이미 돌입한 상황이며, 코로나를 계기로 우리나라의 뛰어난 ICT 인프라 경쟁력을 보다 고도화하여 경제반동의 모멘텀을 지속하는 것이 중요한 시점이라고 밝혔다. 5대 중점분야 9대 전략기술을 중심으로 초성능, 초대역 분야 등 11개 세부 과제에 164억 원을 지원할 예정이라고 밝힌 바 있다. 6G핵심기술개발 사업개요는 아래와 같다.

중점분야	전략기술
초성능	• Tbps급 무선통신 기술 • Tbps급 광통신 인프라 기술
초공간	• 3차원 공간 이동통신 기술 • 3차원 공간 위성통신 기술
초지능	• 지능형 무선 액세스 기술 • 지능형 6G 모바일코어 네트워크 기술
초대역	• THz 대역 RF 핵심기술 • THz 주파수개척 및 안전성 평가기술
초정밀	종단간 초정밀 네트워크 핵심기술

과기정통부는 기술개발이 완료되는 2026년부터는 5G+ 5대 서비스(스마트시티, 스마트공장, 디지털 헬스케어, 실감콘텐츠, 자율주행차)에 Pre-6G 기술(상용화 전)을 적용하는 6G-Upgrade 시범사업을 추진하고, 이를 통해 개발된 기술이 서비스로 안착될 수 있도록 지원할 예정이라고 밝혔다.

✱ 필터버블 ✱✱✱

엘리 프레이저의 「생각 조종자들」에서 처음 등장한 단어이다. 이용자의 관심사에 맞춰져서 맞춤형 정보만이 제공되어 편향적인 정보에 갇히는 현상이다. 아마존에서는 이용자의 취향과 기호에 따라서 책을 추천하는 방식으로 호평을 받았다. 광고업체에서도 유용하게 사용하는 정보로 사용자가 관심을 가질 것 같은 광고를 선정하여 추천한다. 스마트폰에 담겨진 개인의 정보들로 데이터 분석이 가능해지면서 추천이 개인화가 가능하다. 개인화된 정보를 통해 맞춤뉴스와 정보들을 서비스하면서 구입율과 접근성을 높여준다. 최근에는 원하는 정보에만 접근하면서 다양한 의견을 확인하지 못하여 고정관념과 편견을 강화시키는 위험성도 존재한다.

✱ UX · UI **

UX는 사용자가 어떠한 시스템, 제품 등을 직 · 간접적으로 이용하면서 느끼는 총체적 경험을 말한다. 한편 UI는 휴대폰, 컴퓨터 등 디지털 기기를 사용자가 더 편리하게 사용할 수 있는 명령어나 기법을 포함하는 환경을 말한다. 즉 UX는 UI를 기반으로 사용자의 공감과 만족을 끌어내는 역할을 하는 것이다.

✱ 스마트 그리드 ***

전력산업과 정보기술(IT), 그리고 통신기술을 접목하여 전력 공급자와 소비자가 양방향으로 실시간 정보를 교환함으로써 에너지 효율성 향상과 신재생에너지공급의 확대를 통한 온실가스 감축을 목적으로 하는 차세대 지능형 전력망이다. 전력 공급자는 전력 사용 현황을 실시간으로 파악하여 공급량을 탄력적으로 조절할 수 있고, 전력 소비자는 전력 사용 현황을 실시간으로 파악함으로써 요금이 비싼 시간대를 피하여 사용 시간과 사용량을 조절한다. 태양광발전 · 연료전지 · 전기자동차의 전기에너지 등 가정에서 생산되는 전기를 판매할 수도 있으며, 전력 공급자와 소비자가 직접 연결되는 분산형 전원체제로 전환되면서 풍량과 일조량 등에 따라 전력 생산이 불규칙한 한계를 지닌 신재생에너지 활용도가 높아져 화력발전소를 대체하여 온실가스와 오염물질을 줄일 수 있어 환경문제를 해소할 수 있는 등의 장점이 있어 여러 나라에서 차세대 전력망으로 구축하기 위한 사업으로 추진하고 있다.

✱ 캄테크 ***

'조용하다(Calm)'과 '기술(Technology)'의 합성어로, 필요한 정보를 알려주지만 주의를 기울이거나 집중할 필요가 없는 기술을 뜻한다. 센서와 컴퓨터, 네트워크 장비 등을 보이지 않게 탑재하여 평소에는 존재를 드러내지 않고 있다가 사용자가 필요한 순간에 각종 편리한 서비스를 제공하는 기술이다. 예를 들어 현관 아래에 서면 불이 들어오는 자동 센서, 자율 주행 차, 스마트 홈 등이 있다. 또한 애플의 시리와 같은 인공지능 캄테크도 등장하였다.

출제예상문제

1 인터넷을 이용할 수 있는 기계를 이용하여 다른 기계에도 인터넷을 이용할 수 있도록 도와주는 기술을 가르키는 용어는?

2021. 06. 19. 고양시

① RISC
② 네그웨어
③ 테더링
④ 랜섬웨어
⑤ 길트웨어

> **해설** 테더링 … 인터넷을 이용할 수 있는 스마트폰과 같은 기계를 이용하여 다른 기계 역시 인터넷을 이용할 수 있도록 도와주는 인터넷 기술이다.
> ① RISC : 컴퓨터의 실행속도를 높이기 위해 복잡한 처리는 소프트웨어에게 맡기는 방법을 채택하여, 명령세트를 축소 설계한 컴퓨터이다.
> ② 네그웨어 : 무료로 사용할 수 있는 소프트웨어이지만 사용자 등록을 하지 않고 계속 사용할 경우, 반복적으로 경고 메시지를 띄워 사용자 등록 할 것을 요구하는 소프트웨어이다.
> ④ 랜섬웨어 : Ransom(몸값)과 Ware(제품)의 합성어로 컴퓨터 사용자의 문서를 '인질'로 잡고 돈을 요구한다고 해서 붙여진 명칭이다.
> ⑤ 길트웨어 : 사용자의 죄의식을 부추겨서 소프트웨어 제품을 등록하거나 요금을 내도록 만드는 각종 공유 웨어이다.

2 노트북컴퓨터 · PDA · 차량용 수신기 등에 무선랜과 같은 단말기를 설치하여 이동하면서도 휴대폰처럼 초고속인터넷을 이용할 수 있는 무선 휴대인터넷 서비스를 나타내는 용어는?

2021. 06. 19. 고양시

① 와이브로
② 패스트 폰
③ 크롤링
④ 비콘
⑤ 텔넷

Answer 1.③ 2.①

와이브로 … 무선광대역인터넷 또는 무선초고속인터넷으로, 노트북컴퓨터·PDA·차량용 수신기 등에 무선랜과 같은 와이브로 단말기를 설치하여 이동하면서도 휴대폰처럼 초고속인터넷을 이용할 수 있는 무선 휴대인터넷 서비스이다. 휴대전화에 인터넷 통신과 정보검색 등 컴퓨터 지원 기능을 추가한 지능형 단말기로서 사용자가 원하는 애플리케이션을 설치할 수 있는 것이 특징이다.

② 패스트 폰 : 스마트폰 시장에서 통신업체들이 기획·판매하는 가성비(가격 대비 성능)가 좋은 스마트폰을 말한다.

③ 크롤링 : 무수히 많은 컴퓨터에 분산 저장되어 있는 문서를 수집하여 검색 대상의 색인으로 포함시키는 기술을 말한다.

④ 비콘 : 근거리에 있는 스마트 기기를 자동으로 인식하여 필요한 데이터를 전송할 수 있는 무선 통신 장치를 말한다.

⑤ 텔넷 : 인터넷을 통해 원격지의 호스트 컴퓨터에 접속 시 지원되는 인터넷 표준 프로토콜을 말한다.

3 인터넷 지하세계로 암호화된 인터넷망을 뜻하는 용어는?

① 다크 웹 ② 서피스 웹
③ 딥 웹 ④ 블루 웹
⑤ 언더그라운드 웹

네이버, 구글 같은 일반적인 검색엔진을 서피스 웹(Surface Web)이라 하고 검색이나 접근이 어렵거나 넷플릭스처럼 유료화에 막힌 곳은 딥 웹(Deep Web)이라 한다. 다크 웹(Dark web)은 인터넷을 사용하지만, 접속을 위해서는 특정 프로그램을 사용해야 하는 웹을 가리키며 일반적인 방법으로 접속자나 서버를 확인할 수 없기 때문에 사이버상에서 범죄에 활용된다.

4 다음 중 일정한 시간 내에 발생하는 열량은 전류의 세기의 제곱과 도선의 저항에 비례하는 법칙은?

① 쿨롱의 법칙 ② 렌츠의 법칙
③ 줄의 법칙 ④ 옴의 법칙
⑤ 무어의 법칙

줄의 법칙은 저항이 큰 물체에 전류를 통과하면 열과 빛을 발생하는데, 일정한 시간 내에 발생하는 열량은 전류의 세기의 제곱과 도선의 저항에 비례하는 법칙을 의미한다.

5 다음 중 신에너지가 아닌 것은?

① 연료 전지   ② 바이오 에너지

③ 수소 에너지   ④ 석탄 액화 에너지

⑤ 중질잔사유 가스화 에너지

> ✔ **해설** 신에너지는 기존에 쓰이던 석유, 석탄, 원자력, 천연가스가 아닌 새로운 에너지를 의미하는 것으로 수소 에너지, 연료 전지, 석탄 액화·가스화 에너지를 말한다.
> 바이오 에너지 : 석유나 석탄 등의 화석연료를 활용하는 것에 비해 공해물질을 현저히 낮게 배출한다. 또한 사용 시 '재생성'을 지니고 있어 원료 고갈 문제가 없다는 점에서 지속 가능 에너지로 주목 받고 있다.

6 조종사 없이 무선전파의 유도에 의해서 비행 및 조종이 가능한 비행기나 헬리콥터 모양의 군사용 무인항공기의 총칭하는 것이다. 카메라, 센서, 통신시스템 등이 탑재돼 있으며 25g부터 1200kg까지 무게와 크기도 다양하다. 군사용도로 처음 생겨났지만 최근엔 고공 촬영과 배달 등으로 확대됐다. 또한 농작물에 농약을 살포하거나, 공기질을 측정하는 등 다방면에 활용되고 있다. 이것은 무엇인가?

① 비조   ② 드론

③ THAAD   ④ 틸트로터 항공기

⑤ CV-22

> ✔ **해설** 문제는 드론에 대한 설명이다. 드론은 조종사 없이 비행 및 조종이 가능한 군사용 무인항공기를 총칭하는 것으로 용도는 산업부터 군사용까지 다양하다.
> ① 비조 : 우리나라의 무인기로 2000년에 성공적으로 개발된 군사용 무인기
> ③ THAAD : 군사기지를 적의 미사일 공격으로부터 보호할 목적으로 제작된 공중방어시스템
> ④ 틸트로터 항공기 : 헬리콥터처럼 떠서 비행기처럼 날아가는 축소형 스마트 무인 항공기
> ⑤ CV-22 : 특수작전 부대용의 V-22 오스프리 틸트로터기

Answer 3.① 4.③ 5.② 6.②

7 사용자가 컴퓨터와 정보 교환 시 키보드를 통한 명령어 작업이 아닌 그래픽을 통해 마우스 등을 이용하여 작업할 수 있는 환경을 무엇이라고 하는가?

① GUI　　　　　　　　　　　　② bluetooth
③ UCC　　　　　　　　　　　　④ P2P
⑤ hotspot

> ✔**해설** GUI는 그래픽 사용자 인터페이스(Graphical User Interface)로 사용자가 컴퓨터와 정보를 교환할 때, 문자가 아닌 그래픽을 이용해 정보를 주고받는다.
> ② 블루투스(bluetooth)는 각각의 휴대폰끼리 또는 휴대폰과 PC끼리 사진 등의 파일을 전송하는 무선 전송기술을 말한다.
> ③ UCC(User Created Contents)는 사용자가 직접 제작한 콘텐츠를 온라인상에 제공하는 것을 말한다.
> ④ P2P(peer to peer)는 인터넷상에서 개인과 개인이 직접 연결되어 파일을 공유하는 것을 말한다.
> ⑤ 핫스팟(hotspot)은 무선으로 초고속 인터넷을 사용할 수 있도록 전파를 중계하는 무선랜 기지국을 말한다.

8 제5세대 컴퓨터개발 프로젝트의 하나로 개발하고 있는 컴퓨터는?

① 미니컴　　　　　　　　　　　② 노이만형 컴퓨터
③ 바이오 컴퓨터　　　　　　　　④ 비노이만형 컴퓨터
⑤ 폰노이만형 컴퓨터

> ✔**해설** 비노이만형 컴퓨터 … 프로그램으로 결정된 순서대로 데이터를 처리하는 노이만형에 대해 복수의 명령을 동시에 병렬적으로 처리할 수 있으며, 추측·판단 등이 가능한 컴퓨터이다.

9 예측 불가능한 현상, 즉 언뜻 보아 무질서하게 보이는 복잡한 현상의 배후에 있는 정연한 질서를 밝혀내는 이론은?

① 퍼지 이론(fuzzy set theory)　　　　② 카오스 이론(chaos theory)
③ 빅뱅 이론(big bang theory)　　　　④ 엔트로피 이론(entropy theory)
⑤ 프랙탈 이론(fractal theory)

> ✔**해설** 퍼지(fuzzy)가 주관적인 결정을 하는 데 비해 카오스(chaos)는 객관적인 이론체계를 만든다.

10 1997년 2월 탄생한 최초의 복제 포유류인 복제양 '돌리'는 유전공학기술 중 어느 기법을 이용한 것인가?

① 핵이식법

② 세포융합법

③ 유전자재조합법

④ 조직배양법

⑤ 핵치환기법

✔해설 핵치환기법은 DNA가 들어있는 세포핵을 제거하고 다른 DNA를 결합시켜 새 세포를 만드는 기법이다.

11 유도전류의 방향은 코일을 통과하는 자력선의 변화를 방해하는 방향으로 발생하게 되는 법칙은?

① 패러데이의 법칙

② 렌츠의 법칙

③ 만유인력의 법칙

④ 플레밍의 법칙

⑤ 비오−사바르의 법칙

✔해설 렌츠의 법칙은 자석을 코일 속에 넣었다 뺐다 하면 코일에 유도전류가 생기는데, 이때 생긴 유도전류의 방향은 코일을 통과하는 자력선의 변화를 방해하는 방향으로 발생하게 되는 법칙을 의미한다.

12 역전층이란?

① 상공의 기온이 지상의 기온보다 높은 곳

② 공기의 대류가 매우 심한 공기층

③ 극동 상공에 불고 있는 제트기류와의 경계층

④ 고온지대와 저온지대의 경계선

⑤ 지구자기축에 고리 모양으로 지구를 둘러싸고 있는 방사능대

✔해설 역전층 … 대기의 온도는 지표 부근이 가장 높고 100m 상승할 때마다 0.6℃씩 낮아지는 것이 보통이나, 역전층은 이와 반대의 현상이 일어나고 있는 대기층을 말한다. 따라서 대기의 교류가 일어나기 어려우므로 하층 부근에 안개나 대기오염이 발생하기 쉽다.

Answer   7.① 8.④ 9.② 10.⑤ 11.② 12.①

지리·환경

1 지리·교통

✱ 가이아(gaia)가설 **

지구는 하나의 거대한 유기체로서, 지구상의 생물권은 단순히 주위환경에 적응하는 소극적인 존재가 아니라 지구의 물리·화학적 환경을 적극적으로 변화시키는 능동적인 존재라는 이론이다. 1978년 영국의 과학자 제임스 러브록이 지구상의 생명을 보는 새로운 관점을 통해 주장했다.

✱ 팡게아(pangaea) *

대륙이동설에서 주장하는 초거대 원시대륙이다. 독일의 베게너(A. Wegener)는 1924년 현재의 아메리카 대륙과 아프리카 대륙의 모양이 서로 잘 맞는다는 점을 근거로, 최초에는 큰 원시대륙인 팡게아가 있었고 이것이 분리·이동하여 현재와 같은 대륙분포를 이루었다는 대륙이동설을 주장했다.

✱ 허리케인(hurricane) **

에스파냐어 '우라칸(huracan, 강대한 바람)'에서 유래된 싹쓸바람으로, 대서양 서부에서 발생하는 열대저기압을 말한다. 허리케인은 북대서양·카리브해·멕시코만에서 발생하는데 연간 10회 정도 출현하며, 그 밖에 5 ~ 10회 발생하기도 한다. 8~10월에 가장 많고 태풍보다 출현수가 상대적으로 적으나 월별 빈도로 보면 비슷하다. 대체적으로 소형이나 중심기압이 낮을수록 우세해서 최대풍속이 강해 그 구조는 태풍과 같다.

✱ 쓰나미(tsunami) **

해저에서 급격한 지각변동으로 해수가 급격히 이동할 때 형성되는 천해파로 지진해일이다. 이는 대개 얕은 진원을 가진 진도 6.3 이상의 지진과 함께 일어나기도 하고, 해저의 화산폭발·빙하의 붕괴·토사 함몰·핵폭발 등으로 발생하기도 한다.

더 알아보기

폭풍해일 ⋯ 저기압이나 태풍에 의해 발생하는 해일로 저기압해일이라고도 한다.

✱ 배사구조(背斜構造) *

퇴적 당시에는 수평이었던 지층이 습곡작용에 의해 물결모양으로 산봉우리처럼 볼록해진 부분을 말한다. 정립배사 · 비대칭배사 · 횡와배사 · 돔(dome)구조로 분류되며, 특히 유전지대에 배사구조가 있게 되면 이 지역에 석유가 모이게 된다.

✱ 웨더 쇼크(Weather Shock) **

날씨가 갑작스럽게 변화하여 그 결과로 사회 · 경제적 피해가 발생하는 것을 말한다. 2016년 1월 미국의 수도 워싱턴에는 100년 만에 폭설이 내렸고, 13개 주에 전기가 끊겼다. 폭설과 한파의 영향으로 미국은 2014년 1분기 마이너스 0.9%의 성장률을 기록했고 2015년 1분기에도 0.6% 증가에 머물렀다.

✱ 계절풍기후(monsoon climate) ***

한국 · 일본 · 중국 · 동남아시아 등 계절풍의 영향을 받는 지역의 기후로, 몬순기후라고도 한다. 계절풍은 여름과 겨울에 대조적인 기후를 발생시키는데, 열대해양기단과 찬대륙기단의 영향으로 여름철에는 비가 많고 고온다습하며 겨울철에는 춥고 맑은 날이 많으며 저온건조하다. 우리나라는 여름에는 남동계절풍의 영향을 받아 고온다습하며, 겨울에는 북서계절풍의 영향을 받아 한랭건조하다.

✱ 해양성기후(海洋性氣候) *

해양의 영향을 받아 상대적으로 여름에는 서늘하고 겨울에 따뜻한 기후로, 대륙 동안에 비하여 연교차가 작고 연중 강수량이 고르며 편서풍이 탁월하다. 주로 위도 40 ~ 60° 범위의 대륙 서안에 위치한 나라에서 볼 수 있어 서안해양성기후라고도 하며 영국, 독일, 프랑스, 스칸디나비아 3국 등이 이에 속한다. 또한 북아메리카 북서안과 뉴질랜드, 칠레 남부 등지에서도 나타난다.

✱ 인도양 다이폴 **

초여름과 늦가을 사이, 인도양 열대 해역의 동부는 수온이 지나치게 낮아지고, 서부 수온은 높아지는 대기해양현상이다. 이 현상으로 인도양 서쪽 동아프리카 강수량은 증가하여 폭우, 홍수가 발생하고, 인도양 동쪽 인도네시아는 강수량 감소하여 폭염, 가뭄이 발생하였다. 엘니뇨와 마찬가지로 세계 기후에 큰 영향을 미치며 특히 인도 등 아시아 국가의 여름 몬순에 영향을 준다. 최근에는 지구온난화 등으로 이런 다이폴 현상이 더 기승을 부리고 있고, 지난 2019년 9월 발생한 호주 산불 장기화의 원인으로 꼽히고 있다. 호주 산불로 이산화탄소가 발생하고 온실가스가 배출되면서 지구 온난화가 가속화되는 이른바 '되먹임 효과'의 악순환이 나타났다.

✱ 인구소멸 위험지역 ***

소멸위험지수가 0.5 미만인 지역을 인구소멸위험지역으로 분류한다. 2020년을 기준으로 한국고용정보원이 전국 228개의 시·군·구를 대상으로 분류한 결과, 228개 중 105곳(46.1%)이 인구소멸위험지역으로 분류, 105곳 중 97곳(92.14%)이 비수도권 지역에 집중되었다. 소멸위험지역은 낙도지역이나 농어촌지역뿐만 아니라 도청 소재지, 광역대도시까지 확대되고 있는 양상이며 코로나19로 인해 지방의 제조업 위기가 도래하면서 더욱 가속화되었다.

✱ 대륙성기후(大陸性氣候) **

대륙 내부에서 육지의 영향을 받아 나타나는 기후로 내륙성 기후라고도 한다. 해양성 기후에 비해 바다의 영향을 받지 않기 때문에 공기 중의 수증기량이 적고 이로 인해 맑은 날씨를 보이는 날이 많으며, 일교차·연교차가 크고 기압과 바람 이외의 기후요소에 의해서도 기후변화가 심하게 나타난다. 대륙 내부에 위치한 대부분의 나라가 대륙성 기후의 영향을 받으며 우리나라 역시 대륙성 기후로, 여름에는 북태평양기단의 영향을 받아 몹시 더우며 겨울에는 시베리아기단의 영향을 받아 몹시 춥다.

더 알아보기

우리나라에 영향을 주는 기단

기단	계절	특성	영향
시베리아기단	겨울	한랭건조	북서풍 한파, 삼한사온
오호츠크해기단	초여름	한랭다습	높새바람
북태평양기단	여름	고온다습	남동계절풍, 무더위
양쯔강기단	봄·가을	온난건조	이동성고기압

✱ 열대우림기후(熱帶雨林氣候) *

연중 고온다우한 기후로, 거의 매일 스콜이 내리며 월강우량이 최소 60㎜ 이상이다. 이 기후대에서는 원시농업·수렵 등이 행해지며, 서구의 자본가들이 현지인의 값싼 노동력을 이용하여 고무·야자·카카오 등의 특정 농산물을 대량으로 생산하는 재식농업(플랜테이션)이 이루어진다. 분포지역은 아마존강 유역, 콩고강 유역, 말레이반도, 인도네시아제도, 기니만 연안의 아프리카 등이다.

✱ 스콜(squall) **

열대지방에서 거의 매일 오후에 볼 수 있는 소나기를 말한다. 바람의 갑작스러운 변화나 강한 햇볕에 의해 공기 중의 일부가 상승하고 그로 인해 발생한 상승기류에 의해 비가 내린다.

✱ 스텝(stppe) ✱

대륙 온대지방의 반건조기후에서 발달한 초원지대로, 습윤한 삼림지대와 사막과의 중간대이다. 주로 키가 작은 화분과의 풀이 자라는데, 비가 많이 내리는 봄철에는 무성해지나 여름철 건계에는 말라 죽는다. 즉, 건조한 계절에는 불모지이고, 강우계절에는 푸른 들로 변한다.

✱ 툰드라(tundra) ✱

타이가(taiga)지대의 북에 접한 북극권 내의 지표로 대부분의 낮은 얼음으로 덮여 있다. 여름에는 지표의 일부가 녹아서 습지가 되며, 지의류·선태류·작은 관목 등의 식물과 순록같은 동물이 살 수 있다. 유라시아 북부·캐나다 북부·시베리아 북부·알래스카 북부 등지에 위치하고 있다.

더 알아보기

타이가(taiga) ··· 북반구의 경작한계와 툰드라지대 사이로, 연교차가 60℃ 이상이며 포드졸 토양이다. 시베리아와 캐나다의 침엽수림대가 대표적이다.

✱ 외쿠메네(ökumene) ✱

지구상에서 인간이 거주할 수 있는 지역을 말한다. 지구표면의 육지에서 사막·고산지대, 극지방의 빙설지대·동토(凍土) 등을 제외한 지역으로, 약 87%가량이 해당되는데, 세계인구의 자연증가율에 비추어 볼 때 이의 증대가 시급하다. 근래 들어 농경법의 개량, 자연개발의 진척, 내한·내건기술의 발달 등으로 외쿠메네의 확대가 이루어지고 있다.

더 알아보기

아뇌쿠메네(anökumene) ··· 인간 비거주지역으로, 고산·극지·설선·사막지역을 말한다.

✱ 와디(wadi) ✱

아라비아 및 북아프리카 지방의 건조지역에 많이 있는 간헐하천으로 비가 내릴 때 이외에는 물이 마르는 개울이다. 건조지대, 특히 사막에 있는 하상(河床)은 늘 물이 없으므로 마른강이라고도 한다. 폭우가 쏟아지면 모래와 자갈이 섞인 물이 흐르나 비가 그치면 곧 마른다. 빗물이 지하수가 되어 오아시스가 생기는 수도 있으므로, 대상(隊商)들이 이곳을 길로 이용한다.

✱ 크레바스(crevasse) ✱✱

빙하가 갈라져서 생긴 좁고 깊은 틈새를 말한다. 급경사를 이루는 빙하도랑을 이동할 때에는 빙하를 가로지르는 크레바스가, 넓은 골짜기나 산기슭으로 나가는 곳을 이동할 때에는 빙하가 이동하는 방향에 평행하는 크레바스가 나타난다.

✱ 블리자드(blizzard) **

남극지방에서 볼 수 있는 차고 거센 바람을 동반한 눈보라 현상으로 우리말로는 폭풍설(暴風雪)이라고도 한다. 이러한 현상이 발생하는 이유는 남극지방의 급격한 기온변화 때문이라고 볼 수 있는데, 몇 시간 사이에 영하 10도에서 영하 20도로 기온이 급강하하면서 동시에 초속 40 ~ 80m의 강풍이 불며 눈이 몰아친다.

✱ 북대서양진동(NAO : North Atlantic Oscillation) *

북대서양진동은 아이슬란드 근처의 기압과 아조레스(azores) 근처의 기압이 서로 대비되는 변동으로 구성된다. 평균적으로 아이슬란드의 저기압 지역과 아조레스의 고기압 지역 사이에 부는 편서풍은 유럽 쪽으로 전선시스템을 동반한 저기압을 이동시키는 역할을 한다. 그러나 아이슬란드와 아조레스 사이의 기압차는 수일에서 수십년의 시간 규모상에서 섭동(攝動)을 하는 현상을 보이므로 때때로 역전될 수도 있다.

✱ 연교차 · 일교차 *

기온의 연교차는 가장 따뜻한 달과 가장 추운 달의 평균기온의 차를 말하며, 기온의 일교차는 하루 중 가장 기온이 낮을 때와 높을 때의 차를 말한다. 연교차는 저위도지방보다는 고위도지방에서 크게 나타나고 해양보다는 대륙에서 더 크게 나타난다. 일교차도 마찬가지이며, 평지보다 분지가 더 크고 고도가 높아질수록 작게 나타난다.

✱ 엘니뇨(el nino)현상 ***

남미 에콰도르와 페루 북부연안의 태평양 해면온도가 비정상적으로 상승하는 현상으로, 아프리카의 가뭄이나 아시아 · 남미지역의 홍수 등을 일으키는 원인이다. 엘니뇨는 스페인어로 '신의 아들'이란 뜻인데, 크리스마스 때 이 현상이 가장 현저해서 붙여진 이름이다.

✱ 라니냐(la nina)현상 ***

적도 부근의 표면 해수온도가 갑자기 낮아지는 현상이다. 엘니뇨와 번갈아 대략 4년 주기로 일어나며, 이 현상으로 인한 대기순환 교란은 1 ~ 3년간 여파를 미친다. 반(反)엘니뇨현상으로도 불린다.

✱ 에어포켓(air pocket) **

대기 중에 국지적인 하강기류가 있는 구역을 말하며, 이 구역에서 비행중인 항공기에는 수평자세로 급격히 고도가 낮아지는 현상이 발생하게 된다. 이는 적운 계통의 구름, 강, 늪, 삼림의 상공, 산악이나 높은 건물의 바람맞이 상공에 생기는 것으로 우리나라 대관령 상공에서도 자주 일어난다. 선박 또는 해상구조물이 침몰하였을 경우 내부에 공기가 남아있는 공간도 에어포켓이라 한다.

✱ 극와동(極渦動) ✱

극지방에서 볼 수 있는 회오리바람처럼 갑작스레 변화하는 기상현상으로, 불과 수 시간의 타임스케줄을 갖는다. 이 때문에 우리나라를 비롯한 동아시아는 기상변화에 큰 영향을 받는다.

✱ 블로킹(blocking)현상 ✱

저지현상(沮止現象) 혹은 블로킹 고기압이라고도 하며 중위도 지역의 대류권에서 우세한 고기압이 이동하지 않고 장기간 한 지역에 머물러 동쪽으로 움직이는 저기압의 진행이 멈추거나 역행되는 현상을 말한다.

✱ 선상지(扇狀地) ✱

하천상류의 산지에서 평지로 바뀌는 경사의 급변점(곡구)에서 유속이 감소하여 골짜기 어귀에 자갈이나 모래(토사)가 퇴적되어 이루어진 부채꼴 모양의 완만한 지형이다. 골짜기 어귀에 중심을 선정, 선상지 말단부를 선단, 그리고 그 중간을 선앙이라고 부른다. 토지의 이용면에서 볼 때, 선정은 산림 취락의 입지와 밭으로 사용되며, 선앙은 과수원으로, 선단은 물이 용천하기 때문에 취락 입지와 논으로 사용한다. 우리나라는 구례 · 사천 · 추가령 지구대의 석왕사 등 선상지가 많은 편이나, 산지의 대부분이 저산성 산지로 경사의 급변점이 낮아 선상지의 발달은 미약하다.

✱ 범람원(汎濫原) ✱

하천이 홍수 등으로 인해 주변으로 범람하여 토사가 퇴적되어 생긴 평야를 말한다. 범람원은 장년기 이후의 지형에서 특히 넓게 나타나며, 그 안에 자연제방이나 후배습지가 생겨 강이 자유롭게 곡류하게 된다. 충적평야의 일종으로 토지가 비옥하여 주로 농경지로 이용된다. 우리나라의 경우 연강수량의 변화나 계절적 강수량의 변화차가 크기 때문에 발달이 탁월하다.

✱ 삼각주(delta) ✱

하천이 호수나 바다와 만나는 지점에서 하천을 따라 운반되어 온 토사가 퇴적하여 만들어진 충적평야로, 토양이 매우 기름져서 일찍부터 농경이 발달하였다. 나일강 하구, 미시시피강 하구, 낙동강 하구 등이 이에 속한다.

✱ 라피에(lapies) ✱

석회암이 나출된 대지 등에서 석회암의 용식에 의하여 형성된 작은 기복이 많은 지형으로 카르스트 지형 중에서 가장 일반적인 것이다. 영국에서 부르는 '크린트'는 석회암이 나출된 면을 일컫고, '그라이크'는 수직인 파이프 모양의 구멍을 일컫는다. 또, 석회암의 나출면이 절리 등을 따라서 홈이 파이는 경우도 있다. 석회암이 움푹 들어간 부분에 토양이 메워지고, 튀어나온 부분이 묘석을 세워 놓은 것 같은 모양을 나타내기도 한다. 이들 라피에가 집합되어 있는 지역을 '카렌펠트(karrenfelt)'라고 부른다.

✱ 카르스트(karst)지형 ***

석회암지대에 생기는 특수한 지형으로, 빗물이나 지하수에 의해 침식되어 형성된다. 지하에 생긴 동굴은 종유동이라 하는데, 돌리네·종유석·석순·석회주 등 기암괴석이 많으며 우리나라에서는 연변의 동룡굴, 울진의 성류굴, 제주도의 만장굴 등이 유명하다.

✱ 싱크홀(sink hole) *

지하 암석이 용해되거나 기존에 있던 동굴이 붕괴되면서 생긴 움푹 파인 웅덩이를 말한다. 장기간의 가뭄이나 과도한 지하수 개발로 지하수의 수면이 내려가 지반의 무게를 견디지 못해 붕괴되기 때문에 생기는 것으로 추정되며, 주로 깔때기 모양이나 원통 모양을 이룬다. 석회암과 같이 용해도가 높은 암석이 분포하는 지역에서 볼 수 있다.

더 알아보기

블루홀(blue hole) ⋯ 바닷속에 위치한 동굴 또는 수중의 싱크홀을 일컫는다.

✱ 모레인(moraine) *

빙하에 의하여 운반된 점토·모래·자갈 등의 암설(巖屑)을 말한다. 이것은 하천과 바닷물에 의하여 운반된 토양과 달리, 층리가 없고, 또 대소의 암층을 혼합한 채로 퇴적한다. 빙하의 표면·내부·적부·종단부 등 그 위치에 따라, 표퇴석·내부퇴석·저퇴석·중앙퇴석으로 구분된다. 또 단퇴석은 빙하의 선단에 있었던 암설이 빙하가 녹았기 때문에, 그대로 그곳에 퇴적한 것을 말한다. 현재 퇴석은 독일·구소련·북미 등지에서 많이 볼 수 있다.

✱ 이수해안(離水海岸) *

육지의 융기 또는 해면의 저하로 생긴 해안을 말한다. 예로부터 융기지역의 해안에 생기는 경우가 많으며, 일반적으로 해안선이 평탄하고 얕은 해저의 앞바다에는 연안주, 석호 등이 발달한다.

✱ 해안단구(海岸段丘) *

해안지형에 있어 해식애·단층해안 등이 점차적으로 융기되어 육지화된 계단 모양의 지형으로 바닷가 취락의 형성, 교통로 등으로 이용되고 있다.

✱ 대륙붕(大陸棚) **

해안에 접속되는 수심 200m 이내의 얕은 해저지형으로, 대륙의 연장부분에 해당되는 완경사면이다. 해양 면적의 8%에 불과하나 수산·광산자원이 풍부하고, 생물의 종류가 매우 많아 그 양은 해양 전체의 대부분을 차지하는 바다생물의 보고이다.

✸ 지구대(地溝帶) *

지반의 단층작용에 의해 침하되어 생긴, 평행하는 두 단층 사이에 끼어 있는 좁고 깊게 파인 지대이다. 라인지구대, 동아프리카지구대, 형산강지구대, 추가령지구대 등이 그 예이다.

✸ 환태평양조산대 ***

세계의 지형에서 태평양을 둘러싸고 있는 지대로 안데스산맥, 로키산맥, 알류산열도, 일본열도, 쿠릴열도, 필리핀제도, 뉴기니섬, 뉴질랜드섬 등으로 연결되는 지대이다. 오늘날까지도 지진·화산 등의 지각변동이 계속되고 있다.

✸ 코리올리의 힘 *

1828년 프랑스의 코리올리(G. G. Coriolis)가 체계화한 이론으로, 회전하고 있는 물체 위에서 운동하는 물체를 생각할 때 상정하는 겉보기의 힘을 말한다. 보통 전향력(轉向力)이라고 하는데, 지구의 자전에 의해 생기는 코리올리의 힘에 의하여 태풍이 북반구에서는 시계방향으로, 남반구에서는 시계반대방향으로 소용돌이치게 되는 것을 설명할 수 있다.

✸ 인공강우 *

구름에 인공적인 영향을 주어 비가 내리게 하는 것이다. 구름층은 형성되어 있으나 대기 중에 응결핵 또는 빙정핵이 적어 구름방울이 빗방울로 성장하지 못할 때 인위적으로 '비씨(구름씨,Cloud Seed)'를 뿌려 특정지역에 강수를 유도하는 것이다. 즉, 과냉각된 구름(어는 점 이하의 온도에서 존재하는 물방울로 이루어진 구름)에 드라이아이스나 요오드화은 등의 응결핵을 뿌리면 이것을 중심으로 빗방울이 생기는 현상을 이용하는 것이다.

✸ 블랙박스(black box) **

비행기에 장착되어 사고 시 그 원인을 밝혀내는 장비로, 여객기의 이륙부터 착륙까지 무선교신 내용·고도·속도·방위각·풍속·날개 및 엔진상태 등 모든 운항 상황이 자동으로 기록된다. 비행자료기록(flight data record)과 조종실 음성 및 교신내용기록(voice record)의 두 부분으로 구성되어 있다. 차량용 블랙박스는 차량에 부착된 각종 센서를 통해 운행 상황을 기록하고, 교통사고 발생 때 당시의 상황을 자동으로 저장하여 정확한 사고 원인을 규명하고 책임 소재를 가리는 데 이용되고 있다.

✸ 어린이 보호구역 *

유치원과 초등학교의 주된 출입문을 중심으로 반경 300m 내의 지역으로 이곳에서는 신호등·교통안전표시·노면표시 등 안전시설과 과속방지시설·미끄럼 방지시설·도로반사경·울타리 등 도로부속 시설이 설치된다. 시장 등은 교통사고의 위험으로부터 어린이를 보호하기 위하여 어린이보호구역으로 지정하여 차의 통행을 제한하거나 금지하는 등의 조치를 할 수 있다.

✱ 길 가장자리 구역 *

보도와 차도가 구분되지 아니한 도로에서 보행자의 안전을 확보하기 위하여 안전표지 등으로 그 경계를 표시한 도로의 가장자리 부분을 말한다.

✱ 안전지대 *

도로를 횡단하는 보행자나 통행하는 차마의 안전을 위하여 안전표지나 그와 비슷한 공작물로 표시한 도로의 부분을 말한다.

✱ 옐로카펫(yellow carpet)

어린이 횡단보도 사고를 예방하기 위해 국제아동인권센터가 고안한 교통안전시설로 옐로카펫은 횡단보도 앞바닥과 대기 공간 벽면에 펼쳐져, 어린이는 안전한 곳에서 신호를 기다리고 운전자는 보행하는 어린이를 잘 볼 수 있는 장점을 가진다. 2020년 9월 기준 전국 1,000여 개가 설치가 되어있다.

2 환경 · 공해

✱ RE100 ***

기업이 사용하는 전력량을 재생에너지로 전환하는 캠페인이다. 2050년까지 기업이 사용하는 전력량 100%를 태양광, 풍력 등의 재생에너지로 충당하겠다는 환경 캠페인이다.

✱ 제로웨이스트(zero waste) ***

환경보호를 위해 플라스틱 용기, 비닐봉지, 나무젓가락 등 일회용품 사용을 자제하고 장바구니나 도시락통, 텀블러 등을 사용하는 것을 말한다. 쓰레기 배출을 제로(0)로 만들자는 취지로 시작되었으며 더 많은 참여자를 독려하기 위하여 최근에는 해시태그를 이용한 캠페인도 벌이고 있다. SNS에 자신의 제로 웨이스트 사진을 올린 뒤 지인을 태그하여 릴레이 하는 형식이다. 제로 웨이스트의 구체적인 방법으로는 개인용 용기(도시락 통)에 음식 포장하기, 남은 재료를 활용하여 요리하기, 휴지보다 손수건을 이용하기, 장바구니 사용하기, 빨대 사용 자제하기 등이 있다. 코로나19로 인한 배달 및 포장 서비스, 마스크와 일회용 위생장갑의 사용과 폐기가 급증하는 등으로 쓰레기 감소의 중요성이 더욱 대두되고 있다.

✱ 플로깅 Plogging ***

스웨덴에서 시작하여 북유럽을 중심으로 확산된 이 운동은, 조깅을 하면서 길가에 버려진 쓰레기를 줍는 것을 말한다. 줍깅이라고도 하며 국립국어원에서는 플로깅을 우리말로 쓰담달리기라고 선정한 바 있다.

더 알아보기

플로킹(Plocka upp+Walking) ⋯ 달리지 않고 걸으며 쓰레기를 줍는 행동을 말한다.

✱ 2050 탄소중립 ***

온실가스를 배출한 만큼 온실가스를 제거하는 대책을 세워 실질 배출량을 '0'으로 만들기 위한 계획이다. 즉, 대기 중으로 배출한 온실가스의 양을 상쇄할 수 있을 정도로 온실가스를 흡수하여 총량을 중립으로 만들겠다는 의미이다. 이를 시행하는 대책으로 숲을 조성하여 산소를 공급하거나 재생에너지를 생산하는 방법, 온실가스 배출량에 상응하는 탄소배출권을 통해 구매하는 방법 등이 있다. 정부는 '2050 탄소중립 위원회'를 설치하여 모든 경제 영역에서 저탄소화를 추진해 나갈 것을 발표하였다. 11월 27일에 주재한 2050 탄소중립 범부처 전략회의에서 탄소중립은 30년을 내다보고 일관된 방향으로 추진 할 과제라고 밝혔다. 기후위기 대응은 인류 생존과 미래의 사활이 걸린 과제라며 인류는 앞으로 30년, 화석연료 기반의 문명에서 그린 에너지 기반의 문명으로 바꾸는 문명사적 대전환에 나서게 될 것이라고 강조하였는데, 이를 위해 에너지 전환, 산업 혁신 등 주요 과제별 로드맵과 추진 전략도 빠르게 마련하고, 심층적인 연구·검토와 충분한 소통을 거친 체계적이며 충실한 이행계획으로 국민 공감대를 넓혀 나가겠다고 덧붙였다. 2021년 P4G 정상회의 개최, 한-EU 탄소중립 협력사업 등을 통해 국제 공조를 강화해 나가겠다고 하였다. 한편, 중국과 일본을 포함한 70여 개의 나라가 탄소중립을 선언하였다.

더 알아보기

탄소배출권 ⋯ 지구온난화를 유발하는 온실가스를 배출할 수 있는 권리이다. 온실가스 배출량이 많은 기업은 기술개발을 통해 자체적으로 배출량을 줄이거나 배출권을 구입하여 할당 범위 내에서만 온실가스를 사용해야 한다. 남거나 부족한 배출권은 거래가 가능하다.

✱ 유엔인간환경회의(UNCHE : United Nations Conference for Human Environment) ***

1972년 스웨덴의 스톡홀름에서 '하나뿐인 지구'라는 슬로건 하에 개최된 국제회의로, 스톡홀름회의라고도 한다. 지구의 환경파괴를 막고 천연자원이 고갈되지 않도록 국제적인 협력 체제를 확립하는 것을 목적으로 하며, 따라서 환경오염 물질의 규제, 천연자원의 보호, 국제기구설치 문제 등을 주요 의제로 다루었다. 인간의 경제활동으로 인한 공해·오염 등의 문제를 국제적 수준에서 다루기 위해서 '인간환경선언(스톡홀름선언)'과 109개 항의 권고로 이루어진 행동계획을 채택하였으며, '유엔환경계획(UNEP)'을 설치하고 환경 기금을 조성하는 등의 합의를 이끌어 냈다. 또한 이 회의가 개최된 6월 5일은 '세계 환경의 날'로 제정되었다.

✱ 유엔환경계획(UNEP : United Nations Environment Program) **

유엔인간환경회의(UNCHE)의 결의에 따라 1973년 케냐의 나이로비에 사무국을 설치한 유엔의 환경관련활동 종합조정기관이다. 환경 관련 지식을 증진하고, 지구환경 상태의 점검을 위해 국제적인 협력을 촉진하는 것을 목적으로 한다. 선진국의 공해와 개발도상국의 빈곤 등 인간거주문제가 환경문제의 최우선이라 보고 환경관리가 곧 인간관리라고 규정하며, 인구와 도시화, 환경과 자원, 환경생태에 관한 연례보고서를 작성하고 5년마다 지구 전체의 환경 추세에 대한 종합보고서를 발간하는 등의 활동을 전개하고 있다. 1987년 오존층 파괴 물질에 대한 '몬트리올의정서'를 채택하여 오존층 보호를 위한 국제협력체계를 확립하였으며, 지구환경감시시스템 및 국제환경정보조회시스템을 구축하였고 '글로벌 500'을 제정하는 등 다양한 활동을 전개하고 있다. 우리나라는 1972년에 가입했다.

✱ 몬트리올의정서(Montreal protocol) ***

지구 오존층 파괴 방지를 위하여 염화불화탄소(CFC, 프레온가스)·할론(halon) 등 오존층 파괴 물질 사용에 대해 규정한 국제환경협약이다. 1974년 미국 과학자들의 CFC 사용 규제에 대한 논의로부터 시작되었으며, 1985년 '비엔나협약'에 근거를 두고 1987년 캐나다 몬트리올에서 정식 채택되었다. CFC의 사용 및 생산금지, 대체물질 개발 등을 주요 골자로 하고 있으며 1992년 코펜하겐에서 열린 제4차 회의에서 '코펜하겐의정서'를 채택하였다. 우리나라는 1992년에 가입하였다.

더 알아보기

- 비엔나협약 : 1958년 채택된 오존층 보호에 관한 협약으로 오존층 파괴 예방을 위한 법적·행정적 조치 실시, 오존층 보호를 위한 조사·관찰 및 연구·정보교환 등 추상적인 의무를 당사국에만 부과하는데 그쳤다.
- 코펜하겐의정서 : 몬트리올의정서의 개정의정서로 당초 2000년에 전폐하기로 했던 계획을 1996년으로 앞당기고, 규제대상 물질도 20종에서 95종으로 확대했다.

✱ 글로벌(global) 500 ***

1978년 당시 유엔환경계획(UNEP)의 사무총장이었던 모스타파톨바 박사의 제안으로 제정된 환경 분야의 가장 권위 있는 상으로, 노벨환경상으로도 불린다. 환경보호에 특별한 공로가 있는 개인 또는 단체를 선정하게 되는데, 1992년까지 모두 500명의 수상자가 선정되었고, 2단계로 1993년부터 새로운 500명 선정이 시작됐다.

✱ 지속가능한 개발(ESSD : Environment Sound and Sustainable Development) **

미래세대가 그들의 필요를 충족시킬 가능성을 손상시키지 않는 범위에서 현재 세대의 필요를 충족시키는 개발로, 환경보전과 경제개발을 조화시켜야 한다는 의미이다. '환경과 개발에 관한 세계위원회(WCED)'가 1987년에 발표한 '우리의 미래(Our Common Future)'라는 보고서에서 공식화되어 유엔환경개발회의에서 세계 환경 정책의 기본 규범으로 정식 채택되었다.

✱ 유엔환경개발회의(UNCED : United Nations Conference on Environment and Development) ✱✱✱

인간환경회의 20주년을 기념하여 1992년 브라질의 리우데자네이루에서 열린 지구환경보전회의로 114개국의 국가정상, 185개국의 정부대표 및 3만여 명의 환경전문가ㆍ민간 환경단체 등이 참가한 인류최대의 환경회의이다. 정부 대표가 중심이 된 유엔환경개발회의와 각국 민간단체 및 환경전문가가 중심이 된 지구환경회의가 함께 개최되었는데, 이를 'Earth Summit' 또는 '리우회의'라고도 한다. 이 회의의 주제는 '자연환경 보전과 경제개발의 양립', '환경적으로 건전하고 지속가능한 발전(ESSD)'이었으며, '리우선언', '의제 21', '기후변화협약', '생물다양성협약', '산림보존원칙' 등을 채택하였다.

✱ 리우선언(Rio宣言) ✱✱✱

1992년 브라질의 리우데자네이루에서 열린 유엔환경개발회의(UNCED, 리우회의)에서, 환경보전과 개발전략의 조화 등 선언적 사항을 규정한 지구헌장이다.

✱ 탄소중립 ✱

탄소제로라고도 한다. 온실가스를 흡수하기 위해서 배출한 이산화탄소의 양을 계산하고 탄소의 양만큼 나무를 심거나 풍력ㆍ태양력 발전과 같은 청정에너지 분야에 투자해 오염을 상쇄한다. 산업자원부에서는 2008년 2월 18일부터 대한상공회의소, 에너지관리공단, 환경재단 등 21개 기관과 공동으로 개최하는 제3차 기후변화 주간에 탄소중립 개념을 도입해 이산화를 상쇄하고자 하는 노력을 하고 있다.

✱ 생물다양성협약(CBD : Convention on Biological Diversity) ✱✱

지구상의 동ㆍ식물을 보호하고 천연자원을 보존하기 위한 국제협약으로 유엔환경개발회의(UNCED)에서 정식 채택되었다. 멸종위기의 동ㆍ식물은 물론 생물이 지닌 유전자를 포함 지구상의 모든 생태계를 보존하려는 것이 그 목적이며 각 국가별 지침을 별도로 마련해 실천하도록 하여 생물자원의 주체적 이용을 제한하고 있다. 선신국의 우위에 있는 기후변화협약에 비하여 개발도상국이 비교적 우위에 있으며 우리나라는 154번째로 서명했다.

✱ 환경호르몬 ✱✱

정식 명칭은 외인성 내분비교란물질로 인체에 들어가면 여성호르몬과 똑같은 작용을 하여 이러한 이름이 붙었다. 남성의 정자수를 감소시키고, 성장억제ㆍ생식이상 등을 일으키는 것으로 의심받고 있다. 1996년 3월 미국에서 「잃어버린 미래(Our Stolen Future)」라는 책이 출판되면서 세계적인 관심을 끌게 되었다. 다이옥신 등 70여 종의 화학물질이 여기에 해당되는 것으로 알려져 있다.

✱ 비오토프(biotope) ✱✱

야생생물이 서식하고 이동하는 데 도움이 되는 숲·가로수·습지·하천·화단 등 도심에 존재하는 다양한 인공물이나 자연물로, 지역생태계 향상에 기여하는 작은 생물서식공간을 말한다. 도심 곳곳에 만들어지는 비오토프는 단절된 생태계를 연결하는 징검다리 역할을 하는데, 독일을 비롯해 프랑스·일본·미국 등에서 비오토프 조성이 활발하다.

✱ GWP(Global Warming Potential) ✱

잘 혼합되는 온실가스의 복사 특성을 기술하는데 있어서 이러한 기체들이 대기에 존재하고 있는 시간이 서로 다르다는 것과, 외부로 방출되는 적외복사를 흡수하는 데 있어서 상대적인 유효성을 가지고 있음을 복합적으로 고려한 효과를 기술하는 지구온난화지수이다. 이 지수는 이산화탄소의 온난화효과를 기준으로 이에 상대하여 현재 대기에서 주어진 온실가스의 단위 질량당 온난화효과를 근사적으로 시간 적분한 것이다.

✱ 그린라운드(green round) ✱

국제적으로 합의된 환경기준을 설정하여 이것에 미달하는 무역상품은 관세부과 등 각종 제재를 가하기 위한 환경문제 다자간협상을 뜻한다. 1991년 미국의 막스 상원의원이 환경문제를 세계적으로 논의하고 해결해야 할 시기라고 주장하며, 이전의 GATT체제(현재는 WTO체제) 속에 환경관련규범을 신설할 것을 처음으로 제안하였다. 환경문제의 세계화에 의해 지구를 보호하기 위한 목적이나, 국가 간의 환경기술이나 소득의 차이 등에 의해 환경보호기준의 차이가 심해 선진국의 무역장벽의 역할을 할 수 있다는 우려도 있다.

✱ 세계물포럼(WWF : World Water Forum) ✱

물 위기의 심각성을 지적하고, 공통의 해결방안을 모색하는 지구촌 최대의 물 관련 행사이다. 1997년 모로코 마라케시를 시작으로 3년마다 열리고 있으며, 정부·비정부기구·전문가·시민 등의 각계각층이 21세기 물문제해결을 논의하고 그 중요성을 세계에 인식시키기 위한 목적으로 세계수자원회의(WWC : World Water Council)에 의해 제창되었다.

더 알아보기

물부족국가 … UN의 국제인구행동연구소(PAI : Population Action International)에서 전 세계 국가를 대상으로 평가해 물이 부족하다고 분류한 일군의 나라를 일컫는다. 이 연구소의 분석에 따르면 연간 물 사용가능양이 1,000㎥ 미만은 물기근국가, 1,000~1,700㎥는 물부족국가, 1,700㎥ 이상은 물풍요국가로 분류된다.

✱ 런던협약 ✱

폐기물 및 기타 물질의 투기에 의한 해양오염방지에 관한 조약이다. 1972년 영국 런던에서 채택되어 1975년에 발효된 런던덤핑조약이 1992년에 런던협약으로 개명된 것이다. 국제해상기구(IMO)가 협약을 담당하고 있으며, 우리나라는 1993년에 가입하였다.

✱ 람사협약(Ramsar convention) ✱✱✱

물새서식지로 중요한 습지보호에 관한 협약으로 1971년 2월 이란 람사르에서 채택돼 1975년 12월 발효됐다. 국경을 넘어 이동하는 물새를 국제자원으로 규정하고 가입국에 습지를 보전하는 정책을 펴도록 의무화하고 있으며, 협약에 가입한 국가들은 보전가치가 있는 습지를 1곳 이상씩 협약사무국에 등록하고 지속적인 보호정책을 펴야 한다. 협약은 습지를 바닷물이나 민물의 간조시 수심이 6m를 넘지 않는 늪과 못 등 소택지와 개펄로 정의하고 있다. 습지는 육상 동·식물의 안식처 역할을 할 뿐 아니라 수중생태계 환경을 조절하는 소중한 자원이지만 그동안 농지와 택지개발 명분에 밀려 파괴되는 경우가 많았다. 우리나라는 1997년 7월 28일 람사협약이 국내에서 발효되어 세계 101번째 가입국이 됐다.

✱ 워싱턴협약(CITES) ✱

멸종위기에 처한 야생 동·식물의 국제거래에 관한 협약으로, 세계적으로 멸종위기에 처해 있는 야생 동·식물의 상업적인 국제거래 규제 및 생태계 보호를 목적으로 한다. 정식 명칭은 '멸종위기에 처한 야생 동·식물의 국제거래에 관한 협약'이지만 1973년 워싱턴에서 채택되어 워싱턴 협약이라 불린다. 야생 동·식물을 멸종위기 정도에 따라 3등급으로 구분하여 차등 규제하고 있으며 우리나라는 1993년에 이 협약에 가입했다.

✱ 바젤협약(Basel convention) ✱✱

1989년 스위스 바젤에서 채택된 것으로 유해폐기물의 국가 간 이동 및 처리에 관한 협약이다. 가입국은 동·아연·카드뮴 등 47종의 폐기물을 국외로 반출해서는 안되며, 자국 내에서도 폐기물 발생을 최소화하고 충분한 처리시설을 확보해야 한다. 1992년에 발효되었으며, 우리나라는 1994년에 가입했다.

✱ 골드만 환경상(Goldman environment prize) ✱✱✱

1990년 리처드 골드만 부부에 의해서 제정된 상으로 환경 분야에서 뛰어난 업적을 세운 환경운동가에게 수여되는 세계 최대 규모의 환경상이다. 매년 각 대륙(북미·중남미·유럽·아시아·아프리카·기타 섬나라)을 대표하는 환경활동가 1명씩을 선정하여 12만 5천 달러씩의 상금과 함께 상을 수여한다. 수상 대상자는 과학자나 학자, 정부 관료보다도 주로 개인적인 풀뿌리 환경운동가에게 우선권이 주어지며, 환경보호에 대한 최근의 업적에 대해 시상하고 평생에 걸친 업적이 그 대상은 아니다. 또한 죽은 사람에게는 시상하지 않는다.

✱ 그린피스(green peace) ✱✱✱

국제적인 자연보호단체이다. 남태평양 폴리네시아에서의 프랑스 핵실험에 항의하기 위해 선박을 출항시킨 운동을 계기로 1970년에 조직되었으며, 본부는 네덜란드의 암스테르담에 있다. 전멸위기의 야생동물 보호, 원자력발전 반대, 핵폐기물의 해양투기 저지운동 등 폭넓은 활동을 전개하고 있다.

✱ 생물안전의정서(the caragena protocol on biosafety) ✱✱

유전자변형작물(GMO)의 교역을 규제하는 첫 국제규정으로 유전자변형작물의 안전한 교역과 취급 · 이용을 보장하는 내용을 담고 있다. 1992년 유엔환경개발회의에서 채택된 생물다양성협약에 기초한 것으로 미국과 캐나다 등 주요 곡물 수출국의 반대에 미뤄지다가 2000년 캐나다 몬트리올에서 채택되었다. 이 의정서에 따라 규제를 받는 품목은 유전자조작을 거친 동물, 씨앗이나 사료 등을 포함한 식물, 박테리아 · 백신 등과 같은 미생물과 의약품, 식품 · 가공품 등으로 유전자조작 관련 품목의 수출국이나 수출업자들은 선적화물에 유전자조작 여부를 반드시 표시해야 한다. '카르타헤나의정서', '바이오안전성의정서'라고도 한다.

✱ 내셔널트러스트(national trust) ✱✱

환경이나 경관이 파괴될 우려가 있는 지역을 국민의 기탁금으로 매입해 보존해 나가는 제도를 말한다. 영국에서 시작되었으며, 특히 영국의 내셔널트러스트가 자연해안의 보존을 위해 시작한 특별모금운동을 넵튠계획(neptune plan)이라고 한다.

✱ 시빅트러스트(civic trust) ✱

주민이나 기업이 자금을 출자해 도시의 환경정비를 하는 제도로, 내셔널트러스트에 비해 비교적 소규모의 사업을 벌인다. 자연보호나 지역환경개선이 필요한데도 재정사정이 나빠 국가가 직접 이러한 사업을 하기 어렵기 때문에 민간의 힘으로 사업을 추진하자는 것이 목적이다.

✱ 리사이클링시스템(recycling system) ✱✱✱

자원의 순환 이용에 의해 공해를 방지하고 자원이용의 효율성을 높이기 위한 인공자원순환시스템이다. 1973년 오일쇼크 이래 세계 각국에서 생활하수를 정제시켜 세척용수나 살수용수로 사용하는 중수도와 폐기물에서 유용물질을 회수하거나 폐기물을 에너지원으로 사용하는 방법 등을 개발하여 실용화하고 있다.

✱ 그린에너지(green energy) ✱

석탄 · 석유 · 원자력과 달리 환경을 오염시키지 않는 깨끗한 에너지로 태양열 · 지열 · 풍력 · 파력(波力) · 조류(潮流) 등 자연에너지를 말한다. 현재 세계 각국은 석유를 대신할 에너지원으로 그린에너지 개발연구를 서두르고 있다.

✱ PPP(Polluter Pays Principle) ✱✱

오염자 비용부담원칙이다. 환경자원의 합리적인 이용과 배분을 조장하는 동시에 국제무역이나 투자의 왜곡현상을 바로잡기 위해 오염방지비용을 오염자에게 부담시키자는 구상으로, 1972년 OECD(경제협력개발기구) 이사회가 가맹국에게 권고했다. 최근에는 오염방지비용뿐만 아니라 환경복원 · 피해자 구제 · 오염회피비용까지 오염원이 부담해야 한다는 견해가 대두되고 있다.

✱ 에코에티카(ecoethica) *

생태학(ecology)적 바탕 위에 만들어야 할 새로운 윤리학(ethics)으로, 에코에티카는 과학기술의 발달로 삶의 공간이 혁명적으로 변화함에 따라 근본적인 세계관의 변화를 요구하는 대안적인 가치체계이다.

✱ 배출부과금(排出賦課金) **

허용기준을 넘는 오염물질을 배출한 업체에게 환경부가 물리는 일종의 벌금이다. 오염물질의 기준초과정도, 배출기간, 오염물질의 종류, 배출량, 위반횟수에 따라 부과금의 요율이 달라진다. 부과대상 오염물질은 아황산가스 등 대기오염물질, 생화학적 산소요구량 등 수질분야, 그리고 악취가 포함된다.

✱ bird strike ***

조류충돌을 일컫는 용어이다. 항공기의 이·착륙 시 사람까지 빨아들일 정도의 강한 흡입력을 갖고 있는 항공기 엔진에 새가 빨려 들어감으로써 엔진이 파괴되는 등 대형사고가 발생하기도 한다.

✱ 업사이클링 ***

리사이클링은 의미 그대로 재활용이란 뜻으로 사용한 물품을 물품 본래 모습 그대로 다시 활용하는 것을 말한다. 업사이클링은 Upgrade와 Recycling의 합성어로, 디자인이나 활용도를 더하여 전혀 다른 제품으로 생산하는 것을 말한다. 버려지는 물건을 재활용하여 필요한 제품으로 재탄생시키며 최근에는 착한 소비, 가치 있는 소비로 새로운 소비트렌드가 되었다. 업사이클링 문화가 확산되면서 서울시는 국내 최대의 업사이클타운을 조성하기도 하였다. 국내 업사이클링타운 서울새활용플라자는 2017년에 개관하여 과학관, 공방, 카페 등을 운영하는 문화공간이다. 약 32개의 단체 및 개인이 입주해 있으며 다양한 체험 프로그램도 준비되어 있다. 이를 비롯하여 '아름다운 가게'에서 운영하는 '에코파티메아리' 등 업사이클링 제품 가게들도 늘어나고 있는 추세이다. 해외에서도 업사이클링 문화는 활발하게 확산되고 있다. 스위스의 브라이탁은 방수천과 자동차 안전벨트, 폐자전거의 고무를 이용하여 가방을 만들고 이밖에도 리바1920, 등 업사이클링을 통하여 가구를 생산하는 업체들이 늘고 있다.

✱ 2030 국가온실가스감축목표(NDC) ***

지난 2020년 12월 기후위기 대응을 위해 환경부가 관계부처 합동으로 수립하여 발표한 것으로, 2030년까지 국제사회에 감축이행을 약속하는 구속력 있는 온실가스 감축목표를 포함한다. 우리나라는 2030년까지 2017년 국가 온실가스 총배출량(709.1MtCO$_2$ eq) 대비 24.4% 감축하는 것을 목표로 한다.

✱ 자연휴식년제(自然休息年制) *

오염상태가 심각하거나 황폐화가 우려되는 국·공립공원 등을 지정해 3년간씩 출입을 통제해 자연의 생태계파괴를 막고 복원하기 위한 제도이다.

✱ 교토의정서(Kyoto Protocol) **

기후변화협약에 따른 온실가스 감축목표에 관한 의정서로 효율적인 온실가스 감축을 위해 가입당사국으로 하여금 이산화탄소(CO2), 메탄(CH4), 아산화질소(N2O), 불화탄소(PFC), 수소불화탄소(HFC), 불화유황(SF6)의 여섯 가지를 줄이기 위해 노력하도록 요구한다.

✱ P4G **

정부기관과 더불어 민간부문인 기업·시민사회 등이 파트너로 참여하는 21세기 융합형 조직으로서 기후변화 대응과 지속가능한 발전 목표를 달성하려는 글로벌 협의체이다. 즉 녹색성장 및 글로벌 목표 2030을 위한 연대이다. 개도국을 중심으로 각국이 기후변화에 대한 대응을 적절히 하면서 지속가능한 발전을 하도록 지원하며 2015년 유엔에서 채택된 지속가능발전목표(SDGs) 중 기후변화 대응과 긴밀한 관련이 있는 식량(Food), 물(Water), 에너지(Energy), 도시(City), 순환경제(Circular Economy)에 대한 해결책을 개발하여 개도국에 제공하는 것을 목표로 한다. 제2차 P4G 서울정상회의는 2021년 5월 30일 ~ 31일간 서울에서 개최되었다.

더 알아보기

P4G 참여국

구분	내용
유럽	덴마크, 네덜란드
아시아	대한민국, 인도네시아, 베트남, 방글라데시
아프리카	남아프리카공화국, 에티오피아, 케냐
미주	멕시코, 칠레, 콜롬비아

✱ COP26 ***

공식 명칭은 제26차 유엔기후변화협약 당사국총회로 2021년 10월 31일에 개막하여 11월 13일 오후 11시 30분경(영국 현지 시각 기준)에 폐막하였다. 유엔 기후변화협약(1992년)에 서명한 나라들이 1995년부터 매년 모이는데, 올해가 26번째로 당사국 197개국 중 한국, 미국, 캐나다를 포함한 130여 개국 정상들이 참여하였다. 이번 글래스고 기후합의에서는 지구 온도 상승을 1.5℃로 제한하기 위한 노력을 추구하기로 결의한다는 내용을 담고 있으며 전 지구적 기후변화 적응에 대한 진전 등을 평가하기 위한 글로벌적응목표(GGA)에 대한 방법론과 지표 등을 개발하는 작업을 기후변화협약 부속기구 주관하에 2년간 진행하기로 결정하였다. COP21(파리)에서 각국이 2030년까지 국가감축목표(NDC)를 5년마다 갱신하기로 하여 2025년에 제출해야할 NDC를 내년 말까지 제출하기로 하였다. 또한 2025년까지 선진국들이 개발도상국의 기후위기 적응(탄소배출 줄이는 기술 개발, 재생에너지 전환)을 최소 두 배 이상 부담을 늘리겠다는 약속을 하였으며 5년 넘게 지지부진했던 국제탄소시장 지침을 타결하여 2015년 채택된 파리협정의 세부 이행규칙을 완성하였다. 한편 27차 유엔기후변화협약 당사국 총회는 이집트 샤름엘세이크에서, 2023년 제28차 총회는 아랍에미리트에서 개최될 예정이다.

✱ 그린GNP ***

국민총생산(GNP)은 한 해 동안 한 국가의 국민이 생산한 재화와 서비스의 화폐 가치로서 한 국가의 경제 활동과 경제적 후생을 표시하는 지표로 사용되어왔다. 그러나 GNP의 지표는 자원, 오염문제에 따른 사회적 비용을 반영하지 못하기 때문에 정책 입안 및 평가 과정에서 경제와 환경을 통합한 새로운 지표가 필요하게 되었다. 예를 들면 대기오염으로 호흡기 질환 환자가 증가해 병원이나 약국을 찾는 사람이 늘어난다면 이는 사회적으로 바람직하지 않은 현상이지만, 의료 서비스업은 소득이 증가하기 때문에 GNP는 상승한다. 이러한 문제점을 해결하기 위해 나타난 것이 그린GNP이다. 그린GNP는 환경에 영향을 주는 경제 행위를 분류해낼 수 있고, 그 경제 행위가 환경에 미치는 영향을 평가할 수 있다는 장점을 지닌다. 반면 기존의 GNP 통계와 함께 사용하지 않을 경우 경제정책 수립에 어려움이 있으며 여건 변화에 대응하기 어렵다. 따라서 유엔통계국이 주도하는 그린GNP는 기존의 GNP 구조를 유지하면서 문제점을 보완하는 형식으로 추진되고 있다.

✱ 국제배출권거래제(International Emission Trading) **

각국이 자국에 허용된 배출량 중 일부를 거래할 수 있는 것으로써 탄소배출권을 주식이나 채권처럼 시장에서 거래할 수 있도록 만든 제도를 말한다. 2005년 2월부터 발효된 교토의정서에 따르면, 유럽연합(EU) 회원국과 일본 등 38개국은 제1차 의무공약기간(2008~2012년)동안 연평균 온실가스 배출량을 1990년 배출량 기준 대비 평균 5.2% 감축시켜야 하는 법적 의무를 규정하고 있다. 이 목표를 채우지 못한 국가나 기업들은 벌금을 내거나 거래소에서 탄소배출권을 사야하고, 감축의무대상국이 아니거나 배출량이 적은 개도국은 배출권을 거래할 수 있다. 배출권의 발급권한은 유엔이 갖고 있으며 청정개발체제(CDM)는 선진국(부속서 1국가, Annex 1 Party)이 개도국(비부속서 1국가, Non- Annex 1 Party)내에서 온실가스 배출 감축 프로젝트를 통해 온실가스 배출을 줄이면 그에 상응하는 배출권을 거래할 수 있도록 한 시스템을 갖춰 배출권 거래를 촉진시키고 있다.

✱ 환경개선부담금제(環境改善負擔金制) *

오염원인자 부담원칙에 따라 오염물질을 배출한 오염원인자에게 오염물질 처리비용을 부담하게 하는 제도이다. 부과대상자는 폐수나 대기오염물질을 많이 배출하는 호텔·병원·백화점·수영장·음식점 등의 건물과 경유자동차이며, 지방자치단체는 이들로부터 3월과 9월 1년에 두 차례 부담금을 징수한다. 환경개선부담금이 면제되는 건물은 단독주택·아파트 등 공동주택, 160㎡ 미만의 시설물·공장·창고·주차장 등이다. 지방자치단체가 징수한 환경개선부담금은 징수비용(징수금액 중 10%)을 제외하고는 전액 환경부의 환경개선특별회계로 귀속된다.

출제예상문제

1 다음 중 세계보건기구의 전염병 경보에 대한 설명으로 옳은 것은?

① 2단계-동물에 한정된 전염으로 야생동물 사이에 바이러스가 돌고 인간 전염이 확인되지 않은 단계

② 3단계-가축화된 동물 사이에도 바이러스가 돌고 인간 전염의 가능성이 있으나 확실하지 않은 단계

③ 4단계-급속한 사람 간의 전염을 뜻하며 공동체 수준의 전염이 이루어지고 많은 사람들에게 갑자기 심각한 증상의 질병 발생

④ 5단계-감염병 유행으로 2개 이상 대륙에 전염 확산

⑤ 6단계 – 아직 사람 사이의 전염이 이뤄지지 않아 공동체 수준의 발병으로는 분류하기 힘든 단계

✔ **해설** 세계보건기구의 전염병 경보 6단계
- 1단계 – 동물에 한정된 감염 : 야생 동물 사이에 바이러스가 돌고 있으나 인간 전염이 확인되지 않음
- 2단계 – 소수 사람에 전염, 가능성 : 가축화된 동물 사이에도 바이러스가 돌고 인간 전염의 가능성이 있으나 확실하지 않음, 잠재적인 전염병 위협 단계
- 3단계 – 사람 간 전염 증가 : 동물과 동물, 동물과 인간의 전염의 시작 단계로 아직 사람 사이의 전염이 이뤄지지 않아 공동체 수준의 발병으로는 분류하기 힘든 단계
- 4단계 – 급속한 사람 간의 전염 : 공동체 수준의 전염으로 많은 사람들에게 갑자기 심각한 증상을 일으키는 질병이 발생하고 사람들 사이에 병이 빠르게 퍼지는 시기, 각국에서 구체적 전염병 확산 방지 지침을 내리기 시작하고 철저한 예방 사업을 시작
- 5단계 – 대륙 내 2개국 이상 전염 : 감염병 유행, 아직 대다수의 국가들은 감염 영향이 없는 단계로 팬데믹이 될 수 있는 강력한 신호로서 많은 준비를 해야 하는 시기
- 6단계 – 2개 이상 대륙 전염확산, 세계적 대유행 '팬데믹'

2 지구 온난화가 환경에 영향을 준 사례로 옳지 않은 것은?

① 북반구에서는 작물 재배의 북한계선이 북상하고 있다.

② 대관령 일대의 고랭지 채소 재배 면적이 감소하고 있다.

③ 해수면 상승으로 해안 저지대의 침수 피해가 나타나고 있다.

④ 우리나라 근해에서는 한류성 어족의 어획량이 증가하고 있다.

⑤ 우리나라 남부지방에서 애플망고, 파파야 등 열대과일 재배농가가 증가하고 있다.

> **✔해설** 지구 온난화의 영향으로 우리나라 근해에서는 명태, 대구와 같은 한류성 어족의 어획량이 감소하고 있다.

3 우리나라 겨울철 기상통보에 많이 등장하는 지역은?

① 미시간호   ② 아랄해

③ 미시시피강   ④ 카스피해

⑤ 바이칼호

> **✔해설** ⑤ 우리나라의 겨울철 기후에 영향을 주는 것은 시베리아기단이며, 바이칼호는 시베리아 동남부에 위치하고 있다.

4 한국의 남극 과학기지 세종기지가 건설된 곳은?

① 애들레이드섬   ② 엘리펀트섬

③ 무라노섬   ④ 킹조지섬

⑤ 넬슨섬

> **✔해설** 세종기지(대한민국 남극 세종과학기지)는 남셔틀랜드 군도에서 제일 큰 섬인 킹조지섬(1,340㎢)에 위치하고 있다.

Answer   1.③   2.④   3.⑤   4.④

5 제시된 글에서 밑줄 친 '지수'는 무엇인가?

> 미세먼지, 초미세먼지 등 유해물질 입자 차단 성능을 나타내는 <u>지수</u>로, 지수가 높을수록 작은 입자에 대한 차단율이 높은 것이다. 황사와 미세먼지 등을 차단하기 위해서는 식품의약품안전처에서 의약외품을 허가 받아 <u>이 지수</u>가 표기된 보건용 마스크를 착용해야 한다. 식약처는 마스크가 먼지를 걸러주는 정도인 '분진포집효율', 마스크 틈새로 공기가 새는 비율인 '누설률' 등을 시험한 결과에 따라 숫자를 붙인다.

① KF지수   ② N95지수
③ MF지수   ④ K95지수
⑤ J95지수

✔해설 입자 차단 성능을 나타내는 지수로, 'KF'는 식품의약품안전처의 인증을 받았다는 등급을 나타낸다. 현재 의약외품으로 허가받은 제품으로는 'KF80', 'KF94', 'KF99' 등이 있는데, KF지수가 높을수록 입자가 작은 먼지 차단율이 높다.

6 다음 중 스콜(squall)에 대한 설명은?

① 열대지방에서 내리는 소나기
② 남극지방에서 일어나는 눈보라
③ 소림과 관목으로 이루어진 습윤한 열대초원
④ 해수면의 온도가 낮아지는 현상
⑤ 여름과 겨울에 풍향이 거의 정반대가 되는 바람

✔해설 스콜(squall)은 열대지방에서 거의 매일 오후에 나타나는 소나기로, 갑자기 불기 시작하여 갑자기 멈추는 강한 바람이나 강하게 내리쬐는 햇볕으로 공기의 일부가 상승하게 되는데, 그 상승기류에 의해 비가 내린다.
② 블리자드   ③ 사바나   ④ 라니냐   ⑤ 계절풍

7 다음 중 교통안전표지의 종류로 옳은 것은?

① 주의표지, 규제표지, 안내표지, 경고표지, 보조표지
② 규제표지, 지시표지, 안내표지, 보조표시, 노면표지
③ 주의표지, 규제표지, 지시표시, 보조표지, 경고표지
④ 주의표지, 규제표지, 지시표지, 경고표지, 노면표시
⑤ 주의표지, 규제표지, 지시표지, 보조표지, 노면표시

✔해설 안전표지⟨「도로교통법 시행규칙」 제8조 제1항⟩
　　㉠ 주의표지 : 도로상태가 위험하거나 도로 또는 그 부근에 위험물이 있는 경우에 필요한 안전조치를 할
　　　수 있도록 이를 도로사용자에게 알리는 표지
　　㉡ 규제표지 : 도로교통의 안전을 위하여 각종 제한·금지 등의 규제를 하는 경우에 이를 도로사용자에게
　　　알리는 표지
　　㉢ 지시표지 : 도로의 통행방법·통행구분 등 도로교통의 안전을 위하여 필요한 지시를 하는 경우에 도로
　　　사용자가 이에 따르도록 알리는 표지
　　㉣ 보조표지 : 주의표지·규제표지 또는 지시표지의 주기능을 보충하여 도로사용자에게 알리는 표지
　　㉤ 노면표시 : 도로교통의 안전을 위하여 각종 주의·규제·지시 등의 내용을 노면에 기호·문자 또는 선
　　　으로 도로사용자에게 알리는 표지

8 비행장 주변의 조류가 비행기 엔진에 빨려 들어가 발생하는 비행기 사고는?

① bird strike
② air shock
③ bird shock
④ air strike
⑤ bird tackle

✔해설 ① 조류충돌로 항공기의 이·착륙 시 항공기 엔진에서 발생하는 강한 흡입력으로 인하여 새가 빨려 들어가
엔진이 파괴되는 등 대형사고가 발생하기도 한다.

9 세계에서 환경 분야의 가장 권위 있는 상으로, 노벨환경상으로 불리는 상의 이름은 무엇인가?

① 글로벌 500   ② 골드만 환경상

③ 녹색당상   ④ 몬트리올 환경상

⑤ 로마클럽상

> ✔ 해설 ① 글로벌 500 : 유엔환경계획(UNEP)에서 지구환경보호에 특별한 공로가 인정되는 단체 또는 개인에게 수여하는 상이다.
> ② 골드만 환경상 : 환경 분야에서 뛰어난 업적을 세운 풀뿌리 환경운동가에게 수여되는 세계 최대 규모의 환경상

10 반 금속성의 성질을 띠고 있으며, 끓는점은 1,635℃, 녹는점은 630.63℃이고 이에 중독되면 주로 피부염과 비염 증세가 나타나며 눈 자극과 두통, 가슴통증, 목통증, 호흡곤란, 구토, 설사, 체중감소, 후각 장애 등의 증세가 나타나게 되는 이것은?

① 텔루륨   ② 비스무트

③ 안티몬   ④ 납

⑤ 구리

> ✔ 해설 안티모니(Antimony)라고도 불리며 원소기호는 Sb, 원자번호 51의 양성 원소를 의미하며, 산화안티몬 농도 4.2mg/㎥와 3.2mg/㎥에 하루 6시간씩 매주 5일, 1년 동안 노출된 실험용 쥐에게서 폐암이 발생하는 것으로도 알려지고 있다.

세계사 · 철학

1 세계사

✱ 세계 4대 문명 발상지 **

기원전 3,000년경을 전후하여 메소포타미아의 티그리스 · 유프라테스강유역, 이집트의 나일강유역, 인도의 인더스강유역, 중국의 황하유역에서 청동기 문명이 발생하였다.

✱ 고대문명 *

• 황하문명 : BC 3000년경부터 중국의 황하 유역에서 이룩된 고대문명으로, BC 1500년경에는 청동기와 문자를 가진 은왕조가 성립되면서 역사시대로 접어들었다. 갑골문자와 청동제기가 사용되었으며, 은허를 비롯한 유적지에서 그 흔적을 찾아볼 수 있다.

• 인더스문명 : 세계 4대 문명발상지의 하나로 인더스강 유역을 중심으로 발달한 고대문명을 말한다. 여기에는 드라비다 · 오스트로 · 아시아계 등 여러 민족들이 살았으며, 유적으로 모헨조다로와 하라파 등이 남아 있는데, 이는 BC 3000년경에 전개된 금석병용기의 도시국가이다.

• 메소포타미아문명 : 티그리스 · 유프라테스강 유역의 메소포타미아에 번영한 고대문명이다. '비옥한 초승달 지대'의 중심부에 해당하는 이 지역에는 BC 6500년경부터 농경 · 목축이 시작됐고 수메르, 바빌로니아, 아시리아 등의 도시문명이 발달했다. 쐐기 모양의 설형문자를 사용했으며 바빌로니아왕국은 함무라비 법전을 편찬하였다. 점성술과 천문학이 발달하였으며, 태음력을 제정하고 60진법에 의한 시간측정법을 창안하였다.

• 에게문명 : 고대 그리스에서 크레타섬을 중심으로 일어난 해양문명으로, 오리엔트문명을 그리스인에게 전해주는 역할을 했다. 에게문명은 크레타문명과 미케네문명으로 나뉘며, 크노소스궁전의 벽화나 도기의 무늬 등을 통해 명랑하고 신선한 해양예술의 극치를 느낄 수 있다.

• 그리스문명 : 유럽 최초의 청동기문명인 에게문명을 바탕으로 하여 꽃핀 고대 그리스의 고전문명을 말한다. 그리스의 폐쇄적인 자연조건으로 폴리스가 생겨나고, 상공업이 발달하여 평민의 권력이 크게 신장됨으로써 민주주의가 발달하였다. 그리스문명은 알렉산더에 의해 오리엔트문명에 융합되어 헬레니즘문화로서 로마제국을 비롯하여 각지에 전파되었다.

✱ 함무라비법전 **

BC 1700년경 바빌로니아의 함무라비왕이 만든 세계 최고(最古)의 법전으로, 전문 282조로 된 성문법이다. 민법·상법·형법·소송법·세법·노예법 등으로 나뉘어 있으며, 1901년에 페르시아에서 프랑스 발굴대에 의해 발견되었다.

✱ 12표법 *

BC 451년에 제정된 로마 최초의 성문법이다. 이 법전은 로마의 귀족과 평민의 투쟁결과로서 제정되어 시장에 널리 게시되었다고 전해진다. 이는 로마법 발달의 출발점으로 후대 법률의 기초를 이루었다.

✱ 춘추전국시대 *

춘추전국시대의 문화는 실력위주의 인재등용으로 제자백가라고 하는 많은 사상가들이 배출되었다.
• 춘추시대(BC 770 ~ 403) : 지방제후들이 패자(覇者)를 자칭하고 존왕양이의 구호아래 천하를 통치함
• 전국시대(BC 403 ~ 221) : 왕권이 약해지고, 하극상의 풍조가 팽배해짐

✱ 진(秦) *

전국 7웅의 진(秦)이 전국시대의 혼란을 수습하고 중국을 통일하고 세운 국가로 중국 최초의 통일왕조이다. 시황제는 관료제·군현제를 실시하고 화폐와 도량형을 통일하였으며 법가 사상을 채택하고, 분서갱유를 통해 유가를 억압하였다. 대외적으로는 흉노를 축출하고 만리장성을 수축하였으며 남해 교역로를 개척하여 진(China)의 이름을 유럽에까지 알렸다. 그러나 시황제의 정책이 너무 급진적이고 대규모 토목공사, 무거운 조세부담으로 각지에서 반란이 일어나 멸망하였다.

✱ 실크로드(silk road) *

후한 이후 중국 장안에서 시리아에 이르는 동서무역권을 연결한 대상무역로이다. 전한 때 장건에 의해 개척되어 동서 문화교류에 중요한 역할을 담당하였다. 실크로드는 중국의 명주·비단이 로마제국으로 수출되는 길이라는 데서 유래된 명칭으로, 원대에 가장 활발히 이용되었다.

✱ 남북조시대(南北朝時代) *

중국 송의 무제가 건국한 420년부터 수의 문제가 통일하게 된 589년까지 남북이 대립하였던 두 왕조 시대를 말한다. 곧 한인인 남조의 송·제·양·진과, 선비족인 북조의·북위·동위·서위·북제·북주의 시대를 통칭한다. 이때부터 강남이 중국경제의 중심지로 전환되었다.

✱ 청일전쟁(淸日戰爭) ✱✱

1894 ~ 1895년에 일어난 청나라와 일본 사이에 발발한 전쟁이다. 조선의 동학혁명을 진압하기 위해 청이 출병하자 일본을 거류민의 보호를 구실로 조선에 상륙, 양국 군대가 충돌하게 되었다. 일본은 이 전쟁에서 승리하여 시모노세키조약에 따라 중국의 요동반도와 대만에서의 기업활동을 보장받았고, 조선에서의 우월권을 얻었다.

더 알아보기

텐진조약 ··· 중국 텐진에서 청국과 여러 외국 간에 맺은 조약으로, 최초의 텐진조약은 애로호사건에 관련하여 1858년 6월 러시아 · 미국 · 영국 · 프랑스 등 각 4개국과 맺은 조약이다.

✱ 왕안석의 신법(新法) ✱✱

송의 지나친 문치정치로 관료증가와 이민족 침입의 격화를 가져와 재정지출이 증대하자, 신종 때 재상 왕안석이 재정난 타개와 군사력 강화를 목적으로 부국강병책을 실시하였다. 부국책으로 균수법 · 시역법 · 청묘법 · 모역법을, 강병책으로 보갑법 · 보마법을 실시하였으나 너무 급진적이어서 실패했다.

✱ 아편전쟁(阿片戰爭) ✱✱✱

1839 ~ 1842년에 걸쳐 영국과 청 사이에 일어난 전쟁이다. 아편수입의 피해와 은의 유출을 막기 위하여 청의 선종은 아편무역금지령을 내리고, 임칙서(林則徐)를 광동에 파견하여 영국 상인의 아편을 불태워 버렸다. 이에 영국은 보호를 구실로 해군을 파견해 전쟁을 일으켰으며, 그 결과 청이 패하고 난징조약이 체결되었다.

더 알아보기

난징조약 ··· 아편전쟁의 종결을 위하여 1842년 청과 영국이 난징에서 체결한 조약이다. 내용은 홍콩을 영국에 할양, 배상금 지불, 상해 · 광동 등 5항의 개항, 공행의 폐지 등이며, 1843년 호문조약에서 치외법권 인정 등을 추가하였다. 중국 최초의 개국조약으로, 중국의 반식민지화의 발단이 되었다.

✱ 태평천국운동 ✱✱

1850년 청의 홍수전(洪秀全)을 중심으로 광시성에서 일어난 농민운동으로, 1864년 지주 · 상인 · 외국자본의 연합군에 의하여 진압되었다. 크리스트교를 내용으로 하는 종교적 내란의 형태였으나, 본질은 이민족 청조타도 · 악습철폐 · 남녀평등 · 토지균분 · 조세경감 등을 주장한 농민전쟁적 성향을 띤다고 볼 수 있다.

✱ 양무운동(洋務運動) ✱✱

1862 ~ 1874년에 걸쳐 청의 이홍장(李鴻章) · 증국번(曾國藩) 등의 지주관료층이 주동이 되어 중국의 근대화를 도모하였던 개혁운동을 말한다. 태평천국의 난과 애로호사건 등에 자극을 받아 제반 내정 · 군사 · 과학 · 통신 등을 개혁함과 동시에 서양문물을 도입하였다.

✱ 무술정변(戊戌政變) ✱

1899년 청나라 덕종 광서제가 등용한 캉유웨이(康有爲) 등의 개혁파가 전제정치를 폐지하고 정치개혁에 착수하였으나, 서태후를 비롯한 수구파 관료들의 반대로 실패, 덕종이 유폐되고 개혁파들이 체포되어 전제정치가 부활된 정변을 말한다. 무술변법 또는 변법자강운동이라고도 한다.

✱ 삼민주의(三民主義) ✱

1905년 쑨원이 중국혁명동맹회를 결성하면서 민족주의, 민권주의, 민생주의를 강령으로 한 중국혁명의 기본이념을 말한다. 민족주의는 외국의 침략을 배제하고 민족의 독립을 표방한다는 것이며, 민권주의는 민권의 신장을 도모하기 위함이고, 민생주의는 지주제도를 폐지하여 민생의 안정을 위하려는 것이다.

✱ 신해혁명(辛亥革命) ✱✱

청조 말(1911 ~ 1912) 한족(漢族)에 의해 중국에서 일어난 청조타도의 혁명운동이다. 쑨원의 민족 · 민권 · 민생의 삼민주의이론이 점차 국민 각계 각층에 널리 파급되었으며, 외국자본에 의한 식민지화를 비난하는 민족자본가와 민중의 맹렬한 반대운동이 전국으로 확산되었다. 이 혁명으로 청조가 무너지고 중화민국이 탄생하였다.

✱ 5 · 4운동 ✱✱

1919년 5월 4일 베이징에서 일어난 중국 민중의 반봉건 · 반제국주의 운동이다. 파리강화회의에 제출한 중국의 요구가 무시되자 학생과 지식인을 중심으로 일본과 그와 결탁한 군벌에 대한 반대시위로 시작되었는데, 후에는 상인 · 노동자도 합세함으로써 전국적인 대중운동으로 발전하여 중국 근대화를 추진시킨 원동력이 되었다.

✱ 문화대혁명(文化大革命) ✱✱✱

1966년부터 1976년에 걸쳐 모택동의 지도하에 중국 전역에서 전개된 정치투쟁을 말한다. 당내의 실권파를 타도하기 위해 처음에는 문예작품비판에서 시작되어 모택동, 임호, 4인방(왕홍문 · 장춘교 · 강청 · 요문원) 등이 대규모의 이념투쟁 및 권력쟁탈투쟁을 벌였다. 1976년 모택동 사후 4인방이 체포되고 덩샤오핑(鄧小平)이 권력을 잡으면서 문화혁명은 종료되었다. 이 혁명으로 약 300만 명의 당원이 숙청되었고 정치 · 경제적 혼란을 가져왔다.

✱ 6·4 천안문 사건(天安門事件) ✱✱✱

1989년 6월 4일 중국정부가 천안문 광장에서 민주화를 요구하던 학생들과 시민들을 무력으로 진압, 유혈사태를 일으켜 중국 현대사에 큰 충격을 준 정치적 참극을 말한다. 4월 15일 호요방(胡耀邦) 전(前) 당 총서기가 사망하자 그의 명예회복을 요구하는 대학생들이 집회를 갖기 시작, 일반시민이 가세해 민주화운동으로 발전했다. 이후 민주화요구 시위는 전국적으로 확산되고 천안문에서는 지식인, 노동자, 일반시민 등 100만명이 연일 대대적인 집회를 개최했다. 이에 따라 6월 4일 새벽 계엄군이 천안문광장에서 무기한 농성을 벌이던 학생, 시민들에 대한 무력진압을 전개, 군의 발포로 수천명의 희생자(시위대측 주장이며 정부는 200명 사망 주장)가 발생하는 최악의 유혈사태가 발생했다.

✱ 메이지유신(明治維新) ✱✱

일본 메이지왕 때 막부체제가 붕괴되고 이루어진 왕정복고와 그 정부에서 추진된 개혁을 총칭하는 표현이다. 1867년 급진적 귀족들과 하급무사들이 존왕양이(尊王攘夷)를 내세우며 에도막부정권을 굴복시켜 통치권을 국왕에 반환케 하였다. 메이지유신은 위로부터 시도된 정치·경제·사회상의 적극적인 서구화·근대화운동이었다.

✱ 7년전쟁 ✱

프로이센·오스트리아의 대립에 영·프의 식민지전쟁이 얽힌 국제전쟁으로 제3차 슐레지엔전쟁이라고도 한다. 1755년 북아메리카에서 발발한 영·프전쟁을 배경으로 1756년 1월 프로이센·영국의 동맹이 성립된 한편 오스트리아의 마리아 테레지아는 러시아와 프랑스와의 동맹에 성공해 프로이센에 빼앗긴 슐레지엔의 탈환을 기도했다. 1756년 8월 작센에 진입한 프로이센의 프리드리히 2세는 1757년에 로스바하와 로이텐 싸움에 승리했으나 1759년 적군에 패해 궁지에 빠지다가 다시 1762년 러시아가 탈락하는 정세변동으로 슐레지엔 지역을 확보했다. 이 결과 프로이센은 독일의 주도권을 확립하고 영국은 북아메리카와 인도의 프랑스 영토를 빼앗아 세계제패를 결정적으로 만들었다.

✱ 포츠머스조약(treaty of portsmouth) ✱

러일전쟁의 결과로 맺어진 강화조약으로 1905년 미국의 루즈벨트 대통령의 조정에 의하여 일본과 러시아의 수석전권이 미국 포츠머스에서 체결하였다. 이 조약으로 일본은 한국에 대한 우선권을 인정받았고, 관동주의 조차, 남만주의 철도, 사할린 남반, 연해주의 어업권을 획득하였다.

✱ 종교개혁(宗敎改革) ✱✱

16세기경 로마 가톨릭교회의 지나친 세속화와 타락에 반발해 가톨릭으로부터 이탈하여 프로테스탄트교회를 세운 크리스트교 개혁운동이다. 1517년 독일의 루터(M. Luther)가 교황청의 면죄부 판매에 반대하여 95개조 반박문을 발표한 것이 발단이 되어 일어났으며, 츠빙글리(V. Zwingli)와 칼뱅(J. Calvin) 등에 의해 전유럽으로 확산되어 프로테스탄트라는 신교가 성립되었다.

✱ 권리장전(權利章典) *

1689년 명예혁명으로 왕위에 오른 윌리엄 3세에게 영국 의회가 서명을 받아낸 법률로, 국왕은 의회의 동의 없이는 법률의 폐지·과세·상비군의 모집을 할 수 없다는 것과 의회의 언론자유 등을 보장해야 한다는 것이 주요 내용이다. 이로부터 국왕은 군림하나 통치하지 않는다는 전통적인 영국의 의회민주주의가 실현되었다.

더 알아보기

권리청원(權利請願) ··· 1628년 영국의 찰스 1세가 왕권신수설을 내세우고 전제정치를 하는 데 반발하여, 의회가 인민의 헌법상 권리를 주장하기 위해 제출한 청원서이다. 주요 내용으로는 의회의 동의없는 과세·이유의 명시가 없는 구속·병사의 민가숙박 등의 금지가 있다.

✱ 러일전쟁 *

1904년 2월부터 1905년 10월까지 러시아와 일본 사이에 일어난 전쟁이다. 1905년 3월 무크덴의 마지막 전투에서 일본이 승리한 후, 1905년 9월 미국 대통령 루스벨트의 알선으로 포츠머스에서 휴전조약이 성립되었다. 이로 인해 일본은 당시 한국과 만주에 대해 정치·군사·경제상의 우월권을 가지게 되었다.

✱ 인클로저 운동(Enclosure) ***

개방경지나 공유지, 황무지, 방목지를 울타리나 담을 둘러놓고 사유지임을 명시한 운동을 의미한다. 대체로 16세기 제1차 인클로저 운동과 18 ~ 19세기의 제2차 인클로저 운동으로 구분된다. 이 운동의 결과, 영국에서는 지주·농업자본가·농업노동자의 3분제를 기초로 하여 자본제적 대농경영이 성립됐다. 이로 인해 자본의 '본원적 축적'이 가능해져 산업혁명의 원인이 되었다.

✱ 백년전쟁 **

프랑스 왕위계승과 영토문제를 둘러싸고 영국과 프랑스 사이에서 일어난 전쟁이다. 1339 ~ 1453년에 걸쳐 약 100년간 지속되었다. 잔 다르크의 활약으로 프랑스가 승리하였다.

✱ 십자군원정 *

11 ~ 13세기에 서유럽 그리스도교들이 팔레스타나와 예루살렘 등 성지 회복이란 명목하에 일으킨 대원정을 말한다. 십자군 정원의 영향으로는 동방과의 교통·무역 발달, 자유도시 발생, 봉건제 붕괴, 견문확대로 인한 새로운 문화 발전, 교황권의 약화 등이 있다.

✱ 우산혁명 ***

2014년에 일어난 홍콩 민주화 운동으로, 경찰의 최루 가스 공격을 막기 위해 우산을 사용하면서 우산혁명 또는 우산운동이라고 불리게 되었다.

✽ 양곤의 봄 ✽✽

미얀마 민주화 상징인 1988년 8월 8일 일명 '888항쟁'이다. 1988년 8월 8일에 양곤의 대학생을 주축으로 일어난 반(反)군부 민중항쟁은 평화 시위로 시작되었으나 새로운 군부의 진압으로 수천 명이 희생되었다.

✽ 홍콩 범죄인 인도법 반대 시위 ✽✽✽

2019년 3월부터 범죄인 인도법(송환법)에 반대하며 전개한 대규모 시위이다. 장기화된 시위는 당초 송환법 폐지 요구에서 중국의 정치적 간섭에서 벗어나려는 민주화 운동으로 까지 확대되었다. 반발이 거세지자 홍콩 당국은 시위대를 향해 총격을 가했으며 이어 복면금지법까지 시행하여 전 세계에 충격을 안겼다.

더 알아보기

복면금지법 ··· 경찰은 복면을 쓴 시민에게 복면을 벗을 것을 요구할 수 있으며 불응 시 1년 이하의 징역과 2만 5,000 홍콩달러의 벌금을 부과할 수 있다.

2 철학 · 종교

✽ 머머리즘(mummerism)✽

영국의 등반가 머머리(Albert Frederick Mummery)가 1880년 주창한 등반 정신(사상)을 뜻하는 말로 등로주의(登路主義)라고도 하며, 산을 오를 때 정상에 올라가기만 하면 된다는 등정주의(登頂主義)와 상반되는 개념으로, 얼마나 어려운 루트를 직접 개척해 등반했는지를 더욱 중요하게 생각하는 정신을 뜻한다. 등로주의의 주요 목적은 쉬운 능선을 따라 정상에 오르기보다는 절벽 등 어려운 루트를 직접 개척해 가며 역경을 극복해 나아가는 것이다. 1900년대 초까지만 해도 세계 등반계에서는 머머리의 주장이 잘 받아들여지지 않았으나, 1931년 마터호른산의 북벽이 정복되고, 1960년대에는 히말라야산맥의 8,000m급 봉우리 14개가 모두 등정되면서 현대의 등반 사조로 정착되기 시작하였다. 오늘날 행해지는 알파인 스타일이나 무산소 등반 또한 머머리즘에 입각한 등산의 형태이며, 험준한 암릉(巖陵)이나 암벽 등의 난코스를 선택하는 정신도 이에 포함된다.

✽ 그리스철학(Greek philosophy) ✽✽✽

그리스철학은 고대 그리스에서 발생하여 고대 로마에까지 계승된 철학을 통틀어 이른다. 그리스철학은 그 절정기라고 할 수 있는 소크라테스 · 플라톤 · 아리스토텔레스가 살았던 고전기를 전후하여 3기로 나눌 수 있다.

구분	특징
제1기 (창시기)	• '소크라테스 이전의 철학'이라고 불리는 필로소피아의 형성기 • 인간을 둘러싼 자연의 근원에 대한 관심 • 원리와 원인에 관한 지식의 추구 • 철학의 정초를 이룸
제2기 (고전기)	• 일명 '아테네 철학' • 페르시아전쟁 이후 아테네가 그리스 문화의 중심이 됨 • 관심의 초점이 대우주(자연)에서 소우주(인간)로 이동 • 그리스 철학이 꽃 핀 시기
제3기 (헬레니즘~로마기)	• 아리스토텔레스 이후의 시기 • 민족적 자주성을 잃은 세계시민의 입장과 개인주의적 탐구에 전념 • 고대 로마로 계승

✱ 귀납법(歸納法) ✱✱

각각의 특수한 것에서 일반적 · 보편적 원리로 나아가는 추리방법이다. 아리스토텔레스(Aristoteles)는 완전귀납과 불완전귀납으로 나누었으며, 베이컨(F. Bacon)에 의해 학문으로 체계화되었다. 이를 집대성한 이는 영국의 밀(J. S. Mill)인데, 그는 최고의 원리는 귀납으로 파악된다고 하였다.

✱ 연역법(演繹法) ✱✱

이미 알려진 보편적 원리에서 개별의 법칙 또는 특수한 명제를 끌어내어 경험이 아닌 사유에 의하여 진실한 인식에 도달하는 추리방법이다. 데카르트(R. Descartes)는 연역의 최고원리는 지성의 직각(直覺)에 의하여 파악된다고 하였다.

✱ 변증법(辨證法) ✱✱

창시자 제논(Zenon)은 상대편의 입장에서 모순을 찾아내 논쟁하는 방법이라고 정의하였으나, 플라톤(Platon)은 개념의 분석으로 이데아(idea)의 인식에 도달하는 방법이라 하였고, 헤겔(G. Hegel)은 자연과 인간세계를 포함하는 전우주의 발전법칙이라고 하였다. 헤겔의 변증법에 따르면 전우주는 생성 · 발전하는 하나의 과정이며 궁극적인 최고원리는 절대정신(geist)이라 하여, 절대정신의 변증법적 자기발전과정이 바로 세계의 역사라는 것이다. 헤겔의 변증법은 정립(these) · 반정립(antithese) · 종합(synthese)의 단계를 거쳐 전개된다.

✱ 에피투미아(epithumia) · 에로스(eros) · 아가페(agape) ✱

에피투미아는 육체적인 쾌감과 욕망에 의해서 영위되는 자기본위(自己本位)의 생활로, 이는 공동생활이 불가능하여 자타공멸의 결과를 초래하게 된다. 에로스는 자기와 타인이 공동으로 번영해 나가기를 바라는 자타본위(自他本位)의 생활로, 진 · 선 · 미를 동경하며 참된 가치를 추구한다. 아가페는 자신을 희생하고 타인이나 영원한 존재를 위해 사는 타자본위(他者本位)의 생활로 타인을 위해 헌신하지만 현실을 초월한데서 영원한 가치를 기대한다.

✱ 이데아(idea) **

본래는 보이는 것, 알려져 있는 것으로 '형상(形象)'이라는 뜻이나, 플라톤은 인간감성을 초월한 진실적인 존재로 보았으며, 소크라테스는 윤리적·미적 가치 자체를 표현하는 의미로 사용하였다. 근대에 와서는 특히 이성(理性)의 영원불변하는 최선의 의식내용을 뜻하는 말로 사용되고 있다.

✱ 대화법 **

소크라테스는 상대적이고 회의적인 윤리관을 극복하고 보편적이고 절대적인 진리를 추구해야 한다는 관점으로 지행합일설(知行合一說)과 지덕복합일설을 주장하였다. 절대적인 진리 추구를 위해서는 무지를 자각해야 하며 무지를 자각하게 하는 방법으로 대화의 상대자가 스스로 참된 지식에 도달하게 하는 대화법을 사용하였다. 대화법은 대화 속에서 발견되는 상대방의 모순이나 그릇된 지식에 대해 계속적으로 여러 가지 질문을 던짐으로써 벽에 부딪히게 해 스스로의 무지를 깨닫게 하는 방법(반어법)과 상대방이 이미 알고 있는 지식을 출발점으로 하여 마치 산파가 임산부의 출산을 돕듯이 상대방의 내면에 있는 진리를 끌어내 줌으로써 스스로 새로운 지식을 얻게 하는 방법(산파술)이 있다.

✱ 경험론(經驗論) **

베이컨·로크·흄 등에 의해 성립된 학문탐구의 방법으로, 인간의 인식은 감각을 통해 주어진 경험에 의해서 만들어진다는 입장이다. 인식의 근거를 경험에서 구하며 초경험적이고 이상적인 통로로 얻어진 인식을 인적하지 않는다. 귀납법을 중요시하며 주로 영국에서 발전되었고 20세기 미국 실용주의에 영향을 주었다.

✱ 관념론(觀念論) *

존재와 사유의 관계에 있어서 사유를 1차적이며 본원적인 것으로 보는 입장으로, 주관적 관념론과 객관적 관념론으로 나뉜다. 주관적 관념론의 대표자는 버클리, 객관적 관념론의 대표자는 플라톤이며, 근대에 이르러서는 데카르트에서 출발하여 라이프니츠·스피노자 등 대륙의 이성론으로 발전했다. 이후 칸트·헤겔에 이르는 독일 고전철학에서 절대적 관념론으로 이어졌다.

✱ 우상론(偶像論) **

영국의 경험론 철학자 베이컨(F. Bacon)이 말한 것으로, 선입견적인 편견과 망상을 우상이라 표현하고 4개로 나누었다. 종족(種族)의 우상은 자기 중심의 인간 본성에서 오는 편견, 동굴(洞窟)의 우상은 버릇·취미·성격 등 개인의 특수성에서 오는 편견, 시장(市場)의 우상은 인간의 사회적 교섭·언어에 의하여 나타나는 편견, 극장(劇場)의 우상은 전통·역사·권위를 무비판적으로 믿는 편견을 말한다. 그는 참된 경험과 지식을 얻기 위해서는 우상을 버려야 한다고 주장하였다.

✱ 합리론(合理論) **

참된 지식은 나면서부터 지니고 있는 이성(理性)에 의해서만 얻을 수 있다는 입장으로, 학문탐구의 방법으로서는 연역법을 사용하였다. 합리론은 비합리와 우연적인 것을 배척하고 도리와 이성과 논리가 일체를 지배한다는 세계관이다. 이것은 주로 유럽 여러 나라에서 발전했으며, 데카르트 · 파스칼 · 스피노자 · 라이프니츠를 거쳐 칸트와 헤겔의 관념론으로 발전했다.

✱ 순수이성(純粹理性) *

감각과 경험을 초월한 선천적 사유능력를 말하는 것으로, 칸트(I. Kant)의 비판철학의 중심개념이다. 이는 실천이성에 대립되는 개념으로, 이론이성이라고도 한다. 칸트는 그의 저서 순수이성비판에서 독자의 인식론을 수립함으로써 자연과학 · 형이상학의 근거를 존중하였다.

✱ 비판철학(批判哲學) **

기존 권위를 그대로 긍정하지 않고 자기이성에 호소하여 그 권위의 본질을 파악한 후 옳고 그름을 정하는 비판주의적 태도를 인식론에 이용, 과학적 인식의 본질이나 한계를 생각한 칸트(I. Kant)의 철학이다. 칸트는 생득적 · 초경험적인 것과 후천적 · 경험적인 것에 의한 종합판단의 문제를 정신작용의 분야인 지(知) · 정(情) · 의(意)의 세 측면(3대 비판)에서 비판적으로 연구하였다. 지적 측면의 연구가 순수이성비판(인식론), 정적 측면의 연구가 판단력비판(미학), 의적 측면의 연구가 실천이성비판(도덕론)이다.

✱ 분석철학(分析哲學) **

언어를 논리적으로 분석하여 그 의미를 밝히고자 하는 것으로 논리실증주의에서 비롯하였다. 형이상학적인 명제들은 경험적으로 검증되지 않는 무의미한 것으로 이러한 무의미한 명제들은 철학자들이 애매한 일상 언어를 부당하게 확대하여 사용한 것에서 생겨났다고 보았다. 이를 타파하기 위해 형식언어(形式言語)의 구축을 통한 의미 분석, 철학적 언어의 명료화에 대한 요구, 일상 언어의 의미 분석 시도 등을 전개하였으며 이를 통해 '기호논리학'을 발전시켰다. 러셀, 비트겐슈타인 등이 대표적이다.

✱ 교부철학(敎父哲學) **

초기 크리스트교 신학자들을 중심으로 교회의 건설 및 교의(敎義)의 발전에 공헌하고 기독교사상을 합리적으로 체계화하려는 목적에서 일어난 철학이다. 교부는 일반적으로 저작활동을 통해 크리스트교 교회와 신자들을 지도한 사람으로, 이들의 종교적 철학을 교부철학이라 한다. 교부철학의 중심과제는 신(神)의 계시와 인간의 이성을 혼합하여 파악하고자 하는 것이었으며, 특히 플라톤(Platon)의 이데아(idea)의 세계관을 주된 연구대상으로 삼았다. 클레멘스에 의해 창시되고 아우구스티누스에 의해 완성되었다.

✱ 스콜라(schola)철학 **

8 ~ 17세기에 걸쳐 중세유럽의 신학 중심의 철학을 총칭하는 것으로, 기독교의 교리를 절대적 진리로 전제하고 그 교리들을 체계화하기 위하여 아리스토텔레스(Aristoteles)의 철학을 바탕으로 삼은 철학이다. 대표적 사상가는 아퀴나스(T. Aquinas)로, 저서로는 신학대전이 있으며 신앙우위를 주장하는 '철학은 신학의 시녀'라는 말이 유명하다.

✱ 실용주의(實用主義) **

결정론적 세계관을 부정하고 행동과 실천을 중시하는 결과주의, 상대주의, 주관주의, 현실주의 철학이다. 구체적으로 실증적인 경험을 철학의 기초로 삼고 있는 실용주의는 영국의 경험론을 사상적 근원으로 하여 관념적이 아닌 실제생활과의 관련 속에서 사상을 생각하는 입장이다. 19세기 이후 미국에서 생성, 청교도주의와 함께 미국의 2대 사상적 기둥을 형성하였다. 퍼스에 의해 창시되어 제임스, 듀이 등에 의해 완성되었다.

✱ 실증주의(實證主義) *

일체의 초경험적·관념적인 실재를 부정하고, 모든 지식의 근원을 경험적인 사실에 한정한다는 근대철학의 한 사조이다. 프랑스의 콩트(A. Comte)의 저서 실증철학강의에서 처음 사용되었으며, 경험론과 계몽주의에 근원을 두고 있다.

✱ 실존주의(實存主義) *

19세기 후반에 관념론·유물론 등의 반동으로 일어난 철학사상으로, 실존하는 것이 가치가 있으며 비본래적인 자기에 대하여 본래적인 자기의 존재방식을 탐구하려는 사상이다. 여기에는 키에르케고르, 야스퍼스 등의 유신론적 실존주의와 니체, 하이데거, 사르트르 등의 무신론적 실존주의가 있다.

✱ 공산주의(共産主義) *

사유재산제도의 부정과 공유재산제도의 실현으로 빈부차를 없애려는 사상과 운동이다. 코뮤니즘(communism)은 라틴어 코뮌(commune)에서 유래된 말로, 사유재산제를 철폐하고 사회의 모든 구성원이 재산을 공동 소유하는 사회제도를 의미한다. 사유재산제도로부터 발생하는 사회적 타락과 도덕적 부정을 간파하고 재산의 공동 소유를 기초로 하여 보다 합리적이고 정의로운 공동사회를 실현하고자 한 공산주의의 소박한 이상은 인간의 정치적·사회적 사색이 시작된 때부터 싹튼 것으로 볼 수 있다. 오늘날의 공산주의사상은 19세기 후반에 자본주의사회를 근본적으로 전면 비판한 마르크스와 엥겔스에 의해 확립되었으며, 20세기 초 레닌에 의해 러시아의 특수한 조건을 바탕으로 실천적인 측면이 덧붙여졌다. 그런 의미에서 마르크스·레닌주의라 불린다.

✱ 수정자본주의(修正資本主義) *

원칙적으로는 자본주의 체제를 유지하면서 자본주의 발달에 의하여 발생한 모순을 극복하기 위한 보강책이다. 2차 대선 후 영국 노동당의 정책이나 미국의 뉴딜정책(new deal 政策) 등이 이 이론이 적용된 예다. 케인스(J. M. Keynes)가 일반이론에서 설명한 개념이다.

✱ 과학적 사회주의(科學的社會主義) **

마르크스와 엥겔스가 주장한 사회주의이론으로, 역사적 인식에 대한 과학성을 주장하였다. 독일의 고전철학, 영국의 고전경제학, 프랑스의 사회주의 등에 의해 이루어진 이론들을 규합하여 주장된 것으로, 엥겔스(F. Engels)의 저서 공상적 사회주의에서 과학적 사회주의로에서 유래된 것이다.

✱ 공리주의(功利主義) **

18 ~ 19세기에 영국에서 발달한 윤리사상으로, 자기와 타인의 입장을 고려하여 어떻게 조화시킬 수 있는가를 탐구하고 나아가 개인의 행복을 사회 전체의 입장에서 고찰하려 한 사상이다. 개인주의와 합리주의를 사상적 기초로 공리를 증진시킴으로써 행위의 목적과 선악판단의 표준을 세우자는 공중적 쾌락주의이다. 공리주의는 '최대 다수의 최대 행복'을 주장한 벤담(J. Bentham)에 의해 창시되고 밀(J. S. Mill)에 이르러 완성되었다.

더 알아보기

최대다수의 최대행복 ⋯ 모든 사람들이 제각기 자기의 쾌락과 행복만을 추구한다면 사회는 혼란상태에 빠지게 되므로 선한 행위란 가급적 많은 사람에게 행복을 주는 공리성을 전제로 해야 한다.

✱ 구조주의(構造主義) **

'구조(構造)'라는 개념을 중심에 두고 생각하는 철학의 한 입장으로, 실존주의의 퇴조 후에 특히 프랑스에서 성행한 철학사조이다. 실존주의가 인간을 중심으로 생각하고 인간의 실존을 문제삼았던 것에 대해, 구조주의에서는 인간을 주역으로 삼지 않고 오히려 다른 것과 같은 교환요소로만 생각한다. 대표적 사상가는 프랑스의 인류학자 스트로스(L. Strauss)이다. 구조주의는 인간의 주체성과 자유의 문제에 대한 마르크스주의와 실존주의의 견해를 비판하고 관계 개념에 주목하여, 구조를 형성하는 요소들간의 동질성이 전제된 '교환'이라는 사고방식을 중시하며, 이러한 견지에서 특히 사회구조와 체제, 의미론 등의 재구성을 시도하고 있다.

✱ 성(誠) · 경(敬) *

우리 겨레의 윤리생활의 바탕이 되는 것으로 성은 하늘의 이법이며 마음의 참모습으로, 참된 것이며 거짓이 없는 것을 말한다. 경은 인간이 성에 다다를 수 있도록 하는 일체의 실천행위라 할 수 있다.

✱ 주기론 · 주리론 ***

구분	주기론	주리론
성향	실제적 · 경험적 현실주의	이상적 · 도덕적 원리주의
선구자	김시습, 서경덕	이언적
집대성	이이를 중심으로 한 기호학파(조헌, 김장생)	이황을 중심으로 한 영남학파(김성일, 유성룡)
당파	동인 · 북인 계열, 재야학자	서인 · 노론 등의 집권파
예법	가례집람(家禮輯覽)을 중시	주자가례(朱子家禮)를 중시
저서	성학집요, 동문호답, 격몽요결 등	주자서절요, 성학십도, 이학통록 등

✱ 사서삼경(四書三經) *

사서란 논어(論語) · 맹자(孟子) · 중용(中庸) · 대학(大學)을 말하고, 삼경이란 시경(詩經) · 서경(書經) · 역경(易經)을 말한다.

더 알아보기

오경 … 삼경에 춘추(春秋) · 예기(禮記)를 더한 것을 의미한다.

✱ 삼강오륜(三綱五倫) *

유교의 기본적인 실천도덕으로서 삼강은 군위신강(君爲臣綱) · 부위자강(父爲子綱) · 부위부강(夫爲婦綱)이고, 오륜은 군신유의(君臣有義) · 부자유친(父子有親) · 부부유별(夫婦有別) · 장유유서(長幼有序) · 붕우유신(朋友有信)을 말한다.

✱ 사단(四端) **

사단은 맹자(孟子)가 주창한 인간 도덕성에 관한 학설로, 인간은 태어날 때부터 남을 사랑하여 불쌍히 여기는 마음인 '측은지심(惻隱之心)', 불의를 부끄러워하는 마음인 '수오지심(羞惡之心)', 서로 양보하고 공경하는 마음인 '사양지심(辭讓之心)', 옳고 그름을 판단하는 마음인 '시비지심(是非之心)'의 4가지 품성을 가지고 있다고 보았다. 이것이 발현된 것이 인(仁) · 의(義) · 예(禮) · 지(知)의 사덕(四德)이다.

더 알아보기

칠정(七情) … 「예기(禮記)」에서 나온 용어로서 희노애구애오욕(喜怒哀懼愛惡欲)등 인간의 감정을 통틀어 일컫는다. 유학에서는 희노애락애오욕의 일곱 가지를 꼽는데 사단이 도덕적인 감정이라면, 칠정은 욕망을 포함한 인간의 일반적인 감정을 의미한다고 할 수 있다.

✱ 중체서용론(中體西用論) *

청나라 대 '태평천국의 난' 이후 일어난 양무운동의 기본사상이다. 청나라 왕조 말기 외국 열강의 침입에 대한 대응책으로 일어난 양무운동은 '중국의 전통적 유교도덕을 중심'(中體)으로 하여 '서양의 과학기술과 그 성과를 도입하여 사용'(西用)하자는 이론이다. 대표적 저술로 장지동의 「권학편(勸學編)」이 있고, 조선의 「동도서기론(東道西器論)」도 같은 맥락이라고 볼 수 있다.

✱ 불함문화론(不咸文化論) **

동방문화는 백두산에서 비롯됐으며 한족(韓族)이 문화의 중심을 형성했다는 육당 최남선의 학설이다. 일본 관학자들의 단군말살론, 일선(日鮮)동조론, 문화적 독창성 결여론 등에 맞서 역사, 종교, 신화, 민속, 인류학 등을 통해 고대문화의 원류를 밝히는데 초점을 두고 있다. 육당은 동방문화의 원류를 '빠(park)사상'으로 파악했다. 육당에 의하면 백은 빠를 대신하는 고어로 신, 하늘, 해를 뜻한다. 또 빠의 가장 오랜 문자형이 불함이다. 동이족의 지명에 많이 나오는 백산(白山)은 태양신에 제사를 지내는 장소를 지칭하며, 태백산은 그 중심이 된다. 백(불함)을 숭상하는 모든 문화권이 불함문화권이며 조선은 중심에 해당된다고 주장한다. 그 증거로 태백산·소백산 등 한반도 각지에 백(白)자 들어간 산이 유달리 많은 점을 들고 있다. 육당은 한반도 주변지역의 지명을 분석, 서로 흑해에서 동으로 일본과 한국을 포함하는 지역을 불함문화권으로 규정했다. 그러나 육당의 주장은 사회에 대한 인식이 결여된 관념적 문화주의에 머물러 민족적 역량에 대해 회의를 갖게 했다는 비판을 받기도 했다.

✱ 크리스트교 **

예수 그리스도의 인격과 교훈을 중심으로 하는 종교이다. 천지만물을 창조한 유일신을 하느님으로 하고, 그 독생자 예수 그리스도를 구세주로 믿으며, 그리스도의 속죄와 신앙과 사랑의 모범을 추종하여 영혼의 구원을 따른다. 팔레스티나에 일어나 로마제국의 국교가 되었고, 다시 페르시아·인도·중국 등지에 전파되었다. 8세기에 고대 동방 헬레니즘의 전통 위에서는 그리스정교회가 갈려 나간 후 로마 가톨릭교회는 다시 16세기 종교개혁에 의해 구교(천주교)와 신교로 갈라져 현재 이 세 교회가 대립되어 있다.

✱ 프로테스탄트(protestant) ***

16세기 부패한 가톨릭에 대항하여 루터·츠빙글리·칼뱅 등이 일으킨 종교개혁으로, 가톨릭에서 분리되어 나온 신교(新敎)를 말한다. 루터파·칼뱅파(장로교)·성공회·감리교 등 여러 종파가 있으며, 그 특징은 교의(敎義) 중심인 가톨릭에 비해서 개인의 신앙을 중요시하며 모든 의례를 세례와 성찬만으로 간소화한 데에 있다.

✱ 이슬람교(islam 敎) ***

이슬람이란 아랍어 살람(salam, 평화)에서 파생된 이슬라마의 명사형이다. 이슬람교는 그리스도교·불교와 함께 세계 3대 종교의 하나이다. 7세기경 아라비아의 예언자 마호메트(Mahomet)에 의해 창시된 정교일치(正敎一致)의 종교로, 유일신 알라(Allah)에 대한 절대신빙을 기초로 하여 계시록인 코란에 의한 신앙·기도를 중요시한다. 중세에 그리스문화를 계승하여 아라비아문화로서 발달하고, 근대 유럽문화의 탄생에 이바지하였다. 성지 메카를 중심으로, 아시아·아프리카·유럽 등지에 널리 분포되어, 6억 이상의 신도를 가지고 있다.

더 알아보기

- **코란(Koran)** : 이슬람교의 경전으로, 마호메트가 천사 가브리엘을 통하여 계시를 받아 알라신의 말씀을 기록한 것이다. 전 30권 114장으로 되어 있으며, 신자가 지켜야 할 6가지 신앙대상(六信)과 5가지의 의무(五行)가 기록되어 있다.
- **수니파(sunni 派)·시아파(shia 派)** : 수니파는 이슬람교의 다수파로, 마호메트 혈통이 아닌 자의 칼리프 선출을 인정하는 우마이야왕조를 정통으로 보는 갈래이다. 시아파는 이슬람교의 소수파로, 알리를 정통으로 보는 갈래이다. 시아파는 이슬람교도의 90%를 차지하는 수니파의 박해의 대상이 되어 왔다.
- **라마단(ramadan)** : 회교력(回敎曆)의 9월. 약 1400년 전 이슬람 창시자인 무함마드가 아라비아 반도 서부의 동굴에서 알라로부터 코란의 계시를 받은 것을 기려 이 달의 시작을 알리는 초승달이 뜬 다음날부터 한 달 동안 이어지는 회교도들의 전통적인 종교행사이다. 라마단 기간 중에 신도들은 신앙고백, 기도, 희사(喜捨), 메카 순례, 단식의 5대 의무를 지켜야한다.
- **하지(hajj)** : 이슬람 신도가 지켜야 할 5대 의무 가운데 하나로 이슬람교에서 말하는 성지 메카를 순례하며 정해진 의식을 치르는 것을 말한다. 순례기간은 이슬람력의 마지막 달인 순례의 달(12월) 8일부터 12일까지이다. 순례자들은 의식 첫날 예언자 무하마드가 했던 것처럼 메카에서 미나평원으로 이동, 기도를 드리며 다음날 12km를 걸어 무하마드가 마지막 설교를 한 아라파트 동산에 올라 해질 때까지 기도한다. 코란암송의 시문이나 장기간의 행사를 치르는 고난이 따르기 때문에, 이 행사를 완수한 사람은 고향에 돌아가서도 존경을 받고, 집 주위에 하지임을 나타내는 문자나 그림을 붙인다.
- **메카(mecca)** : 이슬람교의 마호메트의 출생지로, 이슬람교 최고의 성지(聖地)이다. 사우디아라비아의 서쪽 홍해에 가까운 헤자즈(Hejaz) 지방의 도시이다. 메카에 대한 순례는 이슬람교도의 중요한 의무로 해마다 순례의 달 12월에는 약 300만명의 순례자가 모여든다. 현대에는 동경의 대상, 발상지를 뜻하는 말로도 사용된다.

✱ 힌두교(hinduism) *

5세기경 인도의 굽타왕조 때 브라만적 전통에 민간신앙이 혼합된 전형적인 다신교로, 창시자나 통일된 교리의식이 없다. 현재 인도 국민 대다수는 비슈누, 시바 등 2대 종파를 신봉하고 있다.

✱ 라마교(lamaism) *

티베트에 옛날부터 있었던 주술적인 본(Bön)교와 인도에서 건너온 밀교가 결합하여 설립된 것으로 티베트 불교라고도 한다. 티베트를 비롯하여 만주·몽고·네팔 등지에 퍼져 있다. 8세기 중엽 인도에서 전해진 대승불교의 비밀교가 티베트 재래의 풍속·신앙과 동화되어 발달한 종교로서, 티베트왕이 창시했다.

✱ 할랄 푸드 **

이슬람 음식은 율법에 따라 먹을 수 있는 할랄과 먹을 수 없는 하람으로 규정되어 있다. 할랄 푸드에는 과일, 야채, 곡류 등의 식물성 음식과 바다에서 잡은 것이 포함된다. 고기는 이슬람 도축 방식인 다비하(Dhabihah)에 따라 도축한 고기만 허용한다. 비이슬람 국가에서 이슬람 권 국가에 음식 등을 수출하기 위해서는 할랄 인증 마크를 받아야 하며, 국내 할랄 인증기관은 한국 이슬람교 중앙회가 유일하다.

더 알아보기

다비하(Dhabihah)
율법에 근거한 이슬람의 도축법이다. 도축자는 반드시 무슬림이어야 하며 도축할 때 반드시 '비스밀라히(알라의 이름으로)'를 외쳐야 한다. 짐승들이 죽을 때는 머리가 사우디 아라비아의 메카 방향을 향해야 하며, 죽은 동물의 고기를 먹지 말라는 율법에 의해 짐승들의 심장이 뛰는 상태에서 거꾸로 매달아 피를 제거해야 한다.

✱ 하람 푸드 **

다비하(Dhabihah)에 따라 도축하지 않은 고기는 물론이며 돼지고기, 동물의 피, 주류, 파충류, 곤충 등이 하람으로 분류된다. 그러나 하람푸드여도 전쟁, 생명이 위험할 때나 무의식중에 먹었을 경우 허용하는 입장을 취한다.

더 알아보기

마슈부흐(Mashbuh) ⋯ '의심스러운'이란 뜻으로 할랄과 하람의 구분이 애매하고 어려운 경우 마슈부흐라고 하며 사용을 자제한다. 이슬람에서는 의심스러운 것을 피하는 행동이 신실한 행동이라고 여기며 금지사항을 철저하게 지키므로 마슈부흐에 해당하는 것은 주의해야 한다.

✱ 조로아스터교(zoroastrianism) *

기원전 6세기경 조로아스터가 창시한 페르시아의 고대종교이다. 아베스타를 경전으로, 교의의 중심은 아후라 마즈다(善神, 광명신)와 아리만(惡神, 암흑신)과의 대결·항쟁에 입각한 이원론이다. 근검역행의 노력주의에 의해 악신을 극복하고 선신의 승리를 기함으로 교지(敎旨)로 삼는다. 불을 신성시한 데서 배화교라고도 하며, 5세기 무렵 중국으로 건너가서 요교(祆敎)라고도 불렀다.

✱ 해방신학(解放神學) **

제2차 세계대전 후 중남미에서 시작하여 제 3 세계로 퍼지고 있는 민중해방운동에 바탕을 둔 신학을 말한다. 유럽의 전통적인 신학에 도전하여 피억압자나 차별받는 자의 입장에 선다. 인간을 죄악과 정치적·경제적 탄압으로부터 해방시키는 것을 성서의 기본원리로 하는 실천신학 또는 행동신학이라 할 수 있으며, 구스타보 구티에레즈신부가 체계화하였다. 대표적인 신학자는 브라질의 레오나르도 보프신부이다.

✱ 불교(佛敎) ✱✱

BC 5세기경 인도의 싯다르타(釋迦募尼)가 베푼 설법을 믿는 종교이다. 그의 가르침에는 3법인ㆍ4제ㆍ5온ㆍ12인연ㆍ3사생염설ㆍ8정도 등이 있다. 이 가르침은 자기 개인만이 아닌 중생을 구원하여 열반의 피안에 옮겨 성불시키려는 보살의 법문인 대승불교와, 역사상의 석가를 신봉하며 자기의 해탈만을 구하는 법문인 소승불교로 나뉘었는데, 우리나라에 전파된 것은 대승불교이다.

더 알아보기

• 불교의 사상

구분	내용
3법인	불교의 진실된 세 가지의 진리로, 제행무상(諸行無常)ㆍ제법무아(諸法無我)ㆍ일체개고(一切皆苦)를 말한다.
4성제	번뇌를 끊고 열반에 들어가는 네 가지 진리로, 고(苦)ㆍ집(集)ㆍ멸(滅)ㆍ도(道)를 말한다.
8정도	해탈에 이르기 위한 여덟 가지의 실천적 수양방법으로, 정견(正見)ㆍ정사유(正思惟)ㆍ정어(正語)ㆍ정업(正業)ㆍ정명(正命)ㆍ정정진(正正進)ㆍ정념(正念)ㆍ정정(正定)을 말한다.

• 조계종ㆍ천태종

구분	조계종	천태종
개창	고려 후기 신종 때 보조국사 지눌	고려 전기 숙종 때 대각국사 의천
기반사찰	송광사(松廣寺)	국청사(國淸寺)
교리	정혜쌍수(定慧雙修), 돈오점수(頓悟漸修) 참선(수행)의 강조	교관겸수(敎觀兼修) 이론ㆍ실천의 양면 강조
지지세력	최씨 무신정권의 정책적 비호	왕실과 귀족의 비호
특징	조계종으로 교선을 통합(선종 중심) 수선사 운동	화엄종으로 교선을 통합(교종 중심) 백련사 결사 운동

출제예상문제

1 다음 중 실크로드(Silk Road)에 대한 설명으로 옳지 않은 것은?

① BC 2세기 후반 한무제에 의해서 개척되었다.

② 주 무역품이 비단인 것에서 유래된 명칭이다.

③ 조로아스터교, 마니교 등의 종교 교류도 이루어졌다.

④ 로마제국이 한나라를 정복하기 위해 군대를 파견할 때 이용되었다.

⑤ 보석, 직물, 유리제품 등 서역의 물건이 동양으로 들어오는 기회가 되었다.

> ✔해설 실크로드는 내륙 아시아를 횡단하는 동서통상로로, BC 2세기 후반 한무제에 의해서 개척되었다. 중국에서 수출된 상품이 비단인 데서 유래되었으며 이를 통해 보석, 직물, 유리제품과 같은 서역의 물건뿐 아니라 불교·이슬람교·조로아스터교 등 종교와 사상, 그리고 예술 분야에서의 교류도 자연스럽게 이루어졌다.

2 일본의 메이지유신(明治維新)에 대한 설명으로 옳지 않은 것은?

① 시민계급이 대두하였다.

② 일종의 시민혁명이었다.

③ 입헌군주정치의 기초가 확립되었다.

④ 봉건지배계급의 몰락을 배경으로 하였다.

⑤ 메이지유신 이후 청일전쟁, 러일전쟁 등 도발을 시도했다.

> ✔해설 메이지유신은 메이지 천황 때 막부체제를 무너뜨리고 왕정복고를 이룩한 변혁과정으로, 국민의 실정을 고려하지 않는 관주도의 일방적 개혁으로 자본주의 육성과 군사적 강화에 노력하였다.

3 중국의 5 · 4운동을 바르게 설명한 것은?

① 지주의 횡포에 항거하여 일어난 농민들의 소작분쟁
② 군벌 · 일본세력을 배척한 지식인들의 반제국주의 · 반봉건주의 운동
③ 러시아의 남하정책을 반대한 민중봉기
④ 아편전쟁 후 맺은 난징조약에 반대한 학생운동
⑤ 군벌 계급이 주도적으로 일으킨 정치혁명

✔해설 1919년 5월 4일 베이징에서 일어난 중국 민중의 반봉건 · 반제국주의 운동이다. 파리강화회의에 제출한 중국의 요구가 무시되자 학생과 지식인을 중심으로 일본과 그와 결탁한 군벌에 대한 반대시위로 시작되었다.

4 19세기 말부터 1차 세계대전까지 유지됐던 독일의 제국주의적 근동정책을 일컫는 말은?

① 3C정책   ② 3D정책
③ 3B정책   ④ 3S정책
⑤ 3Z정책

✔해설 3B정책 … 1890년 비스마르크 사임 후 빌헬름 2세는 범게르만주의를 표방하는 이른바 세계정책을 통해 국제관계를 긴장시키게 되었다. 특히 베를린 · 비잔티움 · 바그다드를 연결하는 3B정책을 추진하였다.

5 미국의 독립이 승인된 조약은?

① 베를린조약   ② 파리조약
③ 워싱턴조약   ④ 런던조약
⑤ 로마조약

✔해설 1783년 파리조약의 체결로 아메리카합중국의 독립이 인정되었다.

Answer 1.④ 2.② 3.② 4.③ 5.②

6 다음 중 오경(五經)에 속하지 않는 것은?

① 시경(詩經) ② 춘추(春秋)

③ 예기(禮記) ④ 논어(論語)

⑤ 역경(易經)

> ✔해설 사서(四書)에는 논어(論語), 대학(大學), 맹자(孟子), 중용(中庸)이 있고, 오경(五經)에는 시경(詩經), 서경 (書經), 역경(易經), 춘추(春秋), 예기(禮記)가 있다.

7 공자(孔子)가 열다섯 살 때 학문에 뜻을 두었다고 한 데서 유래하여 15세를 뜻하는 한자는?

① 志學 ② 古稀

③ 知天命 ④ 而立

⑤ 不惑

> ✔해설 ① 志學(지학) : 15세
> ② 古稀(고희) : 70세
> ③ 知天命(지천명) : 50세
> ④ 而立(이립) : 30세
> ⑤ 不惑(불혹) : 40세

8 영국의 경험론 철학자 베이컨이 구분한 4개의 우상 가운데 다음에서 설명하는 우상은 무엇인가?

> 사람들 간의 교류는 언어를 이용해서 나타나기 때문에, 이 우상은 언어에 의한 오류라고 할 수 있다. 우리가 언어를 사용하는 과정에서 나타나는 문제점들 때문에 발생하므로 언어가 가지는 불완전성에 기인한다고 볼 수 있다.

① 종족의 우상 ② 동굴의 우상

③ 시장의 우상 ④ 극장의 우상

⑤ 교회의 우상

① 종족의 우상은 사람이라는 종족의 본성에 근거하여 사물을 규정하는 편견을 이른다.
② 동굴의 우상은 개인적인 특성, 환경, 교양 따위에 따라 사물에 대한 바른 견해와 판단을 그르치는 편견을 이른다.
④ 극장의 우상은 잘못된 원칙·학설·전통·유행 등을 무비판적으로 수용하고 신뢰하는 데서 오는 편견이다.

9 동양도덕의 밑바탕을 이루고 있는 삼강오륜(三綱五倫)에 속하지 않는 것은?

① 장유유서(長幼有序)
② 군위신강(君爲臣綱)
③ 교우이신(交友以信)
④ 부부유별(夫婦有別)
⑤ 군신유의(君臣有義)

③ 교우이신(交友以信) : 신라 진평왕 때 원광법사가 화랑에게 일러준 다섯 가지 계명인 세속오계(世俗五戒)에 속한다.
※ 삼강오륜(三綱五倫)
　㉠ 삼강 : 군위신강(君爲臣綱), 부위자강(父爲子綱), 부위부강(夫爲婦綱)
　㉡ 오륜 : 군신유의(君臣有義), 부자유친(父子有親), 부부유별(夫婦有別), 장유유서(長幼有序), 붕우유신(朋友有信)

10 고대 그리스의 철학자 아리스토텔레스는 인생의 목적을 어디에 두었는가?

① 쾌락의 추구
② 마음의 평정(ataraxia)
③ 행복의 실현
④ 부동심의 경지(apatheia)
⑤ 정의 사회

아리스토텔레스(Aristoteles)는 인간의 궁극적 목적은 최고선(행복)의 실현이라는 목적론적 세계관을 역설하였다.

Answer　6.④　7.①　8.③　9.③　10.③

문학 · 한자

1 문학

✱ 상고시가(上古詩歌) ✱✱

삼국시대가 형성되던 시기 이전까지 나타난 일련의 시가를 묶어서 부르는 편의상의 명칭으로 상고가요, 고대가요라고도 한다. 이 시기의 시가에는 주술적 성격을 가진 제의 관련 시가, 생업과 관련된 시가, 전쟁과 관련된 시가, 사랑과 관련된 시가, 고대국가 형성과 관련된 시가 등이 있었을 것으로 추측하지만, 현재 공무도하가(公無渡河歌), 황조가(黃鳥歌), 구지가(龜旨歌)가 전해질 뿐이다.

• 공무도하가(公無渡河歌) : 고조선 때 지어진 4언 고시의 노래로, 악곡명은 공후인이다. 「해동역사」에 실려 있으며 곽리자고의 아내 여옥이 지었다 한다. 남편의 죽음에 대한 슬픔과 남편에 대한 사랑을 주제로 한다.

• 황조가(黃鳥歌) : 고구려 제2대 왕인 유리왕이 지은 서정적인 노래로 「삼국사기」에 한시로 전하고 있다. 꾀꼬리에 빗대어 자신의 외로운 처지를 한탄하는 내용이다.

• 구지가(龜旨歌) : 일명 '영신군가'라 하며 작자 · 연대미상의 고대가요이다. 신라 유리왕 19년 가락국의 구간들이 군중들과 함께 구지봉에 모여 수로왕을 맞이하기 위하여 불렀다는 주문적인 노래이다. 「삼국유사」에 실려 있다.

✱ 설화문학(說話文學) ✱

한 민족 사이에 구전(口傳)되어 내려오는 이야기의 총칭으로 크게 신화, 전설, 민담의 세 가지로 구분할 수 있다. 신화는 민족 사이에 전승되는 신적 존재와 그 활동에 관한 이야기며, 전설은 인간과 그 행위를 주체로 하는 이야기로 그것을 증거할 암석 · 수목 등 증거물이 남아있는 특징이 있다. 민담은 흥미 위주의 일종의 옛이야기다. 설화는 자연적이고 집단적으로 발생하며 주로 민족적이고 평민적인 내용을 담고 있어 그 민족의 생활감정과 풍습을 암시해 준다. 또한 상상적 성격의 내용을 서사 형식으로 담아낸다는 점에서 소설의 모태가 된다. 이러한 설화가 문자로 정착되고, 문학적 형태를 취한 것이 곧 설화문학이다.

✱ 정읍사(井邑詞) ✱✱

현존하는 유일의 백제가요이며 한글로 기록되어 전하는 가요 중 가장 오래된 것이다. 정읍현에 사는 행상인 아내가 남편을 기다리는 간절한 마음을 그린 것으로, 조선 궁중음악으로 쓰였다. 작자 · 연대는 미상이다.

✱ 구비문학(口碑文學) **

말로 된 문학을 의미하며, 기록문학과 반대되는 것으로 구전문학이라고도 한다. 구비와 구전은 대체로 같은 뜻이나 구전은 말로 전함을 뜻하나 구비는 말로 된 비석, 즉 비석에 새긴 것처럼 유형화되어 오랫동안 전승되어 온 말이라는 뜻이다. 우리나라에 한자가 전래되기 이전에 있었던 모든 문학형태는 이에 속한다.

✱ 향가(鄕歌) *

신라 때부터 고려 초기까지 향찰(鄕札)로 표기된 우리말 노래를 통틀어 이르는 말로 주로 승려나 화랑 등 당대 지배계층에 의해 창작되었다. 중국 시가에 대한 우리 고유의 시가라는 뜻에서 붙여진 이름으로 「삼국유사」에 14수, 「균여전」에 11수가 전한다.

더 알아보기

삼대목(三代目) … 신라 제51대 진성여왕의 명에 따라 각간위홍과 대구화상이 향가를 수집하여 엮은 것으로, 우리나라 최초의 가집(歌集)이다. 삼국사기 신라본기에 이 책에 관한 기록만 실려 있고 현전하지 않는다.

✱ 처용가(處容歌) *

신라향가의 하나로 879년 처용이 지었다고 한다. 삼국유사에 실려 있으며, 내용은 용의 아들인 처용이 경주에서 벼슬을 하는데 어느 날 밤 자기 아내를 범하려는 역신에게 이 노래를 지어 불렀더니 역신이 물러났다는 내용이다.

✱ 서동요(書童謠) *

백제의 서동이 신라 진평왕 때 지었다는 우리나라 최초의 4구체 향가이다. 민요형식의 이 노래는 이두로 표기된 원문과 함께 그 설화가 「삼국유사」에 실려 전한다.

✱ 한문학(漢文學) *

문학의 한 장르를 형성하는 것으로 한시(漢詩) · 한문 · 한학(漢學) 등을 통틀어 이르는 말이기도 하다. 고려시대는 과거 제도의 실시, 불교 문학의 발달, 주자학의 도입, 국자감 · 수사원의 설치 등으로 국문학사상 한문학이 가장 융성했던 시기이다. 주요 작품으로는 이승휴의 「제왕운기」, 이규보의 「동국이상국집」, 각훈의 「해동고승전」, 이제현의 「소악부」 등이 있다. 조선시대에 와서는 불교적 성격을 띠었던 고려시대의 한문학이 순유교적인 성격으로 변모하였다. 경학을 중시하고 학행일치(學行一致)를 주장하는 도학파와 순수한 시가와 문장을 중시하는 사장파로 대립하는 양상이 벌어지기도 했다. 주요 작품으로는 권근의 「양촌집」, 서거정의 「동문선」, 서경덕의 「화담집」, 이현보의 「농암집」, 이황의 「퇴계전서」, 이이의 「율곡전서」 등이 있다.

✻ 고려가요(高麗歌謠) **

'속요', '별곡'이라고도 하며 고려시대 평민들이 부르던 민요적 시가를 뜻한다. 향가와 민요의 영향을 받아 형성된 것으로 리듬이 매끄럽고 표현이 소박하면서도 세련된 것이 특징이다. 분절체로 후렴구 발달하였고 3·3·2조(3·3·3조 또는 3·3·4조)의 3음보 음수율로 된 비정형의 형식을 보인다. 주로 남녀상열지사 의 내용이 많으며 자연에 대한 예찬, 이별의 슬픔 등 진솔한 감정이 잘 표현되어 있다. 「악학궤범」, 「악장가사」, 「시용향악보」 등에 한글로 기록되어 있다.

더 알아보기

고려가요 주요 작품

작품	내용	특징
사모곡	효심	속칭 '엇노리' → '목주가'와 무관
상저가		방아노래 노동요→백결선생의 '대악'의 후신
동동	송도와 애련	월령체의 효시로 총 13연
정석가	송도	불가능한 상황설정으로 만수무강 송축
처용가	축사	향가 처용가에서 발전한 희곡적인 노래
청산별곡	현실도피	비애, 고독, 도피, 체념을 노래
가시리	이별의 정한	이별의 한, 체념, 기다림의 전통적 여심을 노래
서경별곡		서경을 무대로 한 극적 이별의 노래
쌍화점	솔직 담대한 사랑의 표현 (남녀상열지사)	유녀(遊女)의 노래
만전춘		시조의 형식을 띠고 있는 유녀의 노래
이상곡		유녀의 노래
유구곡	애조	정치풍자

✻ 가전체문학(假傳體文學) **

고려 무신정변 이후 문신들의 삶에 대한 깊은 인식을 사물의 의인화 기법을 통하여 표현한 문학형태로, 소설의 직접적 전신이라고 할 수 있다. 인간의 문제를 사물로 가탁한 점은 우화적 성격이나, 일반적으로 우화가 동물이나 식물을 사건이나 대화에 있어서만 의인화한 것이라면 가전체는 그러한 자연물에 직접 인 간적인 이름을 붙인 점이 특색이다. 계세징인(戒世懲人), 즉 사회를 풍자하고 비판하며 교훈을 주는 내용 이 주를 이룬다.

더 알아보기

가전체 주요 작품

작품	작자	의인화 대상	작품	작자	의인화 대상
국순전	임춘	술	죽부인전	이곡	대나무
공방전	임춘	엽전	저생전	이첨	종이
국선생전	이규보	술, 누룩	정시자전	석식영암	지팡이
청강사자현부전	이규보	거북	준존자전	혜심	대나무

✱ 패관문학(稗官文學) *

고려후기 임금의 정사를 돕기 위해 설화들을 수집하여 엮은 설화문학으로 산문적인 형태로 발전하였다. 박인량의 「수이전」, 이인로의 「파한집」, 최자의 「보한집」, 이규보의 「백운소설」 등이 대표적이다.

✱ 경기체가(景幾體歌) **

평민문학이었던 속요에 대하여 귀족계층에게 향유된 시가로, 고려 고종 때부터 조선 중종 때까지 계속된 장가의 한 형식이다. 내용은 퇴폐적이고 현실도피적인 생활에서 오는 풍류적 표현이며, 3·3·4조의 운에 '景긔엇더ᄒ니잇고'라는 후렴구가 있다. 대표 작품에는 안축의 관동별곡·죽계별곡, 한림제유의 한림별곡 등이 있다.

더 알아보기

경기체가 주요 작품

작품	작자	내용	출전
한림별곡	한림제유	현실도피적, 향락적, 풍류적(전 8연)	악장가사
관동별곡	안축	관동의 절경을 노래	근재집
죽계별곡	안축	순흥(죽계)의 경치를 노래	근재집

✱ 농가월령가(農家月令歌) **

조선시대의 가사로, 1년 12월 동안 농가에서 할 일을 읊은 노래이다. 농가의 행사를 월별로 나누어 교훈을 섞어가며 농촌풍속과 권농을 노래한 것인데, 당시의 농속(農俗)과 옛말 연구의 귀중한 자료가 되고 있다.

더 알아보기

가사 주요 작품

작품	작자	내용
면앙정가	송순	고향 담양에 면앙정을 짓고 자연과 정취를 노래, 성산별곡에 영향
관서별곡	백광홍	가산별곡과 향산별곡으로 구성, 정철의 관동별곡에 영향
성산별곡	정철	성산의 자연미를 노래, 송강가사에 수록
관동별곡	정철	강원도 관찰사로 부임하여 그곳의 자연을 노래한 기행가사
사미인곡	정철	창평에 귀양가서 지은 충신연주지사
속미인곡	정철	사미인곡의 속편으로, 두 여인의 대화체 형식으로 된 충신연주지사
강촌별곡	차천로	전원의 한정을 노래
규원가	허난설헌	가정에 깊이 파묻혀 있는 여자의 애원을 우아한 필치로 쓴 내방가사

✽ 용비어천가(龍飛御天歌) **

조선 세종 때 지은 악장의 하나로 10권 5책으로 이루어져 있다. 세종 27년(1445)에 편찬되어 세종 29년 (1447)에 간행된 노래로, 125장의 서사시이며 한글로 엮어진 책으로는 최초의 것이다. 조선 건국의 유래 가 유구함과 선조들의 성덕을 찬송하고, 태조의 창업이 천명에 따른 것임을 밝힌 다음 후세의 왕들에게 경계하여 자손의 보수(保守)와 영창(永昌)을 비는 뜻으로 이루어졌다.

✽ 고대소설(古代小說) **

고전소설이라고 하며 중국소설의 영향으로 발생한 산문문학으로 주로 설화를 내용으로 한다. 발생 초기에 는 한문 어투를 사용하였으나 시간이 지나면서 국문 형식으로 자리 잡았다. 고대소설이란 명칭은 갑오개 혁 이후 나온 신소설과 구별하기 위한 것으로, 전기·사회·염정·풍자·우화·설화소설 등이 있으며 대 표 작가와 작품으로는 김시습의 「금오신화」, 허균의 「홍길동전」, 김만중의 「구운몽」 등이 있다.

✽ 창가(唱歌) **

개화 가사에 기원을 두고 찬송가 및 일본의 영향 아래 새로운 시가 형태를 취한 노래로, 가사에서 신체시 로 옮겨 가는 과도기적 시가 형태이다. 창가가사라고도 한다. 주요 작품으로는 이용우의 「애국가」, 「이중 원의 「동심가」, 최병헌의 「독립가」, 김교익의 「신문가」, 최남선의 「경부철도가(최초의 7·5조 창가)」·「한 양가」·「세계일주가」 등이 있다.

✽ 청록파 ***

1939년 「문장(文章)」추천으로 등단한 조지훈, 박두진, 박목월을 가리키는 말이다. 이들은 자연의 본성을 바탕으로 한 인간의 염원과 가치 성취라는 공통된 주제로 시를 써왔으며 1946년 시집 「청록집」을 펴내면 서 청록파라는 이름을 가졌다.

✽ 나혜석 ***

우리나라 여성으로서는 최초의 서양화가이자 작가로, 근대적 여권론을 펼친 운동가이다. 일본 유학 시절 「여자계」 발행에 주도적으로 참여하며, 조혼을 강요하는 아버지에 맞서 여성도 인간임을 주장하는 「경희 (1918)」를 발표했다. 1919년애는 여성들의 3·1운동 참여를 조직하는 활동을 하다가 5개월가량 옥고를 치렀다. 이후 자신의 임신과 출산, 육아 경험을 토로하는 「어머니 된 감상기(1922)」로 여성 고유의 경험 을 처음으로 공론화시켰다. 또한 1934년에는 자신의 연애, 결혼, 이혼에 이르기까지의 과정과 심리, 식민 지 조선 사회의 가부장제 모순을 비판한 「이혼고백장」, 1935년에는 「신생활에 들면서」을 발표하였다.

✱ 허난설헌 ***

조선 중기 대표 시인 허난설헌(1563 ~ 1589)은 가부장 중심의 조선 사회분위기 속에서도 자신의 이름으로 시를 쓰고 세상에 알린 인물이다. 조선 중기의 사회분위기는 여성의 사회활동을 제한하며 그저 남편과 자식만을 위한 희생이 전부인 분위기였다. 그런 환경 속에서도 자신의 시로 이름을 남겼고 중국과 일본까지 알려졌다. 여타 가문과는 다르게 비교적 자유롭고 열린 가풍 속에서 허난설헌에게 남자와 똑같은 교육 기회가 주어졌다. 어린 시절부터 천재성을 드러낸 허난설헌은 「광한전 백옥루 상량문」이라는 한시를 지었다. 이 시에서 허난설헌은 현실 속 어린이의 한계와 여성의 굴레를 벗어버리고 신선세계에서 주인공이 되는 자신을 나타내어 신동이라는 칭송을 들었다. 15세에 안동 김씨 가문과 혼인하였는데, 이 가문은 성리학에 더욱 고착되어 상당히 보수적인 가문이었고 자유로운 가풍에서 자란 허난설헌은 적응하지 못하였다. 시어머니는 글을 쓰는 허난설헌을 못마땅해 하였으며 남편 역시 시험에 낙방하는 자신보다 뛰어난 허난설헌을 버거워하였다. 허난설헌은 아버지와 오빠의 잇따른 죽음과 두 명의 자식도 모자라 뱃속의 아이까지 유산하였고 이에 본인도 건강을 잃어갔다. 24살에 쓴 시에는 27살 자신의 죽음을 예언하는 시를 쓰기도 하였다.빛 서리 위에서 차갑기만 해라.

그녀가 죽을 때 유언으로 동생 허균에게 자신의 작품을 모두 태우라는 유언을 남겼다. 유언에 따라 동생은 모두 태웠으나 누이의 천재성이 시대의 한계로 사라지는 것이 안타까워 친정에 남아있던 시와 본인이 태우기 전 암기하였던 시들을 모아 「난설헌집」을 출간하였다. 명나라 사신이 「난설헌집」을 보고 감탄하여 중국에 가져가 발간하였고, 이는 일본에 전해져 일본에서도 인기를 끌었다.

✱ 금오신화(金鰲神話) **

조선초기에 김시습이 지은 한문소설집으로, 우리나라 전기체소설의 효시이다. 「만복사저포기」, 「이생규장전」, 「취유부벽정기」, 「용궁부연록」, 「남염부주기」 등 5편이 수록되어 있다.

✱ 홍길동전(洪吉童傳) **

허균이 지은 소설로, 한글소설의 효시이다. 중국소설 수호전에서 영향을 받아 임진왜란 후의 사회제도의 결함, 특히 적서의 신분차별타파와 부패한 정치를 개혁하려는 그의 혁명사상을 작품화한 것이다.

✱ 서포만필(西浦漫筆) **

조선 숙종 때 대제학을 지낸 서포 김만중의 수필집으로, 2권 2책의 사본이다. 중국 제자백가의 여러 학설 중에서 의문되는 대목을 번역·해명하고 신라 이후 조선시대에 이른 명시들을 비평하였다. 특히 송강 정철의 「관동별곡」과 「속미인곡」을 평한 문장에서, 우리나라 사람이 국어를 버리고 남의 말을 배우고 있음을 개탄하고 한문 문장에 비해 우리 문학의 우수성을 주장하였다.

더 알아보기

- **김만중의 소설** : 김만중(金萬重)은 조선 숙종 때의 문신이자 소설가로 소설문학의 선구자이다. 한글로 쓴 문학이라야 진정한 국문학이라는 국문학 사관을 피력하였으며 주요 작품으로 한글소설인 「구운몽」, 「사씨남정기」 등이 있다.
- **구운몽(九雲夢)** : 조선 숙종 때 서포 김만중이 지은 고대소설로, 불교의 무상(無想)사상에 입각하여 인간의 부귀영화를 남가일몽으로 돌리려는 의도가 담겨져 있으며, 숙종시대에 몰락하는 귀족들의 회고적인 꿈의 세계가 반영되어 있다. 중국의 당을 무대로 한 웅대한 스케일의 소설이며 환몽구조 소설의 효시이다.
- **사씨남정기(謝氏南征記)** : 조선 숙종 때 서포 김만중이 한글로 지은 소설로, 숙종이 장희빈에게 빠져서 인현왕후를 쫓아낸 것을 풍자하기 위하여 중국을 배경으로 쓴 작품이다.

✱ 악장(樂章) ***

조선 초 궁중의 연락이나 종묘제악에 쓰인 주악의 가사로, 귀족계급(신흥사대부)과 조선건국 사대부가 주로 창작하였다. 주요 작품으로는 정인지 · 안지 · 권제의 용비어천가, 세종의 월인천강지곡, 정도전의 신도가, 권근의 상대별곡, 윤회의 봉황음 등이 있다.

✱ 훈민정음(訓民正音) ***

세종이 궁중에 정음청을 두고서 집현전 학자들(성삼문 · 신숙주 · 최항 · 정인지 · 박팽년 등)의 도움을 받아 세종 25년(1443)에 완성하여 세종 28년(1446)에 반포한 국문(國文)글자의 명칭이다. 원본은 제자해, 초성해, 중성해, 종성해, 합자해, 용자해 등 6항 25장으로 되어 있다.

✱ 신체시(新體詩) **

한국의 신문학 초창기에 쓰인 새로운 형태의 시가(詩歌)로 신시라고도 한다. 이전의 창가(唱歌)와 이후의 자유시 사이에 위치하는 것으로, 시조나 가사와는 달리 당대의 속어(俗語)를 사용하며 서유럽의 근대시나 일본의 신체시의 영향을 받은 한국 근대시의 초기 형태이다. 주요 작품으로는 최초의 신체시인 최남선의 「해에게서 소년에게(1908)」 · 「신 대한 소년」, 「구작 3편」, 이광수의 「우리 영웅」 · 「옥중호걸」 등이 있다.

✱ 진단학회(震檀學會) **

1934년 5월 11일 한국의 역사 · 언어 · 문학 등을 연구하기 위하여 조직된 학술단체로, 한국학자의 힘으로 연구한 결과를 국어로 발표하려는 의도하에 창립되었다. 같은 해 11월 28일에 기관지 진단학보를 창간하여 계간으로 14집까지 계속 출판, 당시 해외학회와 학술잡지를 교환할 정도로 성장하였으나, 1940년 일제 탄압으로 자진해산이라는 형식으로 해체되고 학보간행도 중단되었다.

✱ 주요 현대소설 작가**

작자	작품 경향
김유정	• 구인회 동인으로 토속적이고 해학적으로 농촌을 묘사하여 골계미가 돋보인다. • 주요 작품 : 봄봄, 동백꽃, 금 따는 콩밭, 소나기, 만무방
채만식	• 초기에는 동반자 작가였으며, 이후 식민지 현실을 풍자적 수법으로 다루었다. • 주요 작품 : 태평천하, 탁류, 치숙, 레디메이드 인생
유진오	• 동반자 작가로 지식인의 고뇌를 표현하였다. • 주요 작품 : 김 강사와 T 교수
이효석	• 인간의 순수성을 서정적 문체로 표현, 소설을 시적 수필의 경지로 승화시켰다. • 주요 작품 : 메밀꽃 필 무렵, 벽공무한, 돈(豚), 산, 들
이상	• 초현실주의 · 심리주의 소설을 주로 썼으며 '의식의 흐름'기법을 사용하였다. • 주요 작품 : 날개, 종생기
계용묵	• 서민의 애환을 관조적이고 방관자적인 입장으로 서술하였다. • 주요 작품 : 백치 아다다
김동리	• 토속적, 무속적, 신비주의적인 작품을 많이 썼다. • 주요 작품 : 무녀도, 황토기, 등신불, 사반의 십자가, 역마, 바위
김정한	• 낙동강 일대를 배경으로 하여 농촌의 현실을 고발하였다. • 주요 작품 : 사하촌
황순원	• 작품을 통해 범생명적인 휴머니즘을 추구하였다. • 주요 작품 : 카인의 후예, 학, 목넘이 마을의 개, 독 짓는 늙은이, 소나기
정비석	• 순수 소설에서 대중 소설로의 전환점이 되었다. • 주요 작품 : 성황당
심훈	• 민족주의 · 사실주의적 경향의 농촌 계몽 소설을 주로 썼다. • 주요 작품 : 상록수, 영원의 미소
안수길	• 민족적 비극을 서사적인 전개로 다루었다. • 주요 작품 : 북간도
조세희	• 한국 사회의 모순을 정면으로 접근하고 있다. • 주요 작품 : 난장이가 쏘아올린 작은 공
이문열	• 현실을 하나의 체계로 인식하고 있다. • 주요 작품 : 우리들의 일그러진 영웅

✸ 소년(少年) **

1908년 11월 1일 창간된 본격적인 월간잡지이다. 근대적 형식을 갖춘 잡지로서는 우리나라 최초의 것으로 톨스토이·바이런 등의 외국문학을 번역·소개하였으며, 특히 창간호에 실린 육당 최남선의 「해에게서 소년에게」는 신체시의 효시로서 문학사적 의의가 크며, 주로 청소년을 대상으로 새로운 지식보급과 계몽, 청년정신 함양에 힘썼다.

더 알아보기

창조(創造) … 1919년 2월 김동인, 주요한, 전영택 등이 중심이 되어 발행한 우리나라 최초의 순수문예동인지이다. 기성문단에 관하여 비판적 태도를 취하고 반계몽주의적인 경향으로 순수문학을 지향하였다. 언문일치를 완성하였으며, 사실주의를 도입하는 등 현대문학에 크게 공헌하였다.

✸ 주요 문학잡지 **

잡지	연도	발행	특징
시문학	1930	김영랑, 박용철	시의 형식미·음악성 중시, 언어의 조탁
삼사문학	1934	신백수, 이시우	초현실주의 기법(의식의 흐름)
조선문학	1935	이무영	프로문학파의 활동무대
시인부락	1936	서정주, 김동리, 김광균	시전문지로 인간과 생명을 노래
자오선	1937	서정주, 이육사	시전문지로 유파를 초월
문 장	1939	이병기, 정지용	신인추천제 실시
인문평론	1939	최재서	월간문예지로 비평 활동에 주력
국민문학	1941	최재서	친일문학의 기관지로 인문평론의 후신
백 민	1945	김송	민족주의문학 옹호
문 학	1946	조선문학가동맹	'조선문학가동맹' 기관지
사상계	1953	장준하	월간 교양잡지
현대문학	1955 ~ 현재	현대문학사	추천제 실시

2 세계문학

✳ 문예사조의 두 근원 **

구분	헬레니즘(hellenism)	헤브라이즘(hebraism)
근원	그리스의 정신과 문화	헤브라이인적 사상과 문화
특징	인간 중심, 보편성, 이성, 육체적, 본능적, 현실적	신 중심, 개성, 감성, 영혼적, 금욕적, 이상적
관련사조	문예부흥, 고전주의, 사실주의, 자연주의, 주지주의	낭만주의, 상징주의

✳ 서구 문예사조 ***

- 고전주의(古典主義, classicism) : 17 ~ 18세기 아리스토텔레스의 '시학'에 대한 면밀한 주석과 함께 시작되었고, 고대 그리스·로마의 고전 작품들을 모범으로 삼고 거기에 들어 있는 공통적인 특징들을 재현하려는 경향이다.
- 낭만주의(浪漫主義, romanticism) : 고전주의의 몰개성적 성격에 반발하여 독일, 프랑스에서 일어나 영국으로 전파되었다. 이성적이기보다는 감정적이고, 객관적이기보다는 주관적이며, 현실적이기보다는 낭만적인 경향을 띤다.
- 사실주의(寫實主義, realism) : 낭만주의의 비현실적 성격에 반발하여 19세기에 일어난 사조로, 사물을 있는 그대로 정확하게 관찰하고 객관적으로 묘사하려는 경향이다.
- 자연주의(自然主義, naturalism) : 19세기 사실주의의 급진적인 경향으로 자연 과학적 결정론에 바탕을 두고 있다. 인간도 자연물처럼 인과율이라는 자연 법칙에 따라 환경 본능 유전 인자 등에 의해 그 일생이 운명적으로 결정된다고 보는 사상을 배경으로 한다.
- 상징주의(象徵主義, symbolism) : 19세기 말에서 20세기 초에 걸쳐 프랑스에서 일어난 사조로, 사물, 정서, 사상 등을 상징을 통해 암시적으로 표현하려는 경향이다.
- 유미주의(唯美主義, aestheticism) : 미의 창조를 목표로 19세기 후반에 나타난 사조이고, 이는 탐미주의라고도 하며 넓은 의미의 낭만주의에 포함된다.
- 초현실주의(超現實主義, surrealism) : 프로이드의 정신분석학의 영향으로, '자동기술법'을 바탕으로 하여 무의식의 세계를 표출하려는 경향인 초현실주의가 다다이즘을 흡수하여 일어났다.
- 실존주의(實存主義) : 전후의 허무 의식에서 벗어나려는 실존적 자각(자아 발견)과 건설적인 휴머니즘을 추구한다.
- 다다이즘(dadaism) : 20세기에 들어와서 현실적 속박으로부터 해방되려는 의지를 보인 사조로, 현대 지식인의 정신적 불안과 공포에 대한 저항이 프랑스를 중심으로 전개되었다.
- 모더니즘(modernism) : 19세기 말엽부터 유럽의 소시민적 지식인들 사이에 일어나 20세기 이후에 크게 성행한 사조로서 기존의 사실주의와 유물론적 세계관, 전통적 신념으로부터 벗어나려는 전반적인 새로운 문화 운동으로 극단적인 개인주의, 도시 문명이 가져다 준 인간성 상실에 대한 문제의식 등에 기반을 둔 다양한 문예 사조를 통칭한다.

✱ 르네상스 문학 **

유럽 중세로부터 근세에 이르는 과도기 동안 인간중심주의를 구가하는 그리스·로마의 고전주의 정신에 입각하여 일어난 문학으로, 중세를 통하여 동로마 제국과 접촉을 가졌던 이탈리아에서 먼저 일어나, 전 유럽에 파급되었다. 중세는 그리스·로마 문학에 대하여 그리 무지하였던 것은 아니고, 특히 13세기에는 고대를 알고자 하는 상당한 노력을 기울였다. 그러나 그것은 어디까지나 그리스도교를 통하여 본 고대였고, 인간의 육체나 감각을 멸시해온 중세는 고대의 예술미를 인식하는 안목은 지니지 못한 한계를 보였다.

✱ 국제펜클럽(International PEN) **

문학을 통하여 상호 이해를 촉진하려는 국제적인 문학가단체이다. 'PEN'은 극작가·시인(playwright, poet)의 P, 수필가·편집자(essayist, editor)의 E, 소설가(novelist)의 N을 가리키며, 나아가 전체로서는 '펜(pen)'을 의미한다. 문필생활에 있어서의 정치·사상·신앙에 의한 차별을 부정하고 자유를 주장하고 있다.

✱ 셰익스피어의 4대 비극 ***

셰익스피어의 4대 비극에 해당하는 작품은 「햄릿」, 「오셀로」, 「리어왕」, 「맥베스」이다.

- 햄릿(Hamlet) : 주인공을 통해 사색과 행동, 진실과 허위, 신념과 회의 등의 틈바구니 속에서 삶을 초극하고자 하는 모습이 제시되었다.
- 오셀로(Othello) : 흑인 장군인 주인공의 아내에 대한 애정이 이아고(Iago)의 간계에 의해 무참히 허물어지는 과정을 그린 작품이다.
- 리어왕(King Lear) : 늙은 왕의 세 딸에 대한 애정의 시험이라는 설화적 모티브를 바탕으로 하고 있으나, 혈육 간의 유대의 파괴가 우주적 질서의 붕괴로 확대되는 과정을 그린 비극이다.
- 맥베스(Mecbeth) : 권위의 야망에 이끌린 한 무장의 왕위찬탈과 그것이 초래하는 비극적 결말을 그린 작품이다.

✱ 세계 3대 단편작가 **

작가	특징
애드가 앨런 포 (1809 ~ 1849)	미국의 시인, 소설가, 비평가로 활동했으며 대표작으로 주미주의 시 「애너벨 리」, 괴기추리소설 「어셔가의 몰락」, 상징주의 시론 「시의 원리」 등이 있다.
모파상 (1850 ~ 1893)	프랑스의 자연주의 소설가로 객관적 묘사와 명확하고 솔직한 문장이 특징적이다. 대표작으로 「목걸이」, 「여자의 일생」 등이 있다.
안톤 체호프 (1860 ~ 1904)	러시아의 소설가, 극작가로 활동했으며 특히 지식층의 단면을 간결한 문체로 표현하였다. 대표작으로 「광야」, 「초원」, 「갈매기」 등이 있다.

더 알아보기

우리나라 3대 단편작가 … 김동인, 현진건, 이효석

✱ 동반자문학(同伴者文學) ✱✱

러시아혁명(1917)년 이후부터 신경제 정책(NEP)이 끝날 때까지 문단의 큰 세력을 이뤘던 러시아의 우익문학이다. 혁명에는 찬성하지만 마르크스주의나 프롤레타리아 문학에는 적극적으로 가담하지 않는 자유주의적 성향을 보인다.

✱ 쉬르레알리즘 문학(surrealism literature) ✱✱

초현실주의 문학으로 제1차 대전 이후 다다이즘에 뒤이어 태동한 전위적 예술운동이다. 전통적 예술형식과 인습적 사회 관념을 부정하는 다다이즘의 정신을 이어받았으며, 꿈과 무의식의 내면세계에서 떠오르는 비합리적 이미지를 그대로 기술하는 자동기술을 도입했다. 앙드레 브르통이 제창했으며 엘뤼아르, 아라공, 콕토 등을 대표적 초현실주의자로 꼽을 수 있다.

✱ 정오(正午)의 문학 ✱

프랑스의 실존주의작가 카뮈의 사상으로, 살려고 하는 육체의 요구와 절대를 추구하는 정신의 요구 중 어느 한쪽으로도 쏠리지 않는 긴장의 모럴 · 절도의 모럴 · 한계의 모럴을 표현하는 것이다. 모순의 명석한 인식과 부조리에 대한 올바른 반항을 중추로 하는 사상이다.

✱ 하드보일드(hardboiled)문학 ✱✱

1930년을 전후하여 미국문학에 등장한 새로운 사실주의수법이다. 원래 '계란을 완숙하다'라는 뜻의 형용사이지만, 전의(轉意)되어 '비정' 또는 '냉혹'이란 뜻의 문학용어가 되었다. 개괄적으로 자연주의적 · 폭력적인 테마나 사건을 무감정의 냉혹한 자세로, 또는 도덕적 판단을 전면적으로 거부한 비개인적인 시점에서 묘사하는 것이다. 헤밍웨이의 「무기여 잘 있거라」, D. 해밋의 「플라이 페이퍼」 등이 대표적이다.

✱ 해빙기문학(解氷期文學) ✱✱

20세기 중반 구소련의 공식적이고 형식적인 당문학에 반발하여 자유주의적인 사조를 펼치며 독재주의정책을 비난하고 개성을 살린 소련 현역작가들의 작품활동이다. 대표작품에는 에렌부르크의 「해빙기」, 솔제니친의 「이반데니소비치의 하루」, 파스테르나크의 「닥터 지바고」 등이 있다.

✱ 아스팔트(asphalt)문학 ✱

나치스가 정권을 잡게 되자 문학의 숙청을 단행하였는데, 이때 반나치적인 문학에 대해 나치스측에서 붙인 명칭이다. 당시의 사회주의적 내지는 국제적 · 세계주의적 경향의 문학에 대하여 향토감 · 국가관이 결여된 문학이라는 이유로 나치스측이 그렇게 명명하여 금지시켰다.

✱ 레지스탕스(resistance)문학 ✱✱

제2차 세계대전 중 프랑스의 반나치스 저항문학으로, 초기에는 패전의 슬픔만을 표현하다가 저항의 자세가 적극적인 표현으로 바뀌면서는 비합법적 출판에 의존하게 되었다. 이런 상황하에서 집필·출판되었기 때문에 인쇄가 용이하고 운반이 간편한 시나 단편, 중편소설이 주를 이루었다. 시집에는 「아라공의 엘사의 눈동자」, 소설에는 「트리오레의 아비뇽의 연인들」 등이 있다.

✱ 앙가주망(engagement) ✱✱

'자기구속' 또는 '사회참여'를 뜻하는 프랑스 실존주의학파의 용어로, 사회참여문학을 말한다. 제2차 세계대전 때 자신들의 신념에 따라 사회적 투쟁에 참가한 레지스탕스문학이 그 대표적인 예이다.

✱ 카타르시스(catharsis) ✱✱

아리스토텔레스의 시학 제6장 비극의 정의 가운데 부분에서 나오는 용어이다. 비극이 그리는 주인공의 비참한 운명에 의해서 관중의 마음에 두려움과 연민의 감정이 격렬하게 유발되고, 그 과정에서 이들 인간적 정념이 어떠한 형태로든지 순화된다고 하는 일종의 정신적 정화작용이다.

✱ 트리비얼리즘(trivialism) ✱

평범하고 통속적인 일을 의미하는 것으로, 쇄말주의라고도 번역되며 일상생활에서 별로 쓸모없는 평범한 사상을 샅샅이 그리는 문학을 경멸해서 하는 말이다.

✱ 패러디(parody) ✱

원작을 풍자적으로 비평하거나 익살스럽게 하기 위해 문체·어구 등을 흉내낸 작품으로, 어떤 음률에 다른 가사를 붙여 부르는 노래인 경우에도 지칭된다. 때로는 원작의 명성에 편승하여 자기의 의도를 효과적으로 표현하기 위해 사용되기도 한다.

✱ 알레고리(allegory) ✱

'풍유' 또는 '우유'로 번역될 수 있는 말로, 표면적으로는 인물과 배경·행위 등 통상적인 이야기요소를 다 갖추고 있으면서 그 이면에는 정신적·도덕적·역사적 의미가 전개되는 이중구조로 된 글이나 작품을 말한다. 스펜서의 「페어리 퀸」, 버니언의 「천로역정」 등이 대표적인 작품이다.

3 한자

✱ 육서(六書) ✱✱

한자(漢字)가 어떻게 만들어졌고, 어떤 짜임새를 갖고 있는가에 대한 이론, 즉 글자가 만들어진 제자 원리(制字原理)를 육서라고 한다.

- **상형 문자(象形文字)** : 구체적인 사물의 모양을 본떠서 만든 글자를 말한다.

  <예> 日, 月, 山, 人, 木, 水, 手, 足, 鳥 등

- **지사 문자(指事文字)** : 추상적인 생각이나 뜻을 점이나 선으로 나타낸 글자를 말한다.

  <예> 一, 二, 三, 四, 五, 七, 八, 九, 上, 中, 下, 本, 末, 天 등

- **회의 문자(會意文字)** : 둘 이상의 글자를 뜻끼리 모아 새로운 뜻을 나타낸 글자를 말한다.

  <예> 信 , 東, 好, 林, 休, 男 등

- **형성 문자(形聲文字)** : 뜻을 나타내는 글자와 음을 나타내는 글자를 합쳐 새로운 뜻을 나타낸 글자를 말한다.

  <예> 心(뜻) + 生(음) = 性(성품 성), 門(음) + 口(뜻) = 問(물을 문)

- **전주 문자(轉注文字)** : 이미 만들어진 글자를 가지고 유추하여 다른 뜻으로 쓰는 글자를 말한다.

  <예> 相 : 서로(상), 재상(상), 도울(상), 지팡이(상)

  　　樂 : 풍류(악), 즐거울(락), 좋아할(요)

- **가차 문자(假借文字)** : 이미 있는 글자의 뜻과는 관계없이 음이나 형태를 빌려다 쓰는 글자를 말한다.

  <예> 음만 빌리는 경우 : 印度(인도 – India), 亞細亞(아세아 – Asia)

  　　형태만 빌리는 경우 : 弗(불 – $)

더 알아보기

한자의 3요소 … 한자는 표의 문자로 모양(形), 소리(音), 뜻(意)의 3요소를 갖추고 있다.

✱ 한자어의 구성 **

• 병렬 관계(竝列關係) : 같은 품사를 가진 한자끼리 연이어 결합된 한자어의 짜임을 말한다.

구분	내용
유사 관계(類似關係)	• 뜻이 같거나 비슷한 한자끼리 연이어 결합된 한자어의 짜임 • 家屋(가옥), 群衆(군중), 星辰(성신), 土地(토지), 海洋(해양), 繪畵(회화), 到達(도달), 引導(인도), 販賣(판매), 巨大(거대), 美麗(미려), 寒冷(한랭) 등
대립 관계(對立關係)	• 뜻이 서로 반대 또는 상대되는 한자끼리 연이어 결합된 한자어의 짜임 • 賞罰(상벌), 上下(상하), 善惡(선악), 因果(인과), 陰陽(음양), 天地(천지), 加減(가감), 開閉(개폐), 强弱(강약)
대등 관계(對等關係)	• 뜻이 서로 대등한 한자끼리 연이어 결합된 한자어의 짜임 • 父母(부모), 松柏(송백), 仁義(인의), 忠孝(충효), 眞善美(진선미), 紙筆硯墨(지필연묵)
첩어 관계(疊語關係)	• 똑같은 글자가 겹쳐 이루어진 한자어의 짜임 • 代代(대대), 年年(연년), 正正堂堂(정정당당)
융합 관계(融合關係)	• 한자의 뜻이 융합되어 쪼갤 수 없는 관계 • 光陰(광음), 琴瑟(금실), 春秋(춘추)
일방 관계(一方關係)	• 한자가 병렬되었으나 한쪽의 뜻만 나타내는 말 • 多少(다소) – 조금(少의 뜻만 작용), 緩急(완급) – 위급함(急의 뜻만 작용)

• 수식 관계(修飾關係) : 꾸미는 말과 꾸밈을 받는 말로 결합된 한자어의 짜임을 말한다.

구분	내용
관형어(冠形語) + 체언(體言)	家事(가사), 城門(성문), 吉夢(길몽), 明月(명월), 外貨(외화), 流水(유수)
부사어(副詞語) + 용언(用言)	廣告(광고), 徐行(서행), 雲集(운집), 疾走(질주), 必勝(필승)

• 주술 관계(主述關係) : 주어와 서술어의 관계로 결합된 한자어의 짜임을 말한다. 주어는 행위의 주체가 되고 서술어는 행위, 동작, 상태 등을 나타낸다. 문장의 조건을 갖추었으면서도 한자어의 역할을 한다. 國立(국립), 夜深(야심), 人造(인조), 日出(일출), 年少(연소), 品貴(품귀) 등이 있다.

✱ 한자의 품사 *

구분			내용
실사	명사		사물의 이름을 나타내는 품사
	대명사	인칭대명사	我·吾·子(1인칭), 汝·女·子(2인칭), 彼·他(3인칭) 등
		지시대명사	是·此·之·彼·其 등
		의문대명사	誰·熟·何·焉·胡·奚·曷 등
	동사		동작이나 상태를 나타내는 품사
	형용사		사물의 형상, 상태, 성질을 나타내는 품사
허사	보조사		가능(可·能·得), 부정(不·非), 금지(勿·無), 사동(使·令·敎), 피동(被·見·所) 등
	부사		정도(最·甚·宜), 시간(方·始·且), 의문(何·豈·安), 가정(若·雖·如), 강조(且·尙·亦)
	접속사	병렬	吾與汝皆學生也(나와 너는 다 학생이다)
		순접	學而時習之不亦悅乎(배우고 때로 익히면 또한 기쁘지 아니한가)
		역접	良樂若於口而利於病(좋은 약은 입에는 쓰나, 병에는 이롭다)
	전치사		어구의 앞에 놓여서 뒷말과의 관계를 맺어 주는 품사(以·於·于·自·至 등)
	종결사		문장 끝에서 종결을 나타내는 품사(也·矣·乎·哉·耳·己 등)
	감탄사		감탄을 나타내는 품사(嗚·呼·噫 등)

✱ 나이를 나타내는 한자어 ***

나이	한자표기	나이	한자표기
10세 안팎	沖年(충년)	62세	進甲(진갑)
15세	志學(지학)	70세	古稀(고희), 從心(종심)
20세	弱冠(약관)	77세	喜壽(희수)
30세	而立(이립)	88세	米壽(미수)
40세	不惑(불혹)	90세	卒壽(졸수), 老壽(모수)
50세	知天命(지천명)	91세	望百(망백)
60세	耳順(이순)	99세	白壽(백수)
61세	回甲(회갑), 還甲(환갑)	100세	期願之壽(기원지수)

✳ 동음이의어(同字異音語)✳✳

覺	깨달을 각	覺醒(각성)
	꿈깰 교	覺眼(교안)
乾	하늘 건	乾坤(건곤)
	마를 간	乾物(간물)
見	볼 견	見學(견학)
	드러날 현	謁見(알현)
串	익힐 관	串柿(관시)
	땅이름 곶	虎尾串(호미곶)
龜	거북 귀	龜趺(귀부)
	땅이름 구	龜浦(구포)
	터질 균	龜裂(균열)
內	안 내	室內(실내)
	궁궐 나	內人(나인)
溺	오줌 뇨	血溺(혈뇨)
	빠질 닉	耽溺(탐닉)
丹	붉을 단	丹靑(단청)
	꽃이름 란	牡丹(모란)
單	홀로 단	簡單(간단)
	오랑캐임금 선	單于氏(선우씨)
讀	읽을 독	讀書(독서)
	귀절 두	句讀(구두)
樂	즐길 락	娛樂(오락)
	좋아할 요	樂山(요산)
	풍류 악	音樂(음악)
木	나무 목	草木(초목)
	모과 모	木瓜(모과)
復	회복할 복	復舊(복구)
	다시 부	復活(부활)
北	북녘 북	南北(남북)
	패할 배	敗北(패배)
狀	형상 상	狀態(상태)
	문서 장	賞狀(상장)

降	내릴 강	降下(강하)
	항복할 항	降伏(항복)
更	다시 갱	更新(갱신)
	고칠 경	變更(변경)
句	글귀 구	文句(문구)
	글귀 귀	聖句(성귀)
廓	둘레 곽	胸廓(흉곽)
	넓힐 확	廓大(확대)
洞	동리 동	洞里(동리)
	구멍 동	洞窟(동굴)
	밝을 통	洞察(통찰)
金	쇠 금	金庫(금고)
	성씨 김	金氏(김씨)
屯	진칠 둔	駐屯(주둔)
	어려울 준	屯險(준험)
宅	집 댁	宅內(댁내)
	집 택	住宅(주택)
度	법도 도	制度(제도)
	헤아릴 탁	度地(탁지)
率	비례 율, 률	比率(비율)
	거느릴 솔	統率(통솔)
說	말씀 설	說明(설명)
	달랠 세	遊說(유세)
	기쁠 열	說樂(열락)
反	돌이킬 반	反擊(반격)
	뒤침 번	反沓(번답)
否	아닐 부	否定(부정)
	막힘 비	否運(비운)
寺	절 사	寺刹(사찰)
	내관 시	內侍(내시)
索	찾을 색	搜索(수색)
	적막할 삭	索莫(삭막)

✱ 유의어 ***

- 家 집 가   –   屋 집 옥
- 監 볼 감   –   視 볼 시
- 居 살 거   –   住 살 주
- 境 지경 경   –   界 지경 계
- 計 셈할 계   –   算 셈할 산
- 雇 품살 고   –   傭 품팔 용
- 恭 공경할 공   –   敬 공경할 경
- 貫 꿰뚫을 관   –   徹 뚫을 철
- 救 구원할 구   –   濟 건널 제
- 技 재주 기   –   藝 재주 예
- 段 층계 단   –   階 섬돌 계
- 談 말씀 담   –   話 말씀 화
- 徒 무리 도   –   黨 무리 당
- 末 끝 말   –   端 끝 단
- 勉 힘쓸 면   –   勵 힘쓸 려
- 毛 털 모   –   髮 터럭 발
- 茂 성할 무   –   盛 성할 성
- 返 돌이킬 반   –   還 돌아올 환

- 歌 노래 가   –   爭 노래 요
- 巨 클 거   –   隔 큰 대
- 健 군셀 건   –   大 편안할 강
- 競 다툴 경   –   備 다툴 쟁
- 階 섬돌 계   –   層 층 층
- 攻 칠 공   –   擊 칠 격
- 空 빌 공   –   虛 빌 허
- 敎 가르칠 교   –   訓 가르칠 훈
- 規 법 규   –   則 법칙 칙
- 饑 주릴 기   –   饉 주릴 근
- 斷 끊을 단   –   絕 끊을 절
- 到 이를 도   –   達 통달할 달
- 道 길 도   –   路 길 로
- 末 끝 말   –   尾 꼬리 미
- 滅 멸망할 멸   –   亡 망할 망
- 模 본뜰 모   –   範 법 범
- 文 글월 문   –   章 글 장
- 法 법 법   –   式 법 식

✱ 반의어 ***

- 强 군셀 강   ↔   弱 약할 약
- 去 갈 거   ↔   來 올 래
- 傑 뛰어날 걸   ↔   拙 못날 졸
- 結 맺을 결   ↔   離 떨어질 리
- 京 서울 경   ↔   鄕 시골 향
- 慶 경사 경   ↔   弔 조상할 조
- 屈 굽을 곡   ↔   沆 대항할 항
- 勤 부지런할 근   ↔   怠 게으를 태
- 起 일어날 기   ↔   臥 누울 와
- 難 어려울 난   ↔   易 쉬울 이
- 斷 끊을 단   ↔   繼 이을 계
- 同 같을 동   ↔   異 다를 이
- 得 얻을 득   ↔   失 잃을 실
- 露 이슬 로   ↔   霜 서리 상
- 利 이로울 리   ↔   害 해로울 해
- 晚 늦을 만   ↔   早 일찍 조

- 開 열 개   ↔   閉 닫을 폐
- 建 세울 건   ↔   壞 무너뜨릴 괴
- 儉 검소할 검   ↔   奢 사치할 사
- 謙 겸손할 겸   ↔   慢 거만할 만
- 輕 가벼울 경   ↔   重 무거울 중
- 曲 굽을 곡   ↔   直 곧을 직
- 貴 귀할 귀   ↔   賤 천할 천
- 禽 날짐승 금   ↔   獸 길짐승 수
- 諾 승락할 낙   ↔   拒 물리칠 거
- 濃 짙을 농   ↔   淡 묽을 담
- 貸 빌릴 대   ↔   借 빌 차
- 鈍 둔할 둔   ↔   敏 민첩할 민
- 冷 찰 랭   ↔   炎 뜨거울 염
- 瞭 밝을 료   ↔   曖 희미할 애
- 漠 아득할 막   ↔   確 확실할 확
- 忙 바쁠 망   ↔   閑 한가할 한

✱ 24節氣(절기) ***

계절	절기	날짜(양력)	특징
春	立春(입춘)	2월 4일경	봄의 시작
	雨水(우수)	2월 19일경	봄 기운이 돌고 싹이 틈
	驚蟄(경칩)	3월 6일경	개구리 같은 동물이 겨울잠에서 깨어남
	春分(춘분)	3월 21일경	낮과 밤의 길이가 같아짐
	淸明(청명)	4월 6일경	날씨가 맑고 밝음, 농사 준비
	穀雨(곡우)	4월 20일경	농사비(봄비)가 내려 백곡이 윤택해짐
夏	立夏(입하)	5월 6일경	여름의 시작
	小滿(소만)	5월 21일경	만물이 점차 성장하는 시기로 본격적인 농사가 시작됨
	芒種(망종)	6월 6일경	씨뿌리는 시기
	夏至(하지)	6월 21일경	낮이 가장 긴 시기
	小暑(소서)	7월 7일경	본격적인 더위가 시작되는 시기
	大暑(대서)	7월 23일경	가장 더위가 심한 시기
秋	立秋(입추)	8월 8일경	가을의 시작
	處暑(처서)	8월 23일경	일교차가 커지고 더위가 가시는 시기
	白露(백로)	9월 9일경	가을 기운이 완연해지고 이슬이 내림
	秋分(추분)	9월 23일경	밤이 점차 길어지는 시기
	寒露(한로)	10월 8일경	공기가 차가워지고, 찬 이슬이 맺히는 시기
	霜降(상강)	10월 23일경	서리가 내리는 시기
冬	立冬(입동)	11월 7일경	겨울의 시작
	小雪(소설)	11월 23일경	눈이 오기 시작하며 얼음이 어는 시기
	大雪(대설)	12월 7일경	큰눈이 내리는 시기
	冬至(동지)	12월 22일경	밤이 가장 긴 시기
	小寒(소한)	1월 5일경	겨울 중 가장 추운 시기
	大寒(대한)	1월 20일경	매우 추운 시기

✱ 12지신(十二支神) ***

땅을 지키는 12신장(神將)으로, 십이신장(十二神將) 또는 십이신왕(十二神王)이라고도 한다. 2방위(方位)에 맞추어서 자(子), 축(丑), 인(寅), 묘(卯), 진(辰), 사(巳), 오(午), 미(未), 신(申), 유(酉), 술(戌), 해(亥)로 호랑이·토끼·용·뱀·말·소·원숭이·닭·돼지·개·쥐·양 등의 얼굴 모습을 가지며 몸은 사람으로 나타난다.

✱ 가족의 호칭 **

구분	자기		타인	
	생존 시	사후	생존 시	사후
父(아버지)	家親(가친) 嚴親(엄친) 父主(부주)	先親(선친) 先考(선고) 先父君(선부군)	春府丈(춘부장) 椿丈(춘장) 椿當(춘당)	先大人(선대인) 先考丈(선고장) 先人(선인)
母(어머니)	慈親(자친) 母生(모생) 家慈(가자)	先妣(선비) 先慈(선자)	慈堂(자당)·大夫人(대부인) 母堂(모당)·萱堂(훤당)	先大夫人(선대부인) 先夫人(선부인)
祖父(할아버지)	祖父(조부) 王父(왕부)	祖考(조고) 王考(왕고)	王尊丈(왕존장) 王大人(왕대인)	先祖父丈(선조부장) 先王考丈(선왕고장)
祖母(할머니)	祖母(조모) 王母(왕모)	祖妣(조비)	王大夫人(왕대부인) 尊祖母(존조모)	先王大夫人(선왕대부인) 先祖妣(선조비)
子(아들)	家兒(가아)·家豚(가돈) 豚兒(돈아)·迷豚(미돈)	亡兒(망아)	令郞(영랑) 令息(영식)	
女(딸)	女息(여식)·息鄙(식비)		令愛(영애)·令嬌(영교)	
孫(손자)	孫子(손자)·孫兒(손아)		令抱(영포)·令孫(영손)	

출제예상문제

1 다음 중 송강 정철의 작품이 아닌 것은?

① 관동별곡   ② 사미인곡

③ 훈민가   ④ 청산별곡

⑤ 성산별곡

> ✔**해설** 송강 정철은 조선 중기 문신 겸 시인으로 당대 가사문학의 대가이다. 시조의 윤선도와 함께 한국 시가사상 쌍벽으로 일컬어지며 대표작으로는 관동별곡, 성산별곡, 사미인곡, 속미인곡, 훈민가 등이 있다.
> ④ 청산별곡은 고려가요의 하나로 악장가사에 실려 전하며 작자·연대는 미상이다.

2 다음 중 노벨문학상을 받은 작가가 아닌 것은?

① 올가 토카르추크

② 페터 한트케

③ 밥 딜런

④ 레이먼드 카버

⑤ 가즈오 이시구로

> ✔**해설** ④ 레이먼드 카버는 노벨문학상을 받은 작가는 아니지만 『대성당』(1980)으로 전미비평가 그룹상, 퓰리처상 후보에 오른 미국의 소설가로 단순, 적확한 문체로 미 중산층의 불안감을 표현하였다.
> ① 2018년 수상
> ② 2019년 수상
> ③ 2016년 수상
> ⑤ 2017년 수상

3 우리나라 최초로 신인추천제를 실시하였으며 많은 현대시조 작가를 배출한 순수문예지는?

① 문장   ② 소년

③ 청춘   ④ 인문평론

⑤ 개벽

> ✔ 해설 『문장』은 1939년 창간되어 1941년 폐간된 시·소설 중심의 순문예지이다. 신인추천제로 발굴된 대표적인
> 시조시인으로는 김상옥과 이호우 등이 있으며, 시인으로는 청록파 시인 박목월, 조지훈, 박두진 등이 있다.

4 우리나라 최초의 창작국문소설은?

① 박지원의 양반전

② 김시습의 금오신화

③ 허균의 홍길동전

④ 박인량의 수이전

⑤ 작자미상의 전우치전

> ✔ 해설 우리나라 최초의 한문소설은 금오신화이며, 최초의 국문소설은 홍길동전이다.
> ※ 채수의 설공찬전은 홍길동전보다 앞선 1511년 무렵 최초의 국문번역소설이지만, 본격적인 창작국문
> 소설 최초의 작품은 허균의 홍길동전으로 꼽을 수 있다.

5 '앙티로망'이란?

① 전통 계승 문학   ② 사회참여소설

③ 저항문학   ④ 실험적 반(反)소설

⑤ 청소년소설

> ✔ 해설 앙티로망(anti-roman)은 전통적인 수법을 부정하는 새로운 형식의 반(反)소설 또는 비(非)소설로, 일종
> 의 실험소설이다.

Answer   1.④ 2.④ 3.① 4.③ 5.④

6 二十四節氣 순서상 시기가 가장 앞선 것은?

① 亡種　　　　　　　　　　② 白露
③ 淸明　　　　　　　　　　④ 立夏
⑤ 立春

> ✔해설　立春(입춘)은 보통 양력 2월 4일경으로 24절기의 첫 번째 절기이다.
> ① 亡種(망종) : 6월 6일경. 보리는 익어 먹게 되고, 벼의 모는 자라서 심게 되는 시기
> ② 白露(백로) : 9월 9일경. 이슬이 내리고 가을 기운이 완연히 나타나는 시기
> ③ 淸明(청명) : 4월 6일경. 날씨가 맑고 밝은 시기
> ④ 立夏(입하) : 5월 6일경. 여름이 시작되는 시기

7 다음 글의 밑줄 친 부분의 한자어의 표기가 바르지 않은 것은?

> 위로부터의 조직화에 의한 ㉠여론(輿論) 형성은 여러 문제점을 ㉡내포(內包)하게 되는데, 그 하나가 여론 과정이 고전적 이론의 예정된 통합적 기능보다도 ㉢분열(分裂)과 대립의 기능을 보다 많이 수행하게 되는 위험성이다. 즉 그곳에서는 예리하게 대립하는 주도적 의견을 중심으로 하여 그 동조자가 결집하는 결과 상호 간의 대화와 매개가 더 한층 ㉣곤란(困亂)하게 되는 ㉤경향(傾向)이 나타난다는 점이다.

① ㉠　　　　　　　　　　② ㉡
③ ㉢　　　　　　　　　　④ ㉣
⑤ ㉤

> ✔해설　④ 곤란(困亂) → 곤란(곤할 困, 어려울 難) : 사정이 몹시 딱하고 어려움

8 '登龍門'이란 말의 고사와 관계있는 동물은?

① 뱀　　　　　　　　　　② 잉어
③ 원숭이　　　　　　　　④ 사슴
⑤ 거북이

> ✔해설　龍門(용문)은 중국 황하 상류에 있는 급류로, 물이 험하여 올라갈 수 없으나 잉어가 뛰어오르면 용이 되어 하늘에 오른다는 데서 나온 말이다.

9 '膠柱鼓瑟'에 비유되는 사람은?

① 신중하지 못한 사람

② 융통성이 없는 사람

③ 책임감이 없는 사람

④ 정직하지 못한 사람

⑤ 변덕이 심한 사람

> ✔해설 膠柱鼓瑟(교주고슬) … 아교로 붙이고 거문고를 탄다는 뜻으로 고지식하여 조금도 융통성이 없음을 비유하다.

10 다음 고사에서 유래한 고사성어는?

> 삼고초려(三顧草廬)로 인해 유비와 제갈량의 사이가 날이 갈수록 친밀해지고 유비가 제갈량에게 전폭적인 신뢰를 쏟자 관우(關羽)와 장비(張飛)는 이를 불쾌하게 여겼다. 이에 유비는 그들을 불러 '나에게 공명(孔明)이 있다는 것은 물고기가 물을 가진 것과 같다. 다시는 불평하지 말도록 하여라.'라고 하였다.

① 近墨者黑

② 靑出於藍

③ 水魚之交

④ 臥薪嘗膽

⑤ 魚頭一味

> ✔해설 ③ 水魚之交(수어지교) : 물과 물고기의 관계라는 뜻으로, 서로 떨어질 수 없는 매우 친밀한 사이를 비유적으로 이르는 말
> ① 近墨者黑(근묵자흑) : 먹을 가까이 하면 검어진다는 뜻으로, 나쁜 사람과 가까이 하면 나쁜 버릇에 물들게 됨을 이르는 말
> ② 靑出於藍(청출어람) : 쪽에서 뽑아낸 푸른 물감이 쪽보다 더 푸르다는 뜻으로, 제자가 스승보다 나음을 비유적으로 이르는 말
> ④ 臥薪嘗膽(와신상담) : 거북한 섶에 누워 자고 쓴 쓸개를 맛본다는 뜻으로, 원수를 갚으려 하거나 실패한 일을 다시 이루고자 굳은 결심을 하고 어려움을 참고 견디는 것을 이르는 말
> ⑤ 魚頭一味(어두일미) : 물고기는 머리 쪽이 그중 맛있음을 이르는 말

Answer　6.⑤　7.④　8.②　9.②　10.③

CHAPTER 08 매스컴

1 매스컴 일반

✱ 매스컴(masscom) ✱

대량전달이라는 의미의 매스 커뮤니케이션(mass communication)의 약칭으로, 불특정 다수의 대중을 대상으로 전달하는 대량의 사회정보 및 전달상황을 말한다.

> **더 알아보기**
>
> 퍼스널 커뮤니케이션(personal communication) ⋯ 지식 · 판단 · 감정 · 의지와 같은 의식의 전달이 개인적, 면접적인 상호 작용을 통해 이루어지는 것

✱ 커스컴(cuscom) ✱

단골을 뜻하는 'custom'과 통신을 뜻하는 'communication'이 합해진 용어로 커스텀 커뮤니케이션이라고도 한다. 매스컴이 다수의 사람들에게 정보를 전달하는 것을 목적으로 한다면 커스컴은 유선방송이나 케이블TV처럼 그 매체를 접하고자 하는 정해진 소수의 사람들을 상대로 정보를 전달하는 것을 목적한다.

✱ 프리츠커상 ✱✱

1979년 하얏트 재단 회장인 제이 A.프리츠커 부부가 제정한 '건축계의 노벨상'이라고 불리는 건축 분야 최고 권위 상이다. 건축을 통해 인류와 환경에 공헌한 건축가에게 매년 수여되는 상이다. 2020년 42회 프리츠커상은 아일랜드 출신 듀오 이본파렐과 셸리 맥나라마가 수상자로 선정되었다. 아일랜드 건축가가 받은 것은 처음이다. 그들이 설계한 아일랜드 도시 연구소는 여러 상황에 대응하는 재료의 변화를 통해 시각적으로 흥미로운 건물인 동시에, 효율적이고 지속 가능하다는 평가를 받았다.

✱ 국제언론인협회(IPI : International Press Institute) ✱

1951년 자유주의국가 언론인들이 상호 간의 협조와 권익옹호를 위해 결성한 국제단체이다. 개인자격으로 가입하며, 언론의 자유를 수호하고, 교류를 촉진하여 편집 실무를 개선함을 목적으로 한다. 본부는 오스트리아 빈에 있으며, 우리나라는 1960년 12월에 가입하였다.

✱ 매스컴의 효과이론 ✱✱✱

매스미디어를 통해 전달되는 정보는 사회구성원들에게 긍정적 또는 부정적으로 영향을 미친다. 매스미디어의 효과는 시대에 따라 대효과·소효과·중효과 이론으로 변천했다. 대효과이론은 영화나 라디오가 대중화되기 시작한 1920 ~ 40년대에 이르기까지 주장되었던 이론으로 매스미디어가 사람들의 태도나 의견을 쉽게 변화시킬 정도로 힘이 막강하다는 의견이다. 소효과이론은 1940 ~ 60년대에 유행한 이론으로 매스미디어의 영향이 수용자의 태도를 변화시킬 만큼 강하지 않다는 제한적 효과이론이다. 그리고 1970 ~ 80년대에는 매스미디어의 효과가 제한적이지 않으며 장기간에 걸쳐 대중의 의식 형성에 상당한 영향을 미칠 수 있다고 보는 중효과이론이 주류를 이뤘다.

더 알아보기

• 대효과이론

탄환이론 (bullet theory)	매스커뮤니케이션에 약한 일반대중은 총에서 발사되는 탄환이 목표물에 명중되는 것과 같이 대중매체가 수용자에게 메시지를 주입하면 효과가 강력하고 직접적으로 나타난다는 이론이다. 피하주사식이론, 언론매체의 강효과이론 혹은 기계적 자극반응이론이라고도 한다.
의존효과이론 (dependency theory)	일반적으로 대중들의 미디어에 대한 의존성의 정도는 다양하게 나타난다. 대중매체의 효과는 대중매체를 신뢰하며 의존성이 높을 때, 대중매체가 정보기능을 성공적으로 수행할 때, 사회의 갈등 폭이 클 때 효과가 커진다.
침묵의 나선형이론	노엘레 노이만이 주장한 것으로 일반적인 사람은 타인으로부터 고립되는 것을 두려워하므로, 특정 문제에 대한 여론을 세심하게 관찰하여 자신과 다수의 의견이 일치하면 의견을 말하나 소수의 의견에 해당할 경우 침묵하게 된다는 이론이다. 이러한 소수의견의 침묵은 계속 이어지게 되어 결국 침묵의 나선효과는 가속화된다는 것이다.
문화적 규범이론 (문화계발 효과이론)	언론매체가 현실세계에 대한 정보를 수용자에게 전달하여 강력하고 직접적인 영향력을 행사한다는 이론이다. 현실세계에 대한 수용자의 이미지는 대중매체를 통해 전달받은 것으로 이에 의하면 지속적으로 대중매체에 노출된 결과이다.

• 소효과이론

선별효과이론	매스미디어의 효과는 강력하지 않고 획일적이지 않으며, 직접적이지도 않아 그 효과가 수용자 개인들의 사회 계층적 영향, 심리적 차이, 사회적 관계 등에 의해 제한을 받아서 단지 선별적이고 한정적으로 나타난다는 이론이다.
2단계 유통이론	의견지도자를 거쳐 정보나 영향력이 궁극적인 수용자들에게 전달된다는 이론이다. 라자스펠트의 '국민의 선택'이라는 연구보고서에서 처음으로 제시된 것으로 매스미디어가 유권자의 투표행위에 지배적인 영향을 미치지 않는다고 밝혀냈다.

• 중효과이론

이용과 충족이론	능동적인 수용자들은 자신의 동기나 욕구를 충족시키기 위하여 매스미디어를 활용한다는 이론이다.
의제설정이론	매스미디어는 특정 주제를 선택하고 반복함으로써 이를 강조하여 수용자가 중요한 의제로 인식하게 한다는 이론으로 이에 의하면 대중매체가 강조하는 정도에 따라 수용자가 인식하는 정도가 달라질 수 있다.

✱ 세계신문협회(WAN : World Association of Newspapers) *

1948년 유럽 언론사가 중심이 되어 국제신문발행인협회(FIEJ)로 발족하였으며 1996년 5월 총회에서 WAN으로 개칭하였다. 세계 언론의 자유보장 및 회원 간 교류를 통한 언론의 발전을 추구하며 국제연합과 유네스코의 자문기관이기도 하다. 본부는 프랑스 파리에 있으며, 우리나라는 1971년에 가입하였고, 회원국은 93개국, 1만 7천 여 개의 신문 · 통신사가 회원으로 가입되어 있다.

✱ 국제기자기구(IOJ : International Organization of Journalists) **

1946년 덴마크 코펜하겐에서 결성된 조직으로 미국을 중심으로 한 보수적인 국제기자연맹(IFJ)과는 달리 진보적이며, 민주적인 저널리즘을 추구하는 동유럽과 제3세계 국가까지 포괄하는 세계 최대의 국제언론인 기구이다. 본부는 에스파냐 마드리드에 위치하며 120개국 250만 명이 회원으로 가입되어 있다.

✱ 국제기자연맹(IFJ : International Federation of Journalists) *

IOJ에서 탈퇴한 미국과 영국 등 14개국 서방 자본주의 언론단체들이 중심이 되어 1952년에 결성하였다. 언론의 자유와 언론인들의 권익을 옹호하고 직업상의 윤리규정 확보를 목적으로 일선기자들로 구성되었다. 본부는 벨기에 브뤼셀에 있으며, 우리나라는 관훈 클럽이 준회원으로(1964), 한국기자협회가 정회원으로(1966) 가입하였다.

✱ 관훈클럽 ***

1957년 언론인들의 친목과 언론의 향상을 위해 설립된 현존하는 우리나라 최고(最古)의 언론단체이다. 1977년부터 각계의 지도자를 초빙하여 의견을 듣는 관훈토론회를 개최하였으며, 해마다 가장 뛰어난 언론인에게 관훈언론상도 시상한다.

✱ 아웃링크(outlink) *

포털사이트가 아닌 뉴스사이트에서 직접 뉴스를 보는 방식을 말한다. 국내의 네이버 · 다음 같은 포털사이트에서는 인링크(네이버 화면 안에서 뉴스를 보는 방식)로 뉴스를 제공하고 있다. 반면 외국의 구글이나 페이스북은 아웃링크 방식으로, 이용자가 기사를 선택하면 해당 언론 사이트로 넘어가 기사를 보게 된다. 예컨대 포털에서 '남북정상회담'을 검색하면 네이버나 다음이 아니라 해당 언론사로 넘어가 뉴스를 보고 댓글을 다는 방식이다. 언론사들은 포털에 뺏겼던 클릭 수를 찾아올 수 있어 선호하지만, 소비자들은 플로팅 광고(인터넷 사이트 전체나 일부를 뒤덮는 광고 기법)때문에 불편을 겪을 수 있다.

✱ 세계 4대 통신사 ***

- AP(Associated Press) : 1848년 헤일(D. Hale)의 제안으로 결성된 미국 연합통신사이다. 신문사 · 방송국을 가맹사로 하는 협동조직의 비영리법인 UPI와 함께 세계최대통신사이다.
- UPI(United Press International) : 1958년에 UP가 경영난에 빠진 INS(International News Service)통신사를 병합하여 설립한 영리법인이다.
- AFP(Agence France Press) : 아바스(C. Havas)가 만든 외국신문 번역통신사의 후신으로 전 세계에 100여개의 지국을 설치하고 서유럽적 입장에서 논평과 보도를 한다.
- 로이터(Reuters) : 1851년 독일인 로이터가 영국에 귀화하여 런던에 설립한 영국의 국제 통신사로 전 세계적인 통신망을 구축하여 국제 신문계의 중심을 이루고 있으며 특히 경제 · 외교기사 통신으로 유명하다.

✱ 맥루한의 미디어결정론 ***

맥루한은 저서 「미디어의 이해(Understanding Media)」에서 '미디어는 메시지이다(media is message).'라고 강조하였다. 미디어가 전달하는 것은 그 내용과 전혀 다른, 즉 미디어 그 자체의 특질 내지 형태라고 주장하였다. 또한 미디어의 커뮤니케이션 과정상 다른 모든 요소에 영향을 끼치는 것을 강조하고, 메시지와 채널의 결합으로 발생하는 결과적 영향을 감각을 불러일으키는 '미디어는 마사지(massage)이다.'라고 표현했다. 매체발달 단계에서 텔레비전의 출현으로 시작되는 제3단계는 개별적 국가 단위에서 벗어난 전체적인 특성을 지닌다.

✱ 방송통신위원회(KCC : Korea Communications Commission) **

방송위원회(KBC)의 방송 정책 및 규제, 정보통신부의 통신서비스 정책과 규제를 총괄하는 대통령 직속 기구이다. 방송과 통신의 융합 현상에 능동적으로 대응하고 방송의 자유와 공공성 · 공익성을 보장하며, 방송 · 통신 간 균형 발전을 위해 방송 · 통신 관련 인허가 업무, 각종 정책 수립 등의 역할을 담당한다. 위원장 1명을 포함, 5명의 상임위원으로 구성되는데 대통령이 2인을 임명하고 그중 1명을 위원장으로 삼으며 나머지 위원 3명은 국회에서 추천한다.

더 알아보기

방송통신심의위원회 ··· 방송의 공공성과 공정성을 보장하고, 정보 통신의 건전한 문화를 창달하며 올바른 이용 환경을 조성하기 위하여 설치된 기관이다.

✱ 미국의 4대 방송 **

- NBC(National Broadcasting Company) : 1926년에 설립된 미국 내셔널 방송회사로 우리나라에서 개최된 88올림픽의 중계를 맡았으며, 미국 방송조직 중 가장 크다.
- CBS(Columbia Broadcasting System) : 미국의 콜롬비아 방송회사로 1927년 설립되었다. 라디오 · 텔레비전 망을 보유한 민간회사로 시류에 민감하여 기획과 실시의 면에 있어서 활발한 기동성을 가지고 있다.
- ABC(American Broadcasting Company) : 미국에서 세 번째로 방대한 텔레비전 네트워크를 가진 아메리칸 방송회사로 1944년에 설립되었다.
- MBS(Mutual Broadcasting System) : 4개의 방송국이 연합하여 1934년에 설립한 것으로 전국적인 규모의 라디오 전문 네트워크로 소규모 라디오 방송국의 형태로 방송국 상호 간에 프로그램을 제공한다.

✱ 발전언론 *

국가의 자주성 보전과 문화적 주체성을 확립하기 위해 언론이 국가발전에 긍정적 역할을 수행해야 한다고 보는 보호개발도상국의 언론이념이다. 개발도상국에서 언론은 개개인의 자유가 아닌 총체적인 국가목표를 강조하므로 언론의 자유는 하위에 있게 된다. 반전언론은 언론의 자유를 전적으로 부정하지 않으나 국가발전이 언론의 자유보다 우위에 있으므로 현실적으로 독재정권의 나팔수로 전락되는 경우가 많다.

✱ 적대언론(adversary journalism) *

어떤 성격의 정부이든 정부나 권력자에 적대적인 입장에 서서 항상 비판적인 자세를 유지하고 완고한 감시자 역할을 수행하는 언론이다. 적대언론의 언론인은 객관성과 냉정성을 최대한 유지하지만 정부나 권력에 대해 영원한 반대자로 남는다. 이런 점에서 적대언론은 언론이 정치권력에 비판적인 국가의 제4부가 되어야 한다는 자유민주주의의 전통적인 언론이념과 관련있다. 그러나 어떤 정부이건 무조건 적대하는 언론을 적대언론이라고 정의한다면, 과연 그러한 언론이 바람직스러운 언론이냐에 대해서는 많은 사람이 회의적이며, 또 그런 의미의 적대언론은 역사상 한 번도 존재했던 적이 없다고 보여진다.

✱ 클리킹 현상(리모컨에 의한 텔레비전 시청 형태) *

- Soft Clicking : 보고 있던 프로그램이 재미가 없기 때문에 채널을 바꾸는 현상
- Hard Clicking : 언제 보아도 재미없는 프로그램에 제재를 가하는 현상
- Lovely Clicking : 여러 프로그램에 매력을 느껴 어느 것도 놓치지 않으려고 이리저리 채널을 바꾸는 현상
- Rational Clicking : 이리저리 돌리다 선택을 한 다음 채널을 바꾸는 현상

✹ 프레임업(frame up) *

날조라는 뜻으로, 정적(政敵)을 대중으로부터 고립시켜 탄압하고 공격하기 위한 구실로 삼기 위해 만들어 내는 사건이다. 일정한 기성사실을 왜곡 변조하여 이용하는 경우와 스파이 등을 이용하여 사실을 날조하는 경우가 있다.

✹ 저널리즘(journalism) **

매스미디어를 통해 공공의 사실이나 사건에 관한 정보를 보도하고 논평하는 활동으로 시사적 문제의 보도와 논평의 사회적 전달 활동을 의미한다.

더 알아보기

저널리즘의 종류

구분	특징
옐로저널리즘 (yellow journalism)	저속하고 선정적인 기사로 대중의 흥미를 위주로 보도하는 센세이셔널리즘 경향을 띠는 저널리즘을 의미한다.
블랙저널리즘 (black journalism)	공개되지 않은 이면적 사실을 밝히는 정보활동을 말한다. 개인이나 특정의 약점을 이용하여 이를 발표하겠다고 협박하거나, 보도해서 이익을 얻고자 하는 신문·서적·잡지 등에 의해 행해지는 저널리즘 활동을 말한다.
퍼블릭저널리즘 (public journalism)	취재원을 다양화하여 여론 민주화를 선도함으로써 선정주의를 극복하고자 하여 고급지의 새로운 방법으로 시민이 참여하는 민주주의과정을 활성화시키자는 것이다. 즉, 언론인 스스로가 지역사회의 일원으로 행동하고 시민들이 공동관심사에 참여하도록 주선해 주는 것으로 시빅 저널리즘(civic journalism)이라고 한다.
포토저널리즘 (photo journalism)	사진으로 사실이나 시사적인 문제를 표현하거나 보도하는 저널리즘이다.
팩저널리즘 (pack journalism)	자의적·제도적 제한 및 안이한 편집, 취재방법이나 취재시각 등이 획일적인 개성이 없는 저널리즘으로 인간·정치·사건에 대해 취재가 단편적으로 이루어지고 있는 언론 상황을 뜻한다.
경마저널리즘 (horse racejournalism)	공정한 보도보다는 단순한 흥미 위주로 경마를 취재하는 기사처럼 누가 이기는가에 집착하여 보도하는 형태로 특정 상황만을 집중적으로 보도하는 것이다.
수표저널리즘 (check journalism)	방송이나 신문사가 유명인사의 사진 또는 스캔들 기사, 센세이셔널 한 사건의 당사자 증언 등을 거액을 주고 사들여 보도하는 것을 의미한다.
파라슈트저널리즘 (parachute journalism)	낙하산 언론으로 현지 사정은 알지 못하면서 선입견에 따라 기사를 작성하는 것이다.
하이프저널리즘 (hipe journalism)	오락만 있고 정보가 없는 새로운 유형의 뉴스를 말한다.
뉴저널리즘 (new journalism)	1960년대 이후 새롭게 등장한 보도 및 기사를 작성하는 방법으로, 기존의 속보성·단편성·객관성의 관념을 극복하고, 구체적 묘사와 표현을 목표로 사건과 상황에 대해 독자에게 실감나게 전달하고자 한다.
제록스저널리즘 (xerox journalism)	극비문서를 몰래 복사하여 발표하는 것으로 문서를 근거로 한 폭로기사 일변도의 안이한 취재방법과 언론경향을 비판하는 표현이다.
그래프저널리즘 (graph journalism)	사진을 중심으로 하여 편집된 간행물로 다큐멘터리를 중심으로 사회 문제 및 패션, 미술, 영화의 소재까지 다룬다.

2 매스미디어

✱ 퍼블릭 액세스 **

퍼블릭 액세스 채널은 시민사회의 미디어 액세스 요구를 제도화한 것이다. 방송사뿐 아니라 일반 시민도 방송에 접근할 권리가 있다는 것을 제도적으로 인정한 사례라 할 수 있다. 시민의 미디어 액세스는 다양한 의견 개진으로 민주적 토론 문화를 만들어 간다는 점에서 민주주의의 발전을 위한 필수 장치라고 할 수 있다. 민주적 헌법이 있는 국가에서 시민의 미디어 액세스는 당연한 기본권으로 인정받아야 한다.

✱ 디지털 방송 **

기존의 아날로그방송과는 달리 정보의 신호를 부호화하여 기록하는 디지털 형태로 텔레비전 신호를 압축하여 내보내는 방송을 의미한다. 아날로그방송은 하나의 전파에는 하나의 영상밖에 실을 수 없어 음성은 다른 전파로 보내야 한 것에 비해 디지털방송은 하나의 전파에 다수의 영상이나 음성 등을 실을 수 있고, 질을 떨어뜨리지 않고 정보를 압축할 수 있어 1개의 아날로그방송 주파수대에 4 ~ 8개의 채널을 설정할 수 있다. 또한 컴퓨터를 사용하여 정보를 관리하기 쉽고 시청자가 주문하는 정보도 내보낼 수 있는 쌍방향 방송도 가능하다.

✱ 재핑 효과(zapping effect) **

채널을 바꾸다가 중간에 있는 다른 채널의 시청률이 높아지는 현상을 의미한다. 사람들이 채널을 바꾸는 이유는 자신이 보고 있던 프로그램의 광고를 피하기 위함이다. 대부분의 광고는 많은 사람들이 자신에게는 필요가 없는 것이라 생각하기 때문에 그 시간을 허비하기 싫어 다른 채널로 이동하는 것이다. 이렇게 딱히 다른 채널을 보기 위한 의도가 없었음에도 불구하고 짧은 순간에 지나가려던 채널에 관심을 빼앗겨 버리면 그 채널에서 오히려 더 많은 시간을 할애하게 되는 것이 바로 재핑 효과이다. 이는 다른 채널에서 때마침 자신의 관심사 혹은 자신의 취향과 맞는 방송이 송출되고 있을 경우 크게 발생하게 된다.

✱ CATV(Cable / Community Antenna TV) **

공동시청안테나TV로 난시청 문제를 해결하기 위해 1948년 미국에서 시작되었다. TV전파가 잘 잡히는 높은 언덕이나 산 위에 설치한 우수한 성능의 안테나로부터 TV전파를 수신하여 증폭한 다음, 유선으로 각 가정의 TV수신기로 분배하는 유선TV이다. CATV는 난시청 해소는 물론 무선공중전파에 의한 TV방송에 비해 유선으로 신호를 전달하기 때문에 선명한 화면을 제공할 수 있고, 다양한 서비스가 가능하여 사회적인 영향력도 매우 크다. 우리나라는 1995년 3월 1일 케이블TV 방송을 시작하였다.

더 알아보기

케이블TV의 3주체 … 전송망사업자, 프로그램공급자, 방송국

✱ 인포데믹스(infodemics) *

정보(Information)와 전염병(Epidemics)의 합성어로 부정확한 정보가 확산되어 발생하는 각종 부작용을 일컫는 말이다. IT기술이 발전하면서 잘못된 정보나 소문이 미디어와 인터넷, SNS를 통해 확산되면서 정치, 경제, 사회, 안보 등에 치명적인 위기를 초래하게 되는 경우가 종종 발생하게 된다.

✱ HDTV · IPTV **

HDTV는 고선명 텔레비전(High Definition Television)의 약칭으로 35mm 영화 급의 화질과 Cd 수준의 음질을 제공하는 TV 기술이며, IPTV는 인터넷 프로토콜 텔레비전(Internet Protocol Television)의 약칭으로 초고속 인터넷을 이용하여 정보 서비스, 동영상 콘텐츠 및 방송 등을 텔레비전 수상기로 제공하는 서비스를 말한다.

✱ CCTV(Closed Circuit TV) *

폐쇄회로TV이다. 동일 건축물이나 특정 시설 등에서 유선TV를 사용하여 방영하는 방식으로, 빈 채널을 이용해 스폰서가 있는 프로그램을 방송하는 이점이 있다.

✱ 코드커팅(cordcutting) *

지상파나 케이블에 가입해 TV를 시청하던 사람들이 가입을 해지하고 인터넷 TV나 OTT(Over-The-Top) 등 새로운 플랫폼으로 이동하는 현상을 말한다. 한국에서는 코드커팅보다 가정에 TV가 없다는 뜻으로 '제로TV(Zero-TV)'를 주로 사용한다. 코드커팅이나 제로TV 현상은 스마트폰 등 모바일 기기 등 기술의 발전으로 빠르게 확산하고 있다. 이런 코드커팅이 가속화하자 미국의 넷플릭스 등 온라인 스트리밍 서비스가 성장하고 있다. 한국은 KBS, SBS, MBC가 함께 투자하여 설립한 콘텐츠 연합 플랫폼의 푹(POOQ)과 CJ E&M의 티빙(TIVING)이 인기를 얻고 있다.

✱ 핫 · 쿨 미디어(hot · cool media) **

맥루한(M. Mcluhan)에 의한 분류로 영화 · 라디오 · 신문 등과 같이 정보량이 많은 매체를 핫미디어, TV · 전화 · 만화 등과 같이 정보량은 적으나 고도의 몰입성을 요구하는 매체를 쿨미디어라고 한다. 따라서 핫미디어는 수신자측의 참가의식이 약하나, 쿨미디어는 수신자측의 보완부분이 크다.

✱ 네트워크(network) **

두 개 또는 그 이상의 방송국들이 동일시각에 같은 프로그램을 동시에 방영하는 것이다. 상호관계가 있는 여러 방송국이 같은 시간에 같은 프로그램을 방송할 수 있게 되어 있는 조직망으로 선로망, 회선망, 결선 망이라고도 한다. 일반적으로 라디오의 경우에는 유선으로, 텔레비전의 경우에는 특수 동축케이블 또는 마이크로 파장중계로 연결되어 있다. 현재에는 그 의미를 확대하여 녹음테이프나 녹화필름 또는 텔레필름의 배포를 받아서 이에 의해 동일프로그램을 방송하게 되는 경우처럼 특수한 관계에 있는 방송국도 그 방송망 내의 국(局)으로 포함해서 부르는 경우가 있다.

더 알아보기

방송의 종류

구분	특징
AM방송	가장 널리 쓰이는 방송방식으로 진폭변조방식에 의한 방송이다. 음성전류의 변화에 따라 음파의 진폭을 변화시킨다.
FM방송	주파수변조방식에 의한 방송으로 초단파와 극초단파를 사용하며 AM에 비해 음질이 좋고 혼선되지 않아 주로 음악방송에 활용된다.
유선방송	광케이블이나 동축에 영상·음성 및 데이터와 같은 수많은 정보를 주파수 분할 다중방식을 채택하여 가입자 단말기까지 전송하는 전송방식이다.
음성다중방송	주로 TV에서 많이 현재의 TV방송에 덧붙여 스테레오 방송이나 문자정보, 정지화면방송 등을 하는 것이다.
문자다중방송	TV전파의 사용하지 않는 부분을 이용하여 일반 TV방송의 상영과 동시에 문자나 도형으로 된 프로그램을 보내는 방송방식이다.
다원방송	두 지점 이상을 하나로 묶어서 방송하는 것으로 행사나 운동경기중계, 선거개표실황 등이 이에 해당된다.

✱ 무크(mook) **

잡지(Magazine)와 단행본(Book)의 합성어로 잡지와 단행본의 성격을 가진 부정기적인 간행물을 의미한다. 1971년 런던에서 개최된 국제잡지협회의 제18차 회의에 제출된 보고서에서 처음 사용되었다. 미국에서는 부커진(Bookazine) 또는 매거북(Magabook)이라고 부른다.

✱ 퀄리티 페이퍼 **

발행부수는 적지만 독자가 사회의 지식층이므로 정보와 논평에 주안을 두는 사회적 영향력이 강한 고급지의 신문으로서 교양있는 인사, 지배계층을 대상으로 한 권위있는 신문을 말한다. 이는 대중지와 대조되며, 중요한 사안에 대한 상세한 기록, 고도의 논평을 이루고 센세이셔널리즘을 피한다. 또 국제적인 성가를 얻고 있다는 의미에서 세계신문이라고도 부른다.

✱ 프라임타임(prime time) *

시청률이 가장 높은 시간대로, 대개 오후 7시에서 9시 사이를 말한다. A타임 또는 골든아워(golden hour)라고도 하며, 광고효과가 높기 때문에 방송국에서 프로그램 편성에 가장 중점을 둔다.

✱ MPEG(Moving Picture Experts Group) **

1988년에 설립된 동영상 전문가 그룹으로 동영상을 압축하고 코드로 표현하는 방법을 표준화 하는 것을 목적으로 한다. 정지된 화상을 압축하는 JPEG(제이펙)과는 달리, 시간에 따라 연속적으로 변화하는 동영상 압축과 전송을 연구한다.

✱ NOD(News On Demand) *

주문형 뉴스라고도 하며 이용자의 컴퓨터를 연결하여 신문의 뉴스를 새로운 지면 형태로 볼 수 있게 한다. 문자, 그림, 사진뿐만 아니라 텔레비전 뉴스와 같이 동화상 뉴스도 서비스한다.

✱ 광고의 종류 **

구분	특징
배너 광고	인터넷 홈페이지에 뜨는 막대모양의 광고
타이업(tie-up) 광고	영화의 명장면을 이용해 인지도를 높이는 광고
제휴광고	두 기업이 절반 이하의 비용으로 두 배 이상의 효과를 보는 광고
멀티스폿 광고	비슷한 줄거리에 모델을 달리해서 여러 편을 한꺼번에 내보내는 광고
네거티브 광고	죽음, 성, 혐오동물, 범죄 등 부정적인 소재를 활용하는 광고
DM광고	광고주가 예상되는 고객에게 우편으로 직접 송달하여 선전하는 광고
애드버토리얼	'advertisement(광고)'와 'editorial(편집기사)'의 합성어로 신문, 잡지에 기사형태로 실리는 PR광고
애드버커시 광고	기업의 활동과 실태를 홍보하여 기업을 지지도를 높이는 광고
티저(teaser) 광고	상품 자체는 감추어 호기심을 갖게 함으로써 상품에 대한 관심이나 지명도를 높이는 광고
POP 광고	point of purchase의 약자로 소매점이나 가두매점 등에서 소비자가 상품을 구매하는 그 시점에 이루어지는 광고
PPL	영화, 드라마 등에 자사의 특정 제품을 등장시켜 광고하는 것.
키치 광고	설명보다는 기호, 이미지 등을 중시하여 언뜻 보아 무슨 내용인지 감이 안 잡히는 광고
레트로 광고	회고광고 또는 추억광고라고도 하며 고객에게 추억의 향수를 불러일으킴으로써 상품에 대한 이미지를 높이는 광고
인포머티브 광고	소비자 및 이용자들에게 유익한 소재를 넣은 논설적 광고로 성능·성분·용도·보관법·사용법 등 유익한 소재로 다루어진다.

✱ 발롱데세 ***

여론 동향을 살피기 위해 시험적으로 흘려보내는 의견이나 정보이다. 원래는 기상 상태를 관측하기 위해 띄우는 시험기구나 관측기구를 뜻하지만, 의미를 확장해 시험적으로 특정 정보를 언론에 흘려 여론의 동향을 탐색하는 수단으로 쓰이기도 한다.

✻ 헤이트 스피치 ***

인종이나 단체, 국적, 종교. 외모 등 특정 그룹 사람들을 의도적으로 폄하하고 선동하는 발언을 말한다. 증오를 담고 있기 때문에 증오발언이라고도 한다. 발언을 넘어 물리적 폭력이나 테러 등의 범죄행위는 헤이트 크라임((Hate Crime)이라고 한다.

✻ 보도원칙 **

구분	내용
딥 백그라운드	보도할 경우 취재원이 누군지 알 수 없도록 해야 한다.
백그라운드	보도할 경우 취재원을 소식통이나 관계자 등으로 모호하게 서술한다.
오프더레코드	취재원은 물론 내용까지 일체 보도해서는 안 된다.
온 더 레코드	내용과 함께 취재원이 누군지 밝혀도 된다.

출제예상문제

1 다음에서 설명하고 있는 것은 무엇인가?

> 이것은 포털에서 '남북정상회담'을 검색하면 네이버나 다음이 아니라 해당 언론사로 넘어가 뉴스를 보고 댓글을 다는 방식인데, 최근 '드루킹 사건'으로 포털사이트 뉴스 댓글 조작에 대한 경각심이 커지면서 정치권은 '아웃링크'를 도입하는 방안을 본격적으로 검토하고 있다. 언론사들로서는 포털에 뺏겼던 클릭 수를 찾아올 수 있어 선호하지만, 소비자들은 플로팅 광고(인터넷 사이트 전체나 일부를 뒤덮는 광고 기법) 때문에 불편을 겪을 수 있다.

① 사이드링크　　　　　　　　　② 아웃링크
③ 인링크　　　　　　　　　　　④ 미들링크
⑤ 뉴스링크

> ✔해설　아웃링크(outlink) … 포털사이트가 아닌 뉴스사이트에서 직접 뉴스를 보는 방식을 말한다. 국내의 네이버·다음 같은 포털사이트에서는 인 링크(네이버 화면 안에서 뉴스를 보는 방식)로 뉴스를 제공하고 있다. 반면 외국의 구글이나 페이스북은 아웃링크 방식으로, 이용자가 기사를 선택하면 해당 언론 사이트로 넘어가 기사를 보게 된다.

2 우리나라 최초의 근대 신문은 무엇인가?

① 독립신문　　　　　　　　　　② 매일신문
③ 황성신문　　　　　　　　　　④ 제국신문
⑤ 한성순보

> ✔해설　한성순보(1883 ~ 1884) … 박문국에서 발행된 우리나라 최초의 근대 신문으로서, 순한문으로 열흘마다 간행되었다.

Answer　1.② 2.⑤

3 특정 사실이 언론매체를 통해 이슈화되면 관심이 집중되고 새로운 사실로 받아들이며 이 관심이 확산되는 현상을 나타내는 용어는?

① 베르테르 효과

② 루핑 효과

③ 나비 효과

④ 피그말리온 효과

⑤ 낭떠러지 효과

> ✔해설 ① 베르테르효과(Werther effect) : 유명인이나 자신이 모델로 삼고 있던 사람 등이 자살할 경우, 이를 동일 시하여 자살을 시도하는 현상
> ③ 나비효과(Butterfly Effect) : 아주 작은 사건 하나가 그것과는 별반 상관없어 보이는 곳까지 영향을 미친다는 이론
> ④ 피그말리온 효과(Pygmalion effect) : 누군가에 대한 사람들의 믿음이나 기대가 그대로 실현되는 현상
> ⑤ 낭떠러지 효과 : 자신이 정통한 분야에 대해서는 임무 수행능력이 탁월하지만 조금이라도 그 분야를 벗어나면 낭떠러지에서 떨어지듯 일시에 모든 문제해결능력이 붕괴되는 현상

4 블랭킷 에어리어(blanket area)란?

① 송·수신 자유 지역

② 수신범위가 넓은 지역

③ 잡음이 전혀 없는 지역

④ 방송 난시청지역

⑤ 시청자 수가 거의 없는 지역

> ✔해설 블랭킷 에어리어(blanket area)란 '담요로 둘러싸인 지역'이란 뜻으로, 두 개의 방송국이 내보내고 있는 전파가 중첩되어 양쪽 또는 어느 한쪽의 방송이 잘 들리지 않는 지역 또는 한 방송국의 전파가 너무 강해서 다른 방송국 전파가 수신이 안 되는 난시청지역을 말한다.

5 "나는 신문 없는 정부보다 정부 없는 신문을 택하겠다."라고 말한 사람은?

① 제퍼슨

② 케네디

③ 프랭클린

④ 라이샤워

⑤ 베버리지

> ✔해설 제퍼슨(T. Jefferson) … 미국의 제3대 대통령으로서, 언론자유의 중요성을 강조하였다.

6 여론의 형성과정에서 개인이 다른 사람들의 의견이 자신의 의견과 다르다고 오판하여 자신의 의견을 억제하고 다른 사람들의 의견을 추종하는 현상을 무엇이라 하는가?

① 다원적 무지
② 침묵의 나선
③ 제3자 효과
④ 정태적 합의
⑤ 미어캣 효과

> ✔해설 다원적 무지(多元的 無知) … 여론형성과정에서 다른 사람들의 의견이 자신과 다르다고 오판하여 자신의 의견을 억제하고 다른 사람의 의견을 추종하는 현상, 즉 많은 사람들이 개인적 의견을 서로 교환하지 않으면서 그 자신들은 스스로를 다수의견집단이 아닌 반대적인 소수의견집단에 속한다고 느끼는 상황으로 '다수의 침묵'과 비슷한 현상이다.

7 수용자들이 매스미디어의 메시지를 선택적으로 노출 · 지각 · 기억한다고 설명한 이론은?

① 선별효과
② 피파주효과
③ 향상효과
④ 제한효과
⑤ 파생효과

> ✔해설 제한효과이론 … 매스미디어는 기존의 태도나 가치 · 신념을 강화시키는 제한적 효과가 있을 뿐이라는 이론적 관점으로, 매스미디어의 영향력이 그렇게 크지 않으며 한정되어 있다는 이론이다.

8 신문 · 잡지의 특정한 난을 담당하여 집필하는 사람을 가리키는 말은?

① 데스크
② 칼럼니스트
③ 카피라이터
④ 스폰서
⑤ 앵커

> ✔해설 ① 사건담당 책임기자
> ③ 광고문안 작성자
> ④ TV, 라디오, 신문 등의 광고주
> ⑤ 취재되어 온 원고를 기초로 최종적으로 정리 · 전달하는 뉴스캐스터

Answer 3.② 4.④ 5.① 6.① 7.④ 8.②

9 세계 최초로 발행된 일간신문은?

① 라이프치거 차이퉁겐(Leipziger Zeitungen)

② 더 타임즈(The Times)

③ 르 몽드(Le Monde)

④ 뉴욕 타임즈(New York Times)

⑤ 노이에 취르허 차이퉁(Neue Z rcher Zeitung)

> ✔해설 ① 1660년에 창간된 세계 최초의 일간신문(독일)
> ② 1785년 창간된 영국의 일간신문
> ③ 1944년 창간된 프랑스의 석간신문
> ④ 1851년 창간된 미국의 일간신문
> ⑤ 1780년 창간된 스위스의 고급 일간신문

10 현지에서 일어난 사실을 녹음을 섞어가며 편집, 구성하는 생생한 방송을 무엇이라 하는가?

① 핫뉴스(hot news)

② 르포(reportage)

③ 다큐멘터리(documentary)

④ 애드버토리얼(advertorial)

⑤ 버라이어티(variety)

> ✔해설 ① 현장에서 바로 취재해 온 최신뉴스를 말하며, 방송의 경우 현장에서 직접 보도하는 뉴스를 말한다.
> ③ 기록영화나 실록소설·사실적인 방송을 말한다.
> ④ 'advertisement(광고)'와 'editorial(편집기사)'의 합성어로 논설 광고를 말한다.
> ⑤ 어느 하나의 형식에 연연하지 않는, 다채로운 포맷과 내용을 담은 예능 프로그램을 말한다.

Answer 9.① 10.②

CHAPTER 09

문화 · 예술 · 스포츠

1 문화 · 예술

✱ 세계문화유산목록(世界文化遺産目錄) ***

세계유산 국제연합 교육과학문화기구(유네스코)가 보존활동을 벌이는 문화유산과 자연유산의 목록이다. 세계유산목록이 만들어지게 된 것은 1960년 이집트의 아스완댐 건설로 누비아유적이 수몰위기에 빠지자 세계적으로 인류유산보호에 대한 여론이 제기되면서부터이다. 유네스코는 1972년 세계유산협약을 채택, 세계의 문화유산과 자연유산을 보호하기 시작했다. 이 협약에 근거해 설립된 정부간 기구인 세계유산위원회는 세계유산목록을 만들어 이들 유산보존활동을 활발히 벌이고 있다.

더 알아보기

- **세계기록유산** : 유네스코가 세계적인 가치가 있다고 지정한 귀중한 기록유산으로, 1995년 선정기준 등을 마련하여 1997년부터 2년마다 국제자문위원회(IAC : International Advisory Committee)의 심의 · 추천을 받아 유네스코 사무총장이 선정한다. 기록유산은 단독 기록 또는 기록 모음일 수도 있으며, 기록을 담고 있는 정보나 그 기록을 전하는 매개물일 수도 있다. 세계유산 및 세계무형유산과는 구별되어 별도로 관리한다.
- **세계무형유산** : 2001년 인류 문화의 다양성과 창의성을 존중하기 위해 유네스코에서 제정한 제도로, 전 세계의 전통 춤, 연극, 음악, 놀이, 의식 등 구전(口傳)되는 문화재나 무형문화재 가운데 보존 가치가 있는 것을 선정한다. 정식명칭은 인류무형유산이다.
- **우리나라의 유산 등록 현황**

구분	내용
세계유산	해인사 장경판전(1995년), 종묘(1995년), 석굴암 · 불국사(1995년), 창덕궁(1997년), 수원화성(1997년), 고창 · 화순 · 강화 고인돌 유적(2000년), 경주역사유적지구(2000년), 제주 화산섬과 용암동굴(2007년), 조선왕릉(2009년), 한국의 역사마을 : 하회와 양동(2010년), 남한산성(2014년), 백제역사유적지구(2015년), 산사, 한국의 산지승원(2018년), 한국의 서원(2019년), 한국의 갯벌(2021년), 가야고분군(2023년)
무형문화유산	종묘 및 종묘제례악(2001년), 판소리(2003년), 강릉단오제(2005년), 강강술래(2009년), 남사당(2009년), 영산재(2009년), 제주 칠머리당영등굿(2009년), 처용무(2009년), 가곡(2010년), 대목장(2010년), 매사냥(2010년, 공동등재), 줄타기(2011년), 택견(2011년), 한산모시짜기(2011년), 아리랑(2012년), 김장문화(2013년), 농악(2014년), 줄다리기(2015년 공동등재), 제주해녀문화(2016년), 한국의 전통 레슬링(씨름)(2018년), 연등회(2020년), 한국의 탈춤(2022년)
세계기록유산	훈민정음(1997년), 조선왕조실록(1997년), 직지심체요절(2001년), 승정원일기(2001년), 해인사 대장경판 및 제경판(2007년), 조선왕조의궤(2007년), 동의보감(2009년), 일성록(2011년), 5.18 민주화운동 기록물(2011년), 난중일기(2013년), 새마을운동 기록물(2013년), 한국의 유교책판(2015년), KBS 특별생방송 '이산가족을 찾습니다' 기록물(2015년), 조선왕실 어보와 어책(2017년), 국채보상운동기록물(2017년), 조선통신사 기록물(2017년), 4.19혁명기록물(2023년), 동학농민혁명기록물(2023년)

✱ 국보(國寶)·보물(寶物) *

국가가 지정하는 문화재는 국보, 보물, 중요민속자료, 사적 및 명승, 천연기념물, 중요무형문화재로 분류할 수 있다. 이 중 보물은 건조물, 전적, 서적, 고문서, 회화, 조각, 공예품, 고고자료, 무구 등의 유형문화재 중 중요도가 높은 것을 선정하는 것으로 문화재청장과 문화재위원회의 심의를 거친다. 보물에 해당하는 문화재 중 인류문화의 관점에서 볼 때 역사적, 학술적, 예술적 가치가 크고 그 시대를 대표하거나 제작기술이 특히 우수하여 그 유래가 드문 것을 국보로 정한다.

구분	내용
국보	숭례문(남대문), 원각사지 10층 석탑, 진흥왕 순수비, 고달지 승탑, 법주사 쌍사자 석등 등
보물	흥인지문(동대문), 보신각종, 대원각사비, 중초사지 당간지주, 고달사지 원종대사탑비 등
사적	포석정지, 김해 봉황동 유적, 수원 화성, 부여 가림성, 부여 부소산성, 경주 황룡사지 등
무형문화재	종묘제례악, 양주 별산대놀이, 남사당놀이, 갓일, 판소리 등
천연기념물	측백나무 숲, 재동 백송, 조계사 백송. 크낙새 서식지, 노원리 왜가리 번식지 등

✱ 세계지적재산기구(WIPO : World Intellectual Property Organization) **

지적재산권의 국제적 보호 촉진과 국제협력을 위해 설립한 국제기구로 세계지적소유권기구라도고 한다. 세계지적재산권기구설립조약(1970년 발효)을 근거로, 저작권을 다루는 베른조약(1886년 발효)과 산업재산권을 다루는 파리조약(1883년 발효)의 관리와 사무기구상의 문제를 통일적으로 처리할 목적으로 설립하였으며 1974년 유엔전문기구가 되었다.

✱ 지적소유권(知的所有權) **

음반 및 방송, 연출, 예술가의 공연, 발명·발견, 공업디자인, 등록상표, 상호 등에 대한 보호 권리와 공업·과학·문학 또는 예술 분야의 지적활동에서 발생하는 모든 권리(지적재산권)를 말한다. 산업발전을 목적으로 하는 산업재산권과 문화 창달을 목적으로 하는 저작권으로 분류할 수 있는데 인간의 지적 창작물을 보호하는 무형재산권이라는 점과 그 보호기간이 한정되어 있다는 점에서 동일하지만, 저작권은 출판과 동시에 보호되는 것에 비해 산업재산권은 특허청의 심사를 거쳐 등록해야만 보호된다. 보호기간도 저작권은 저작자 사후 70년으로 상당히 긴 데 반해 산업재산권은 10~20년으로 짧은 편이다.

더 알아보기

저작권법(copyright law) … 문학, 학술, 미술, 사진, 음악, 각본, 지도, 도형저작물, 컴퓨터프로그램저작물 등의 창작물을 보호하기 위한 법률로 보호기간은 저작자 생존동안과 사후 70년까지이다. 공동저작물의 저작재산권은 맨 마지막으로 사망한 저작자의 사망 후 70년간 존속한다.

✱ 베른조약(Berne Convention) **

'문학 및 미술 저작물 보호에 관한 조약'으로 1886년 스위스의 수도 베른에서 체결되어 베른조약이라고 부른다. 만국저작권 보호동맹조약이라고도 하며 저작물을 국제적으로 보호할 것을 목적으로 한다. 가맹국은 다른 가맹국 국민들의 저작물을 자국민의 저작물과 동등하게 대우하며 저작권의 효력은 등록 등의 절차를 필요로 하지 않고 저작사실 자체로 효력을 발생하는 발생주의에 따르며, 저작권은 저작자의 생존기간 및 사후 50년 동안 보호하는 것을 원칙으로 한다.

✱ 문화다양성협약(Protection of the Diversity of Cultural Contents) *

정식 명칭은 '문화콘텐츠와 예술적 표현의 다양성을 위한 협약'으로 세계 각국의 문화적 다양성을 인정하는 국제협약이다. 1999년 유네스코 총회에서 제안된 것으로 프랑스 등 유럽 국가들이 미국 문화의 범람에 맞서 자국의 문화를 지키자는 취지였다. 이후 2001년 11월 프랑스 파리에서 '세계 문화다양성 선언'이 채택되었고 2002년에는 5월 21일을 '세계 문화다양성의 날'로 선포했으며, 2007년 3월부터 발효되었다.

✱ 다다이즘(dadaism) *

제1차 세계대전 중 1920년대에 걸쳐 유럽의 여러 도시에서 일어난 반예술운동이다. 인간생활에 대한 항의아래 재래 의미의 법칙이나 사회조직 등 일체의 전통적인 것을 부정하고 허무 · 혼란 · 무질서한 것 그대로를 표현하려는 과도기의 사상으로, 2차대전 후에는 전후 고조되고 있던 기계문명 · 인간소외 등의 이유에서 '네오다다'라는 명칭으로 부활되었다.

✱ 아방가르드(avant-garde) **

원뜻은 전위(前衛)로 제1차 세계대전 때부터 유럽에서 일어난 예술운동이다. 기성관념이나 유파를 부정하고 새로운 것을 이룩하려 했던 입체파 · 표현주의 · 다다이즘 · 초현실주의 등의 혁신예술을 통틀어서 일컫는 말이다. 모호성 · 불확실성의 역설과 주체의 붕괴, 비인간화 등의 특징은 근대 산업화과정과 밀접한 관계가 있다.

더 알아보기

- 아방게르(avant-guerre) : 전전(戰前)이란 뜻의 프랑스어로, 본래는 제1차 세계대전의 예술운동을 가리켰는데 나중에 제2차 세계대전 전의 사조 · 생활태도 또는 그 시대에 산 사람들을 뜻하게 되었다. 인상주의, 자연주의, 현실주의 등을 가리킨다. 아프레게르와 상대되는 말이다.
- 아프레게르(après-guerre) : 전후(戰後)를 의미하는 프랑스어로, 다다이즘 · 쉬르리얼리즘 등의 전위적인 예술로 나타났다. 원래는 제1차 세계대전이 끝난 뒤 프랑스의 젊은 예술가들이 전통적인 모든 가치체계를 부정하면서 새로운 예술을 창조한 시대사조를 가리키는 말이었는데, 최근에는 '전후문학'이라고 하면 제2차 세계대전 후만을 의미하게 되었다.

✱ 리리시즘(lyricism) *

예술적 표현의 서정적 · 주관적 · 개성적인 정서를 표현하고 추구하는 정신 또는 문체를 말한다. 용솟음치는 인간적인 기쁨 · 고뇌 · 분노 · 평온 등의 심정고백이고 자아의 투영이므로 리드미컬한 음악성을 수반하며, 모티브는 생과 사 · 사랑 · 자연 등이 많다. 풍경묘사에 있어서도 객관적 설명보다는 심상풍경으로서의 상징성이 강해진다.

✱ 매너리즘(mannerism) *

예술의 창작이나 그 발상면에서 독창성을 잃고 평범한 경향으로 흘러, 표현수단의 고정과 상식성으로 인하여 예술의 신선미와 생기를 잃는 일을 일컫는 말이다. 현상유지의 경향이나 자세를 가리키기도 한다.

✱ 모더니즘(modernism) **

제1차 세계대전 후의 근대주의 · 현대주의를 의미한다. 넓은 의미로는 교회의 권위 또는 봉건성에의 반항, 과학이나 합리성을 중시하고 널리 근대화를 지향하는 것을 말하지만 좁은 의미로는 기계문명과 도회적 감각을 중시하여 반전통 · 반예술을 주장하며, 이른바 현대풍을 추구하는 것을 뜻한다. 미래파 · 표현파 · 다다이즘 · 주지파 등을 포괄한다.

✱ 포스트모더니즘 **

현대 또는 근대주의를 가리키는 모더니즘에서 벗어난다는 탈(脫)과 지속한다는 뜻인 접두어 post가 붙어 생긴 말로 모더니즘으로부터의 단절과 지속적인 성격을 동시에 지니고 있다. 제1차 세계대전 후 모더니즘은 독창성과 고상함을 중요시여기고 합리주의 · 기능주의와 연결되어 비교적 단순하고 증명력 있는 것을 추구하였던, 반면에 제2차 세계대전 이후 생명 등에 대한 가치관이 흔들리던 후기 자본주의 시대의 포스트모더니즘은 모더니즘의 단절만을 의미하는 것이 아니라 이질적인 요소를 서로 중첩하거나 과거의 작품에서 인용하는 등 절충주의적 경향을 보인다.

✱ 광군제 ***

중국에서 11월 11일을 가리키는 말로, 독신절(솔로데이)이라고도 한다. '광군'은 중국어로 홀아비나 독신남, 또는 애인이 없는 사람을 뜻하는 말로, '1'자의 모습이 외롭게 서 있는 사람 모습과 비슷하다고 해서, 솔로를 챙겨주는 문화가 확산되기 시작했다. 혼자를 의미하는 '1'이 두 개가 겹친 1월 1일을 소(小)광군제, 세 개인 1월 11일과 11월 1일은 중광군제, 4개가 겹친 11월 11일은 대광군제라고 부른다. 이날은 젊은층의 소개팅과 파티, 선물 교환 등이 주요 이슈를 이룬다. 특히 2009년 광군제를 맞아 중국의 최대 전자상거래 기업인 알리바바그룹이 자회사인 타오바오몰을 통해 독신자를 위한 대대적 할인행사를 시작하면서 광군제는 중국 최대 쇼핑일로 탈바꿈했다. 이후 대부분의 온라인 쇼핑몰이 이 할인행사에 동참하면서 미국의 최대 쇼핑시즌인 '블랙 프라이데이'나 '사이버 먼데이'를 능가하는 최고의 소비시즌으로 자리잡게 되었다.

✻ 반달리즘(vandalism) *

도시의 문화·예술이나 공공시설을 파괴하는 행위를 말한다. 중세초기 유럽의 민족대이동 때 아프리카에 왕국을 세운 반달족이 지중해 연안에서 로마에 걸쳐 약탈과 파괴를 거듭했던 데서 유래한다.

✻ 아우라(aura) **

예술작품에서 풍기는 흉내 낼 수 없는 고고한 분위기를 뜻하는 말로 독일의 철학자 발터 벤야민의 예술이론이다. 1934년 벤야민은 논문 「기술복제시대의 예술작품」에서 기술복제시대의 예술작품에 일어난 결정적인 변화를 '아우라의 붕괴'라고 정의하였다. 이는 사진이나 영화와 같이 복제되는 작품에는 아우라가 생겨날 수 없다는 관점으로 기술주의적 사고라는 비판을 받기도 한다.

✻ 서브컬처(subculture) *

하위문화(下位文化) 또는 부차적 문화라고도 하며 어떤 사회의 주가 되는 중심 문화에 대비되는 개념이다. 즉, 한 사회에서 일반적으로 볼 수 있는 행동양식과 가치관을 전체로서의 문화라고 할 때, 그 전체적인 문화 내부에 존재하면서도 독자적인 특징을 보이는 부분적인 문화가 곧 서브컬처라고 할 수 있다. 상류계층문화, 화이트칼라문화, 농민문화, 도시문화, 청소년문화 등이 그 예이다.

✻ 팬덤(fandom) *

특정한 인물이나 분야를 열성적으로 좋아하는 문화현상 또는 그런 사람들을 지칭하는 말로 광신자를 뜻하는 'fanatic'의 'fan'과 영지·나라 등을 뜻하는 접미사 '-dom'이 합성된 용어다. 텔레비전과 인터넷의 보급으로 대중문화가 확산되면서 나타난 현상으로 팬덤이 문화적 영향력을 행사하면서 '팬덤문화'라는 신조어도 등장했다.

✻ 맥거핀 효과(macGuffin effect) *

영화에서 중요한 것처럼 등장하지만 실제로는 줄거리에 영향을 미치지 않는 극적 장치를 뜻하는 말로, 영화의 전개와는 무관하지만 관객들의 시선을 집중시켜 의문이나 혼란을 유발하는 장치 또는 구성상의 속임수를 의미하며 연극이나 극에서의 복선과 반대되는 의미이다.

✻ 그래미상(Grammy award) **

전미국레코드 예술과학아카데미(NARAS)가 주최하는 1년간의 우수한 레코드와 앨범에 주어지는 상이다. 미국 제일의 규모와 권위로 영화계의 아카데미상에 비견된다. 그래미는 그래머폰(gramophone, 축음기)에서 온 애칭으로 수상자에게는 나팔이 부착된 축음기 모양의 기념패가 주어진다. 5,000명 이상의 심사위원이 수차에 걸친 투표를 해서 선정하며 대상은 레코드·앨범·가곡·신인의 종합 4상이 있다. 이외에 녹음기술, 재킷디자인, 비디오 부문까지 세세한 항목으로 나뉘어 있다.

✱ 세계 3대 영화제 ***
베니스, 칸, 베를린 영화제를 말하는 것으로 세계 4대 영화제라고 할 경우 모스크바영화제를 포함한다. 베니스영화제가 가장 오랜 역사를 지녔지만, 일반적으로 칸영화제를 가장 권위 있는 영화제로 생각한다.

✱ 베니스영화제 **
이탈리아 베니스(venice)에서 매년 개최되는 최고(最古)의 국제 경쟁영화제로 1932년 5월 창설되었다. 매년 8월 말에서 9월 초에 열리며 수상 부문으로 작품상, 남녀배우상 등이 있으며 그랑프리는 '산마르코 금사자상(황금사자상)'이라고 부른다. 타 영화제 출품작을 제외한 일반 극영화만 출품이 가능하다는 특징이 있다. 우리나라의 수상 내역으로는 강수연[여우주연상, '씨받이(1987)'], 이창동·문소리[감독상·신인여배우상, '오아시스(2002)'], 김기덕[감독상, '빈집(2004)'], 김기덕[황금사자상, '피에타(2012)'], 채수응[베스트 VR 경험상, '버디 VR(2018)'] 등이 있다.

✱ 베를린 영화제 ***
1951년 서베를린(berlin)시 시장이었던 빌리 브란트가 세계의 평화와 우애를 지향하고자 창설한 국제영화제로 금곰상(최우수작품상), 은곰상(심사위원 대상, 감독상, 남녀배우상 등), 알프레드바우어상, 블루엔젤상, 평생공로상 등이 있다. 우리나라의 수상 내역으로는 강대진[은곰상, '마부(1961)'], 장선우[알프레드바우어상, '화엄경(1994)'], 김기덕[감독상, '사마리아(2004)'], 임권택[명예황금곰상, 아시아최초(2005)], 박찬욱[알프레드바우어상, '사이보그지만 괜찮아(2007)'], 양효주[은곰상(단편 부문), '부서진 밤(2011)'], 나영길[황금곰상(단편 부문), '호산나(2015)'], 이동하[파라노마 관객상, '위켄즈(2016)'], 김민희[은곰상(여자연기자상)], '밤의 해변에서 혼자(2017)'], 김보라[대상(제네레이션 14플러스), '벌새(2019)'] 홍상수[은곰상(감독상, '도망친 여자(2020)'], 홍상수[은곰상·각본상, '인트로덕션(2021)'], 홍상수[은곰상·심사위원대상, '소설가의 영화(2022)'], 홍상수[은곰상·심사위원대상, '여행자의 필요(2024)'] 등이 있다.

✱ 골든 글로브상(Golden Globe Prize) **
세계 84개국의 신문 및 잡지기자 114명으로 구성된 헐리우드 외국인기자협회가 그해 최우수영화의 각 부문과 남녀배우에게 수여하는 상으로, 아카데미상을 시상하기 전에 시상한다. 78회 골든 글로브 시상식에서 영화 '미나리'가 외국어 영화상으로 수상하기도 하였다.

✱ 칸 영화제 **

1946년 프랑스 국립영화센터에서 관광휴양지인 칸(Cannes)에 설립한 국제 경쟁영화제이다. 최고의 권위를 인정받고 있는 국제영화제로 황금종려상, 심사위원 대상, 남녀배우주연상, 감독상, 각본상 등의 경쟁부문과 주목할 만한 시선, 황금카메라상, 시네파운데이션 등 비경쟁부문으로 나누어 시상한다. 우리나라의 수상 내역으로는 이두용[특별부문상, '물레야 물레야(1984)'], 임권택[한국영화사상 최초 경쟁부문 진출, '춘향뎐(1999)'], 임권택[감독상, '취화선(2002)'], 박찬욱[심사위원 대상, '올드보이(2004)'], 전도연[여우주연상, '밀양(2007)'], 박찬욱[심사위원상, '박쥐(2009)'], 이창동[각본상, '시(2010)'], 홍상수[주목할 만한 시선 부문 대상, '하하하(2010)'], 김기덕[주목할 만한 시선 부문 대상, '아리랑(2011)'], 문병곤[황금종려상(단편 경쟁 부문), '세이프(2013)'], 봉준호[황금종려상, '기생충(2019)'], 윤대원[시네파운데이션상, '매미(2021)'], 박찬욱[감독상, '헤어질 결심(2022)'], 송강호[남우주연상, '브로커(2022)'], 황혜인[라 시네프 2등상, '홀(2023)'등이 있다.

✱ 모스크바 영화제 **

1989년에 창설된 공산권 최대 규모의 영화제이다. 베니스, 칸, 베를린 영화제와 더불어 세계 4대 국제영화제로 홀수 년도 6월경에 열린다. 시상은 대상(금게오르기상), 심사위원 특별상(은게오르기상), 남녀주연상(동게오르기상)으로 나누어 하며 우리나라 수상 내역으로 강수연[여우주연상, '아제아제바라아제(1989)'], 이덕화[남우주연상, '살어리랏다(1993)'], 장준환[감독상, '지구를 지켜라(2003)'], 손현주[남우주연상, '보통사람(2017)'], 정관조[베스트 다큐상, '녹턴(2020)']등이 있다.

더 알아보기

- **몬트리올영화제** : 1977년 캐나다 몬트리올에서 창설된 국제영화제로 매년 8월 말~9월 초에 일반 극영화 및 TV용 영화 등이 출품하여 경쟁을 벌인다.
- **낭트3대륙영화제** : 1979년 프랑스 낭트에서 창설된 국제영화제로 아시아, 아프리카, 남미의 3대륙 영화제라 할 만큼 제3세계 영화 소개에 치중하며 매년 11월 말~12월 초 개최한다.
- **로카르노국제영화제** : 스위스 로카르노시에서 1949년 창설된 신인영화제로 2편 이내의 영화를 만든 신인 감독을 대상으로 매년 8월경에 열린다. 스위스영화협회가 주관하는 이 영화제의 시상 부문은 금표범상, 은표범상, 동표범상, Ernest Artaria 기념상, 심사위원 특별상 등 5개 부문이다.
- **선댄스영화제** : 세계에서 가장 권위 있는 독립영화제로 1984년 미국의 감독 겸 명배우 로버트 레드포드가 할리우드의 상업주의에 반발, 독립영화 제작에 활기를 불어넣기 위해 설립했다.

✱ 아카데미상 ***

미국의 영화예술과학아카데미협회가 시상하는 영화상으로, 오스카 금패가 수여되어 오스카상이라고도 한다. 1927년 5월에 창설되었으며, 1928년부터 매년 우수영화 · 영화인에게 수여해 온 세계적으로 권위 있는 영화상이다. 수상부문은 작품 · 감독 · 주연 남녀배우 · 조연 남녀배우 · 음악 · 촬영상 등 16개 부문에 시상한다. 한편, 영화 '미나리'는 작품상, 감독상, 각본상, 남우주연상, 여우조연상 후보에 올라 배우 윤여정이 수상하기도 하였다.

✱ 대종상(大鐘賞) *

우리나라 영화산업의 육성과 영화인들의 의욕을 고취시키고자 당시 문화공보부가 1962년에 설립한 상으로, 작품상·남녀주연상·촬영상·음악상·미술상 등 여러 부문에 걸쳐 해마다 시상되고 있다.

✱ 옴니버스(omnibus)영화 *

옴니버스란 합승버스를 뜻하는데, 서로 독립된 여러가지의 스토리를 한편의 영화로 만든 것을 말한다. 그 전형적인 작품으로는 미국의 보카치오 70과 우리나라의 유현목 감독의 작품 한(恨) 등이 있다.

✱ 백상예술대상 ***

1964년 무대예술과 영상예술의 중흥을 위해 1964년 제정된 종합예술상(연극, 영화, TV 등)으로서 지난 1965년에 시작되었다. 2002년부터는 영화와 TV만을 대상으로 시상하였으나 2019년 연극 부문이 부활하였다. 1983년까지는 '한국 연극 영화 예술상', 1985년까지는 '한국 연극 영화 TV 예술상', 1986년 때는 '한국 백상 예술 대상'으로 명칭이 바뀌었다가, 1987년부터 '백상 예술 대상'으로 변경되었다.

✱ 청룡영화상 ***

한국영화의 질적 향상과 국내 영화산업의 진흥발전을 돕기 위해 1963년 제정되었다. 시상 부문은 최우수 작품상, 감독상, 남녀주연상, 남녀조연상, 촬영상, 조명상, 각본상, 기술상, 미술상, 음악상, 신인감독상, 신인남녀연기상, 인기스타상, 한국영화 최다관객상과 최근 신설된 청정원 단편영화상의 총 18개 부문이다.

✱ 노벨상(Nobel prize) ***

스웨덴의 알프레드 노벨의 유언에 따라 인류 복지에 공헌한 사람이나 단체에게 수여되는 상이다. 1901년부터 매년 총 6개 부문(문학, 화학, 물리학, 생리학 또는 의학, 평화, 경제학)에 대한 수상이 이뤄진다. 수상자 선정은 평화상을 노르웨이 노벨위원회가, 나머지 부문은 스웨덴의 3개 기관이 맡고 있다.

더 알아보기

2021 ~ 2023년 노벨상 수상자

구분	2021년	2022년	2023년
경제학상	데이비드 카드, 조슈아 앵그리스트, 휘도 임번스	벤 버냉키, 더글라스 다이아몬드, 필립 디비그	클라우디아 골딘
평화상	마리아 레사, 드미트리무라로프	알레스 비알랴츠키, 기념물(메모리알), 시민자유센터(CCL)	나르게스 모하마디
문학상	압둘라자크 구르나	아니 에르노	욘 포세
화학상	베냐민 리스트, 데이비드 맥밀런	캐럴린 R 베르토치, 모르텔 멜달, 배리 샤플리스	문지 바웬디, 루이스 브루스, 알렉세이 예키모프
물리학상	마나베 슈쿠로, 클라우스하셀만, 조르조 파리시	알랭 아스펙트, 존 F. 클라우저, 안톤 차일링거	피에르 아고스티니, 페렌츠 크러우스, 안 륄리에
생리의학상	데이비드 줄리어스, 아뎀 파타푸티언	스반테 파보	커틸린 커리코, 드루 와이스먼

✱ 오페라(opera) ***

가극(歌劇)으로 음악적인 요소는 물론 대사를 통한 문학적 요소, 연극적 요소, 무대·의상 등의 미술적 요소들이 종합된 대규모의 종합무대예술이다. 레시터티브·아리아·중창 등으로 구성되어 있다. 관현악은 반주뿐만 아니라 서곡·간주곡·종곡 등을 연주한다. 대표적 작품으로는 모차르트의 피가로의 결혼·돈지오반니, 베르디의 아이다·리골레토·춘희, 푸치니의 토스카·라보엠, 비제의 카르멘 등을 들 수 있다.

✱ 오페레타(operetta) *

형식은 오페라와 비슷하면서 군데군데 대사의 삽입방법과 목적에 다소 차이가 있는 곡으로, 경쾌하고 알기 쉬우면서도 유머가 곁들인 줄거리를 통속적이고 대중적인 음악으로 연출하는 음악극이다. 천국과 지옥, 보카치오, 박쥐 등이 유명하다.

✱ 프리마돈나(prima donna) *

오페라의 여주인공역을 맡은 소프라노 가수를 칭하는 말로서 '제1의 여인'이라는 뜻이다. 이에 해당하는 남자가수를 프리모우모(primo uomo)라 한다.

✱ 아리아(aria) **

성악곡이나 기악곡의 소멜로디를 뜻하기도 하고 화성부·반주부에 대한 멜로디부를 뜻하기도 하지만, 주로 오페라에서 레시터티브에 대하여 음악적 매력에 주안을 둔 독창곡을 말하며 영창이라고 번역된다. 바흐의 G선상의 아리아가 유명하다.

✱ 카스트라토(castrato) **

여성이 무대에 오르지 못했던 18세기 바로크시대의 오페라에서 여성의 음역을 노래한 남성가수를 말한다. 카운터테너(가성을 사용하여 소프라노의 음역을 구사하는 남성 성악가)에서 소프라노까지 오르내리는 3옥타브 반의 목소리를 내기 위해 변성기 전인 소년시절에 거세당했고, '신의 목소리'라고 불렸다.

✱ 갈라 콘서트(gala concert) *

갈라는 이탈리아 전통 축제의 복장 'gala'에 어원을 두고 있으며, '축제', '잔치'라는 사전적 의미를 지니고 있다. 클래식 음악에서는 흔히 아리아와 중창 등 약식으로 꾸며진 오페라에 붙이지만, 격식을 갖추지 않은 축하 공연 등을 통칭하는 용어로 사용된다.

✱ 표제음악(program music) **

곡의 내용을 자의적으로 해석하는 것을 막기 위해 표제를 붙인 음악이다. 표제음악은 14세기 일부 성악곡에서 볼 수 있으며 낭만파 음악시대에서 성행하였다. 창시자는 슈만이며, 표제음악의 새로운 분야를 개척한 베를리오즈의 환상교향곡이 대표적인 작품이다.

✱ 퓨전음악(fusion music) **

제3세계의 토속음악과 서구의 팝음악이 접목된 새로운 장르의 음악을 일컫는다. 아프리카 원주민들의 토속 음률에 서구의 펑크, 록 등이 한데 어우러지는 특징을 보인다. 융합을 뜻하는 '퓨전'이란 말처럼 지역이나 관습적인 배경을 달리하는 음악들의 만남으로 국경을 뛰어 넘는 음악의 새 지평을 열었다고 볼 수 있다.

더 알아보기

크로스오버 음악(crossover music) … 한 장르에 다른 장르의 이질적인 요소가 합해져서 만들어진 음악을 말한다. 현재는 음악뿐 아니라 대중문화 전반에 걸쳐 넘나드는 크로스오버 현상이 나타난다.

✱ 인상파 음악 *

19세기 말에 프랑스에서 일어난 음악상의 작풍으로 처음에는 회화세계에서 사용되었으나, 드뷔시의 독창과 오케스트라 봄에 대하여 비판적으로 쓰이고부터 음악세계에서도 쓰이게 되었다. 환상적이며 빛·바람과 같은 끊임없이 변화하는 것이 자아내는 자연의 아름다움에 대한 순간적 인상을 감각적으로 음색에 정착시키려 했고, 각종 병행화음 등을 사용하여 새로운 감각을 나타냈다. 대표적인 작곡가로는 드뷔시, 라벨을 꼽을 수 있다.

✱ 구체음악(具體音樂) *

제2차 세계대전 후 프랑스에서 일어난 음악의 한 경향이다. 종래의 음처럼 인성(人聲)이나 악기의 구사로 음악을 이루는 것이 아니라 자연음(새·물·바람소리 등)을 혼합·응결시킨 음악이다. 구상음악이라고도 하며, 프랑스의 샤플레(P. Schafler) 등이 제창하였다.

✱ 무조음악(無調音樂) *

조성을 부정하는 음악의 기법으로, 1921년 쇤베르크(Schönberg)에 의해 창시되었다. 조성음악에서는 조의 중심으로서 으뜸음이 우위를 차지하고 딸림음·버금딸림음이 으뜸음의 기능 속에 흡수되어 안정된 속에서 끝나는데 반해, 12음기법에서는 각 음 사이에 그와 같은 주종관계 또는 기능관계를 인정하지 않는다.

더 알아보기

다조음악(多調音樂) … 각기 다른 조를 동시에 여러개 사용하는 방법으로, 몇 개의 화성이나 선율이 동시에 나오는 것을 말한다. 무조음악과 함께 현대음악에서 나타난다.

✱ 관현악(orchestra) ***

현악기·관악기·타악기로 연주하는 규모가 가장 큰 연주형태로, 목관악기의 수에 따라 규모의 크기를 결정한다. 2관 편성 시 60 ~ 70명, 4관 편성 시에는 100명 정도가 필요하다.

더 알아보기

- 악기의 분류

구분	정의	종류
금관악기	금속으로 만든 관악기	호른, 트럼펫, 트롬본, 튜바 등
목관악기	목질의 관으로 된 악기	플루트, 오보에, 클라리넷, 바순, 색소폰, 대금 · 중금 · 소금 · 피리 · 퉁소 · 단소 등
현악기	현을 활용하여 음을 내는 악기	바이올린, 비올라, 첼로, 콘트라베이스, 하프, 거문고, 가야금, 우쿨렐레, 만돌린 등
타악기	손이나 채 등으로 두드려서 소리를 내는 악기	음정이 있는 것 : 비브라폰, 실로폰, 마림바, 벨, 팀파니
		음정이 없는 것 : 큰북, 작은북, 심벌즈, 트라이앵글, 탬버린, 캐스터네츠 등
건반악기	건반을 지닌 악기의 총칭	피아노, 첼레스타, 오르간, 아코디언 등

- 기악의 연주 형태 : 독주는 혼자서 악기를 연주하는 것이고, 중주는 두 사람 이상이 각기 다른 종류의 악기를 연주하는 것이다.

구분	종류		구분	종류	
2중주	바이올린-피아노, 첼로-피아노, 플루트-피아노, 클라리넷-피아노 등		4중주	피아노 4중주	피아노, 바이올린, 비올라, 첼로
				현악 4중주	제1, 2바이올린, 비올라, 첼로
				목관 4중주	플루트, 오보에, 클라리넷, 바순
3중주	피아노 3중주	피아노, 바이올린, 첼로	5중주	피아노 5중주	피아노, 제1, 2바이올린, 비올라, 첼로
	현악 3중주	바이올린, 비올라, 첼로		현악 5중주	제1, 2바이올린, 비올라, 첼로, 더블베이스
	클라리넷 3중주	클라리넷, 바이올린, 피아노		목관 5중주	플루트, 오보에, 클라리넷, 바순, 호른

✱ 카덴차(cadenza) *

장식악절이란 뜻으로 어떤 악곡에 있어서 독창자 또는 독주자의 기교를 마음대로 화려하게 발휘할 수 있도록 작곡된 반주없는 부분, 또는 그러한 노래를 부르는데 알맞은 성음을 말한다.

✱ 가곡(lied) *

예술가요를 뜻하는 것으로, 시(詩)의 내용을 가장 충실하게 표현한 것이다. 반주는 시의 음악적 표현을 뒷받침하는 것으로, 시와 멜로디와 반주의 완전 결합에서 이루어진 예술적 가치가 큰 독창곡을 말한다. 슈베르트의 겨울 나그네가 유명하다.

✱ 칸타타(cantata) **

독창(아리아 · 레시터티브) · 중창 · 합창으로 구성되는 형식의 하나이다. 17세기의 모노디(monodie)에 그 근원을 두고 있는데, 오라토리오와 마찬가지로 종교적인 것과 세속적인 것이 있다. 종교적인 것으로는 바흐의 작품이 대표적이며, 세속적인 것에는 브람스의 운명의 노래, 애도가 등이 유명하다. 또한 칸타타는 극적인 점이 없다는 것이 가극과 구별된다.

✽ 오라토리오(oratorio) *

독창 · 합창 · 관현악을 구사하여 레시터티브와 아리아를 설정하는 등 매우 극적으로 만들어져 있는, 장엄하면서도 대규모인 서사적 악곡으로 성담곡이라고도 불린다. 헨델의 메시아 · 이집트의 이스라엘, 하이든의 천지창조 · 사계절 등이 유명하다.

✽ 소나타(sonata) **

4악장으로 된 기악독주곡으로 제1악장 소나타형식, 제2악장 가요형식 또는 변주곡 형식, 제3악장 미뉴에트 또는 스케르초, 제4악장 론도 또는 소나타형식 등으로 구성된다. 베토벤의 피아노 소나타 월광 등이 유명하다.

✽ 푸가(fuga) *

소나타형식이 화성적 음악의 가장 완전한 형식이라면, 푸가는 대위법적 음악의 가장 완전한 형식이다. 한 개의 주제를 가진 3부분 형식의 악곡이다. 바흐의 작품이 대표적이다.

✽ 교향곡(symphony) **

관현악(orchestra)을 위한 소나타로, 관현악단에 의해 연주되는 대규모의 기악곡이다. 보통 4개의 악장으로 구성된다. 창시자는 하이든, 완성자는 베토벤이다.

✽ 협주곡(concerto) *

피아노 · 바이올린 · 첼로 등 독주악기와 관현악을 위한 악곡이다. 독주자만이 연주하는 카덴차(장식악절) 부분이 있어 독주자의 연주기교를 충분히 발휘할 수 있게 작곡된 곡이다.

✽ 칸초네(canzone) *

이탈리아의 민요로서, 14세기에서 18세기에 걸쳐 이탈리아에서 유명한 세계적인 시에 곡을 붙인 가곡이다. 칸초네는 프랑스의 샹송과 같은 위치를 차지하고 있지만, 이탈리아의 뜨거운 태양이 길러낸 듯한 활달하고 솔직한 밝음이 있다.

✽ 팝페라(popera) ***

팝(pop)과 오페라(opera)의 합성어이다. 오페라를 팝처럼 부르거나 팝과 오페라를 넘나드는 음악 스타일로 대중화한 오페라를 말한다. 유명한 오페라를 대중적으로 불러 누구나 편안하게 들을 수 있는 것이 특징이다.

✱ 아카펠라(acapella) ✱✱✱

'교회풍으로', '성당풍으로'라는 뜻의 이탈리아어로 악기 반주가 없는 합창곡을 말한다. 중세유럽 악기반주가 없이 부르던 합창곡에서 유래하였으며 종교적 음악이었던 아카펠라는 1960년대의 영국 전문 아카펠라 그룹 킹즈싱어즈에 의해 대중음악으로 수용되었다.

✱ 빠르기 말 ✱✱✱

곡 전체 또는 한 부분을 얼마나 빠르게 연주해야 하는지 나타내기 위해 사용하는 문자를 말한다. 이와 구분하여 빠르기를 숫자로 표현한 것을 빠르기표 또는 메트로놈(Metronom) 기호라 한다.

구분	매우 느리게	느리게	조금 느리게	보통 빠르게	조금 빠르게	빠르게	매우 빠르게
용어	largo(라르고)	andante (안단테)	andantino (안단티노)	moderato (모데라토)	allegretto (알레그레토)	allegro (알레그로)	vivo(비보)
	lento(렌토)						vivace(비바체)
	adagio(아다지오)						presto(프레스토)

더 알아보기

- **나타냄말** : 곡의 전체 또는 일부의 성격이나 표정을 표시하기 위하여 여러 가지 말을 이른다. affettuoso(애정을 담아), con anima(활기있게), appassionato(열정적으로), cantabile(노래하듯이), dolce(부드럽게), elegante(우아하게), energico(정력적으로) 등이 있다.
- **셈여림표** : 강약기호라고도 하며 악곡의 부분 또는 전반에 걸친 음의 셈과 여림의 정도를 나타낸다. 피아니시모(pp, 매우 여리게) – 피아노(p, 여리게) – 메조피아노(mp, 조금 여리게) – 메조포르테(mf, 조금 세게) – 포르테(f, 세게) – 포르티시모(ff, 매우 세게), 크레센도(cresc, 점점 세게) – 디크레센도(decresc, 점점 여리게), 스포르찬도(sf, 특히 세게), 포르테피아노(fp, 세게 곧 여리게) 등이 있다.

✱ 메트로놈(metronome) ✱

17세기에 독일의 멜첼(J. Malzel)이 발명한 음악의 속도조절기이다. 정확한 숫자에 의한 빠르기를 정할 수 있게 한 것으로, 메트로놈에 의한 빠르기 표시는 1분 동안에 소리내는 표준음표의 숫자를 적는다.

✱ 토카타(toccata) ✱

17세기부터 18세기 전반에 걸쳐 전성기를 이룬 건반악기를 위한 곡의 일종이다. 폭넓은 화음과 빠른 음표로 된 악구의 교체, 모방양식으로 된 푸가적 부분, 분명한 주제성격을 가지지 않는 음형의 반복 등이 특징이다. 형식이 자유로우며 즉흥적인 요소가 강하다.

✱ 트레몰로(tremolo) ✱✱

이탈리아어의 'tremare(떨린다)'에서 유래한 말로서, 음을 급속히 반복하는 주법이다. 음표의 기둥에 짧은 사선을 부가해서 지시하는데, 원칙적으로 사선의 수가 많을수록 횟수도 반복되어 많아진다.

✱ 피치카토(pizzicato) ***

현악기 특유의 주법으로서, 현을 활로 켜는 것이 아니라 손가락으로 튕겨 음을 내는 것을 말한다. 활로 연주할 것을 특히 지시하려고 할 때에는 '아르코(arco, 이탈리아어로 활이란 뜻)'라고 한다.

✱ 골든디스크(golden disk) ***

100만장 이상 팔린 레코드를 가리킨다. 미국 레코드협회에서 100만장 이상 팔린 레코드에 대해 금빛 레코드를 시상한 데서 비롯된 말이다. 밀리언 셀러 레코드(million seller record)라고도 부른다.

✱ 국악의 음계 ***

우리가 국악의 5음계로 알고 있는 궁, 상, 각, 치, 우는 중국에서 사용하는 음계이며, 「세종실록」에 기록된 고대 악보에 따르면 우리 국악의 기본 음계는 12율률인 것을 알 수 있다. 12율명(十二律名)은 황종, 대려, 태주, 협종, 고선, 중려, 유빈, 임종, 이칙, 남려, 무역, 음종이로 악보에 표기할 때는 앞 글자만 따서 사용한다. 가장 많이 쓰이는 선법은 서양의 장조에 해당하는 평조와 단조에 해당하는 계면조로, 평조의 경우 황, 태, 중, 임, 남을 계면조의 경우 황, 협, 중, 임, 무를 기본 음계로 한다.

✱ 우리나라 3대 악성 ***

조선 세종 때 궁중음악인 아악의 기초를 확립한 박연, 고구려 때 칠현금에 능했던 왕산악, 12월을 상징하여 가야금을 만든 우륵을 지칭한다.

✱ 산조(散調) **

삼남지방에서 성행하였고 특히 전라도에서 발달한 우리나라 민속음악의 하나이다. 병창과 대(對)를 이루며 장구를 반주로 가야금 · 거문고 · 해금 · 피리 · 저 · 단소 · 퉁소 등의 악기로 처음에는 진양조로 느리게 시작하다가 점차 급한 중모리 · 자진모리 · 휘모리로 바꾸어 연주한다. 우조와 계면조가 있고 감미로운 가락과 처절한 애원조의 소리도 있다.

✱ 아악(雅樂) *

우리나라의 궁중음악으로 조선 세종이 박연에게 명하여 송나라에서 들여온 대성악을 조선 고유의 아악으로 새로 완성시켰다. 제례악(문묘제례악 · 종묘제례악), 연례악(여민락 · 보허자 · 낙양춘), 군례악(대취타), 정가(가사 · 시조) 등이 있다.

✱ 범패(梵唄) **

불교음악의 총칭으로, 부처님의 공덕을 찬양하며 절에서 재(齋)를 지낼 때 부르는 노래이다. 우리나라에는 신라시대에 전래되어 가곡, 판소리와 함께 우리나라 3대 성악곡으로 발전하였다.

✻ 향악(鄕樂) ✻

당악이 들어오기 이전 삼국시대부터 지금까지 내려오는 음악을 말하며, 대개 한국 고유음악이다. 넓은 의미의 향악은 아악·당악을 제외한 제례악이나 연례악·정악·민속음악을 통틀어 말하는데, 고문헌에 보이는 향악 혹은 속악은 흔히 정악을 가리키는 수가 많다. 백제의 정읍사, 고려의 가곡, 조선의 여민락 등이 이에 속한다.

✻ 판소리 ✻✻✻

중요 무형문화재 제5호로 지정된, 광대의 소리와 대사를 통틀어 일컫는 말이다. 남도의 향토적인 선율을 토대로 진양조, 중모리, 중중모리, 자진모리, 휘모리, 엇모리, 엇중모리 등의 장단에 따라 변화시켰다. 조선 후기에 널리 불리던 판소리는 모두 12마당이었지만 조선 고종 때 신재효가 6마당으로 정리했다. 여기서 마당이란 사람들이 모이는 넓은 공간을 뜻하는 말로, 판소리나 탈춤의 단락을 셀 때 사용하는 단위를 가리킨다. 신재효가 정리한 판소리는 춘향가, 심청가, 박타령(흥부가), 가루지기타령, 토끼타령(수궁가), 적벽가 등이며 오늘날에는 가루지기타령을 제외한 5마당만 전해지고 있다. 한편 판소리의 3요소에는 소리(노래), 아니리(이야기 하듯 엮어나가는 것), 발림(몸짓, 표정 등의 동작)이 있다.

더 알아보기

- 판소리의 소릿제 : 판소리가 전승되면서 전승 계보에 따라 음악적 특성에 차이가 생기게 되었는데, 이를 '소릿제'라 한다. 크게 섬진강을 중심으로 동쪽지역인 전라도 동북 지역의 소리인 동편제(東便制)와 서쪽지역인 전라도 서남 지역의 소리인 서편제(西便制) 그리고 경기도와 충청도 지역의 중고제(中高制)로 구분된다.

구분	특징
동편제	남성적 성향이 짙어 장단을 길게 **빼지** 않고 짧고 분명하게 끊으며, 리듬 또한 단조롭고 담백하다.
서편제	여성적인 면이 있는 소리로, 수식과 기교가 많아 애절하고 섬세한 특성을 갖는다.
중고제	동편제와 서편제의 중간적 특성을 보이지만, 동편제 쪽에 가깝다고 볼 수 있다.

- 판소리 용어

구분	특징
더늠	독창성 있는 대목이나 스타일
바디	판소리의 전체적인 법제, 혹은 어느 전승 계보의 텍스트
발림	창자가 소리의 극적인 전개를 돕기 위해서 하는 몸짓
아니리	가락을 붙이지 않고 말하듯이 엮어가는 사설
시김새	화려함이나 멋을 더하기 위해 어느 음에 붙는 표현기능. 발성기교
추임새	창자의 흥을 돋우기 위해 고수나 청중이 중간에 곁들이는 감탄사

✻ FIAC(Foire Internationale d'Art Contemporain) ✻✻✻

프랑스에서 열리는 국제적인 현대 예술품 박람회로 스위스의 '바젤 아트페어', 미국의 '시카고 아트페어'와 함께 세계 3대 아트페어로 꼽힌다. 1974년 침체기를 걷던 세계 현대미술을 활성화시키고자 프랑스 내 80여 화랑과 출판업자들이 모여 출범했다.

✱ 바우하우스(bauhaus) ✱✱

1919년 건축가 발터 그로피우스(Walter Gropius)가 미술학교와 공예학교를 병합하여 설립한 종합조형학교 겸 연구소이다. 주된 이념은 건축을 주축으로 예술과 기술을 종합하려는 것으로 기능적·합목적적인 새로운 마를 창조하여 현대 조형에 큰 영향을 미쳤다. 클레, 모홀리나기, 파이닝거, 칸딘스키 등이 바우하우스 출신이다.

✱ 소호(SOHO) ✱

'South of Houston'의 약자로 뉴욕의 하우스톤가와 커널가 사이에 화랑이 밀집하여 있는 지역을 이르는 말이다. 원래 공장지대였던 이 지역은 1950년대부터 화가들이 모이기 시작하면서 현재는 예술과 패션의 거리로 많은 사람이 찾는 명소가 되었다.

✱ 비엔날레(biennale) ✱✱✱

2년마다 열리는 국제적인 미술전람회로, 베니스비엔날레·파리비엔날레·상파울루비엔날레 등이 있다. 특히 베니스비엔날레전은 1895년에 창립된 세계 최고(最古)·최대의 국제미술전으로 이탈리아의 베니스에서 열리며, 회화 및 조각·판화·데생 등 각 부문에 시상한다.

✱ 대한민국 미술대전 ✱✱

문화관광부 주체로 해마다 열리는 미술발전을 위한 전국미술전람회(국전)로, 1982년 대한민국 미술대전으로 개칭되었다. 한국문화예술진흥원의 후원으로 비구상과 구상으로 나누어 봄, 가을에 실시한다.

✱ 옵 아트(op art) ✱✱

광학미술(optical art)로, 팝 아트에 이어 등장한 기하학적 구성이 주류인 추상미술의 경향이다. 정서적·사상적인 면보다는 형식적인 면에 치중하여 색면의 대비와 조화, 선의 운동과 구성 등의 착시효과와 같은 모든 광학적인 효과를 화면에 채용하여 새로운 이미지로 구성한다.

✱ 앙데팡당(independants) ✱✱✱

1884년부터 프랑스에서 아카데미즘에 반대하는 화가들에 의하여 개최되어 온 자유출품제로서, 심사나 시상을 하지 않는 미술전람회를 말한다.

✱ 딜레탕트(dilettante) ✱✱✱

이탈리아어 '즐기다(dilettare)'의 어원을 가진다. 예술이나 학문에서 독창적 관점을 갖지 못하며 자발성 없이 시대의 경향만을 본받아 제작하는 것을 의미한다. 즉, 전문가적인 의식이 없고 단지 애호가의 입장에서 예술 제작을 하는 사람을 주로 말하며 일반적으로 나쁜 의미로 쓰인다.

✱ 근대미술사조 ***

구분	특징
신고전주의 (neo-classicism)	• 18세기 중엽~19세기 중엽에 걸쳐 유럽에서 형성된 미술양식 • 형식의 통일과 조화, 표현의 명확성, 형식과 내용의 균형 • 다비드 '나폴레옹 대관식', 앵그르 '목욕하는 여인' 등
낭만주의 (romanticism)	• 19세기 전반 유럽에서 회화를 비롯하여 조각 등에 나타난 미술양식 • 합리주의에 반대해서 객관보다는 주관을, 지성보다는 감성을 중요시 • 들라크루와 '키오스섬의 학살' 등
사실주의 (realism)	• 19세기 중엽 사물, 자연의 상태를 그대로 표현하고자 한 미술형식 • 프랑스에서 활동한 풍경화가들의 모임인 '바르비종파' • 밀레 '이삭줍기', '만종', 쿠르베 '돌 깨는 사람들' 등
인상주의 (impressionism)	• 19세기 말에 일어난 프랑스 청년화가들의 경향 • 빛의 효과를 강조하고 밝은 색깔로 그림을 그리려는 운동 • 마네 '풀밭 위의 점심', '발코니', 모네 '인상-해돋이', 드가 '압생트', 르누아르 '뱃놀이 점심' 등
신인상주의 (neo-impressionism)	• 19세기 말에 대두한 미술사조로 인상주의에 과학성을 부여하고자 함. • 무수한 색점을 사용하여 색을 분할하는 기법 • 쇠라 '아니에르에서의 물놀이', 시냐크 '마르세유항의 풍경' 등
후기인상주의 (post-impressionism)	• 19세기 말~20세기 초 인상파의 색채기법을 계승 • 견고한 형태, 장식적인 구성, 작가의 주관적 표현을 시도한 화풍 • 고흐 '해바라기', '감자 먹는 사람들', 고갱 '타히티의 여인', 로댕 '생각하는 사람' 등

✱ 현대미술사조 ***

구분	특징
야수파 (fauvism)	• 20세기 초의 젊은 화가들과 그들의 미술경향 • 원색을 쓴 대담한 그림으로 야수의 그림 같다는 비평을 받음 • 마티스 '후식', 루오 '미제레레', 드랭, 블라맹크 등
입체파 (cubism)	• 1910년경 프랑스를 중심으로 야수파의 뒤를 이어 일어난 유파 • 물체의 모양을 분석하고 그 구조를 점과 선으로 구성·연결 • 피카소 '아비뇽의 처녀들', '게르니카', 브라크 '카드가 있는 정물' 등
표현주의 (expressionism)	• 20세기 전반에 독일을 중심으로 하여 전개된 예술운동 • 자연묘사에 대응하여 감정표현을 중심으로 주관의 표현을 강조 • 뭉크 '절규', 샤갈 '바이올린 연주자', 클레 '월출과 일몰' 등
미래파 (futurism)	• 20세기 초 이탈리아에서 일어난 전위예술운동 • 현대생활의 역동하는 감각을 표현하고자 함 • 보초니 '탄생', 세베리니 '물랭루주의 곰춤', 라의 '롯의 딸들' 등
초현실주의 (surrealisme)	• 다다이즘 이후 1920~1930년에 걸쳐 유럽에서 일어난 미술운동 • 무의식이나 꿈, 공상 등을 중요시 • 달리 '해변에 나타난 얼굴과 과일의 환영', 마그리트 '가짜거울' 등

✱ 팝아트(pop art) **

1960년을 전후하여 추상미술에 대한 반동으로 일어난 미술의 한 유형으로, 특히 미국에서 거대 도시문명을 배경으로 확산되었다. 일명 뉴리얼리즘(신사실주의)라고 불리는 이 파의 화가들은 추상을 거부하고 현대문명의 산물인 공업제품을 작품 속에 그대로 끌어들여 대중적인 이미지를 화면에 재현시켰다.

✱ 비구상(non-figuratif) *

19세기의 극단적인 자연주의에 대한 반동으로 일어난 미술의 한 경향이다. 현실의 재현을 추구하는 구상을 부정하고 대상의 본질적 특징을 형상화하려는 경향이다. 순수하게 기하학적 형태로 구성하는 양식주의적인 경향과 자유로운 형태로서 정신적 표현을 추구하는 표현주의적 경향으로 크게 나눌 수 있다.

✱ 아르누보(art nouveau) **

'신(新)미술'이라는 뜻으로, 19세기 말에서 20세기 초에 걸쳐 유럽에서 개화한 예술운동이다. 아르누보의 탄생은 유럽의 전통적 예술에 반발하여 예술을 수립하려는 당시 미술계의 풍조를 배경으로 하고 있으며, 전통으로부터의 이탈과 새 양식의 창조를 지향하여 자연주의·자발성·단순성·기술적인 완전을 이상으로 했다.

✱ 캐리커처(caricature) **

사람이나 사물을 과장하되 그 성격을 풍자적이고 희극적으로 표현한 만화·풍자화·회화 등을 말한다. 고야, 도미에 등이 유명한 화가이다.

더 알아보기

크로키(croquis) … 화가가 움직이고 있는 대상의 한 순간의 모습을 짧은 시간에 재빨리 그리는 것을 말한다.

✱ 미니어처 *

실물과 같은 모양으로 정교하게 만들어진 작은 모형(模型)을 말한다.

✱ 아라베스크(arabesque) *

아라비아 사람들이 만든 장식무늬의 하나이다. 이슬람교에서는 우상과 비슷한 것은 회화나 조각에 쓰지 않았으므로 기하학적인 모양이나 당초(唐草)모양이 연구되었는데, 그중에도 아라비아 문자의 끝부분을 잎 모양으로 도안한 것을 아라베스크라 하였다.

2 스포츠

✱ 올림픽경기대회(olympic games) ***

국제올림픽위원회(IOC)가 4년마다 개최하는 국제스포츠대회이다. 본래 올림픽 경기는 고대 그리스인들이 제우스신에게 바치는 제전(祭典) 성격의 경기로 종교, 예술, 군사훈련 등이 일체를 이룬 헬레니즘 문화의 결정체다. 고대올림픽은 정확히 언제부터 시작되었는지 알 수 없지만, 문헌상의 기록을 근거로 통상 BC 776년을 원년으로 본다. 이후 1,200여 년 동안 계속되다가 그리스가 로마인의 지배를 받으면서 약 1,500년 동안 중단되었던 고대올림픽 경기는 프랑스의 피에르 쿠베르탱(Pierre de Coubertin)의 노력으로 1894년 6월 23일 파리의 소르본 대학에서 열린 국제스포츠대회에서 근대올림픽으로 시작되었다. 1896년 '인류평화의 제전'이라는 거창한 구호를 걸고 그리스의 아테네에서 개최된 제1회 대회는 참가자가 13개국, 311명으로 매우 작은 규모였으며, 올림픽이 국제대회로서 면모를 갖춘 것은 1908년 제4회 런던대회 때부터라고 볼 수 있다. 런던 올림픽에서 각국이 처음으로 국기를 앞세우고 참가하였으며 경기규칙 제정, 본격적인 여자경기종목 채택, 마라톤 코스의 확정 등의 체계가 갖추어졌다. 오늘날 세계 각국의 스포츠인들은 근대올림픽이 창설된 6월 23일을 '올림픽의 날'로 정하여 기념하고 있다. 우리나라는 1988년 제24회 서울올림픽, 2018년 제 23회 평창 동계 올림픽이 개최된 바 있다.

더 알아보기

- **올림픽 표어** : '보다 빠르게(citius), 보다 높게(altius), 보다 힘차게(fortius)'로 프랑스의 디동 신부가 제창하고 1926년 IOC가 정식으로 채택하였다.
- **오륜기** : 흰 바탕에 왼쪽부터 파랑, 노랑, 검정, 초록, 빨강의 5색 고리를 위 3개, 아래 2개로 엮은 모양이다. 쿠베르탱이 창안하여 1914년의 IOC 창립 20주년 기념식전에 처음으로 선보였으며, 동그란 5개의 고리는 5개의 대륙을 상징한다.
- **동계올림픽** : 4년마다 개최되는 국제겨울스포츠대회로 1924년 프랑스 샤모니에서 최초로 열렸다. 겨울 스포츠가 눈 또는 얼음 위에서 열린다는 것이 특징이며, 그 종목으로 알파인 스키, 바이애슬론, 봅슬레이, 크로스컨트리, 컬링, 피겨 스케이팅, 프리스타일 스키, 아이스하키 등이 있다.
- **차기 올림픽 개최 예정지**

구분	연도	개최 예정지
하계	2024	프랑스 파리
	2028	미국 LA
동계	2022	중국 베이징
	2026	이탈리아 밀라노, 코트리나담페초

✱ 프레올림픽(pre-olympic) **

올림픽대회가 열리기 1년 전에 그 경기시설이나 운영 등을 시험하는 의미로 개최되는 비공식경기대회이다. 국제올림픽위원회(IOC)에서는 올림픽이 4년마다 열리는 대회라는 이유로 프레올림픽이라는 명칭의 사용을 금하고 있으나, 국제스포츠계에 잘 알려진 관용명칭이 되어 있다.

✱ 패럴림픽(paralympic) **

신체장애자들의 국제경기대회로서 장애자 올림픽이라고도 한다. 'paraplegia'와 'olympic'의 합성어로, 정식으로는 1948년 휠체어 스포츠를 창시한 영국의 신체장애자의료센터 소재지의 이름을 따 국제 스토크 맨데빌 경기대회(International Stoke Mandeville Games for the Paralysed)라 한다. 1952년부터 국제경기대회로 발전하여 4년마다 올림픽 개최국에서 개최된다.

더 알아보기

차기 패럴림픽 개최 예정지

구분	연도	개최 예정지
하계	2024	17회 프랑스 파리
	2028	18회 미국 LA
동계	2022	13회 중국 베이징
	2026	14회 이탈리아 밀라노, 코트리나담페초

✱ 월드컵(world cup) ***

FIFA(국제축구연맹)에서 주최하는 세계 축구선수권대회이다. 1930년 우루과이의 몬테비데오에서 제1회 대회가 개최된 이래 4년마다 열리는데, 프로와 아마추어의 구별없이 참가할 수 있다. 2년에 걸쳐 6대륙에서 예선을 실시하여 본선대회에는 개최국과 전(前)대회 우승국을 포함한 24개국이 출전한다. 제1회 대회때 줄리메가 기증한 줄리메컵은 제9회 멕시코대회에서 사상 최초로 3승팀이 된 브라질이 영구보존하게 되어, 1974년 뮌헨에서 열린 제10회 대회부터는 새로 마련된 FIFA컵을 놓고 경기를 벌인다.

더 알아보기

• 역대 월드컵 개최지와 우승국

개최연도	개최지	우승국	개최연도	개최지	우승국
제1회(1930)	우루과이	우루과이	제12회(1982)	스페인	이탈리아
제2회(1934)	이탈리아	이탈리아	제13회(1986)	멕시코	아르헨티나
제3회(1938)	프랑스	이탈리아	제14회(1990)	이탈리아	서독
제4회(1950)	브라질	우루과이	제15회(1994)	미국	브라질
제5회(1954)	스위스	서독	제16회(1998)	프랑스	프랑스
제6회(1958)	스웨덴	브라질	제17회(2002)	한국·일본	브라질
제7회(1962)	칠레	브라질	제18회(2006)	독일	이탈리아
제8회(1966)	잉글랜드	잉글랜드	제19회(2010)	남아프리카공화국	스페인
제9회(1970)	멕시코	브라질	제20회(2014)	브라질	독일
제10회(1974)	서독	서독	제21회(2018)	러시아	프랑스
제11회(1978)	아르헨티나	아르헨티나	제22회(2022)	카타르	아르헨티나

✱ FIFA(Federation Internationale de Football Association) ✱✱

국제축구연맹으로 세계 축구경기를 통합하는 국제단체이다. 국제올림픽위원회(IOC), 국제육상경기연맹(IAAF)과 더불어 세계 3대 체육기구로 불리며 각종 국제 축구대회를 주관한다. 즉, 각 대륙별 연맹이 원활하게 국제 경기 등을 운영할 수 있도록 지원·관리하는 세계축구의 중심체인 것이다. 1904년 프랑스의 단체 설립 제창으로 프랑스, 네덜란드, 덴마크, 벨기에, 스위스, 스웨덴, 스페인의 7개국이 프랑스 파리에서 모여 국제 관리기구로서 국제축구연맹(FIFA)을 탄생시켰다.

더 알아보기

세계청소년축구선수권대회 … FIFA(국제축구연맹)에서 주관하는 청소년축경기로 만 나이 기준 20세 이하의 선수들만 참가하는 U-20대회와 17세 이하 선수들만 참가하는 U-17대회의 2종류다.

✱ 4대 메이저 대회 ✱✱✱

골프나 테니스 분야에서 세계적으로 권위를 인정받고 있으며 상금액수도 큰 4개의 국제대회를 일컫는 용어이다. 골프의 4대 메이저 대회는 마스터골프대회, US오픈골프선수권대회, 브리티시오픈, 미국PGA선수권대회를 말하며 여자골프 4대 메이저 대회는 크래프트나비스코챔피언십, 맥도날드LPGA챔피언십, US여자오픈, 브리티시여자오픈이 해당한다. 4대 메이저 테니스 대회는 호주오픈, 프랑스오픈, 윔블던, US오픈을 포함한다.

더 알아보기

오픈 선수권 … 골프, 테니스 등에서 아마추어와 프로가 함께 겨루어 대표를 뽑는 경기

✱ 월드베이스볼클래식(WBC : World Baseball Classic) ✱

세계 각국이 참가하는 프로야구 국가대항전으로, 2006년부터 시작하여 올림픽이 열리는 해를 피해 4년마다 개최하되 시기는 메이저리그 정규시즌 일정을 고려해 조정한다. 1회 대회는 2006년 3월 3일 일본 도쿄돔에서 아시아 예선을 시작으로 그 막을 올렸으며 한국, 일본, 중국, 대만, 미국, 캐나다 등 총 16개국이 참가하였다. 메이저리그 구장에서 열린 8강 조별리그를 거쳐 4강에 진출한 국가는 한국, 일본, 쿠바, 도미니카 공화국이었으며, 일본이 우승을 차지했다. 우리나라는 2009년에 열린 2회 대회에서 준우승을 차지했다.

✱ F1 그랑프리 ✱✱

월드컵, 올림픽에 이어 전세계에서 인기를 끌고 있는 3대 국제스포츠행사의 하나인 세계 최고의 자동차경주대회를 의미한다. 매년 3월부터 10월까지 스페인·프랑스·영국·독일·헝가리·호주·일본 등 대륙을 오가며 17차례 경기를 펼쳐 점수를 합산해 종합우승자를 가린다.

✱ 보스톤 마라톤대회 *

미국 독립전쟁 당시 보스톤 교외의 콘크드에서 미국민병이 영국군에게 승리한 것을 기념하기 위하여 1897년 이래 보스톤시에서 매년 4월 19일에 거행하는 대회로, 아메리칸 마라톤이라고도 한다.

✱ 세계피겨스케이팅 선수권대회(World Figure Skating Championships) **

국제빙상경기연맹(ISU : International Skating Union)이 주관하는 피겨스케이팅의 국제대회이다. 이 대회는 피겨스케이팅에서 올림픽과 더불어 ISU가 주최하는 국제대회 중 가장 비중이 높은 대회이며 종목은 남녀 싱글, 페어, 아이스댄싱의 네 가지로 구성되어 있다. 매년 시즌이 마무리되는 3~4월경에 열리며 2024년 대회는 캐나다 몬트리올에서 개최된다.

✱ 메이저리그(MLB : Major League Baseball) ***

미국 프로야구의 아메리칸리그(American League)와 내셔널리그(National League)를 합쳐서 부르는 말로, '빅 리그'라고도 한다. 아메리칸리그 소속 15개 팀과 내셔널리그 소속 15개 팀이 각각 동부·중부·서부 지구로 나뉘어 정규 시즌을 치른다.

✱ 윔블던 테니스대회 *

테니스계에서 가장 오랜 역사를 가지고 있는 대회로, 1877년 영국 국내선수권대회로 개최되었으며 1883년부터 국제대회가 되었다. 정식명칭은 전영오픈 테니스선수권대회로 매년 영국 런던 교외의 윔블던에서 열린다. 1968년부터 프로선수의 참가가 허용되었다.

더 알아보기

데이비스컵(Davis Cup) · 페더레이션컵 테니스대회 … 데이비스컵 테니스대회는 1900년 미국의 테니스선수였던 데이비스가 기증한 순은제컵을 놓고 영·미대항으로 개최되던 테니스시합이 1904년부터 국제대회로 발전한 것이다. 페더레이션컵 테니스대회는 여자들만 참가하는 대회로, 남자들만이 펼치는 데이비스컵 대회에 자극받아 오스트레일리아의 호프만 부인이 1963년 세계 테니스 연맹에 컵을 기증하여 창설되었다.

✱ 프리에이전트(free agent) **

자신이 속한 팀에서 일정기간 동안 활동한 뒤 자유롭게 다른 팀과 계약을 맺어 이적할 수 있는 자유계약선수 또는 그 제도를 일컫는 말이다. 자유계약선수 제도 하에서는 특정 팀과의 계약이 만료되는 선수는 자신을 원하는 여러 팀 가운데에서 선택하여 아무런 제약조건 없이 팀을 이적할 수 있다. 이와 반대로 선수가 먼저 구단에 계약해지를 신청한 임의탈퇴선수는 다른 구단과 자유롭게 계약할 권한이 없다.

✱ 드래프트시스템(draft system) ✱✱

신인선수를 선발하는 제도로, 일정한 기준아래 입단할 선수들을 모은 뒤 각 팀의 대표가 선발회를 구성하여 일괄적으로 교섭하는 방법이다. 우수선수를 균형있게 선발해 각 팀의 실력평준화와 팀 운영의 합리화를 꾀하는데 목적이 있다.

✱ 플립턴(flip turn) ✱✱✱

자유형 턴 기법으로 수영장 끝에 다다랐을 때 앞쪽으로 반 정도 돈 다음, 벽을 두 다리로 힘차게 밀어 다시 반대편을 향해 나아가는 턴을 말한다.

✱ 롤오버턴(roll over turn) ✱✱✱

배영 턴 기법으로 벽면에서 5m 정도 떨어진 곳에서 몸을 비틀어 자유형과 같이 엎드린 자세로 턴하는 기법을 말한다.

✱ 랠리(rally) ✱✱

볼을 주고받는 상태를 말하며 테니스, 탁구, 배드민턴, 배구 등 경기에서 계속해서 볼을 주고받으며 치는 상태를 말한다. 야구경기에서는 타격의 뜻을 가진다.

✱ 테니스 포인트(tennis point) ✱✱✱

테니스 경기득점으로 기본적으로 한 게임을 이기기 위해서는 4포인트를 따야 한다. 3대3은 듀스라 부른다. 테니스 포인트는 최소 0포인트를 시작으로 하며 0포인트를 러브(Love), 1포인트를 피프틴(Fifteen, 15), 2포인트를 서티(Thirth, 30), 3포인트를 포티(Forty, 40)라 콜(call : 경기 진행을 위해 심판이 내리는 선고)한다.

✱ 플레이오프(play off) ✱

프로야구에서 시즌이 끝난 뒤 승률이 같은 경우 벌이는 우승결정전을 말한다. 골프에서는 경기가 정해진 홀 수에서 동점이 됐을 경우 연장전으로 우승자를 결정하는 것을 가리킨다.

✱ 그랜드슬램(grand slam) ***

야구경기에서 1루에서 3루까지 주자가 있을 때 친 홈런으로 만루홈런이라고도 한다. 골프에서는 1930년 미국의 보비 존스가 전미국·전영국의 오픈 아마추어 선수권의 4대 타이틀을 휩쓸었을 때 붙여진 존칭이다. 현재는 영미의 양 오픈과 전미국 프로, 마스터즈의 4대 타이틀 획득자에게 수여된다. 테니스에서는 한 해에 전영국, 전미국, 전호주, 전프랑스의 4대 토너먼트 단식(單式)에서 모두 우승하는 것으로, 남자로는 1938년의 버지, 1962년과 1969년의 레이버가 기록했고, 여자로는 1953년의 코널리, 1970년의 코트, 1988년 그라프가 기록했다.

✱ 사이클히트(cycle hit) **

야구용어로 올마이티히트라고도 한다. 야구경기에서 타자가 한 게임에서 1루타, 2루타, 3루타, 홈런을 모두 친 것을 말하며 순서는 무관하다.

더 알아보기

드래그히트(drag hit) ··· 야구에서 배트를 밀어내 가볍게 공을 맞춤으로써 기습히트를 노리는 공격타법을 말한다.

✱ 드래그번트(drag bunt) *

야구경기에서 번트는 대부분 이미 나가 있는 주자의 진루를 돕기 위한 희생타인데 비해, 드래그번트는 타자도 살기 위해 왼쪽 타자는 1루 쪽으로, 오른쪽 타자는 3루 쪽으로 공을 끌어서 굴리는 번트이다.

✱ 매직넘버(magic number) *

프로야구의 종반에 승수를 다투고 있을 때 2위팀이 모두 이기더라도 1위팀의 우승이 거의 확정적일 경우 1위팀의 나머지 승수의 숫자를 말한다.

✱ 핫코너(hot corner) *

야구에서 3루를 말하는데, 강하고 불규칙한 타구가 많이 날아와 수비하기가 까다롭고 어렵기 때문에 생긴 이름이다.

✱ 럭키존(lucky zone) *

외야가 넓은 야구장 펜스를 줄였을 경우 원 펜스와 줄인 펜스 사이를 말한다. 만일 펜스를 줄이지 않았다면 2~3루타 정도의 안타로 처리될 것이 줄임으로써 홈런이 되었기 때문에 그 지역을 행운의 지대란 뜻으로 럭키존이라 부른다.

더 알아보기

텍사스존(texas zone) ··· 야구에서 수비하기 까다로운 내야와 외야의 중간

✱ 라인업(line up) *

야구에서는 출전하는 선수들의 배트를 치는 순서나 배치를 말하며, 축구에서는 시합개시 때의 선수들의 정렬상태를 나타낸다.

✱ 사이영상(Cy Young award) **

미국 프로야구에서 22년 동안 활약한 투수 사이 영을 기념하여 그해의 최우수 투수에게 주는 상 투수들만의 MVP라고 할 수 있다. 1956년부터 1966년까지는 내셔널리그와 아메리칸리그에서 한 명의 선수만을 뽑아 수여했는데 1967년부터는 각각 한 명의 선수를 뽑는다.

✱ 퍼펙트게임(perfect game) *

야구에서 상대편에게 안타를 주지 않을 뿐 아니라 포볼이나 데드볼도 허용하지 않아, 타자가 1루도 밟아보지 못하게 하는 완전한 공격의 봉쇄를 말한다.

더 알아보기

노히트노런게임(no-hit no-run game) … 야구에서 투수가 상대방 선수들에게 단 하나의 안타와 득점도 허용하지 않고 이기는 무안타 무득점 경기를 말한다.

✱ 수퍼볼(super bowl)대회 *

미국 프로미식축구의 양대 리그인 AFC(아메리칸 풋볼 콘퍼런스)와 NFC(내셔널 풋볼 콘퍼런스)의 우승팀 간에 그 해 최정상을 가리는 대회로, 1966년 창설되었다.

✱ 리베로(libero) ***

축구에서 수비선수이면서 공격에도 적극 가담하는 선수로 배구에서는 후위로 빠지는 공격수 대신 교체되어 들어가 수비만 전담하는 선수로 후위지역에서만 경기할 수 있고 서브, 블로킹을 할 수 없다.

✱ 스테로이드 *

스포츠와 관계가 깊은 의약품으로, 자연에서 얻을 수 있는 중요한 화합물로서 가장 풍부한 동물 스테로이드는 콜레스테롤이다. 콜레스테롤은 몸 속에서 합성되기도 하지만 음식물을 먹은 후에 생성되기도 한다. 이 콜레스테롤이 분해되면 중요한 스테로이드가 생성되는데, 특히 황소로부터 얻은 아나볼릭 스테로이드나 화학적으로 합성한 스테로이드 약품은 육체적 기능을 증진시키거나 근육의 발달을 돕는 작용이 있기 때문에 운동 선수들이 복용하는 사례가 있다.

✳ 골프타수의 명칭 *

명칭	내용
보기(bogey)	그 홀의 파보다 1타 많은 타수로 홀아웃 한 경우
더블 보기(double bogey)	파보다 2타 많은 타수로 홀아웃 한 경우
트리플 보기(triple bogey)	파보다 3타 많은 타수로 홀아웃 한 경우
파(par)	한 홀의 표준타수(우리나라의 정규 18홀은 모두 파 72)
버디(buddy)	파보다 1타 적은 타수로 홀아웃 한 경우
이글(eagle)	파보다 2타 적은 타수로 홀아웃 한 경우
더블 이글(double eagle)	파보다 3타 적은 타수로 홀아웃 한 경우
홀인원(hole-in-one)	1타로 홀컵에 볼을 넣은 경우

더 알아보기

세계 3대 골프국가대항전 … 라이더컵(ryder cup), 프레지던츠컵(the presidents cup), 월드골프챔피언십(WGC)

출제예상문제

1 세계 최대 규모인 이탈리아 볼로냐국제아동도서전(Bologna Children's Book Fair)에서 한 해 동안 전 세계에서 출간된 어린이 도서 가운데 각 분야의 최고 아동서를 대상으로 주어지는 상으로 어린이 도서 분야의 노벨상 격이다. 2011년 한국 작가 김희경 씨의 그림책 「마음의 집」이 논픽션 부분 대상을 수상해, 한국 작가로는 첫 대상 수상자가 되었는데 이 상의 이름은 무엇인가?

① 라가치상
② 케이트 그리너웨이상
③ 국제안데르센상
④ 카스테로상
⑤ 칼데콧상

> ✔해설 라가치상(Ragazzi Award) … 볼로냐아동도서전 기간에 픽션·논픽션·뉴 호라이즌·오페라 프리마 등 4개 부문으로 나눠 책 내용은 물론, 디자인·편집·장정의 수준과 창의성, 교육적·예술적 가치를 평가대상으로 삼아 뛰어난 작품을 낸 작가와 출판사를 선정하여 각 부문에서 대상과 우수상을 수상한다.
> ② 케이트 그리너웨이상 : 영국도서관협회에서 제정한 아동문학상
> ③ 국제안데르센상 : 아동문학의 발전과 향상을 위하여 창설된 상으로 격년제로 시상되는 국제적인 아동문학상
> ④ 카스테로상 : 이탈리아에는 1950년에 제정한 아동문학상
> ⑤ 칼데콧상 : 근대 그림책의 아버지로 불리는 영국의 그림책 작가 랜돌프 칼데콧을 기념하기 위해 만들어진 그림책상

2 다음 중 봉준호 감독의 영화 「기생충」이 제 92회 미국 아카데미 시상식에서 수상하지 않은 상은?

① 작품상
② 감독상
③ 각본상
④ 음악상
⑤ 국제장편영화상

> ✔해설 영화 「기생충」은 제 92회 미국 아카데미 시상식에서 작품상, 각본상, 감독상, 국제장편영화상을 받았다.
> ④ 제 92회 미국 아카데미 시상식의 음악상은 '조커'가 수상했다.

Answer 1.① 2.④

3 공연장에서 다른 관객의 관람을 방해하는 행위를 뜻하는 용어는?

① 오픈런 ② 커튼 콜
③ 리미티드런 ④ 관크
⑤ 인터미션

> ✔해설 ④ 한자 '觀(볼 관)'과 '비판적인' 뜻을 가진 영단어 'critical'을 합쳐 만든 용어로 '관객 크리티컬'의 줄임말이다. 많은 사람들이 함께 관람하는 공연장이나 극장 등에서 다른 관객의 관람을 방해하는 행위를 일컫는다.
> ① 공연이 종료되는 시점을 정하지 않고 계속적으로 공연하는 것을 뜻한다.
> ② 공연이 끝난 후에 관객들이 무대 뒤로 퇴장하였던 출연진들을 무대로 나오도록 환호성과 박수를 보내는 것을 말한다.
> ③ 공연 기간을 정해 놓고 공연하는 것을 뜻한다.
> ⑤ 공연 중간 휴식 시간을 말한다.

4 다음 중 합창, 중창, 독창 등으로 구성된 대규모의 성악곡은?

① 세레나데 ② 칸초네
③ 랩소디 ④ 칸타타
⑤ 레퀴엠

> ✔해설 ④ 칸타타(cantata) : 종교적인 요구에 의해 작곡되는 대규모의 서정적 성악곡이다.
> ① 세레나데 : '저녁의 음악'이란 뜻으로 애정이나 존경을 품은 사람에게 바치는 노래를 통칭하여 일컫는다.
> ② 칸초네 : 샹송과 같은 위치의 이탈리아 민요를 일컫는 말
> ③ 랩소디 : 광상곡으로 대개 일정한 형식이 없이 환상적이고 자유로운 기악곡이다.
> ⑤ 레퀴엠 : 위령 미사 때 드리는 음악, 진혼곡

5 다음 중 슈베르트의 작품이 아닌 것은?

① 겨울 나그네 ② 백조의 노래
③ 군대 행진곡 ④ 한여름 밤의 꿈
⑤ 송어

> ✔해설 슈베르트(Franz Peter Schubert)는 오스트리아의 초기 독일 낭만파의 대표적 작곡가로 '가곡의 왕'이라고 불린다. 주로 빈에서 활동하며 다양한 장르의 작품을 남겼고 가곡을 독립된 주요한 음악의 한 부문으로 끌어올려 독일 가곡에 큰 영향을 주었다. 주요작품으로는 '아름다운 물방앗간의 처녀', '겨울 나그네', '죽음과 소녀' 등이 있다.
> ④ 멘델스존의 작품이다.

6 다음 중 경기도 민요는?

① 밀양아리랑   ② 도라지타령

③ 한오백년   ④ 몽금포타령

⑤ 오돌또기

> ✔ 해설 경기도 민요는 가락이 맑고 부드러우며 경쾌하고 서정적이다. 대표적으로 '닐리리야', '도라지 타령', '아리랑', '풍년가' 등이 있다.
> ① 경상남도 ③ 강원도 ④ 황해도 ⑤ 제주도

7 종이 사이에 물감을 떨어뜨리고 종이를 접어서 눌렀다가 종이를 펴보면 대칭형의 무늬가 나타난다. 이러한 기법은?

① 프로타주   ② 데칼코마니

③ 마블링   ④ 몽타주

⑤ 드리핑

> ✔ 해설 ① 실물 위에 종이를 놓고 크레파스나 연필로 문질러 표현한다.
> ③ 물에 유성 잉크를 떨어뜨리고 저은 후 종이를 얹어 찍어낸다.
> ④ 실물 사진이나 달력, 그림 등을 붙여 구성한다.
> ⑤ 붓을 사용하는 것이 아니라 물감을 화면에 떨어뜨리거나 흘려서 표현한다.

8 일반적으로 스포츠에서 해당 팀에서 권리 포기를 한다는 의미로 FA(Free Agent)나 임의 탈퇴로 처리하기 전에 선수를 다른 팀으로 보내기 위한 하나의 방법을 무엇이라 하는가?

① 웨이버(waiver) 공시   ② 메이어(meyer) 공시

③ 올리버(oliver) 공시   ④ 레드리버(redriver) 공시

⑤ 뷰어(viewer) 공시

> ✔ 해설 웨이버 공시(waiver 公示) … '권리포기'라는 뜻으로, 구단이 소속선수와 계약을 해제하려 할 때 다른 구단에 대해 해당 선수의 계약 양도에 관한 여부를 공시하는 것을 지칭한다.

Answer 3.④ 4.④ 5.④ 6.② 7.② 8.①

PART

04

한국사

빈출 상식

✱ 한민족(韓民族)의 형성 ✱

농경생활을 바탕으로 동방문화권(東方文化圈)을 성립하고 독특한 문화를 이룩한 우리 민족은 인종학상으로는 황인종 중 퉁구스족(Tungus族)의 한 갈래이며, 언어학상 알타이어계(Altai語系)에 속한다. 한반도에는 구석기시대부터 사람이 살기 시작하였고 신석기시대에서 청동기시대를 거치는 동안 민족의 기틀이 이루어졌다.

✱ 선사시대의 비교 ✱✱✱

시대	구석기	신석기	청동기	철기
연대	약 70만 년 전	약 8000년 전	BC 15 ~ 13세기경	BC 4세기경
경제	수렵 · 채집 · 어로	• 농경 시작 • 조 · 피 · 수수 등	• 벼농사 시작 • 사유재산 발생	철제 농기구로 생산력 증대
사회	무리생활	• 씨족 단위의 부족사회 • 계급 없는 평등사회	• 군장사회의 출현 • 계급의 발생	연맹국가
유물	동물뼈, 석기류, 인골	간석기, 토기(이른민무늬토기, 덧무늬토기, 빗살무늬토기)	민무늬토기, 반달돌칼, 비파형동검 등	검은간토기, 덧띠토기, 거푸집, 세형동검, 잔무늬거울
유적	웅기 굴포리, 상원 검은모루, 공주 석장리, 연천 전곡리 등	웅기 굴포리, 부산 동삼동, 서울 암사동, 봉산 지탑리 등	고인돌, 돌무지무덤, 돌널무덤 등	돌무지무덤, 돌널무덤, 독무덤, 널무덤 등

✱ 중석기 ✱

구석기에서 신석기로 넘어가는 약 2000년간(1만 년 전 ~ 8000년 전)의 과도기 단계 구분하여 부르는 시기로, 작고 빠른 동물을 잡기 위한 활, 창, 작살 등과 잔석기 등을 사용하였다.

✱ 단군신화(檀君神話) ✱✱✱

우리민족의 시조 신화로, 이를 통해 청동기시대를 배경으로 고조선의 성립이라는 역사적 사실과 함께 당시 사회모습을 유추할 수 있다.

구분	내용
천신사상, 선민사상, 농경사회, 계급사회, 사유재산제 사회	천제의 아들 환웅이 천부인 3개와 풍백·운사·우사 등의 무리를 거느리고 태백산 신시에 세력을 이루었다.
토테미즘, 샤머니즘, 제정일치	곰과 호랑이가 와서 인간이 되게 해달라고 하였으며, 곰만이 인간여자가 되어 후에 환웅과 결합하여 아들 단군왕검을 낳았다.
민본주의, 지배층의 권위(통치이념)	널리 인간을 이롭게 한다(홍익인간)

✽ 8조법(八條法) ✽

고조선 사회의 기본법으로, 「한서지리지」에 기록되어 있다. 살인·상해·절도죄를 기본으로 하는 이 관습법은 족장들의 사회질서유지 수단이었으며, 동시에 가부장 중심의 계급사회로서 사유재산을 중히 여긴 당시의 사회상을 반영하고 있다. 그 내용 중 전하는 것은 '사람을 죽인 자는 사형에 처한다, 남에게 상해를 입힌 자는 곡물로 배상한다, 남의 물건을 훔친 자는 노비로 삼고 배상하려는 자는 50만전을 내야 한다' 등 3조이다.

✽ 여러 부족의 성장 ✽

구분	부여	고구려	옥저·동예	삼한
정치	5부족 연맹체(왕·4출도), 1책 12법	5부족 연맹체(왕·대가), 제가회의(군장회의)	읍군·삼로(군장)	제정분리 : 군장(신지·견지·읍차·부례), 제사장(천군)
풍속	우제점법, 형사취수, 순장의 풍습	데릴사위제	• 옥저 : 민며느리제, 가족공동장 • 동예 : 책화, 족외혼	벼농사 발달(저수지 축조), 낙랑·일본 등에 철 수출
경제	반농반목, 말·주옥·모피 등의 특산물	약탈경제 → 부경(창고)	• 농경발달, 해산물 풍부 • 단궁, 과하마, 반어피(동예)	두레조직을 통해 공동작업
제천행사	영고(12월)	동맹(10월)	무천(동예, 10월)	수릿날(5월), 계절제(10월)

✽ 발해(渤海) ✽

698년 고구려의 장군이었던 대조영이 지린성 돈화현 동모산 일대(현재의 만주 및 연해주, 한반도 동북부)에 고구려인과 말갈족을 합하여 세운 나라이다. 정치 조직은 당나라의 영향을 받아 3성(정당성·선조성·중대성) 6부(충·인·의·지·예·신)를 두었고 귀족회의에서 국가 중대사를 결정했다. 발해는 고구려 유민이 지배층을 이루며 고구려 문화를 계승하여 발달시켰으며, 통일신라에 대한 견제로 일본과의 교역을 추진하였다. 926년 거란족에 의해 멸망했다.

✱ 진대법(賑貸法) *

고구려 고국천왕 16년(194) 을파소의 건의로 실시한 빈민구제법이다. 춘궁기에 가난한 백성에게 관곡을 빌려주었다가 추수기인 10월에 관에 환납하게 하는 제도이다. 귀족의 고리대금업으로 인한 폐단을 막고 양민들의 노비화를 막으려는 목적으로 실시한 제도였으며, 고려의 의창제도, 조선의 환곡제도의 선구가 되었다.

✱ 태학(太學) *

고구려의 국립교육기관으로, 우리나라 최초의 교육기관이다. 소수림왕 2년(372)에 설립되어 중앙귀족의 자제에게 유학을 가르쳤다.

✱ 광개토대왕비(廣開土大王碑) **

만주 집안현 통구(通溝)에 있는 고구려 19대 광개토대왕의 비석으로, 왕이 죽은 후인 장수왕 2년(414)에 세워졌다. 비문은 고구려·신라·가야의 3국이 연합하여 왜군과 싸운 일과 왕의 일생사업을 기록한 것으로, 우리나라 최대의 비석이다. 일본은 '辛卯年來渡海破百殘□□□羅'라는 비문을 확대·왜곡 해석하여 임나일본부설의 근거로 삼고 있다. 광개토대왕의 업적으로 정복활동과 영토관리(만주 정복, 백제 정벌, 신라 구원, 동부여 및 숙신 정벌)에 대한 내용이 연대순으로 기록되어 있다.

더 알아보기

임나일본부설(任那日本府說) ··· 일본의 '니혼쇼기(日本書紀)'의 임나일본부, 임나관가라는 기록을 근거로 고대 낙동강유역의 변한지방을 일본의 야마토[大和]정권이 지배하던 관부(官府)라고 주장하는 설이다.

✱ 경당(慶堂)

지방의 사립교육기관으로 한학과 무술을 가르쳤다.

✱ 다라니경(陀羅尼經) *

국보 제 126 호로 지정되었다. 불국사 3층 석탑(석가탑)의 보수공사 때(1966) 발견된 것으로, 현존하는 세계 최고(最古)의 목판인쇄물이다. 다라니경의 출간연대는 통일신라 때인 700년대 초에서 751년 사이로 추정되며 정식 명칭은 무구정광 대다라니경이다.

✱ 마립간(麻立干) *

신라시대의 왕호이다. 신라 건국초기에는 박·석·김의 3성(姓) 부족이 연맹하여 연맹장을 세 부족이 교대로 선출했으며, 이들이 주체가 되어 신라 6촌이라는 연맹체를 조직하기에 이르렀다. 이것이 내물왕 때부터는 김씨의 왕위세습권이 확립되었고 대수장(大首長)이란 뜻을 가진 마립간을 사용하게 되었다.

✱ 골품제도(骨品制度) **

신라의 신분제로, 성골·진골·6두품 등이 있었다. 성골은 양친 모두 왕족인 자로서 28대 진덕여왕까지 왕위를 독점 세습하였으며, 진골은 양친 중 한편이 왕족인 자로서 태종무열왕 때부터 왕위를 세습하였다. 골품은 가계의 존비를 나타내고 골품 등급에 따라 복장·가옥·수레 등에 여러 가지 제한을 두었다.

✱ 향(鄕)·소(巢)·부곡(部曲) *

통일신라때 생겨난 특수행정구역으로 양인이지만 천역을 진 신량역천인 거주지를 말한다. 통일과정에서 저항한 지역을 강등시킴으로 생겨났으며 향·부곡은 농업, 소는 수공업을 담당하였다. 고려때까지 있었으나 조선때 소멸했다.

✱ 독서삼품과(讀書三品科) **

신라 때의 관리등용방법으로, 원성왕 4년(788) 시험본위로 인재를 뽑기 위하여 태학감에 설치한 제도이다. 좌전·예기·문선을 읽어 그 뜻에 능통하고 아울러 논어·효경에 밝은 자를 상품(上品), 곡례·논어·효경을 읽을 줄 아는 자를 중품(中品), 곡례와 논어를 읽을 줄 아는 자를 하품(下品)이라 구별하였으며, 독서출신과(讀書出身科)라고도 하였다. 그러나 골품제도 때문에 제 기능을 발휘하지는 못하였다.

✱ 신라장적(新羅帳籍) *

1933년 일본 도오다이사(東大寺) 쇼소인(正倉院)에서 발견된 것으로, 서원경(淸州)지방 4개 촌의 민정문서이다. 남녀별·연령별의 정확한 인구와 소·말·뽕나무·호도나무·잣나무 등을 집계하여 3년마다 촌주가 작성하였다. 호(戶)는 인정(人丁)수에 의해 9등급, 인구는 연령에 따라 6등급으로 나뉘었고, 여자도 노동력수취의 대상이 되었다. 촌주는 3~4개의 자연촌락을 다스리고 정부는 촌주에게 촌주위답을, 촌민에게는 연수유답을 지급하였다. 이 문서는 조세수취와 노동력징발의 기준을 정하기 위해 작성되었다.

✱ 진흥왕순수비(眞興王巡狩碑) *

신라 제 24대 진흥왕이 국토를 확장하고 국위를 선양하기 위하여 여러 신하를 이끌고 변경을 순수하면서 기념으로 세운 비로, 현재까지 알려진 것은 창녕비·북한산비·황초령비·마운령비 등이다.

✱ 화백제도(和白制度) *

신라 때 진골 출신의 고관인 대등(大等)들이 모여 국가의 중대사를 결정하는 회의이다. 만장일치로 의결하고, 한 사람이라도 반대하면 결렬되는 회의제도였다.

✱ 훈요 10조(訓要十條) *

고려 태조 26년(943)에 대광 박술희를 통해 후손에게 훈계한 정치지침서로, 신서와 훈계 10조로 이루어져 있다. 불교·풍수지리설 숭상, 적자적손에 의한 왕위계승, 당풍의 흡수와 거란에 대한 강경책 등의 내용으로 고려정치의 기본방향을 제시하였다.

✱ 기인제도(其人制度) **

고려초기 지방향리의 자제를 서울에 인질로 두고 지방사정에 대한 자문을 구했던 제도로, 호족세력의 억제수단이었다. 이 제도는 신라시대 상수리제도에서 유래되어 조선시대의 경저리제도로 발전하였다.

더 알아보기

상수리제도(上守吏制度) … 통일신라시대 지방 세력의 자제를 중앙에 머물게 하는 제도를 말하며, 왕권의 강화를 위해 실시하였다. 삼국을 통일한 신라는 왕권을 강화하기 위해 많은 정책을 실시하였는데, 그 중 상수리 제도는 각 주의 지방 세력의 자제들 중 한 명을 뽑아 중앙의 볼모로 와 있게 함으로써 지방의 세력을 견제하고 왕권을 강화하고자 한 것이다. 이는 고려의 기인, 조선의 경저리 제도와 유사한 제도이다.

✱ 사심관제도(事審官制度) ***

고려 태조의 민족융합정책의 하나로, 귀순한 왕족에게 그 지방정치의 자문관으로서 정치에 참여시킨 제도이다. 신라 경순왕을 경주의 사심관으로 임명한 것이 최초이다. 사심관은 부호장 이하의 향리를 임명할 수 있으며, 그 지방의 치안에 대해 연대책임을 져야 했다. 결국 지방세력가들을 견제하기 위한 제도라고 볼 수 있다.

✱ 서경제도 *

고려 · 조선시대에 관리의 임명이나 법령의 개정 · 폐지 시 대간(고려 : 어사대 · 중서문사성 낭사, 조선 : 사헌부 · 사간원 관리)의 동의를 받도록 하는 제도를 말한다.

✱ 장생고(長生庫) *

고려 때 사원에 설치한 서민금융기관이다. 사원전에서 수확된 대부분을 자본으로 하여 민간경제의 융통을 기하는 동시에 사원 자체의 유지 · 발전을 꾀하였으나, 점차 고리대금의 성격으로 변하였다. 이로 인하여 불교 자체의 질적 저하를 가져왔으며, 귀족들의 부를 증대시켰다.

✱ 음서제도(蔭書制度) **

고려 · 조선시대에 공신이나 고위관리의 자제들이 과거에 응하지 않고도 관직에 등용되던 제도를 말한다. 조선시대는 고려시대보다 음서의 범위가 축소되었다.

✱ 무신정변(武臣政變) **

고려시대 무신들에 의해 일어난 정변으로 이는 좁은 뜻으로 볼 때 1170년(의종 24)의 정중부의 난을 말한다. 고려의 지배층을 구성한 것은 문신과 무신이 모두 해당되나, 과거제도와 함께 유교주의가 채택됨으로써 문치를 지향하는 사회가 되어 문신의 지위가 무신에 비해 높아지게 되었다. 그리하여 성종 이후 거란 · 여진 등 북방민족이 침입했을 때도 그 최고지휘관은 문신이 되었고, 무신은 그 아래에서 지휘를 받으며 많은 희생을 감수하였다. 또한 경제적 배경이 되는 전시과체제에 있어서 998년(목종 1)의 문무양반의 전시과체제의 개정 때에는 무관이 문관에 비해 낮은 품계를 받음으로써 무신의 불평은 높아지고 갈등이 깊어지게 되었다. 그 불평과 갈등은 마침내 실력행사로 나타나게 되었고, 그것은 세력의 기반을 다지지 않고서는 성공하기 힘든 것이었다. 1014년(현종 5) 급증한 백관의 녹봉을 지급하기 위해 당시 경군(京軍)의 영업전을 몰수하자, 이에 격분한 무신 최질·김훈 등은 병사들을 충동하여 반란을 일으키고 정치상의 실권을 장악하였다. 그러나 이 정권은 1년도 못되어 실패하는 바람에 더욱더 문신이 득세하는 결과를 낳았다. 계속된 숭문억무정책은 의종 때까지 이어져 명승지에 이궁과 정자를 지으면서 군졸들을 동원하였고, 급기야 문신 김돈중이 견룡대정(牽龍隊正) 정중부의 수염을 촛불로 태워 희롱하는 사태로까지 발전하였다. 결국 이러한 고려 귀족사회가 지닌 모순들은 마침내 무신정변을 일으키게 하였다. 1170년 의종이 문신들을 거느리고 장단 보현원에 행차할 때 왕을 호종하던 정중부와 이의방·이고 등은 반란을 일으켜 왕을 수행하던 문신들을 학살하고, 다시 개성으로 돌아와서 요직에 있던 문신들을 대량 학살하였다. 그들은 곧이어 의종을 폐위시키고 그의 아우 익양공을 왕(명종)으로 옹립하여 실권을 장악, 문신귀족정치를 무너뜨리고 무신정권이 성립되었다.

더 알아보기

정방(正房) … 고려 최씨집권 때 최우가 자기집에 설치하여 문무백관의 인사행정을 담당하던 기관으로, 최씨정권이 몰락한 후에도 오래 존속되었다. 창왕 때 상서사로 개편되었다.

✽ 중방정치(重房政治) ✽

중방은 2군 6위의 상장군·대장군 16명이 모여 군사에 관한 일을 논의하던 무신의 최고회의기관으로, 정중부가 무신의 난 이후 중방에서 국정전반을 통치하던 때의 정치를 의미한다.

✽ 도방정치(都房政治) ✽

도방은 경대승이 정중부를 제거한 후 정권을 잡고 신변보호를 위해 처음 설치하여 정치를 하던 기구로, 그 뒤 최충헌이 더욱 강화하여 신변보호 및 집권체제 강화를 위한 군사기기로 사용하였다.

✽ 도병마사(都兵馬使) ✽✽

고려시대 중서문하성의 고관인 재신과 중추원의 고관인 추밀이 합좌하여 국가 중대사를 논의하던 최고기관(도당)이다. 충렬왕 때 도평의사사로 바뀌었다.

✽ 교정도감(敎定都監) ✽

고려시대 최충헌이 무신집권기에 설치한 최고행정집행기관(인사권·징세권·감찰권)으로, 국왕보다 세도가 강했으며 우두머리인 교정별감은 최씨에 의해 대대로 계승되었다.

✱ 별무반(別武班) *

고려 숙종 9년(1104) 윤관의 건의에 따라 여진정벌을 위해 편성된 특수부대이다. 귀족 중심의 신기군(기병부대), 농민을 주축으로 한 신보군(보병부대), 승려들로 조직된 항마군으로 편성되었다.

✱ 삼별초(三別抄) **

고려 최씨집권시대의 사병집단이다. 처음에 도둑을 막기 위하여 조직한 야별초가 확장되어 좌별초 · 우별초로 나뉘고, 몽고군의 포로가 되었다가 도망쳐 온 자들로 조직된 신의군을 합하여 삼별초라 한다. 원종의 친몽정책에 반대하여 항쟁을 계속하였으나, 관군과 몽고군에 의해 평정되었다.

✱ 묘청의 난 ***

고려 인종 13년(1135)에 묘청이 풍수지리의 이상을 표방하고, 서경으로 천도할 것을 주장하였으나 유학자 김부식 등의 반대로 실패하자 일으킨 난이다. 관군에 토벌되어 1년만에 평정되었다. 신채호는 '조선역사상 1천년 내의 제1의 사건'이라 하여 자주성을 높이 평가하였다.

✱ 건원중보(乾元重寶) *

고려 성종 15년(996)때 주조된 우리나라 최초의 철전(鐵錢)이다. 그 후 삼한중보 · 삼한통보 · 해동중보 · 해동통보 · 동국중보 · 동국통보 등을 주조하였으나 널리 통용되지는 않았다.

✱ 과전법(科田法) **

고려 말 이성계일파에 의하여 단행된 전제개혁으로 공양왕 3년(1391)에 전국의 토지를 몰수한 후 경기토지에 한하여 전직 · 현직 문무관에게 사전(私田)을 지급하였다. 이것은 세습할 수 없었고, 나머지는 모두 공전(公田)으로 하였다.

✱ 전시과(田柴科) ***

고려의 토지제도로 관직이나 직역을 담당한 사람들에게 직위에 따라 전지(田地)와 시지(柴地)를 차등있게 분급하는 제도이다. 태조 23년(940)의 역분전(役分田)에 기초를 둔 것이었는데, 역분전은 통일 뒤의 논공행상적인 것이었다. 전시과라는 명칭은 문무관리에게 전지와 연료채취지인 시지를 준 데에서 비롯된다. 신라의 녹읍제가 토지 자체보다도 인간을 지배하려는데 그 목적이 컸음에 비하여 전시과는 토지를 통한 농민지배의 성격이 강했다.

더 알아보기

공음전 … 공음전시(功蔭田柴)라고도 하며 고려시대 관리에게 토지를 지급하는 전시과에 속한 토지 항목 중의 하나이다. 5품 이상의 귀족관료에게 지급되어 세습이 허용되었다.

✱ 국자감(國子監) **

고려 성종 11년(992)에 세워진 국립대학으로, 국자학·태학·사문학의 3학과 율학·서학·산학 등의 전문학과가 있었다. 평민이 입학하여 기술학을 학습하는 유일한 국립대학이었다. 국학이라고도 불리웠는데, 후에 성균관으로 개칭되어 조선에 계승되었다.

✱ 상평창(常平倉)·의창(義倉) *

상평창은 고려 성종 12년(993)에 설치한 물가조절기관으로, 곡식과 포목 등 생활필수품을 값쌀 때 사두었다가 흉년이 들면 파는 기관이다. 이는 개경과 서경을 비롯한 전국 주요 12목에 큰 창고를 두었으며, 사회구제책과 권농책으로 오래 활용되었다. 의창은 고려 성종 5년(986)에 태조가 만든 흑창을 개칭한 빈민구제기관으로, 전국 각 주에 설치하였다. 춘궁기에 관곡에 빌려주고 추수 후에 받아들이는 제도로, 고구려 진대법과 조선의 사창·환곡과 성격이 같다.

✱ 노비안검법(奴婢按檢法) **

고려 광종 7년(956) 원래 양인이었다가 노비가 된 자들을 조사하여 해방시켜 주고자 했던 법으로, 귀족세력을 꺾고 왕권을 강화하기 위한 정책적 목적으로 실시되었다. 그러나 후에 귀족들의 불평이 많아지고 혼란이 가중되어 노비환천법이 실시되었다.

✱ 상정고금예문(詳定古今禮文) *

고려 인종 때 최윤의가 지은 것으로, 고금의 예문을 모아 편찬한 책이나 현존하지 않는다. 이규보의 동국이상국집에 이 책을 1234년(고종 21)에 활자로 찍었다고 한 것으로 보아 우리나라 최초의 금속활자본으로 추정된다.

✱ 직지심경(直指心經) **

고려 우왕 3년(1377)에 백운이라는 승려가 만든 불서로 직지심체요절(直指心體要節)이라고도 한다. 1972년 파리의 국립도서관에서 유네스코 주최로 개최된 '책의 역사' 전시회에서 발견되어 현존하는 세계 최고(最古)의 금속활자본으로 판명되었다.

✱ 조선경국전(朝鮮經國典) *

조선왕조의 건국이념과 정치·경제·사회·문화에 대한 기본방향을 설정한 헌장법전으로, 정도전·하윤 등에 의해 편찬되었다. 경국대전을 비롯한 조선왕조 법전편찬의 기초가 되었다.

✽ 도첩제(度牒制) *

조선 태조 때 실시된 억불책의 하나로, 승려에게 신분증명서에 해당하는 도첩을 지니게 한 제도이다. 승려가 되려는 자에게 국가에 대해 일정한 의무를 지게 한 다음 도첩을 주어 함부로 승려가 되는 것을 억제한 제도인데, 이로 말미암아 승려들의 세력이 크게 약화되고 불교도 쇠퇴하였다.

✽ 대동법(大同法) **

17세기 초 이원익, 한백겸의 주장으로 현물로 바치던 공물을 토지의 결수에 따라 쌀로 바치게 한 세법이다. 1결당 12두로 선조 때부터 경기지방에 실시되다가 숙종 때 함경 · 평안도를 제외하고 전국적으로 실시되었다. 이로써 방납의 폐해 근절, 국가재정의 증대, 농민부담의 감소, 지주부담의 증가, 공인의 등장, 상공업 · 화폐 · 교통의 발달 등의 결과를 가져왔다.

더 알아보기

선혜청 … 선조 때 이원익의 주창으로 설치되어 대동미와 베 · 돈의 출납 등을 맡아보던 관청이다.

✽ 균역법(均役法) ***

영조 26년(1750) 백성의 부담을 덜기 위하여 실시한 납세제도로, 종래 1년에 2필씩 내던 포를 1필로 반감하여 주고 그 재정상의 부족액을 어업세 · 염세 · 선박세와 결작의 징수로 보충하였다. 역을 균등히 하기 위해 제정하고 균역청을 설치하여 이를 관할하였으나, 관리의 부패로 농촌생활이 피폐해졌으며 19세기에는 삼정문란의 하나가 되었다.

✽ 삼정(三政) **

조선시대 국가재정의 근원인 전정(田政) · 군정(軍政) · 환곡(還穀)을 말한다. 전정이란 토지에 따라 세를 받는 것이고, 군정은 균역 대신 베 한필씩을 받는 것이며, 환곡은 빈민의 구제책으로 봄에 곡식을 빌려 주었다가 가을에 10분의 1의 이자를 합쳐 받는 것이다.

✽ 삼포왜란(三浦倭亂) *

왜인들이 중종 5년(1510)에 3포(부산포, 제포, 염포)에서 일으킨 난을 말한다. 이로 인해 임신약조를 맺게 되어 세견선과 세사미두를 반감하였고, 제포를 개항하는 동시에 중종 39년(1544)에는 왜관을 부산포로 옮겼다. 삼포왜란을 계기로 군국의 사무를 맡는 새로운 기관이 필요해짐에 따라 비변사가 설치되었다.

✽ 4군 6진(四郡六鎭) *

세종 때 영토수복정책의 일환으로 최윤덕이 압록강 일대의 여진족을 정벌하고 여연 · 자성 · 무창 · 우예의 4군을, 김종서가 두만강 일대의 여진족을 몰아내고 종성 · 온성 · 회령 · 부령 · 경원 · 경흥의 6진을 설치하였다. 4군 6진의 개척결과 오늘날 우리나라의 국토경계선이 두만강에까지 이르게 되었다.

✱ 병자호란(丙子胡亂) ✱

조선 인조 14년(1636) 청이 명을 정벌하기 위해서 군량과 병선의 징발을 요구하고 형제관계를 군신관계로 바꾸도록 강요하자, 이에 격분한 조선정부가 임전태세를 강화함으로써 일어난 전쟁이다. 청 태종이 용골대와 마부대를 선봉으로 10만대군을 이끌고 침입, 결국은 주화파 최명길을 통하여 삼전도에서 굴욕적인 항복을 하였다. 이 결과 청과 조선은 군신관계를 맺고 명과의 관계를 끊으며, 소현세자와 봉림대군의 두 왕자와 척화파인 홍익한, 윤집, 오달제 등 3학사를 인질로 보냈다.

더 알아보기

삼학사(三學士) ⋯ 인조 14년(1636) 병자호란 때 청에 항복함을 반대한 홍익한ㆍ윤집ㆍ오달제 등을 말한다. 이들은 척화신으로 선양에 잡혀가서 끝내 절조를 굽히지 않고 그곳에서 참혹한 형벌을 받아 죽었다.

✱ 비변사(備邊司) ✱✱

조선시대 정일품아문(正一品衙門)으로 중앙과 지방의 군국기무(軍國機務)를 총괄하던 관청이다. 중종 5년인 1510년에 처음으로 설치했을 때는 왜인 및 야인과의 충돌을 대비한 임시기구였지만, 명종 10년인 1555년부터 상설 기관화 하였다. 임진왜란 이후 정치의 중추기관 역할을 하며 의정부를 대신하여 최고아문(最高衙門)이 되었다가, 고종 대에 와서는 외교ㆍ국방ㆍ치안 관계만을 맡아보다가 1865년 폐지되었다.

✱ 소수서원(紹修書院) ✱

우리나라 최초의 사액서원이다. 중종 38년(1543) 풍기 군수인 주세붕이 최초의 서원인 백운동서원을 설립하였고, 명종 때 이황이 군수로 부임한 후 국왕으로부터 사액을 하사받아 소수서원이라고 개칭했다.

✱ 집현전(集賢殿) ✱

세종 2년(1420) 설치된 왕립학문연구소이다. 그 구성은 재주있는 연소학자로 되어 있어 각각 경연(왕의 학문지도)과 서연(세자의 학문지도), 각종 학술의 연구, 유교ㆍ지리ㆍ의학 등 국왕에 대한 학문상 고문과 정치적 자문, 각종 서적의 편찬과 저술 등을 수행하였다. 세조 때 폐지되었다가 성종 때 홍문관으로, 다시 정조 때 규장각으로 변천되었다.

✱ 규장각(奎章閣) ✱

정조 원년(1776)에 궁중에 설치된 왕립도서관 및 학문연구소로, 역대 국왕의 시문ㆍ친필ㆍ서화ㆍ유교 등을 관리하던 곳이다. 이는 학문을 연구하고 정사를 토론케 하여 정치의 득실을 살피는 한편, 외척ㆍ환관의 세력을 눌러 왕권을 신장시키고 문예ㆍ풍속을 진흥시키기 위한 것이었다.

✱ 탕평책(蕩平策) ✱✱✱

영조가 당쟁의 뿌리를 뽑아 일당전제의 폐단을 없애고, 양반의 세력균형을 취하여 왕권의 신장과 탕탕평 평을 꾀한 정책이다. 이 정책은 정조 때까지 계승되어 당쟁의 피해를 막는데 큰 성과를 거두었으나, 당쟁을 근절시키지는 못하였다.

✱ 만인소(萬人疏) ✱

정치의 잘못을 시정할 것을 내용으로 하는 유생들의 집단적인 상소를 말한다. 그 대표적인 것으로는 순조 23년(1823)에 서자손 차별반대 상소, 철종 6년(1845)에 사도세자 추존의 상소, 그리고 고종 18년(1881)에 김홍집이 소개한 황쭌센의 조선책략에 의한 정치개혁반대 상소를 들 수 있다.

✱ 4색당파(四色黨派) ✱

조선시대 약 340년간 정권쟁탈과 사리사욕을 일삼던 북인·남인·노론·소론의 당파를 말한다. 당쟁은 선조 8년(1575) 김효원 중심의 동인과 심의겸 중심의 서인과의 대립에서 시작되었다. 4색은 선조 24년에 동인이 북인과 남인으로, 숙종 9년에 서인이 노론과 소론으로 분당되어 이루어졌다.

✱ 사육신(死六臣)·생육신(生六臣) ✱

조선시대 수양대군의 왕위찬탈에 의분을 느낀 집현전 학자들은 정인지·신숙주 등을 제외하고 단종복위운동을 꾀하였다. 이때 실패하여 처형당한 성삼문·박팽년·하위지·유응부·유성원·이개 등을 사육신이라 부른다. 생육신은 불사이군(不事二君)이란 명분을 내세워 벼슬을 거부하고 절개를 지킨 김시습·원호·이맹전·조여·성담수·권절(또는 남효온) 등을 말한다.

✱ 4대 사화(四大士禍) ✱✱✱

조선시대 중앙관료들 간의 알력과 권력쟁탈로 인하여 많은 선비들이 화를 입었던 사건을 말한다. 4대 사화는 연산군 4년(1498)의 무오사화, 연산군 10년(1504)의 갑자사화, 중종 14년(1519)의 기묘사화, 명종 원년(1545)의 을사사화를 말한다.

4대 사화	내용
무오사화	사초(史草)가 발단이 되어 일어나 사화(史禍)라고도 하며, 김일손 등 신진사류가 유자광 중심의 훈구파에게 화를 입은 사건이다.
갑자사화	연산군의 어머니 윤씨(尹氏)의 복위문제에 얽혀서 일어난 사화로 윤씨 복위에 반대한 선비들을 처형한 사건이다.
기묘사화	남곤, 홍경주 등의 훈구파에 의해 조광조 등의 신진사류들이 숙청된 사건이다.
을사사화	왕실의 외척인 대윤(大尹)과 소윤(小尹)의 반목을 계기로 일어난 사화이다.

더 알아보기

조의제문(弔義帝文) … 조선 김종직이 초나라의 항우가 의제(義帝)를 죽여 폐위시킨 것을 조위하여 쓴 글이다. 이는 세조가 어린 단종을 죽이고 즉위한 것을 풍자한 글로서, 후에 무오사화(戊午士禍)의 원인이 되었다.

✱ 실학(實學) ***

조선 후기 17 ~ 19세기에 걸쳐 나타난 근대 지향적이고 실증적인 학문이다. 전근대적인 성향의 전통유학인 성리학의 한계에서 벗어나 부국강병과 민생안정을 도모할 수 있는 실천적인 학문을 모색한 개신적(改新的) 사상이다.

더 알아보기

중농학파(重農學派) · 중상학파(重商學派)

구분	특징
중농학파	경세치용(經世致用)학파라고도 하며, 실리적이고 체계적인 개혁을 지향하여 농촌 문제에 관심을 쏟아 토지 · 조세 · 교육 · 관리 선발 등의 폐단을 시정하고자 하였다. 유형원, 이익, 정약용 등이 이 학파에 속하며, 중농학파는 구한말의 애국계몽 사상가들과 일제 강점기 국학자들에게 큰 영향을 주었다.
중상학파	북학파(北學派), 이용후생학파(利用厚生學派)라고도 하며, 청나라 문화의 영향을 받아 등장하였다. 농업뿐 아니라 상공업 진흥과 기술 혁신 등 물질문화 발달에 관심을 보였으며, 중심 학자로 유수원, 홍대용, 박지원, 박제가 등이 있다. 중상학파의 개혁사상은 농업에만 치우친 유교적 이상국가론에서 탈피하여 부국강병을 위한 적극적인 방안을 강구하였다는 점에서 의의가 있으며, 박규수, 김옥균 등 개화사상가에게 영향을 주었다.

✱ 동의보감(東醫寶鑑) **

광해군 때 허준이 중국과 한국의 의서를 더욱 발전시켜 펴낸 의서로, 뒤에 일본과 중국에서도 간행되는 등 동양의학 발달에 크게 기여하였다. 이 책은 내과 · 외과 · 소아과 · 침구 등 각 방면의 처방을 우리 실정에 맞게 풀이하고 있다.

✱ 동사강목(東史綱目) *

조선 1778년(정조 2년) 순암(順菴) 안정복(安鼎福)이 저술한 역사서로 고조선부터 고려 말 공양왕까지의 역사를 기록하였다. 중국 송나라 주자(朱子)의 「통감강목(通鑑綱目)」의 체제에 따라 편찬한 강목체 · 편년체 사서로 본편 17권에 부록 3권이 덧붙여져 있다.

✱ 경국대전(經國大典) ***

조선 세조의 명에 의해 최항, 노사신 등이 편찬을 시작하여 성종 2년에 완성한 조선 왕조의 기본법전이다. 조선 초기 「경제육전(經濟六典)」과 그 후에 반포된 법령, 교지, 조례 등을 종합해 호전(戶典), 형전(刑典) 등의 6조(曹)로 완성된 전 6권은 책이다.

✱ 향약(鄕約) ***

조선 중종 때 조광조(여씨향약)에 의하여 처음 실시되었으며, 이황(예안향약)과 이이(해주향약)에 의해 전국적으로 보급되었다. 지방 사족이 향촌사회를 운영하는 지배수단이 되었다. 향약의 4대 덕목은 좋은 일은 서로 권한다는 의미의 '덕업상권(德業相勸)', 잘못한 일은 서로 규제한다는 의미의 '과실상규(過失相規)', 올바른 예속으로 교류한다는 의미의 '예속상교(禮俗相交)', 재난과 어려움을 서로 돕는다는 의미의 '환난상률(患難相恤)'이다.

✱ 양안(量案) *

농민층의 토지대장을 말한다. 논밭의 소재 · 위치 · 등급 · 형상 · 면적 · 자호를 적어둔 책으로, 조선시대에는 20년마다 양전(토지조사)을 하여 양안(토지대장)을 작성하였다. 경지면적과 등급을 재조사함으로써 국가 재정수입을 늘리고 조세부담을 고르게 하는데 목적이 있었다.

✱ 상평통보(常平通寶) *

인조 11년(1663) 이덕형의 건의로 만들어진 화폐이다. 만들어진 후 곧 폐지되었으나, 효종 2년 김육에 의하여 새로 만들어져 서울과 서북지방에서 잠시 사용되다가 다시 폐지되었다. 그후 숙종 4년(1678)에 허적에 의하여 새로이 주조되어 전국적으로 통용되었다.

✱ 도고(都賈) *

조선 후기 대규모의 자본으로 상품을 매점매석하여 이윤의 극대화를 노리던 상행위 또는 그러한 상행위를 하던 상인이나 상인조직을 일컫는다. 도고의 성장은 상인의 계층 분화를 촉진시키는 요인으로 작용하였다.

✱ 육의전(六矣廛) *

조선 때 운종가(종로)에 설치되어 왕실 · 국가의식의 수요를 도맡아 공급하던 어용상점을 말한다. 비단 · 무명 · 명주 · 모시 · 종이 · 어물 등 여섯 종류였고, 이들은 고율의 세금과 국역을 물고 납품을 독점하였으며, 금난전권을 행사하며 자유로운 거래를 제한하였다.

더 알아보기

금난전권 … 난전을 금압하는 시전상인들의 독점판매권이다. 18세기 말 정조 때 신해통공정책으로 육의전을 제외한 모든 시전상인들의 금난전권이 철폐되었다.

✱ 조사시찰단(紳士遊覽團) *

고종 18년(1881) 일본에 파견하여 새로운 문물제도를 시찰케 한 사절단을 말한다. 강화도조약이 체결된 뒤 수신사 김기수와 김홍집은 일본에 다녀와서 서양의 근대문명과 일본의 문물제도를 배워야 한다고 주장하였다. 이에 조선정부는 박정양·조준영·어윤중·홍영식 등과 이들을 보조하는 수원·통사·종인으로 조사시찰단을 편성하여 일본에 체류하면서 문교·내무·농상·의무·군부 등 각 성(省)의 시설과 세관·조례 등의 주요 부분 및 제사(製絲)·잠업 등에 이르기까지 고루 시찰하고 돌아왔다.

✱ 강화도조약 ***

운요호사건을 빌미로 고종 13년(1876) 일본과 맺은 최초의 근대적 조약으로, 일명 병자수호조약이라고도 한다. 부산·인천·원산 등 3항의 개항과 치외법권의 인정 등을 내용으로 하는 불평등한 조약이나, 이를 계기로 개국과 개화가 비롯되었다는데 큰 의의가 있다.

더 알아보기

운요호사건 … 고종 12년(1875) 수차에 걸쳐 통상요구를 거절당한 일본이 수호조약의 체결을 목적으로 군함 운요호를 출동시켜 한 강으로 들어오자 강화수병이 이에 발포, 충돌한 사건이다.

✱ 임오군란(壬午軍亂) **

고종 19년(1882) 개화파와 보수파의 대립으로 일어난 사건으로, 신·구식 군대차별이 발단이 되었다. 이 결과 대원군이 재집권하게 되었으나, 민씨일파의 책동으로 청의 내정간섭이 시작되고 이로 인해 제물포조약이 체결되어 일본의 조선침략의 발판이 되었다.

✱ 별기군(別技軍) *

고종 18년(1881)에 설치한 신식군대로, 강화도 조약 체결 이후 노골화 되는 제국주의세력에 대한 부국강병책의 일환으로 설립되었다. 일본의 육군공병 소위 호리모도를 초빙하여 교관으로 삼고 100명으로 편성된 별기군을 훈련시켰다. 별기군은 임오군란 때 폐지되었다.

✱ 갑신정변(甲申政變) ***

고종 21년(1884) 개화당의 김옥균, 박영효 등이 중심이 되어 우정국 낙성식에서 민씨일파를 제거하고 개화정부를 세우려 했던 정변이다. 갑신정변은 청의 지나친 내정간섭과 민씨세력의 사대적 경향을 저지하고 자주독립국가를 세우려는 의도에서 일어났으나, 청의 개입과 일본의 배신으로 3일천하로 끝났다. 근대적 정치개혁에 대한 최초의 시도였다는 점에 큰 의의가 있다.

✱ 동학농민운동 **

고종 31년(1894) 전라도 고부에서 동학교도 전봉준 등이 일으킨 민란에서 비롯된 농민운동을 말한다. 교조신원운동의 묵살, 전라도 고부군수 조병갑의 착취와 동학교도 탄압에 대한 불만이 도화선이 된 이 운동은 조선 봉건사회의 억압적인 구조에 대한 농민운동으로 확대되어 전라도·충청도 일대의 농민이 참가하였으나, 청·일 양군의 간섭으로 실패했다. 이 운동의 결과 대외적으로는 청일전쟁이 일어났고, 대내적으로는 갑오개혁이 추진되었다. 또한 유교적 전통사회가 붕괴되고 근대사회로 전진하는 중요한 계기가 되었다.

✱ 갑오개혁(甲午改革) ***

고종 31년(1894) 일본의 강압에 의해 김홍집을 총재관으로 하는 군국기무처를 설치하여 실시한 근대적 개혁이다. 내용은 청의 종주권 부인, 개국연호 사용, 관제개혁, 사법권 독립, 재정의 일원화, 은본위제 채택, 사민평등, 과부개가 허용, 과거제 폐지, 조혼금지 등이다. 이 개혁은 근대화의 출발점이 되었으나, 보수적인 봉건잔재가 사회 하층부에 남아 있어 근대화의 기형적인 발달을 보게 되었다.

더 알아보기

홍범 14조 … 고종 31년(1894)에 국문·국한문·한문의 세 가지로 반포한 14개조의 강령으로, 우리나라 최초의 헌법이다. 갑오개혁 이후 내정개혁과 자주독립의 기초를 확고히 하려는 목적으로 발표되었다.

✱ 거문도사건 *

고종 22년(1885) 영국이 전라남도에 있는 거문도를 불법 점거한 사건이다. 당시 영국은 러시아의 남하를 막는다는 이유로 러시아함대의 길목인 대한해협을 차단하고자 거문도를 점령하였다. 그리하여 조선정부는 청국정부를 통해서 영국에 항의를 하게 되고 청국정부도 중간 알선에 나서게 되었다. 그 후 러시아도 조선의 영토를 점거할 의사가 없다고 약속함으로써 영국함대는 고종 24년(1887) 거문도에서 철수했다.

✱ 병인양요(丙寅洋擾) *

고종 3년(1866) 대원군이 천주교도를 탄압하자 리델(Ridel)신부가 탈출하여 천진에 와 있던 프랑스함대에 보고함으로써 일어난 사건이다. 그해에 프랑스 로즈(Rose)제독은 함선을 이끌고 강화도를 공격·점령했는데, 대원군이 이경하 등으로 하여금 싸우게 하여 40여일만에 프랑스군을 격퇴시켰다.

✱ 단발령(斷髮令) *

고종 32년(1895) 친일 김홍집내각이 백성들에게 머리를 깎게 한 명령이다. 그러나 을미사변으로 인하여 일본에 대한 감정이 좋지 않았던 차에 단발령이 내리자, 이에 반대한 전국의 유생들이 각지에서 의병을 일으키게 되었다.

✱ 방곡령(防穀令) ✱

고종 26년(1889) 함경감사 조병식이 식량난을 막기 위해 곡물의 일본수출을 금지한 것이다. 함경도와 황해도지방에 방곡령을 선포하였으나 조일통상장정에 위배된다는 일본의 항의로 배상금만 물고 실효를 거두지 못하였다.

✱ 독립협회(獨立協會) ✱✱

조선 고종 33년(1896)에 서재필·안창호·이승만·윤치호 등이 정부의 외세의존, 외국의 침략, 이권의 박탈 등을 계기로 독립정신을 고취시키기 위하여 만든 정치적 색채를 띤 사회단체이다. 종래의 인습타파 및 독립정신 고취 등 국민계몽에 힘썼으며, 독립문을 건립하고 독립신문을 발간하였으나 황국협회의 방해 등으로 1898년에 해산되었다.

✱ 관민공동회(官民共同會) ✱

열강의 이권침탈에 대항하여 자주독립의 수호와 자유민권의 신장을 위하여 독립협회 주최로 열린 민중대회이다. 1898년 3월 서울 종로 네거리에서 러시아인 탁지부 고문과 군부 교련사관의 해고를 요구하고 이승만·홍정하 등 청년 연사가 열렬한 연설을 하여 대중의 여론을 일으켰다. 이 대회는 계속 개최되어 그해 10월에는 윤치호를 회장으로 선출, 정부의 매국적 행위를 공격하고 시국에 대한 개혁안인 헌의 6조를 결의하였다. 이 개혁안은 국왕에게 제출되어 왕도 처음에는 그 정당성을 인정하고 그 실시를 확약하였으나 보수적 관료들의 반대로 이에 관계한 대신들만 파면되고 실현을 보지 못하였다. 독립협회의 해산 후 얼마 동안은 만민공동회라는 이름으로 활약하였다.

더 알아보기

헌의 6조의 내용
- 외국인에게 의지하지 말 것
- 외국과의 이권에 관한 계약과 조약은 각 대신과 중추원 의장이 합동 날인하여 시행할 것
- 국가재정은 탁지부에서 전관하고, 예산과 결산을 국민에게 공포할 것
- 중대 범죄를 공판하되, 피고의 인권을 존중할 것
- 칙임관을 임명할 때에는 정부에 그 뜻을 물어서 중의에 따를 것
- 정해진 규정을 실천할 것

✱ 아관파천(俄館播遷) **

명성황후가 살해된 을미사변(乙未事變) 이후 신변에 위협을 느낀 고종과 왕세자가 1896년 2월부터 약 1년 간 왕궁을 버리고 러시아 공관으로 옮겨 거처한 사건을 말한다. 조선의 보호국을 자처하게 된 러시아는 아관파천을 계기로 조선정부에 압력을 가하여 압록강 연안과 울릉도의 산림채벌권을 비롯하여 광산채굴권, 경원전신선(京元電信線)을 시베리아 전선에 연결하는 권리 등의 이권을 차지했다.

✱ 을사조약(乙巳條約) ***

광무 9년(1905) 일본이 한국을 보호한다는 명목 아래 강제로 체결한 조약으로 제2차 한일협약이라고도 한다. 러일전쟁의 승리와 영일동맹조약 개정 등으로 한국에 대한 우월한 권익과 지위를 국제적으로 인정받은 일본은 이토 히로부미를 파견하여 강압적으로 조약을 체결하였다. 이 결과 우리나라는 주권을 상실하고 외교권을 박탈당했으며, 일본은 서울에 통감부를 두고 보호정치를 실시하였다.

더 알아보기

을사 5적(乙巳五賊) … 을사조약을 체결할 때 찬성 또는 묵인한 5인의 매국노로, 박제순 · 이완용 · 이근택 · 이지용 · 권중현을 말한다.

✱ 국권수호운동(國權守護運動) **

1905년 체결된 한일협약에 반대하여 일어난 국민적 운동이다. 고종은 만국평화회의에 밀사를 파견하여 을사조약이 무효임을 호소하였으나 결국 일제에 의해 고종이 강제 퇴위당하고 정미 7조약이 맺어지면서 일본이 내정을 장악하게 되었다. 이에 일본의 식민지화를 반대하고 주권회복과 자주독립을 위해 근대문물을 받아들여 실력을 양성하자는 애국계몽운동과 무력으로 일제를 물리치자는 항일의병운동이 일어났다. 이와 같은 국권회복운동은 관원 · 양반 · 상인 · 농민 · 천민에 이르기까지 전 계층의 호응을 얻어 전국적으로 전개되었다. 이러한 운동들은 일제강점기 동안 점차 실력양성론과 무장투쟁론으로 자리잡아갔다.

더 알아보기

정미 7조약(丁未七條約) … 정식명칭은 한일신협약이다. 1907년 일본이 대한제국을 병합하기 위한 예비조처로 헤이그밀사사건을 구실삼아 고종을 퇴위시키고 강제적으로 맺은 조약이다. 이로 인해 통감의 권한이 확대되고 일본인 차관이 행정실무를 담당하는 차관정치가 실시되었다.

✽ 국채보상운동(國債報償運動) *

1907년 일본에 대한 외채가 너무 많아 일본에의 예속을 면치 못하자, 서상돈·김광제 등이 국채보상기성회를 조직하여 금연·금주운동을 전개했던 운동이다. 국민들로 하여금 많은 호응을 받았으나 통감부의 탄압으로 얼마 못가 중지되고 말았다.

✽ 헤이그밀사사건 *

을사조약에 의하여 일본에게 모든 실권을 빼앗기고 백성들이 극심한 착취와 탄압에 시달리게 되자, 고종은 1907년 6월에 네덜란드 헤이그에서 열리는 만국평화회의에 밀사를 파견하였다. 이준·이상설·이위종 세 사람의 밀사는 국제정의 앞에 당시 우리나라의 상황을 호소하고자 하였으나, 일본의 방해로 뜻을 이루지 못하였다.

✽ 신민회(新民會) *

1907년 안창호·양기탁·이동녕·이동휘·신채호 등이 조직한 비밀결사단체로, 정치·교육·문화 등 계몽운동과 항일운동을 고취시켰다. 민족산업의 육성을 위해 평양에 자기회사를 설립·운영하는 한편, 대구에 태극서관 창설·해외에 독립운동기지 건설 등 구국운동의 인재를 양성하였으나, 1910년 105인 사건으로 해체되었다.

✽ 대한민국 임시정부(大韓民國臨時政府) **

3·1운동이 일어난 후 일본통치에 조직적으로 항거하는 기관의 필요성을 느낀 애국지사들이 1919년 4월 13일 조국의 광복을 위해 임시로 중국 상하이에서 조직하여 선포한 정부이다. 임시정부는 외교위원부를 두어 다각적인 외교활동을 전개하였고 독립신문을 발행하고 한일관계자료집을 간행하는 등의 많은 업적을 남겼다. 1940년대에는 '한국광복군'도 창설하여 연합국과 연합작전을 벌이고 국내진공작전도 시행하려 하였다. 임시정부는 1948년 정부수립까지 독립운동의 대표기관이었다.

✱ 물산장려운동(物産獎勵運動) *

1922년 평양에 설립된 조선물산장려회가 계기가 되어 조만식을 중심으로 일어난 민족운동이다. 서울의 조선청년연합회가 주동이 되어 전국적 규모의 조선물산장려회를 조직, 국산품 애용·민족기업의 육성 등의 구호를 내걸고 강연회와 시위선전을 벌였으나, 일제의 탄압으로 유명무실해지고 1940년에는 총독부 명령으로 조선물산장려회가 강제 해산되었다.

✱ 신간회(新幹會) *

1927년 민족주의자와 사회주의자가 통합하여 조직한 최대 항일민족운동단체이다. 주요 활동으로는 아동의 수업료 면제·조선어교육 요구·착취기관 철폐·이민정책 반대 등을 제창하였고, 광주학생운동을 지원하기도 했다. 자매단체로는 여성단체인 근우회가 있었다.

✱ 우리나라의 해방과 국제회담 **

연대	회합	대표국	내용
1948	카이로선언	미·영·중	한국 해방·독립을 결의한 최초의 회담
	테헤란회담	미·영·소	연합국 상륙작전
1945	얄타회담	미·영·소	소련의 대일참전 및 38선 설정
	포츠담선언	미·영·소	카이로선언의 재확인
1945	모스크바 3국외상회의	미·영·소	5년간의 신탁통치 결정
1946	미·소 공동위원회	미·소	통일문제 토의

✱ 건국준비위원회 *

1945년 8·15해방 이후 여운형을 중심으로 국내인사들이 조직한 최초의 정치단체를 말한다. 민족 총역량을 일원화하여 일시적 과도기에서의 국내질서를 자주적으로 유지할 것을 목표로 삼았다. 전국에 지부를 설치하고 치안대를 동원하여 국내 유일의 정치세력을 형성, 국호를 조선인민공화국이라 정하고 형식상 민족자주정권의 수립을 기도했으나, 상해임시정부의 귀국과 미군정의 실시 등으로 해체되었다.

✱ 3 · 15의거(마산의거) ✱

이승만 자유당 정부는 1960년 3 · 15 정 · 부통령선거에서 장기집권을 위해 선거준비과정에서부터 노골적인 부정행위를 했는데, 이에 대구에서 학생들의 첫 시위인 2 · 28시위가 터지게 된다. 그러다가 3월 15일 선거날 공공연한 부정행위가 목격되었다. 이에 마산시민들은 '협잡선거 물리치라'는 구호를 외치며 항의하기 시작했고 항의하는 시민에게 경찰들이 최루탄 및 총기를 무차별 난사하여 많은 인명이 살상되었다. 또한 28일 동안 실종되었던 김주열의 시체가 4월 11일 마산 중앙부두에서 떠오르자 이에 분노한 마산시민의 2차 시위와 함께 전국민의 분노가 확산되어 4 · 19혁명의 기폭제가 되었다. 현재 3 · 15의거를 기념하기 위해 3월 15일 전후하여 기념마라톤대회, 전국웅변대회, 백일장 등 문화체육행사를 지속적으로 실시하고 있으며 2003년 3월에는 3 · 15 국립묘지가 준공되었다.

출제예상문제

1 다음은 조선 초기 과학기술에 관한 설명이다. 이와 관련이 있는 것은?

2021. 06. 19. 고양시

> 15세기는 역법의 제정과 천문, 시간측정기구의 제작 및 농업, 의약서적, 인쇄술이 발달하는 등 각 분야에 걸쳐서 과학기술이 눈부시게 발달하였다.

① 초교대장경
② 향약구급방
③ 삼국사기
④ 자격루
⑤ 직지심체요절

✔ **해설** 자격루 … 장영실·이천 등이 1434년에 만들었으며 자동으로 표준 시간을 확인할 수 있는 물시계이다.

2 다음은 고려의 대외 관계를 대표하는 주요 사건을 나열한 것이다. 일어난 순서는 어떻게 되는가?

> A. 귀주대첩   B. 별무반 편성
> C. 동북 9성 축조   D. 강화도 천도
> E. 삼별초 항쟁

① A – B – C – D – E
② A – B – D – C – E
③ B – A – C – D – E
④ B – A – C – E – D
⑤ B – C – A – D – E

✔ **해설** 고려의 대외관계 주요 사건 순서
서희의 외교담판→귀주대첩→천리장성 축조→별무반 편성→동북 9성 축조→몽골 침입→강화도 천도→삼별초 항쟁→쌍성총관부 수복

3 다음에서 설명하는 개혁을 한 왕은 누구인가?

• 전제 왕권 강화   • 김흠돌의 난 이후 개혁 실시 • 국학 설립   • 관료전 지급 • 녹읍 폐지

① 문무왕   ② 무열왕
③ 신문왕   ④ 장수왕
⑤ 경덕왕

> ✔️**해설** 신라 신문왕의 개혁 내용이다. 신문왕은 전제 왕권 강화를 위해 국학 설립, 관료전 지급, 9주 5소경 체제 등을 추진하였다. 그리고 귀족이 조세를 수취하고 노동력을 징발할 수 있는 녹읍을 폐지함으로써 귀족 세력의 경제적 기반을 약화시켰다.

4 이곳은 고려 시대에 송과 아라비아 상인 등이 드나들며 교역이 이루어진 국제 무역항으로 수도 개경과 가까운 예성강 하구에 위치해 있었다. 이곳은 어디인가?

① 의주   ② 서경
③ 합포   ④ 벽란도
⑤ 청해진

> ✔️**해설** 벽란도 … 고려 때의 국제 무역항이다. 개경에 가까운 예성강은 물이 비교적 깊어 강어귀에서 약 20리 되는 벽란도까지 큰 배가 올라갈 수 있었으며, 송(宋) · 왜(倭) · 사라센(Sarasen) 등의 상인들이 그칠 사이 없이 드나들었다.

Answer   1.④   2.①   3.③   4.④

5 다음 그림과 글을 보고 이 성을 축조하라고 지시한 왕을 고르면?

- 유네스코 세계문화유산으로 지정된 수원 화성
- 정약용의 거중기를 사용하여 건축
- 개혁의 의지를 담아 축조

① 숙종　　　　　　　　　　② 영조
③ 정조　　　　　　　　　　④ 고종
⑤ 철종

✔ 해설　수원 화성은 조선 후기 정조 때에 축조되었다. 정조는 수원 화성을 정치·군사·경제적 기능을 갖춘 새로운 도시로 육성하고자 하였다. 또한 수원 화성의 축조에는 중국을 통해 들어온 서양 과학 기술이 활용되었는데, 특히 정약용이 만든 거중기가 사용되어 건축 기간이 단축되었다. 수원 화성은 1997년 유네스코 세계문화유산으로 지정되었다.

6 다음에서 설명하는 이 나라는 어디인가?

> 이 나라 사람들은 12월이 되면 하늘에 제사를 드리는데, 온 나라 백성이 크게 모여서 며칠을 두고 음식을 먹고 노래하며 춤추니, 그것을 곧 영고라 한다. 이때에는 형옥(刑獄)을 중단하고 죄수를 풀어 준다. 전쟁을 하게 되면 그 때에도 하늘에 제사를 지내고, 소를 잡아서 그 발굽을 가지고 길흉을 점친다.

① 부여　　　　　　　　　　② 고구려
③ 동예　　　　　　　　　　④ 옥저
⑤ 삼한

✔ 해설　부여의 사회 모습을 보여주는 사료이다. 부여는 왕 아래에 가축의 이름을 딴 마가, 우가, 저가, 구가라는 부족장이 존재하였으며 이들은 사출도를 다스렸다. 이들은 왕을 선출하기도 하고 흉년이 들면 왕에게 책임을 묻기도 하였다.

7 다음은 지눌과 관련된 내용을 정리한 것이다. 빈칸에 들어갈 내용으로 적절한 것은?

- 보조국사
- 선종 입장에서 교종 통합
- 정혜쌍수
- 권수정혜결사문 선포

- (   )
- 돈오점수
- 수선사 조직

---

① 천태종 개창
② 조계종 확립
③ 왕오천축국전 집필
④ 화엄사상
⑤ 이두 집대성

✔**해설** 지눌은 무신 정권 성립 이후 불교계가 타락하자 정혜결사(수선사)를 조직하여 신앙 결사 운동을 전개하였다. 이러한 결사 운동은 이후 조계종으로 발전하였다. 교종의 입장에서 선종을 통합한 의천과 달리, 지눌은 선종을 중심으로 교종을 포용하는 선·교 일치의 사상 체계를 정립하였다.

8 다음의 내용과 관련이 깊은 사건은 무엇인가?

- 고종이 러시아 공사관으로 거처를 옮겼다.
- 열강에 의한 각종 이권침탈이 심화되었다.
- 독립협회가 조직되어 환궁을 요구하였다.

---

① 갑오개혁
② 아관파천
③ 갑신정변
④ 임오군란
⑤ 을사조약

✔**해설** 아관파천 … 을미사변 이후 고종과 왕세자가 1896년부터 1년간 러시아 공사관에서 거처한 사건으로 친러파 정부가 구성되었다. 이로 인해 러시아는 압록강과 울릉도의 삼림채벌권 및 여러 경제적 이권을 요구하였고 다른 서구 열강들도 최혜국 조항을 들어 이권을 요구하였다. 이후 고종은 러시아의 영향에서 벗어날 것을 요구하는 내외의 주장에 따라 환궁하고 광무개혁을 추진하였다.

Answer 5.③ 6.① 7.② 8.②

9　다음 조선 중기 사화를 발생한 순서대로 나열하면?

A. 갑자사화	B. 기묘사화
C. 무오사화	D. 을사사화

① A − B − C − D　　　　② B − A − D − C

③ C − A − B − D　　　　④ C − A − D − B

⑤ C − B − D − A

> ✔ 해설　무오사화(1498) − 갑자사화(1504) − 기묘사화(1519) − 을사사화(1545)

10　다음 인물들을 그들이 살아온 시대 순으로 정리하면 어떻게 되는가?

A. 유관순	B. 김유신
C. 왕건	D. 정약용
E. 허준	

① B − C − E − D − A　　　　② B − E − C − D − A

③ B − E − C − A − D　　　　④ C − D − E − A − B

⑤ C − B − E − D − A

> ✔ 해설　A. 유관순(1902. 12. 16 ~ 1920. 9. 28)
> B. 김유신(595 ~ 673)
> C. 왕건(877 ~ 943)
> D. 정약용(1762. 6. 16 ~ 1836. 2. 22)
> E. 허준(1539 ~ 1615)

11 다음의 설명과 관련이 깊은 조선 후기 화가는 누구인가?

> • 서민들의 일상 생활을 소박하고 익살스럽게 묘사
> • 서당도, 씨름도 등

① 신윤복 　　　　　　　　　　② 강세황
③ 장승업 　　　　　　　　　　④ 김홍도
⑤ 정선

✔️**해설** 김홍도 … 서민을 주인공으로 하여 밭갈이, 추수, 집짓기, 대장간 등 주로 농촌의 생활상을 그리면서 땀 흘려 일하는 사람들의 일상생활을 소박하고 익살맞게 묘사하였다.

12 국보 제32호로 몽골이 고려를 침입하자 부처의 힘으로 몽골군을 물리치기 위해 만든 것은?

① 팔만대장경 　　　　　　　　② 직지심경
③ 고려사절요 　　　　　　　　④ 동사강목
⑤ 무구정광대다라니경

✔️**해설** 팔만대장경 … 고려 고종 23년(1236)부터 38년(1251)까지 16년에 걸쳐 완성한 대장경으로 부처의 힘으로 외적을 물리치기 위해 만들었으며, 경판의 수가 8만 1,258판에 이르며, 현재 합천 해인사에서 보관하고 있다.

13 우리 역사상 가장 넓은 영토를 개척했으며, 해동성국이라 불렸던 나라는 어디인가?

① 고구려 　　　　　　　　　　② 발해
③ 고려 　　　　　　　　　　　④ 조선
⑤ 통일신라

✔️**해설** 발해 … 698년에 고구려의 장수였던 대조영이 고구려의 유민과 말갈족을 거느리고 동모산에 도읍하여 세운 나라이다. 수도는 건국 초기를 제외하고 상경 용천부에 두고 '해동성국'이라 불릴 만큼 국세를 떨쳤으나 926년 요나라에 의해 멸망하였다.

Answer 9.③ 10.① 11.④ 12.① 13.②

14 다음의 사건들을 일어난 순서대로 바르게 나열하면?

A. 척화비 건립	B. 병인양요
C. 제너럴 셔먼호 사건	D. 오페르트 남연군 묘 도굴 미수 사건
E. 신미양요	

① B - A - C - D - E   ② B - C - A - D - E

③ C - B - D - E - A   ④ C - A - B - D - E

⑤ C - B - A - D - E

 해설 제너럴 셔먼호 사건(1866) – 병인양요(1866) – 오페르트 남연군 묘 도굴 미수 사건(1868) – 신미양요 (1871) – 척화비 건립

15 다음 역사적 사건을 순서대로 나열하면?

A. 5 · 18 민주화 운동	B. 6월 민주 항쟁
C. 유신헌법 공포	D 4 · 19 혁명

① D - A - B - C   ② D - B - A - C

③ D - B - C - A   ④ D - C - B - A

⑤ D - C - A - B

해설 D. 4 · 19 혁명(1960)은 3 · 15 부정선거를 원인으로 이승만 독재 정치 타도를 위해 일어난 민주혁명이다.
C. 유신헌법 공포(1972)는 박정희 정부 때 대통령에게 초법적 권한을 부여한 권위주의적 체제이다.
A. 5 · 18 민주화 운동(1980)은 10 · 26 사태 이후 등장한 신군부에 저항한 운동이다.
B. 6월 민주 항쟁(1987)은 전두환 정권 때 대통령 직선제 개헌을 요구하며 일어난 민주화 운동이다.

16 조선 후기 서민들 사이에서 유행했던 그림으로 꽃, 새, 물고기, 까치, 십장생, 산수, 풍속 등 자연 생활에서 흔히 볼 수 있는 것들이 소재가 되었던 그림을 무엇이라 하는가?

① 풍속화   ② 민화

③ 산수화   ④ 문인화

⑤ 진경산수화

> ✔ **해설** 민화 … 정통회화의 조류를 모방하여 생활공간의 장식을 위해, 또는 민속적인 관습에 따라 제작된 실용화를 말한다. 조선 후기 서민층에게 유행하였으며, 이규경의 오주연문장전산고에는 이를 속화라 하고, 여염집의 병풍·족자·벽에 붙인다고 하였다. 대부분이 정식 그림교육을 받지 못한 무명화가나 떠돌이 화가들이 그렸으며, 서민들의 일상생활양식과 관습 등의 항상성에 바탕을 두고 발전하였기 때문에 창의성보다는 되풀이하여 그려져 형식화한 유형에 따라 인습적으로 계승되었다. 따라서 민화는 정통회화에 비해 수준과 시대 차이가 더 심하다. 민화는 장식장소와 용도에 따라 종류를 달리하는데 이를 화목별로 분류하면 화조영모도·어해도·작호도·십장생도·산수도·풍속도·고사도·문자도·책가도·무속도 등이 있다.

17 돌로 구불구불한 도랑을 타원형으로 만들고, 그 도랑을 따라 물이 흐르게 만든 정원으로, 신라귀족들은 이 물줄기의 둘레에 둘러앉아 흐르는 물에 잔을 띄우고 시를 읊으며 화려한 연회를 벌였다고 한다. 훗날 경애왕이 이곳에서 화려한 연회를 벌이던 중 뜻하지 않은 후백제군의 공격을 받아 잡혀죽었다는 일화가 전하기도 하는 이곳은 어디인가?

① 안압지   ② 포석정

③ 경회루   ④ 팔각정

⑤ 삼릉숲

> ✔ **해설** 포석정 … 경상북도 경주시 배동에 있는 통일신라시대의 정원 시설물이다. 돌로 구불구불한 도랑을 타원형으로 만들고 그 도랑을 따라 물이 흐르게 만든 것으로서, 신라귀족들은 이 물줄기의 둘레에 둘러앉아 흐르는 물에 잔을 띄우고 시를 읊으며 화려한 연회를 벌였다. 기록상으로는 880년대에 신라 헌강왕이 이곳에서 놀았다는 것이 처음 나타나나, 7세기 이전부터 만들어졌던 것으로 추측된다. 927년 11월 신라 경애왕이 이곳에서 화려한 연회를 벌이던 중 뜻하지 않은 후백제군의 공격을 받아 잡혀죽었다고 전하는 곳이다.

Answer   14.③   15.⑤   16.②   17.②

18 불교를 도입하고, 태학을 설립하였으며 율령을 반포하는 등 국가체제를 정비하여 5세기 고구려 전성기의 기틀을 마련한 고구려의 제17대 왕은 누구인가?

① 광개토대왕   ② 장수왕
③ 소수림왕   ④ 고국천왕
⑤ 미천왕

✔해설 소수림왕 … 고구려의 제17대 왕으로, 재위 기간은 371~384년이다. 불교를 도입하고, 태학을 설립하였으며 율령을 반포하는 등 국가 체제를 정비하여 5세기 고구려 전성기의 기틀을 마련하였다.

19 다음과 같이 주장한 학자는 누구인가?

> 재물이란 우물의 물과 같다. 퍼내면 차게 마련이고 이용하지 않으면 말라 버린다. 그렇듯이 비단을 입지 않기 때문에 나라 안에 비단 짜는 사람이 없고, 그릇이 찌그러져도 개의치 않으며 정교한 기구를 애써 만들려 하지 않으니, 기술자나 질그릇 굽는 사람들이 없어져 각종 기술이 전해지지 않는다. 심지어 농업도 황폐해져 농사짓는 방법을 잊어버렸고, 장사를 해도 이익이 없어 생업을 포기하기에 이르렀다. 이렇듯 사민(四民)이 모두 가난하니 서로가 도울 길이 없다. 나라 안에 있는 보물도 이용하지 않아서 외국으로 흘러 들어가 버리는 실정이다. 그러니 남들이 부강해질수록 우리는 점점 가난해지는 것이다.

① 박제가   ② 유형원
③ 홍대용   ④ 박지원
⑤ 정약용

✔해설 박제가 … 18세기 후기의 대표적인 조선 실학자로, 북학의를 저술하여 청나라 문물의 적극적 수용을 주장하였다. 또한 절약보다 소비를 권장하여 생산의 자극을 유도하였으며 수레와 선박의 이용, 상공업의 발달을 주장하였다.

20 통일신라시대 서원경 근처 4개 촌락의 여러 가지 경제생활을 기록한 토지문서로 남녀별, 연령별 인구와 노비의 수 등이 기록되어 있는 것은 무엇인가?

① 토지대장
② 노비문서
③ 민정문서
④ 촌주일지
⑤ 치부책

✔해설 민정문서 … 통일신라시대의 경제생활을 알 수 있는 중요한 토지 문서로 1933년 일본 동대사 정창원에서 발견되어 현재 일본에 소장되어 있다. 755년경 서원경 인근 네 개 마을에 대한 인구·토지·마전·과실나무의 수·가축의 수를 조사한 문서로, 촌주가 3년마다 촌의 노동력 징발과 조세, 공납 징수를 잘 하기 위해 작성한 것이다. 노동력 징발을 위해 나이·남녀별로 인구를 조사하였고, 조세와 공납을 징수하기 위해 토지·가축의 수, 과실나무의 수 등 개인의 재산 정도를 기록하였다.

21 삼국시대에 신라와 백제가 고구려의 남진을 막기 위해 체결한 동맹은 무엇인가?

① 나당동맹
② 조명동맹
③ 나려동맹
④ 나제동맹
⑤ 신백동맹

✔해설 나제동맹 … 고구려의 장수왕은 427년에 평양으로 천도하고 남진정책을 추진하였다. 이에 위협을 느낀 신라와 백제는 433년(고구려 장수왕 21, 신라 눌지왕 17, 백제 비유왕 7)에 우호관계를 맺으며 나제동맹이 성립되었다.